논증술

수사학총서 · 14

논증술

수사학과 문학의 구조

질 드클레르크 지음 | 한대균 · 진종화 옮김

L'art d'argumenter

Structures rhétoriques et littéraires

Gilles Declercq

KOREA UNIVERSITY PRESS
고려대학교 출판문화원

L'art d'argumenter: Structures rhétoriques et littéraires
by Gilles Declercq

나의 아버지를 기억하며
나의 어머니에게

훌륭한 수사학은 말하는 방법을 가르치는 것이 아니라
설득하고 결정하는 방법을 가르쳐준다.

이 책의 저술이 가능하도록 도움을 준 모든 사람들의 연구, 자문, 대담에 감사를 표한다. 특히 콜레주 드 프랑스의 교수 마르크 퓌마롤리, 소르본 대학교의 교수들인 피에르 카네, 알랭 미셸, 로제 쥐베르, 그랑제콜 준비반 2학년 담당 교사인 실비 기샤르에게 감사를 표한다.

차례

제2부 문학 텍스트의 논증 분석 - 문학과 논증

서론
논증, 문화 그리고 사회

서양의 문화사에서 논증과 논증의 기술에 대한 성찰은, 연설에 의한 설득의 기술을 정의하며 2천 년의 역사를 갖는 제도인 수사학修辭學에서 유래한다. 그러나 우리 시대는 이 유산을 충분히 이용하는 데 상당한 어려움을 겪는다. 수사학, 더욱이 논증의 웅변 이론은 아주 최근의 시기까지 현대 문화의 장에서 추방되었기 때문이다. 19세기 말에 교육부는 1학년(중등 교육의 6차년으로 한국의 고등학교 2학년에 해당—옮긴이)의 '수사학 수업'을 폐지하였는데,[1] 계몽주의 시대와 더불어 시작된 수사학의 쇠퇴와

1 중등 교육과 고등 교육에서 수사학이 없어진 것에 대해서는 제라르 주네트Gérard Genette(〈수사학과 교육Rhétorique et enseignement〉, 《문채 II*Figures II*》, Seuil, 1969, pp. 23-41), 그리고 앙투안 콩파뇽Antoine Compagnon(《문학의 제3공화국, 플로베르에서 프루스트까지 *La Troisième République des Lettres, de Flaubert à Proust*》, Seuil, 1983)을 참조할 것. 앙투안 콩파뇽은 저서에서 수사학의 사라짐에 영향을 미친 문화적이고 사회 · 정치적인 원인들을 엄밀히 검토한다. 그에 따르면 진보주의적 이데올로기는 수사학 문화를 역행적이고 엘리트주의적 교육이라고 규정하였다. 또한 그는 수사학의 사라짐이 진보주의적 이데올로기가 제시한 문학사에 특별히 유리하게 작용했다고 본다. 장기적인 역사적 전망에서, 교육에서 수사학이 없어진 것은 웅변술이 점차적으로 위축되어 나타난 결과이다. 이 웅변술은 처음에 아리스토텔레스에게는 설득의 기술이었는데, 자신의 영역에서 논증을 배제하고 고전주의 직후에는 담론과 문학 텍스트의 표현 문채의 목록으로 축소될 정도로 점차적으로 변질된다. 수사학 역사의 이 양상에 대해서는 제라르 주네트의 논문(〈줄어든 수사학La Rhétorique

낭만주의 작가들의 수사학에 대한 신랄한 비판에 의해서 심화된 오랜 기간에 걸친 수사학의 쇠퇴를 이 폐지는 제도적 차원에서 승인을 한 것일 뿐이다.

> 나는 번개와 바람 속에서 외쳤다.
> 수사학에 전쟁을 구문론에 평화를!
> 그러자 93가지 전부가 폭발했다. 그들의 축선에서
> 아토스, 이토스, 그리고 파토스가 떠는 것이 보였다.
>
> 빅토르 위고, 〈기소장에 대한 답변〉, 《명상, I》[2]

약간은 극적인 이 혁명적 제스처에서, 왕들이 권력의 자리에서 추방되듯이, 웅변술은 창조의 장에서 추방되었다.

> 그리고 나는 말했다. 순수한 비상을 하는
> 생각이 정착할 수 없는 단어, 창공에 온통 젖은 단어는 안 된다!
> 흉측한 담론! 겸용법, 대환법, 전의가
> 떨었다. 나는 가장자리에 아리스토텔레스를 올려놓았고,
> 동등하고 자유로우며 중요한 단어들을 말했다.[3]

어휘와 표현 문채의 자유로운 용법을 요구하는 새로운 시학의 공식화를 넘어서 문제시되는 것은 기술의 위상 자체이다. 낭만주의의 이데올로기는

---

restreinte〉, 《문채 III*Figures III*》, 1972, Seuil, pp. 21-39)을 참조할 것. 또한 1부 부록 〈수사학과 논증—점차적 축소의 역사Rhétorique et argumentation: histoire d'une atrophie progressive〉를 참조할 것.

2 Victor Hugo, "Réponse à un acte d'accusation", *Méditiations*, I, éd. Jean Gaudon, Le Livre de poche, p. 24.

3 *Ibid.*, p. 23.

신성화된 자발성과 진정성 개념들을 창조의 원리에 위치시키고, 시적 본성을 표현되는 자유로운 천재성으로 정의하여("말한다는 것은 생각을 말하는 것이다"), 고대 이래로 수사적 기획의 기초를 이루던[4] 기술적 의미를 예술에서 제거한다. 수사학에서 유래하고 고전 문학의 기초를 이루었던 기술들, 규칙들과 약호들은 인위적이고 무익하다고 판단되어 이제는 담론과 문학의 공간에서 추방되고 금지된다.

사실 이 기소장은 준엄하다. 즉 수사학은 설득적 발화의 임무를 잃어 "잘 말하는" 기술로 축소되어 무익한 화법의 동의어가 되었다. 인문과학의 동시적 발전은 이 불신을 증가시킬 뿐이다. 인문과학은 그 연구 대상의 특수성에 의해서 정의됨에 반해서 장식적 발화의 기술인 수사학은 고유한 대상을 갖지 못하면서 모든 것에 대하여 말한다고 주장한다. 다형적이지만 피상적이며 어떤 방법론적 타당성도 갖지 못한 논증의 기술은 클로드 레비스트로스에게 있어 대학교수자격시험 후보자에게 요구되는 철학적 추론이 갖는 만능의 형식주의를 요약해 준다.

> 소르본 대학교에서의 5년은 분명히 위험한 이 훈련의 학습으로 귀착되었다. 〔…〕 내 동료들과 나는 가장 터무니없는 연습을 제시했다. 버스와 전차 각각의 우월성에 대하여 든든한 변증술적 토대를 갖추어 10분 걸려서 1시간의 강연 준비를 할 수 있다고 나는 자부했다.
>
> 〈어떻게 민족지 학자가 되나〉, 《슬픈 열대》[5]

---

4 그것은 바로 이데올로기의 문제이다. 이러한 공리들과 교육에서 유래하는 수사적 지식과 수완에 심층적으로 영향을 받은 프랑스 낭만주의 작가들의 실천 사이에 대단한 편차가 발견될 것이다. 그러나 수사학에 대한 비난은 그 비난의 언어적 과장에도 불구하고 문화상의 실재적 단층선을 증거한다.

5 Claude Lévi-Strauss, "Comment on devient ethnographe", *Tristes Tropiques*, Plon, 1955,

이러한 비판은 논증에 대한 거리두기가 갖는 모든 모호성을 내포한다. 우선 철학의 풍자화를 대가로 인류학에 더 높은 가치를 부여한다는 불공평성이 있다. 다음으로는 수사학을 비판하는 낭만주의자들의 수사학을 따라서, 하나의 뛰어난 논증으로 〔…〕 논증 일반을 비판하는 불명확함이 있다. 클로드 레비스트로스의 구조주의 인류학의 개념적 엄밀성은 정말로 조금이라도 클로드 레비스트로스의 변증술적 지식 덕분이 아닌가?[6] 마지막으로 버스와 전철의 비교연구 방법의 우스꽝스러움을 드러내는 것으로 여겨지는 이 예의 모순이 있다. 이 방법의 터무니없음은 대학교수자격시험 연습의 틀 안에서만 존재한다. 이 예는 현대의 사회적 맥락에 재위치하여 대중 교통에 대한 시장 조사가 드러내는 경제적 쟁점의 중대함을 포함한다.

따라서 외관상으로 경직화된 교육 형태에 대한 경멸적 비판은 논증의 중요 역할을 무시한다. 사회 활동의 여러 구체적 문제들은 비교적이고 상호 모순적인 연구들의 힘을 이용하는 것을 전제로 함으로 평가의 논증적 방법을 필요로 한다. 더 일반적으로는 모든 선택과 결정하기가 내포하는 개념적이고 담론적 행위는 논증을 이용한다. 영역이 문화적, 경제적, 사회적 혹은 정치적이든, 선택하고 판단하는 행위, 결정하기는 논증의 실천, 즉 우리의 선택과 결정의 근거를 제공하며 이의 합당성을 타인에게 설득시켜 그것에 동의하게 해주는 가치의 구분, 대립, 분류 작업을 실행

p. 55.

6 수사학의 유산에 대한 클로드 레비스트로스의 빚을 언급하지 않더라도, 이 인류학자이며 인문학자, 즉 사상가만큼이나 문필가이며 담론가라고 자인(1955년)하는 것에 수치심을 갖던 이의 저작에 나타나는 교육적이며 문체적 장점들을 고려한다면, 그렇다. 클로드 레비스트로스는 그 후에 문화적 전통에 대한 자신의 입장을 상당히 미묘한 차이를 고려하여 표현했다.

하는 담론적 추론 행위를 전제로 한다. 따라서 우리 각자는 다양한 정도로 논증의 현실적 경험을 가진다. 설득한다는 것은 개인들의 비전투적 경쟁에 근거한 사회 공간에서 대단히 중요한 활동이다. 왜냐하면 민주사회의 인간 상호간 관계에서 논증은 힘에 의한 지배의 대안이기 때문이다. 말에 양보하는 무기(Arma cedant verbis), 즉 복종시키기가 아니라 설득시키는 기술인 논증은 인간 문화와 사회의 기초이다.

따라서 논증의 실천이 오늘날의 사회적 현실이라면 그 이론과 방법에 그것의 문화적 품격을 재부여 하는 것이 적합하다. 그런데 현대의 문화세계에서 몇몇 지표들이 수사적 의식의 재탄생을 증거한다. 문학의 세계에서 폴 발레리와 장 폴랑은 수사학의 망각을 무척 이른 시기에 규탄했으며 수사학의 복권을 옹호했다.[7] 그래서 가치가 회복된 수사학은 문학적

---

7 특히 폴 발레리, 〈콜레주 드 프랑스에서의 시학 교육*L'enseignement de la Poétique au Collège de France*〉, *Oeuvres complètes*, t. 1, éd. Jean Hytier, coll. Pléiade, 1968, p. 1440(1937년 이 텍스트의 제1판본은 《시학입문*Introduction à la poétique*》과 《바리에테*Variété*》에 재수록된다)를 참조할 것. 폴 발레리는 "고대의 "수사학"이 신경을 쓰던 것은 "문채"의 영역으로 오늘날 거의 교육이 방치해 놓고 있다. 이 포기는 유감스럽다"고 말한다. 장 폴랑에 대해서는 그 유명한 《타르브의 꽃들*Les Fleurs de Tarbes*》을 참조할 것. "수사학이 있다고 하자. 이 단어는 더 이상 우리를 두렵게 하지 않는다. 기술들 중에서 가장 오래된 것을 약간 상상하고 설명하기 위해서 그토록 많은 노력이 우리에게 필요했다면, [⋯] 그 잘못은 우리가 아니라 공포 그것, 그리고 수사학이 (과장되고 언어적이라는 동의어를 부여할 정도로) 단어에 대하여, (교육에서 추방될 정도로) 사물에 대하여 야기한 불신의 책임이다." (III, 《수사학의 발명*Invention d'une rhétorique*》, coll. Idées, Gallimard, p. 144). 또한 수사학을 직접적으로 다루는 여러 시론들로 Le Cercle du Livre Précieux 문고의 총서 판본에서 《수사학은 자신의 재에서 재탄생한다. 문채 개론 혹은 해독된 수사학 제2권*La rhétorique renaît de ses cendres; Traité des figures ou la rhétorique décryptée (volume II)*》, 혹은 낭만주의자들에 의한 수사학의 비난을 고발한 《수사학은 자신의 암호를 갖고 있었다*La Rhétorique avait son mot de passe*》를 인용할 수 있다.

"우리는 특이하면서 생각할 여지를 주는 실수를 수사학에 대하여 보통 범한다. 즉 수사학은 은유법, 대환법 혹은 제유법으로 공통의 언어에 감동적이고 고상하게, 한마디로 문학적으로 만드는 데 적합한 여러 장식을 첨가하는 기술이라고 대강 추정한다. 그것은 헌병들

현대성의 구성요소가 되어 다시 대학에서 연구 대상이 된다. 이 연구들은 대강 두 축으로 나뉜다.

—언어학과 시학을 결합하는 관점에 따른 텍스트 분석. 처음에는 문채에 집중한 이 조사는 고대 수사학이 다루던 모든 장에 분석을 확장시킬 필요성을 점차적으로 의식한다.[8] 이 확장의 필요성에 대한 관심은 현대 수사

은 범죄를 범하는 것을 담당하는 공무원 집단이라고 말하는 것과 거의 같다. 그런데 헌병들은 결점을 많이 가질 수 있지만 보통 그런 결점은 갖고 있지 않다.

수사학도 그렇지 않으며 그 반대다. (15-16세기의 기교파 궁정시인들인) 수사적 시인들은 공통의 언어에는 (대환법부터 제유법에 이르기까지) 문채와 전의가 대단히 풍부하다는 점을 보통 처음부터 관찰한다. 그들은 이 명칭을 부여받을 만한 자격이 있는 작가는 문채들을 선택하고 다듬어야 한다고, 즉 대부분 문채들을 금하고 모든 경우에 규제해야 한다고 덧붙여 말한다. 요컨대 수사학은 오히려 금욕과 희생의 기술이었다. 문제되는 실수는 나름대로의 역사가 있다. 오늘날 수사학에 남아있는 열렬함과 신랄함, 미화적 면과 더불어 수사학이 19세기 초기에 나타난다. 수사학은 낭만주의의 양상주의 하나이며 가장 분명한 양상이다"(3권, p. 167).

이 복권 방식은, 차가운 수사학자로 오랜 동안 간주되던 시인인 말레르브Malherbe를 칭송하는 프란시스 퐁주Francis Ponge에게서 계속 나타나며(《말레르브를 위해서*Pour un Malherbe*》, 1965) 수사학에서 우리를 모든 관습들로 억압하는 고정된 언어의 속박에서 엄밀함에 의해서 벗어나는 방법을 찾아낸다. "나는 내 자신을 표현하려 하지만 성공하지 못한다. 말은 모두가 이미 만들어진 것이며 자신을 표현하고 내 자신을 조금도 표현하지 않는다. 바로 그것이 나를 짓누른다." "그러므로 말에 저항하는 기술, 말하고자 하는 것만을 말하는 기술, 말에 폭력을 가해서 복종시키는 기술을 가르치는 것이 유용해진다. 요컨대 하나의 수사학의 기초를 세우는 것, 혹은 각자에게 자신의 고유한 수사학을 세우는 것을 가르치는 것은 공공의 안녕을 위한 활동이다"(《프로엠*Proêmes*》).

8 이에 대한 예로 들 수 있는 것으로 로만 야콥슨Roman Jakobson의 환유, 은유, 그리고 시학에 관한 저작들(《일반 언어학 시론*Essais de linguistique générale*》, 1권, Éditions de Minuit, 1963) 그리고 표현의 문채 문제에 모범적으로 중점을 둔 뮈 그룹groupe mu(자크 뒤부아Jacques Dubois, 프란시스 에들랭Francis Edelin, 장-마리 클랭켄베르그Jean-Marie Klinkenberg, 필립 맹게Philippe Minguet, 프랑수아 피르François Pire, 아들랭 트리농Hadelin Trinon)이 있다. 그들은《일반 수사학*Rhétorique générale*》(Larousse, 1970; Seuil, 1982)에서 "문채 이론으로서의 수사학은 구조 언어학에 의해서 재발견되었다. 선구자 중의 한 사람인 로만 야콥슨은 이미 아리스토텔레스에 의해서 고안된 개념들의 조작적 가치에 관심을 갖게 했다"(주 1 참조). 동시에

학 연구의 두 번째 측면을 이 텍스트 분석과 접근시킨다.

—역사가적 분석은 수사학의 구조 전체와 관련되며 고대, 중세, 그리고 고전주의 수사학에 할애된 일련의 연구들이 예시하는 것이고, 우리 문화사의 물줄기를 밝히고 서양의 웅변 역사에 서양의 문화사를 포함시키는 것이다.[9]

수사학 연구가 표현법, 즉 비유적 표현 이론으로만 환원될 수 없다는 점을 의식한 것은 제라르 주네트(〈줄어든 수사학〉, 《문채 III》, 부록 II, 〈수사학의 위축L'Atrophie de la rhétorique〉) 이다, 그리고 한 세미나를 수사학의 범위를 재조명하는 데 할당한 롤랑 바르트 (〈고대 수사학. 요약서L'Ancienne Rhétorique. Aide-mémoire〉, in *Communications* n°. 16, "Recherches rhétoriques", pp. 172-223, Paris, Seuil, 1970)에서 분명히 나타난다. 롤랑 바르트는 "글쓰기의 새로운 기호학과 여러 세기 동안 수사학이라고 부르던 문학 언어의 오래된 실천을 대조하는 것이 우리의 주제이다. 여기에서 고대 수사학에 관한 세미나의 구상이 나온다. 고대라는 말은 오늘날 새로운 수사학이 있다는 점을 뜻하지 않는다. 고대 수사학은 아마도 아직 완성되지 않은 이 새로움과 대립된다. 세계는 믿을 수 없을 정도로 고대 수사학으로 가득하다"(p. 172)라고 말한다. 새로운 기호학의 이 변화는 시학에 대한 수사학의 특이한 복수로 나타난다. 즉 수사학은, 문채 목록으로서 수사학을 부속시킨 시학에 유리하게 위축되었다. 그러나 바로 문채의 연구로부터, 시학의 문제제기론이 혼자서는 담론과 문학 텍스트의 모든 문제들을 해결하기에는 불충분하다고 보여질 때 수사학이 재출현한다.

9 콜레주 드 프랑스에서 수사학사 정교수 직을 담당하는—이는 이 분야의 인정이며 공인인데—마르크 퓌마롤리의 박사학위논문(《웅변의 시대—르네상스기로부터 고전주의 시대의 초기까지에서 수사학과 문학*L'Age de l'éloquence: Rhétorique et res literaria de la Renaissance au seuil de l'époque classique*》, Genève, Librairie Droz, 1980)의 도입부(〈수사학의 역사를 위해Pour une histoire de la rhétorique〉, pp. 1-34)에서 이 연구들에 대한 체계적 검토가 있다. 수사학 탐구의 이 축에 대한 이 상징적 저작 이외에, 고대 수사학에 관해서는 케네디G. A. Kennedy, 《수사학의 한 역사*A History of Rhetoric*》(Princeton University Press, 3 volumes, 1963, 1972, 1983), 알랭 미셸Alain Michel, 《키케로의 수사학과 철학—설득하기 기술의 기초에 관한 시론*Rhétorique et philosophie chez Cicéron: Essai sur les fondements philosophiques de l'art de persuader*》(Paris, PUF, 1960), 중세와 르네상스 시기에 관해서는, 에른스트 쿠르티우스Ernst Curtius, 《유럽 문학과 라틴적 중세*La Littérature européenne et le moyen âge latin*》(Paris, PUF, 1956) 이외에, 머피James J. Murphy, 《중세의 수사학—성 어거스틴부터 르네상스기까지의 수사학 이론의 역사*Rhetoric in the Middle Ages: A History of Rhetorical Theory from St Augustin to the Renaissance*》(University of California Press, Berkeley, 1974), 예이트Frances A. Yates, 《기억술*The Art of Memory*》(London, 1966), 고전주의 시대에 관

그러므로 수사학 이론 전체는, 입증立證의 착상, 배열, 표현을 고려하고, 암기, 그리고 연설가에 의한 실행 혹은 행동을 고찰하는 설득적 담론의 생산에 관한 방법론적 성찰로 보인다.[10] 그런데 바로 법철학자 카임 페렐만이 뤼시 올브레츠-티테카와 협력하여 1970년 쓴 논증 개론서에서 논증의 명시적 복권을 행하고 논증의 기능 구조를 추출한다. 이 두 저자는, 과학적, 법률적, 정치적, 철학적, 혹은 문학적 담론이든지 간에, 인간의 모든 담론에서 논증 구조의 보편성을 명백히 밝혔으며, 논증 방법의 상수들을 규정하려했던 아리스토텔레스의 시도를 부활시킨다. 그리하여 수사학은 설득하기의 기술이라는 원래적 기능, 그리고 대단히 확장된 사회적 토대를 회복한다.

마지막으로, 최근에 화용 언어학이 논증에 대한 새로운 기여를 하였다. 원래는 1960년대 언어 연구에서 주변적이었던 이 분야는 정보 언어학의 소쉬르적 관점과 관계를 끊고 파롤에 의해서 이루어지는 행위, 그리고 담론의 논증적 기능작용을 연구한다.[11] 발화행위 이론, 함축과 담론의

해서는 키베디-바르가Aron Kibédi-Varga, 《수사학과 문학—고전주의 구조 연구*Rhétorique et littérature. Études de structures classiques*》(Didier, 1976), Basil Munteano, 《문학과 역사에 있어서 변증법적 상수들, 문제, 탐구, 그리고 전망들*Constantes dialectiques en littérature et en histoire, problèmes, recherches et perspectives*》(Paris, Didier, 1967), 그리고 현대에 관해서는 앙투안 콩파뇽의 저작(《문학의 제3공화국, 플로베르에서 프루스트까지》, Paris, Seuil, 1983), 마지막으로 수사학과 일반 문화사를 대조하는 두 저작으로 알랭 미셸, 《말과 아름다움—서양의 전통에서 수사학과 미학*La Parole et la beauté: Rhétorique et esthétique dans la tradition occidentale*》(Paris, Les Belles Lettres, 1982), Brian Vickers, 《수사학을 옹호하며*In Defense of Rhetoric*》(Clarendon Press, Oxford, 1988)가 있다. 리스트가 끝나려면 멀었다.

10 이 분할에 대해서는 다음에 나오는 부록 I 〈웅변술의 분류체계〉를 참조할 것.

11 여기에서 제목이 의미심장한 몇몇 저작을 예로 들을 수 있다. 옥스퍼드 언어 철학을 대표하는 존 오스틴John Austin(《화행론*Quand dire, c'est faire*》, 1962), 화용의미론을 대표하는 장-클로드 안스콩브르Jean-Claude Anscombre, 오스왈드 뒤크로Oswald Ducrot(《언어에서의 논

법칙 개념, 논증 방향 개념은 언어학의 논증 개념에 기대하지 않았던 이론적 현실성을 부여하였다. 발화 행위의 쟁점과 효과를 평가하는 이 탐구들은 광고 메시지, 정치적 담론, 그리고 물론 문학 등의 다양한 영역에서 논증의 현대적 실천을 해독하는 데 새로운 도구를 제시한다.

논증 연구의 이 부활은 문학 교육에 나타난 느리지만 부인할 수 없는 변화, 그리고 복권과 나란히 한다.[12] 작가가 행한 사회와의 과장적이고 낭만적인 단절, 과학의 이데올로기적이고 교육적인 영향력, 사회과학에 의한 인문학 전통 영역의 인수는, 교사의 양성과 상상계의 나르키소스적 열광에 문학 교육을 한정하여, 문학 교육을 활동적 삶과 분리하기 위한 노력을 오랫동안 결집했다. 그런데 의사소통의 질과 효과에 의해서 능력이 측성되는 사회와 직업 세계의 매개에 의해서 현대의 논증 실천은 강조되어 합리적이고 근거 있는 결정의 열쇠인 논증 기술에 대한 체계적 교육의 필요성을 강조한다. 그러므로 논증 전략의 연구는 문학 활동을 구어와 문어의 다른 사회적 실천과 연관시킨다.[13] 이제는 일정 수의 문학 교육은 이 기대에 부응하려고 노력한다. 언어의 자유로운 구사, 효과적으로 담론을 조직하는 능력, 논쟁적 토론의 실천은 그랑 제콜 준비반의 문학 교육,

---

증*L'argumentation dans la langue*》, Mardaga, 1983), 다음(6장 2항)에서 화용 언어학의 설명을 참조할 것.

12 이 복권에 관한 알랭 에슈구아이앵Alain Etchegoyen, 《문학 자산*Le Capital Lettres*》(éd. François Bourin, 1990)에 나오는 변호를 참조할 것.

13 실비 기샤르Sylvie Guichard, 《문학 논술과 논평 작성*La Dissertation littéraire et le commentaire composé*》(Nathan, 1990)가 다루는 수사학에서 유산으로 물려받은 논증 연습으로서의 논술의 체계적 기술을 볼 것. "분명한 해결에 이르기 위해서는 역동적이고 일관성 있으며 문학적 입증을 갖춘 논증이 요구된다. 마음에 들고 설득하는 체계적 기술의 영역에 속하는 논술은 우리에게 하나의 유산으로 여겨진다. (논증은) 가치 판단의 논리로 이해되는 수사학의 영역에 전적으로 속한다."(서론, p. 5)

상업 교육, 과학 교육의 프로그램, 단기공과대학(IUT)과 전문기술자격증(BTS)의 교육에서, 그리고 문과대학[14] 직업 교육과정에서 나타난다.

이 새로운 우선권은 (설득하기, 효과적으로 의사소통하기와 같은) 기업 의사소통과 (정리하기, 우선권을 가진 것을 결정하기 등의) 전략 분석에 대한 점증하는 관심과 상응한다. 논증과 협상 기술 입문은 평생 교육의 요구 항목에서 상당한 위치를 차지한다. 요컨대 더 넓게는 논증 입문은 시민 교육의 일부를 이루며, 시민의 자유로움의 정도는, 항상 분명히 의식하지는 못하지만 그가 따르며 그가 타인에 대하여 행하는 설득 메커니즘의 이해와 제어에 부분적으로 좌우된다. 논증의 원리를 밝히는 것은 현대의 설득에서 나쁜 비합리를 추방하는 것이며 논쟁적 견해를 독단적 진리로 언제나 변경할 준비가 되어 있는 이데올로기적 압력에 대한 우리의 저항을 강화하는 것이다.

> 기술로서의 수사학이 통제를 할 수 있다면 이론으로서의 수사학은 해방시킨다.
>
> 올리비에 르불, 《수사학》[15]

그러므로 논증 교육은 수사학을 무의식적으로 행하고 감내하는 주르댕 씨가 되는 것을 피하게 하는 최고의 방법이다.

그러니까 논증의 사회 · 문화적 쟁점은 교육에서 민주적 토론까지, 전문적 의사소통도 포함하여, 모든 사회 활동을 관통한다. 그것은 사회학적 관찰에 드넓은 장을 열어 주는 것이다. 그렇기는 하지만 이 책의 목적은

14 이는 특히 현대문학 전공 커리큘럼과 외국어 응용 학위과정의 교육과정을 말한다.

15 O. Reboul, *La Rhétorique*, coll. Que-sais-je?, PUF, p. 120.

그에 비해 더 제약적이고 한정된다. 실제로 수사학 이론이 형식화되는 것처럼 체계적인 논증구조 입문의 저서를 제시하고 논증의 실행과 문학에서 효과를 관찰하는 것이 이 책의 목적이다.

이 계획은 책의 구성을 결정한다. 방법론에 관한 첫 번째 부는 아리스토텔레스의《수사학》독서를 핵심으로 삼으며, 서양에서 나타난 논증에 관한 성찰의 근거를 추출하는 것을 목적으로 한다. 두 번째 부는 더 실험적인데, 문학 텍스트의 논증 구성요소들을 밝히고자 대부분 문학 텍스트를 대상으로 한다. 따라서 작업 전체는 이중의 궁극적 목적을 지닌다. 논증, 논증의 기초와 실천에 대한 성찰로서 수사학, 텍스트의 논증적 기초에 관한 탐구로서 문학이 이 작업의 목적이다. 따라서 논증은 자신의 사회적 영역과 마찬가지로 수사학과 문학 사이의 본질적 가교로 나타난다.

제1부

논증의 구조

수사학과 논증

수사학과 논증

고대 서구의 특수한 창조물이며 최초의 논증 학습장인 수사학은 담론에 의한 설득 기술을 대상으로 하는 성찰이다. 이 기술은, 청중을 설득시킬 수 있는 담론을 구성하는 방법을 단계적으로 연설가에게 제공하려 한다. 이 기술의 궁극적 목적은 사회에서 설득적 담론의 생산이다. 수사학은 고전주의 시대 말부터 점차적으로 신용을 잃었지만 오늘날, 수사학의 역사를 재구성하고 수사학의 방법론적 관심을 돋보이게 하는 연구 작업들의 혜택을 받는다. 따라서 이제는 논증에 대한 수사학적 이론의 주요 자료들을 재구성하는 것이 가능하다. 우리는 이러한 자료들을 역사적이지 않고 방법론적인 관점에서 몇몇 주요 개론서들에서 빌려 오고자 한다. 우리가 아리스토텔레스와 키케로의 성찰에 의지하는 이유는 수사학의 역사가 그들을 규범으로 인정했기 때문이다. 요컨대 논증술의 주요 개념들은 아리스토텔레스의 수사학에서 오래된 형식을 찾아냈으며, 키케로는 논증적 담론에 원형적 구상을 제공했다. 그리고 우리가 수사학의 탄생, 그리고 플라톤과 소피스트들의 논쟁을 약술하는 이유는 이 두 일화가 논증의 본질과 쟁점을, 특히 증명과 논증을 구분시켜서, 정확하게 정의하게 해주기 때문이다(1장. 논증의 성격). 이어서 우리는, 아리스토텔레스가 자신의 개론서(2장. 아리스토텔레스적 착상)에 부여한 목표인 진실임직한 것의 수사학의 윤곽을 파악한다. 그리고 우리는 논증과 입증의 관계(3장. 논증과 논리학), 논증과 가치의 관계(4장. 논증과 가치), 논증과 문학 형식의 관계(5장. 논증, 허구 그리고 미학)를 검토하겠다. 동일한 방법론상의 관심에 의해서, 아리스토텔레스 이론의 명시적 연장 속에서 카임 페렐만에 의해서 행해진 논증 이론의 갱신에 대한 이 첫 부의 결론이 난다. 마지막으로, 적절한 공간 안에서, 논증에 관한 언어학 연구 전체를 기술할 수 없으므로, 화용론 연구가 랑그와 담론의 논증적 기능에 부여하는 특권적 관심을 고려할 때, 화용론 연구의 장에 대한 종합적 설명을 제시하는 것이 필요해 보였다(6장. 현대적 전망). 마지막으로, 두 부록에서는 수사학과 연설 제도의 서양사적 배경에 논증의 문제제기론을 위치시켜 보겠다.

I. 논증의 성격

1. 수사학의 탄생

말의 학습

기원전 474년 대그리스령 시라쿠사에서 디오니시오스의 전제정치에 사람들은 오랜 동안 가혹한 복종 상태에 있었다. 이 전제정치가 무너졌다. 그러나 전제정치의 폐해는 남아 있었다. 이 전제정치로 땅을 약탈당한 사람들이 많았다. 그런데 재산을 되찾기 위해서는 땅을 점유하는 것으로 충분치 않았다. 정확하게 말하면 가장 강한 자의 권리가 더 이상 존재하지 않기 때문이다. 땅에 대한 권리를 이제는 정당화시켜야 한다. 정의의 보증자인 민주주의가 탄생하고 있으므로 이를 위해서 도시의 법정으로 가야 한다. 땅을 되찾기 위해서는 거기에서 말과 연설, 변호로 자신의 권리를 주장해야 한다. 이는 사회적 법칙의 힘든 학습이다. 정당한 권리는 발화되고 말해질 경우에나 존재한다. 더욱이 반박을 할 줄 알아야 한다. 왜냐하면 동일 법정에서 다른 사람이 동일한 토지를 동일한 열정으로 자신의 정당한 권리를 똑같이 확신하고 주장하기 때문이다. 더 심각한 것이, 이 이웃은 말에 자연스럽고 강하며 능란하다. 사람들을 설득하는 이 재능을 이미 이 이웃의 아버지는 지니고 있었다고 한다. 이는 설득에 의해서 정당성이 인정되는 이 새로운 시기에 결정적 장점이다. 왜냐하면 이제는 독재자의 폭력을 대체하는 이 무기, 즉 말로 투쟁해야 하기 때문이다. 설득하는 법을 아는 것은 필요하며 이는 1세기 후에 아리스토텔레스가 말한 자유인의 의무이다.

> 자신의 몸으로 자신을 방어하지 못하는 것이 수치스럽다면, 몸보다 사용하기에 더 적절한 말에 의해서 자신을 방어하지 못하는 것이 조금도 수치스럽지 않다는 것은 부조리할 것이다.
>
> 《수사학》, I, 1, 1355a, 38-1355b, 1

그러나 시칠리아의 그 농민에게 시간이 급박했다. 그런데 도시의 한 남자가 설득술, 즉 자기의 권리를 확립하고 상대방을 반박하며 판사들의 동의를 얻는 기술을 가르친다고 주장했다. 그 사람이 코락스라고 불렸다. 그의 기술이 수사학이다. 그는 강의를 하고 그의 제자 티시아스는 법적 논증의 최초 개론서를 작성한다.

고대의 증언들의 결과물인 이 탄생 설화는 수사학의 성격과 기능을 파악하게 해준다.

1) 수사학은 실용적 목적을 갖는 성찰이다. 이 점에서 수사학과 웅변을 구분해야 한다. 웅변은 수사학 이전에 존재하였다. 8세기부터 호메로스의 시는 네스토르나 오디세우스 같은 이들의 설득적 언어에 의해서 사회적이고 문화적인 이러한 실천을 증거한다. 하지만 호메로스는 시인이지 교육자는 아니다. 그는 설득하는 방법을 가르치지 않는다. 시칠리아 전설의 독창성은, 담론의 영역에서 인간들 사이의 불균등한 능숙함을 드러낼

뿐인 말의 경험적 실천을 치료해 줄 수 있는 기술 교육, 논증 방법의 사회적 필요성을 분명히 하는 것이다.

> 모든 (사람들은) 한 주장에 대해 어느 정도는 질문하고 자신을 변호하고 반박할 생각을 한다. 단지 대부분의 사람들은 체계성이 전혀 없이 그렇게 하며, 어떤 사람들은 습성(자연적인 성향)에서 유래하는 습관 덕분에 그렇게 한다.
>
> 《수사학》, I, 1, 1354a, 3-6

그러니까 고대 수사학은 설득 기술에 대한 성찰적이며 교육적인 방식이며, 이 방식은 궁극적으로 사회적이고 문화적인 실천을 목표로 하는 교육과 개론서에 의해서 구체화된다. 수사학은 그 시초부터 철학, 정치학을 결합시켜서 자신의 개념과 역사에 의해서 서구 문화에 심층적 영향을 미쳤다. 그리고 교과 과목으로서 수사학은 세계 파악의 논리를 구조화했다. 담론의 약호로서 수사학은 문학 장르들을 규정했다. 따라서 정치적 압제가 공적인 발화의 역할을 축소시킬 때 수사학이 피신처로 삼은 곳은 문학이다. 결국 설득의 기술이 감동의 기술과 유혹의 기술을 포함하므로, 문학의 역사가 수사학의 운명과 어느 정도 연결되는지 가늠이 된다.

2) 법률과 논증은 굳게 맺어져 있다. 페리클레스가 법률과 제도의 존중하에 자유 시민과 책임자로 구성된 도시의 체계적 조직화로 서구에서 첫 번째 민주주의의 모델을 세운 아테네에 웅변술은 이른 시기에 나타난다. 그리하여 논증은 사회와 정치적 삶의 도구로서 인정된다.

3) 수사학은 폭력을 사회적이고 문화적인 장으로 바꾼다. 수사학은 단번에 담론의 논쟁적 세계에 위치한다. 왜냐하면 논증은 언어의 논쟁적 본

질을 밝히기 때문이다. 즉 담론의 사회적 세계는 모순되는 발언들의 장소이기 때문이다. 발언이 하나의 힘이라면 발언을 하는 것은 하나의 권력, 사람들이 탐내고 다투는 권력이다.

> 그러니까 한 우화를 이야기합시다. 논쟁 중인 사람들에 관한 일일 것이다. 그들은 서로 싸운 다음에 정전을 한다. 그리고 말을 한다. 하지만 그것은 다른 방법에 의해서 전투를 계속하기 위한 것이다. 그들은 서로 상대방을 설득한다. 그것은 이미 이전의 폭력에 비해서 진전이다
>
> 마르크 퓌마롤리, 〈서문〉, 이봉 벨라발, 《수사학에 대한 여담》[1]

법치 국가에서 사회적 삶은 말의 논쟁적 사용, 즉 의회 토론에서 정치적 노선들의 대치, 법정에서 상호 모순되는 변호, 경쟁하는 무역 협상에 의해서 규제된다. 논증은 기능상 논쟁적이다.[2] 즉 한 논거는 항상 다른 논거를 명시적이든 아니든 반박한다. 이는 필연적으로 갈등을 의미하지는 않지만 종종 갈등을 예방하는 토론을 의미한다. 이는 논증의 무익함을 의미하지는 않는다. 왜냐하면 모든 논거가 동일한 힘을 갖지는 않기 때문이다.

따라서 말의 사회적 사용은 논증의 본질적 특성, 즉 어떤 논거나 반대되는 논거의 존재를 전제한다는 점을 밝혀 준다. 논쟁 없는 논증은 전혀 없다. 인간 관계, 그리고 사회적 관계에서 물질적이며 객관적인 증거가

---

1 Marc Fumaroli, "Préface", Yvon Belaval, *Digressions sur la rhétorique*, Ramsay, 1988, p. 25.

2 논증의 작용 내부에서의 논쟁을 대화자들 사이의 갈등과 동일시해서는 안 된다. 토론하는 것(고전주의자들은 더 정확하게는 다툰다고 했다)은 종종 싸우는 것을 회피하게 해 준다. 논증의 이 면에 대해서는 올리비에 르불의 〈문채와 논거La figure et l'argument〉, 《페렐만 기념 논문집. 형이상학에서 수사학까지*Mélanges Perelman. De la Métaphysique à la Rhétorique*》(éd. Michel Meyer, Bruxelles, 1986)를 참조할 것.

없는 재판의 경우처럼 진실이 접근불가능하거나, 한 정치 노선이 진실되거나 거짓이 아니라, 좋거나 나쁘거나 효과적이거나 비효과적인 경우처럼 진실이 관여적이지 않기 때문이다. 따라서 논증은 진실임직함을 다루며 바로 이점을 코락스가 자신의 기술의 근거로 삼았다.

초기 수사학자들의 교육

고대의 편집자들과 비평가들의 인용들에 의해서 간접적으로 우리에게 알려진 여러 개론서들 혹은 기술서들*technai*이 작성된 것은 코락스와 티시아스의 자극에 의해서이다. 키케로가 상기시키듯이 편집자들과 비평가들 중에서 아리스토텔레스는 이 개론서들을 종합하여 자신의 수사학적 성찰을 시작했다.

> 따라서 아리스토텔레스에 따르면 〔…〕 코락스와 티시아스 이 두 사람이 규범을 갖춘 수사학 이론을 세운 것은, 시칠리아에서 전제적 제도가 철폐된 후에, 재판들이 합법적 재판소에서 〔…〕 열렸을 때이다. 이들 이전에는 어느 누구도 말하기를 위한 체계적 방법을 갖지 못했었다.
>
> 《브루투스》, 46[3]

코락스는 시라쿠사에 민주주의가 자리잡을 때 중요한 정치적 연설가였던 것으로 보여지며, 이에 반해 티시아스는 법정 수사학의 전문가였다. 그러므로 그들은 연설의 두 분류를 보여 주는 법정 연설과 정치 연설이라는 연설의 두 주요 장르의 토대를 세웠다. 그들은 설득의 과정에서 담

3 Trad. J. Martha.

론의 각 부분에 하나의 특별한 기능을 부여하는 역동적 구조화를 행한다. 그리하여 이렇게 진실임직함의 논거 형성을 최초로 한 장본인인 코락스는 정치 담론에 대하여 서론, 아곤(서술을 갖춘 입증), 결론이라는 3분류를 제안한다. 이와 반대로 소크라테스는 법정 담론에 더 적합한 서론(호감을 사고 관심을 끌기), 서술(사건의 파악에 필요한 사실들을 진술하기 즉, 설명, 증언, 상황증거, 추정), 입증(기소장의 법적 유효성을 인정하거나 불인정하기), 결론(《파이드로스》, 266c)의 4분류를 티시아스의 공로라고 한다.

이 개론서들은 크게 성공을 거두었는데 어떤 시민이나 관련되는 법적 논증을 주로 검토하였다. 실제로 아테네에서 재판관들은 능력의 고려 없이 추첨에 의해서 민중들 중에서 선택되었다. 더욱이 고소인과 피고소인은 보통 자신의 입장을 스스로 변론했다. 따라서 법률적 실천은 시민들의 경험과 상식에 폭넓게 의지했으므로, 초창기 개론서들의 초보적 면을 설명해주는 대중적 성격을 법정 수사학에 부여했다. 추론의 형식적 절차는 상대방의 논거를 예측하고 적절한 반론을 인식하는 등의 처방으로 축소되었다. 개론서들은 가장 빈도가 높은 논거들을 조사해서 상응하는 반론들을 제시했다. 이는 기술적 성격을 갖고 목적이 실용적이고 체계적이고 질서정연한 성찰과는 무척 거리가 먼 작업이었다. 따라서 아리스토텔레스는 이 기술 중시자들이 처방의 목록을 세우는 데 그친다고 비난한다.

> 실제로 그들은 대개 두 대화자의 논거들이 놓이게 된다고 생각되는 형태들, 일부는 수사적 담론들, 나머지 일부는 질문 형태의 담론들을 전해 주며 암기하라고 했다. 그러므로 그들이 제자들에게 한 교육은 빠르고 조야했다.
>
> 《소피스트 논박》, 184a, 34[4]

4 *Réfutations sophistiques*, 184a, 34, trad. J. Tricot, Vrin, p. 138.

소크라테스는 입장의 전체적 파악에 근거하지 않고 쓸데없이 세부적인 그들의 지나친 담론의 분할, 즉 방법도 없고 구조화의 개념도 없는 경험적 처방을 조롱한다. 이 두 철학자는 특히 열정에 크게 의존하는 것을 한 목소리로 비판한다. 실제로 법정의 대중적 성격을 고려할 때 담론의 감정적 힘은, 크게 거리낌 없이 자신의 입장에 유리하게 동의를 얻기 위해 판사에게로 주로 향했다. 아리스토텔레스와 마찬가지로 플라톤은, 감동적 각본, 예를 들어 비탄에 빠진 가족에 둘러싸여 변호하러 오거나 범죄의 모든 공포를 시각적으로 재현하는 등의 감동적 각본에 의해서 판사의 시선이 입장에 대한 체계적이고 명료한 검토에서 벗어나게 하여 판단을 지연시키는 조작과 유사한 지나친 파토스의 이용을 비판한다. 예를 들이 인도니우스는, 브루투스에 반대하여 로마의 대중을 봉기시키고자 카이사르의 손상된 시체를 보여 줄 때, "상처 입은 수천의 입들"이라고 말한다(셰익스피어, 《율리우스 카이사르》). 아리스토텔레스에게 그러한 실천은 단지 정의의 존엄성만을 훼손시키는 것이 아니라 특히 논증적으로 고려되는 명분에 대하여 적합한 입증이 아니며 넓게 비합리적인 따라서 인간 정신에 합당치 않는 판단을 힘겹게 얻어 내려는 감정적 충격, 심리적 불안정화 방식이다.

하지만 그 두 철학자의 판단은 본질적 한 점에 대해서 다르다. 소크라테스에게 이 결점은 수사학이 본질적으로 타당하지 않다는 점을 드러내지만, 아리스토텔레스는 거기에서 방법 없는 연설술의 미성숙을 본다. 이는 진실임직함의 논거의 평가에서 구체화되는 차이점이다.

2. 진실임직한 것에 대한 논쟁—궤변술의 탄생

코락스와 티시아스의 논쟁

수사학과 철학의 갈등은 코락스와 티시아스에 대한 비판부터 시작된다. 소크라테스는 그들의 경험주의와 파토스 이외에, 비난받아 마땅한 목적을 위해 그들이 진실임직함을 이용하는 것을 비난한다. 진리를 사랑하는 이 현자에게는 초기 수사학자들은 궤변론자들의 선조이다. 그리고 그들의 기술은 거짓이다. 진실임직함에 근거한 그 기술은 어떤 논거나 뒤집게 해주며, 따라서 능숙한 사람에게는 설득을 자신의 이익에 적합하게 맞추게 한다. 이 판단은 시칠리아의 수사학에 관한 한 일화에 의해서 퍼지게 된다. 제자 티시아스가 갚기를 거부하는 강의료의 지불을 요구하기 위해 스승 코락스는 제자를 법정으로 데리고 간다. 제자는 자신의 지불 거부를 "재판관들이 내가 옳다고 하면 나는 지불하지 않을 것이며, 이와 유사하게 재판관들이 내가 틀리다고 하면 나는 지불하지 않을 것이다. 왜냐하면 이 유죄 판결은 코락스의 강의가 비효과적이라는 점을 증명할 것이기 때문이다"라고 정당화한다. 코락스는 "재판관들이 내가 틀리다고 하면 이는 나의 강의가 효과적이라는 점을 확인해 준다"라고 논거를 뒤집어서 반박한다. 법정은 "비열한 까마귀에 비열한 새끼"라는 선고를 이 둘에게 나란히 내린다(케네디, 《그리스의 설득술》, Princeton, 1974, p. 59).[5] 동일한 일

---

5 이 일화는 H. Rabe(편집), Leipzig, 1931 I 단편에 나온다. 동일한 일화가 프로타고라스와 에우아틀루스Euathlus에 대하여 디오게네스 라에르티오스Diogène Laërce(9.8.56)에 의해서 전해진다. 마지막으로 플라톤(《파이드로스*Phèdre*》, 273a), 아리스토텔레스(《수사학》, II, 24, 1402a)와 키케로(《브루투스》, 46)는 모두 웅변술에 대한 코락스와 티시아스의 성찰을 참고로 한다. G. A. Kennedy(주 5, 6, 7, 8, 9, pp. 58-59)의 코락스와 티시아스에 관한 텍스트

화가 후에 프로타고라스와 다른 한 소피스트에 대하여 이야기되는 것은 윤리적 가책 없이 진실임직함을 조작하는 모든 이들에 대한 철학자들의 경멸을 증거할 뿐이다. 그것이 소크라테스와 플라톤이 수사학에 대하여 제기한 비판의 근거이다.

진실임직한 것과 진리

바로《파이드로스》에서 소크라테스는, 티시아스에 대한 변호에서 티시아스가 진실임직함이라는 논증에 의해서 심판관들의 마음을 잡으려고 한다고 비난하며 진실임직함 논거의 사용을 문제삼는다.

> 약하고 용기있는 한 사람이 강하고 비겁한 한 사람을 때리고 그의 외투나 무언가 다른 것을 빼앗았다고 해서 법정에 소환되었는데, 둘 중 어느 누구도 진실을 말하지 않을 것이다. 그 비겁한 자는 상대방이 혼자 때린 것이 아니라고 주장할 것이다. 그리고 그 용감한 자는 그들은 둘뿐이었다는 점을 증명하려 할 것이며 다음과 같은 논거, 즉 아주 약한 나 같은 사람이 어떻게 아주 강한 사람을 공격할 수 있겠는가?라는 논거를 이용하려 할 것이다. 한편 강한 자는 자신의 비겁함을 고백하지 않고 전혀 다르게 자신의 적이 자신과 대적할 만한 상황이었다고 거짓말을 할 것이다. 나머지 전부는 이와 비슷하며 이것이 기술적으로 말하는 것이라고 불리는 것이다.[6]
>
> 《파이드로스》, 273d

와 주석의 참고문헌을 참조할 것.

6 Trad. E. Chambry, Garnier-Flammarion, pp. 162-163.

소크라테스의 판단은 분명하다. 웅변가가 자신의 입장에 대하여 심판관의 동의를 얻는 것은, 자신의 입장이 분명히 모순적인 경우에도, 진실에 등을 돌리고 진실임직함의 거짓스런 조작에 의해서이다.

> 실제로 법정에서 사람들은 진실을 말하는 것에 조금도 신경을 안 쓰며 설득하는 데 신경을 쓴다. 그리고 설득은 진실임직함의 영역에 속한다. 기술적으로 말하기를 원한다면 바로 진실임직함에 집중해야 한다.
>
> 《파이드로스》, 272d

진실임직함에 대한 불신은 근본적이다. 왜냐하면 진실임직함과 거짓 사이에는 정도의 차이밖에 없기 때문이다. 진실이 진실임직해 보이지 않는다면, 진실임직한 거짓, 즉 "다수에게 진실로 보이는 것"에 유리하게 진실을 희생시켜야 한다.

> 사실을 일어났던 것처럼 진술하는 것에 관심을 가져야 하는 경우들도 있다. 그것은 사실이 진실임직함과 반대될 때이다. 그러므로 방어 때나 공격 때나 사실을 진실임직한 것으로 축소시켜야 한다. 결국 일반적으로 연설가는 진실임직한 것에 집중해서 진실을 버려야 한다. 연설의 처음부터 끝까지 진실임직함을 유지하는 것이 모든 연설 기술을 구성한다.
>
> 《파이드로스》, 272d

따라서 수사학은 진실을 진실임직한 허구로 대체하는 유죄를 범한다. 진실임직함은 다수의 사람들이 현실에 대하여 갖는 표상에 적합하다. 소크라테스에게는 다수의 사람들은 현자의 반대말이다. 그리하여 논증의 기초는 무지와 거짓의 결합이다.

"진실임직한 것에 집중하며 진실을 내버리는" 연설가에 대한 이 비난은 플라톤이 로고스에 부여하는 위상에 의해서 설명된다. 동굴의 거짓된 허구와 이데아의 반영 사이에서 중개적 위치에 자리한 로고스는 중의성의 장소이다. 로고스는, 군중이 몰두하는 흉내냄과 헛된 겉모습을 조작하는 연설가의 발언에서 사기에 사용되거나, 변증술에서 진리에 봉사한다. 현자만이 언어에 의해서 진실에 봉사할 수 있다. 그러나 현자는 진실에 도달하지 못한다. 왜냐하면 진실에 이르는 길, 즉 명상이나 회상은 발화를 경멸하기 때문이다. 로고스는 실수를 몰아세울 뿐이며, 진실의 윤곽을 은연중에 그릴 뿐이며, 혹은 신화를 간접적으로 이용하여 비유적으로 진실을 표상할 뿐이다. 왜 소크라테스의 철학이 논증에 하녀의 위상을 부여하는지 이해하게 된다. 산파술은 진리의 추구에 봉사하여, 모순을 부각시켜서 진실임직함이라는 이 가장을 고발하는 논증이다.

> 소피스트처럼 웅변술 교사는 여론, 따라서 겉모습의 교사인 데 반해서 철학자와 현자에게 중요한 것은 진실의 지식과 이 진실에 적합한 선의 실천이다. 변증술이 철학자로 하여금 잘못된 의견을 뒤흔들어 철학자에게 유용하다면 진리의 지각은 직관 덕분에 이루어질 것이다. 수사학은 직관을 전달하고 받아들여지게 하는 데 소용이 될 것이다. 그런 점에서 수사학은 철학에 분명히 종속된다.
>
> 페렐만, 《수사 제국—수사학과 논증》[7]

수사학이 지식의 원천과 버팀목으로서 제시되기 위해서 이 교육적 역할로부터 벗어나기를 주장하지만, 수사학은 연설가, 즉 청중에 대한 소피

7 Chaïm Perelman, *L'Empire rhétorique. Rhétorique et argumentation*, Vrin, 1977, p. 170.

스트의 지배를 보장하는 데 소용이 되는 모사에 불과하다. 이것이 《고르기아스》에서 확립된 수사학과 요리법 사이의 유추 의미이다. 소크라테스는 육체의 건강을 보살피는 (각 쌍은 규범적 기술과 교정적 기술로 구성된다) 두 가지 기술(체육, 의학) 그리고 영혼의 건강을 보살피는 두 가지 기술(입법, 법 해석)을 학문에서 구분한 다음에, 아첨이 제시하는 모사를 규탄한다. 한 기술에서 나온 유사하며 거짓되고 저급화된 경험적 네 가지 분야는, 몸에 관해서는 화장술과 요리, 영혼에 관해서는 궤변술과 수사학이 있다. 도식화된 유추관계는 다음과 같이 제시된다.

$$\frac{\text{체육}}{\text{화장술}} = \frac{\text{의학}}{\text{요리}} = \frac{\text{입법}}{\text{궤변술}} = \frac{\text{법 해석}}{\text{수사학}}$$

그리고 소크라테스는 "내가 수사학이 무엇이라고 생각하는지 너는 들었지. 영혼에 대한 수사학의 관계는 몸에 대해서 요리가 갖는 관계와 일치한다"라고 결론 내린다(《고르기아스》, 465b-466b[8]).

기만적인 논증에 대항한 투쟁—소크라테스와 소피스트들

따라서 우리는 코락스의 기술 비판으로부터 진실임직함에 대해서 소피스트들이 행한 기만적이고 궤변을 부리는 조작의 비난으로 넘어온다. 왜냐하면 소크라테스가 티시아스를 통해서 목표로 삼는 이들은 그의 동시대인들인 소피스트들이기 때문이다. 《고르기아스》의 반어법은, 소크라테스가 논증술을 지식의 기초, 권력의 특권적 도구로 삼았던 사람들에 대해 개시한 격렬한 전투의 진가를 보여 준다.

8 E. Chambry 번역, Garnier-Flammarion, p. 194.

소피스트들에 대한 우리의 이해는 이중적으로 미묘하다. 한편으로 우리는 그들이 행한 교육의 단편들만을 갖고 있다. 다른 한 편으로 우리는 플라톤이 그들에 대하여 저술한 책들(《고르기아스》, 《프로타고라스》, 《테아이테토스》, 《소피스테스》)을 통해서 그들을 아는데, 이 책들은 분명히 논쟁적이고 편향적인 입장에서 나오며 소피스트들은 그들의 사기와 무지를 고백할 때만 소크라테스의 대화편에 나타날 뿐이다. 플라톤의 철학 법정은 그들에 대해서는 최종적이다. 소크라테스가 젊은이들을 타락시켰다고 부당하게 비난받았는데, 그들이 정말로 이 타락의 책임을 져야 한다.

우리는 이 비판의 철학적 근거를 보았다. 이 비판은 진실의 위상과 관련되어 플라톤의 체계 전반과 관련된다. 그러나 논증의 역사에 대한 그 비판의 영향은 비극적이었다. 왜냐하면 그 비판은, 잘된 사상가들이었던 초기 소피스트들을 그들의 모방자들인 선동가들과 기회주의자들과 뒤섞어서, 소피스트들이 행한 교육의 가치를 사라지게 했다. 그리고 소피스트들에 반대하여 선고된 판결은, "수사학은 그것으로 완전히 망연자실했다는 점을 고백하시오"[9]라는 플라톤의 위험하고 위엄있는 부인에 의해서 역사적으로 수사학에 부담이 되었다.

그런데 소피스트들(자구적으로, '지혜의 전문가', '지혜롭고 능숙한 인간들')의 사상은 그 대담함과 다양성, 그리고 풍부함에 의해서 복권의 가치가 있다. 소크라테스를 따라서 그들은 인간에 중심을 둔 성찰을 공식화하기 위해 소크라테스 이전의 형이상학을 넘어선다. 그들이 언어에 대해 가

---

9 자클린 드 로미이Jacqueline de Romilly, 《페리클레스 시대 아테네의 위대한 소피스트들*Les Grands Sophistes dans l'Athènes de Périclès*》, Fallois 출판사, 1988, p. 124. 또한 거드리Guthrie, 《소피스트들*The Sophists*》, Cambridge University Press, 1971, 그리고 G. Romeyer-Dherbey (《소피스트들*Les Sophistes*》, PUF, coll. Que-sais-je?, 1985)를 참조할 것.

졌던 특별한 관심을 더 보면, 웅변술의 역사에 대하여 그들의 이론이 미친 영향을 간파하게 된다.

> 또 다른 휴전이 이루어지고 결국 몇몇 전투원이 지난 일에 대해 성찰을 한다고 가정을 합시다. 주먹이나 총을 사용하지 않는 경우에는 필연적으로 설득을 해야 하므로, 잘 설득하는 법을 배웁시다. 그것은 우리를 소피스트로 만들 것이지만 적어도 우리는 우리의 일을 알게 될 것이며 그것을 잘 할 것입니다. 타인을 이기는 것이 우리가 추구하는 목적이라는 점을 착각하지 않고 명심할 것이다. 그러나 우리는 타인을 약간 덜 속일 것이며, 특히 본능적으로 그리고 자기 자신이 그렇다고 생각하지 않는 소피스트들보다는 덜 나쁘게 타인을 속일 것입니다. 이 두 번째 단계에서 설득이 지닌 야만성이 극복되어 향상이 있게 되고, 노련한 기술 혹은 예술적 기술을 이용한 이 첫 번째 형식의 정직성은 자신이 회의적이고 파렴치하다고 생각하더라도 자신의 도덕을 갖고 있다. 이 형태를 철학자가 완전히 무관심하게 놔둘 수 없습니다.
>
> 퓌마롤리, 앞의 글, p. 26

소피스트들은, 논증의 적응 조건을 결정하는 청중의 심리학(어떻게 공감을 불러일으키나? 어떻게 대중의 상식을 간파하나?), 웅변의 문체와 표현법(즉 단어와 문채의 선택)에 특히 관심을 갖는다. 설득에 도움을 주기 위해, 리듬과 음색을 정성들여 조직하고 단어들의 구성 소재를 정성들여 선택하는 것을 바로 이 소피스트들이 시작했다(법정 논쟁의 대가인 안티폰의 《테트랄로기스 3편》의 규범 수사학과 "고르기아스 문체"의 대조법과 대구법). 아리스토텔레스는 이 질문들에 수사학의 제3권을 할애한다.

소피스트들의 유산—절대적 진실임직한 것과 표면상 진실임직한 것

소피스트들의 웅변술 유산 일부분을 적어도 기술적 영역에서는 아리스토텔레스가 인수했다는 점은 의심의 여지가 없다. 윤리적으로, 철학적으로 아리스토텔레스의 방식은 반대다. 즉 소피스트들은 "웅변술 교육에 (기반하여) 정치적 미덕, 판단력, 통찰력"(Romilly, *ibid*., 87)을 함양하려는 데 반해서, 아리스토텔레스는 정치, 윤리, 논리학에 근거해서 수사학을 세운다. 그래도 역시, 아리스토텔레스는 아테네 젊은이들에게 열정을 불러일으켰던 소피스트들의 이 기술에 체계를 부여하여 간접적으로 경의를 표하려 한다. 소피스트들이 강의료를 받는다는 사실은 소크라테스에게는 아주 충격적이지만 웅변술과 도시 경제와의 연결을 상징적으로 강조한다. 이는 아리스토텔레스의 공리의 재정적 예시이다. 논증은 사회적 기술이며 대립되는 것들의 대치에서 오는 논증적 풍부함에 기초한 도시를 위한 기술이다.

그러므로 소피스트들에 대한 비판은 아리스토텔레스에게는 그 자체로서의 진실임직한 것의 거부가 아니라 진실임직한 것의 나쁜 사용에 대한 비판이다. "인간은 말의 이 애매모호한 능력의 부적절한 사용에 의해서 심각하게 해를 끼칠 수 있다"(《수사학》, I, 1,1355b-2). 그러나 논증이 양날을 갖춘 무기이지만 아리스토텔레스는 곧장 명시하기를 모든 선과 사회적 권력의 경우에도 마찬가지며, 모든 것은 타락하고 왜곡될 수 있다고 한다.

아리스토텔레스와 플라톤의 이 차이는, 두 철학자가 하나의 동일한 예인 소피스트의 변호에 관하여 진실임직한 것을 다루니까 더욱 잘 관찰된다. (앞의 인용에 나오듯이) 《파이드로스》에서 소크라테스가 티시아스를 비난하는 것을 갖고 아리스토텔레스는 코락스를 비난한다.

> 코락스의 기술은 이 말터의 적용으로 구성된다. 한 사람이 자신에 대한 반대 비난을 초래하지 않는다면, 예를 들어 약한 사람이 가혹행위로 인해 고소당한다면 그의 방어 논거가 진실임직하지 않다는 점에 그의 유죄가 있다. 그러나 피고인에게 고소의 여지가 있다면, 예를 들어, 그가 강하다면, 그의 방어는, 사람들이 그가 유죄라고 생각했던 것이 진실임직하기 때문에 그의 유죄가 진실임직하지 않다는 것이다. 다른 경우들도 마찬가지이다. 왜냐하면 필연적으로 사람들은 고소의 실마리를 제공하거나 제공하지 않을 것이기 때문이다. 그런데, 이 두 경우는 진실임직해 보인다. 그러나 실제적으로 하나는 진실임직하고 다른 하나는 절대적으로가 아니라 우리가 말한 것에 따라서 진실임직하다. 그리고 두 논거 중에서 가장 약한 것을 가장 강하게 하는 것은 바로 그 점에 있다. 따라서 프로타고라스의 선언에 사람들은 분노했다. 왜냐하면 그것은 하나의 속임수, 진실임직함의 가장이기 때문이다.
>
> 《수사학》, II, 24, 1402a, 17-28

아리스토텔레스의 분석에서 궤변은 진실을 진실임직한 것으로 대체하는 것이 아니라 바로 이해할 수 없는 진실임직함의 인공적 구성에 있다. 그러므로 티시아스는 심판관들이 자신을 유죄라고 선고하자 이 선고를 코락스가 자신에게 교육을 잘못하여 나온 결과로 해석하여 스승에게 강의료를 지불하지 않는 것을 정당화하였다. 그것은 판결의 간접적인 의미에 의해서 판결의 직접적 적용을 무효화하기에 이르렀다. 이와 유사하게, 약하지만 용감한 사람, 그리고 강하지만 비겁한 사람의 모순적 변론들은 진실임직함을 타락시킨다. 왜냐하면 그들이 구상하는 개념은 공통의 견해,

진실임직함의 규범인 상식을 반박한다. "한 사물을 우선 절대적으로, 다음에는 절대적이지 않지만 특별하게 간주하고 〔…〕 그렇다면 진실임직하지 않은 것은 진실임직할 것이다." 간단히 말해서 아리스토텔레스에게 궤변의 속성은 '올바른' 진실임직함의 규범을 이루는 청중의 집단적 표상의 도를 넘고 타락한 조작이다. 본래 모순적이거나 진실임직하지 않은 것을, 거짓, 특히 논리적 실수를 진실임직한 것처럼 하여, 그럴듯하게 제시하여 청중을 속이는 이는 소피스트이다. 논증에서 진실과 올바름의 자연적 우위에 적합하게 절대적 진실임직함에서 유래하는 논거는 상대적 진실임직함에서 나온 논거를 이길 것이다. 《수사학》은 올바른 담론에 의한 소피스트의 올바르지 않은 담론에 대한 이 승리를 영속시키는 것을 바로 그 목적으로 한다.

카르네아데스의 사절 혹은 논쟁의 미덕

모순이 갖는 논증적 가치의 무지에 의해서 너무 자주 혼동되거나 반대로 너무 심하게 대립된 수사학과 소피스트 논법의 이 미묘한 연합을 고대의 한 일화가 예시한다. 기원전 155년에 그리스가 로마의 권위에 종속될 때, 아테네가 약탈한 조그만 도시 아로포스에 지불해야 할 배상금을 로마의 원로원에서 재협상하기 위해 세 명의 철학자 대표단이 출발한다. 아테네의 사절들은 접견이 늦어지자 그들의 연설학과 철학 특히 카르네아데스를 내세우려고 그들의 체류를 이용한다.

> 첫째 날 카르네아데스는 정의에 대한 플라톤과 아리스토텔레스의 논거를 다시 들어 정의를 칭송했다. 그러나 다음날 그는 전날의 증명을 반박

하고 정의의 개념은 민족마다 다르며 실제로 정의는 유용한 것에 부여된 한 이름에 불과하다고 지적했다.

그리말,《스키피오의 시대—포에니 전쟁 시기의 로마와 헬레니즘》[10]

언뜻 보기에는 카르네아데스의 연설술은 가장 강한 의미로 소피스트적이다. 즉 진리 가치의 존재에 대해 회의적인 카르네아데스는 자신의 상대주의에 의해서 그 가치에 손상을 준다. 그리스 문화와 소피스트들에 대한 대카토의 불신은, "그들이 원하는 모든 것으로 쉽게 설득을 할 수 있는 사람들로부터" 가장 빨리 로마의 젊은이들을 해방시키기 위해 사절단을 맞이하라고 원로원을 재촉하는 로마 전통의 열렬한 옹호자인 이 법무관의 반응을 설명할 수 있다(플루타르코스《영웅전*Vies*》의 〈대카토〉, R. Flacelière 출판사, E. Chambry 번역). 그러나 대카토는 카르네아데스를 한 소피스트와 동일시하여, 카르네아데스의 담론이 지닌 정치적 효과에 반응하는 행동인 사절단을 재빠르게 되돌려 보내기의 정치적 이유를 숨기기 위해 책략을 쓴다. 실제로 카르네아데스는 정의에 대한 두 모순적 담론을 동기 없

---

10 P. Grimal, *Le Siècle des Scipions. Rome et l'hellénisme au temps des guerres puniques*, Aubier-Montaigne, pp. 316-317.

P. Grimal의 저서 주석에서 주요 출처의 표시가 나타나는데, 그 중에서 Aullu-Gelle,《아티카의 밤*Nuits attiques*》(I.VI, XIV, René Marache 출판사, Les Belles Lettres, 2권), 플루타르코스Plutarque,《영웅전, 대카토*Vies, Caton l'Ancien*》(R. Flacelière, E. Chambry, Les Belles Lettres, 5권, 1969, pp. 102-103), 키케로Cicéron,《공화국*La République*》(3, 13, 23, E. Bréguet의 서문, Les Belles Lettres), 하지만 주요 출처는 수사학자로 기독교 옹호론을 펼치는 락탄스Lactance(기원후 260?-325?)의 저서《신성한 제도*Les Institutions divines*》이다. 이 저서의 제5권이 카르네아데스의 담론을 말한다. Constant Martha의 분석 자료《고대에 대한 도덕 연구*Études morales sur l'antiquité*》(Paris, Hachette, 1896), 2부, pp. 61-134의 〈로마에서의 철학자 카르네아데스〉. 또한 *Paulys Real-Encyclopädie der Classischen Altertums Wissenschaft*, Band X, 2, pp.1965-1976의 항목을 참조할 것.

이 대립시키지 않았다. 그의 웅변 성과는 사절의 임무와 직접적으로 결합된 전략에서 유래한다.

—카르네아데스는 찬성과 반대의 절차에 따라 문제를 체계적으로 검토하는 논증 기술인 카르네아다 디비지오를 개발하여 담론의 연속이 이것의 정확한 질서에 따르게 한다.

—담론의 궁극적 목적은 담론의 함축적 의미 안에 있다. 맥락에 의해서 결정되는 이 함축적 의미는 담론의 교훈을 수용하는 청중에게 나타난다. 두 번째 담론에서 발전된 정의의 공리주의적 개념은 로마로 하여금 자신의 정복을 금하는데, "강한 자의 권리"를 가치화시키는 것은 예외이며 아테네에게 그 사용을 비난하는 것은 부적절할 것이다. 두 담론의 연속은 그러므로 가장 효과적인 논증 구조 중의 하나로 보이진다. 첫 번째 담론은 최고로 공식화된 윤리적 요구를 상기시킨다. 두 번째 담론은 정복자의 실용적 입장을 강조한다. 로마인들이 첫 번째 담론에 동조하면 그들은 자신의 정복 정책을 비난하는 것이다. 그들이 두 번째 담론을 채택하면 그들은 아테네인들에게 가장 강한 자의 권리의 행사를 비판할 수 없다. 카르네아데스의 발언이 갖는 대담성과 폭력성을 사람들은 이해한다. 그런데 특히 모순되는 주장들의 전략적이고 위계화된 구성에 근거하는 논증의 실효성을 사람들은 파악한다. 대단히 축소된 벌금은 결코 납부되지 않았다.

3. 아리스토텔레스의 논증, 진실임직함의 논리

아리스토텔레스의 중재 혹은 성숙한 수사학

플라톤의 옛 제자 아리스토텔레스는 젊었을 때 수사학을 거짓말의 기술로서 비판하는 개론서로 오늘날 전해지지 않는 《그릴로스*Gryllos*》[11]를 집필했다. 그리고 《수사학》은 코락스와 그의 후계자들에 대해서 무척 비판적이며 이중적 진실임직함의 소피스트적 사용과 같은 그들의 기만적인 방법들을 고발한다. 하지만 그 사이에 아리스토텔레스는 플라톤의 근본주의와 관련된 위험을 인지했다. 소크라테스는 철학의 장에서 소피스트를 아마도 추방했겠지만 자신을 비판받게 놔두어 자신의 적들에게 정치적 장을 남겨두었다. 그리고 아테네 젊은이들의 교육은 철학자들의 경쟁자들, 이소크라테스 같은 아테네인처럼, 점차적으로 웅변술을 그리스 교육의 기둥으로 삼는 웅변가들이 담당하게 된다. 그리하여 아리스토텔레스는 "침묵하여 이소크라테스가 말하게 놔두는 것은 수치스러울 것이다"라고 선언하며 자신의 수사학 강의를 시작하게 된다.

연설 교사와 철학자 사이의 경쟁을 드러내는 이 말은 코락스에 의해서 이미 단언된 논증 기술의 사회적 필요성을 상기시킨다. 이 필요성은, 아리스토텔레스 수사학의 구상을 결정짓는 윤리의 절대적 필요성을 특히 강조한다. 이 절대적 필요성은 그의 도덕적 철학에 뿌리를 둔다. 아리스토텔레스는 '진리를 향한 자연적 소명'을 인간에게 부여하며, 인간의 집단적 표상은, 《수사학》에서 재확언된 윤리적 우월성인 진실임직함의 원

11 Gryllus 혹은 Gryllos. 이 텍스트에 대해서 대화의 형태로 퀸틸리아누스(*Institution oratoire*, 2. 17.14)가 말한다. G. A. Kennedy(《그리스의 설득술》, pp. 18, 83)을 참조할 것.

리에 따른다(J. Brunschwig, 〈서문〉, 《토피카》, éd.Budé, p. 35를 참조할 것). 이 우월성은 공정한 것은 불공정한 것보다 자연스럽게 우월하다는 점이다. 그리하여 불공정한 것의 승리는 인간의 단념, 포기로부터만 올 수 있다. 그리하여 수사학은 도덕적 명령의 아래 놓인다.

> 수사학은 유용하다. 왜냐하면 진실과 공정함은 그것들의 반대들보다 더 큰 자연적 힘이 있기 때문이며, 판단이 적절하게 내려지지 않는다면, 그 이유는 소송인들이 열세라는 유일한 실수 때문에 그렇다. 따라서 그들의 무지는 비난받을 만하다.
>
> I, 1, 1355a, 20-23

아리스토텔레스는, 효과적으로 소피스트들과 싸우기 위해서 그들의 반론을 예상할 목적으로 그들을 따라서 어떤 논거든지 반박하는 수단을 아는 것이 필요하다고 생각한다. 따라서 논쟁 기술은 수사학의 본질을 결정한다.

> 자기 주장과 그것의 반대를 무차별적으로 만들기 위해서가 아니라 (왜냐하면 부도덕한 어떠한 것도 설득해서는 안 되기 때문이다), 질문이 어떻게 제기되나를 조금이라도 모르지 않도록 〔…〕 자기 주장의 반대를 설득시킬 줄 알아야 한다. 그리고 어떤 다른 이가 정의와 반대로 논증하면 그것을 논박할 줄 알아야 한다.
>
> I, 1, 1355a, 29-35

그렇다고 해서 아리스토텔레스는 논증 기술을 군중의 변덕스러움과 웅변가의 선동에 맡기지는 않는다. 수사학, 또는 오히려 수사학의 사용은, 인용된 앞의 문단이 상기시키듯이 부도덕한 것은 조금도 설득해서는 안 된다. 그러나 논증 방법의 구상은, 논쟁의 제어를 억제하는 어떤 도덕주의로부터도 수사학을 자유롭게 하는 것을 전제로 한다. 수사학의 사용이 도덕적이어야 하지만 기술 자체는 무도덕적이다.

> 그것은 부도덕성을 알아야 만 부도덕성과 싸울 수 있으며 반대의 모든 비밀을 깊이 이해해야만 찬성을 택하게 할 수 있다. 간단히 하자면 수사학은 반대의 두 경우로 결론을 낼 수 있어야 하며, 그리하여 규칙은 부도덕, 기존 도덕의 전복이 아니라 무도덕, 절대적 필요성에 대한 잠정적 무관심이다.
>
> 뒤푸르, 〈서문〉, 아리스토텔레스, 《수사학》, 1권[12]

수사학의 이 새로운 토대는 아리스토텔레스의 지식 기반 재구성에서 유래하며, 이 재구성에 의해서 아리스토텔레스는 플라톤과는 반대로 진실과 진실임직함의 가치와 기능을 재분배한다. 아리스토텔레스에게는 학문만이 진실을 다루며, 이에 비해 진실임직함은 인간 활동의 다른 영역들, 논쟁의 가능성이 있는 모든 것을 규제한다. 그러므로 진실과 진실임직함의 구분은 지식과 행위의 구분과 일치한다.

> 그는 이론적 학문들과 실천적 분야들을 분리하여, 모든 영역에서 동일한 입증의 방법과 수단을 사용해야 하는 것이 아니라는 점을 강조한다. […] 학문에서 원칙의 진실을 보장하는 것이 직관이라면, 가능한 것들과 우연적인 것들 중에서 숙고 후에 결정하고 선택해야 하는 실천적 활동들에 합리성을 부여하는 것은 숙고와 토론에 호소함이다. […] 그 이유는 행동의

---

12 Médéric Dufour, "Introduction", *Rhétorique*, Livre I, Les Belle Lettres, p. 13.

영역은 학문적 진실에 의해서 규제될 수 없는 우연성의 영역이기 때문이며, 개인적이고 집단적 의지의 실행에 얼마간의 합리성을 도입하기 위해서는 변증술적 추론과 수사적 담론의 역할은 불가피하기 때문이다.

페렐만, 《수사 제국》, pp. 170-171

그러나 진실과 진실임직함은 당연히 유사하므로, 모든 웅변 논쟁의 대상인 진실임직함으로부터 논증 방법을 구성하는 것이 가능하다.

진실과 그것과 유사한 것은 실제로 동일한 능력의 영역에 속한다. 게다가 자연은 인간에게 진실에 대한 재능을 충분히 부여했으므로 인간은 대부분 진실에 도달한다. 따라서 개연적인 것들의 만남과 진실의 만남은 유사한 습성을 전제한다.

I, 1, 1355a, 14-18

아리스토텔레스의 체계적인 논증은, 기술자들의 경험주의를 초월하고 소크라테스의 비판과 소피스트의 비도덕성을 지지하지 않고, 수사학에 문화적 성숙을 부여한다.

좀 더 나가서 또 다른 휴전을 상상합시다. 이 휴전 중에 전투원들은 폭력과 계략의 지배력을 좀 더 축소하기로 결정하고 잘 설득하는 법을 함께 배우기로 결정한다. 그들은 준수해야 할 규칙들, 범해서 안 되는 실수들, 사용해서 안 되는 수단들에 대해서 합의하고 이를 어길 시는 자격을 상실당하기로 한다. 그들은 한 운동을 고안해 낸다. 우리 전설의 이 세 번째 단계에서 도덕적 고려는, 이기려는 야망을 없애지는 않으면서, 즉각적이고 어떻게 해서든 얻으려는 효용성의 욕구를 억제한다. 전통은 도덕적 고려

> 를 강화하고 교육은 그것을 지녀야 할 가벼운 습관들로 변형시킨다. 게임에 대한 취향, 호화로움, 고귀함은 자연발생적인 열정을 지배해서 한 방향으로 유도한다. 규율이 있고 구속 받으며 열광케 하는 전투가 혼동스럽고 노골적인 전투를 대신한다.
>
> 마르크 퓌마롤리, 앞의 글, p. 27

아리스토텔레스의 진실임직함

아리스토텔레스의 논증은 내용과 방법에 의해서 규정된다. 토론의 대상은 본성상 논란의 여지가 있고 우연적인데, 그 이유는 그 대상이 선택하거나 피해야 하는 행동에 대한 토론이기 때문이다(《수사학》, II, 21). 그것이 논증의 첫 번째 기준이다. 논증은 인간의 행동과 관련된다.

> 우리의 판단과 검토의 대상들 대부분은 구별되는 하나의 해결책을 가질 수 있을 것이다. 토론과 검토는 행위를 대상으로 한다. 그런데 행위는 모두 이 종류에 속한다. 말하자면 필연적인 어떤 행위도 없다.
>
> I, 2, 1357a, 23-27

논증은 인간 관계와 사회 관계의 장에서 행사되므로, 논증은 논쟁이 지배하는 영역에서 결정하기의 언어적이고 지적인 도구이다. 왜냐하면 논쟁은 논증의 두 번째 기준이기 때문이다.

> 서로 대립되는 두 해결책을 명백히 가질 수 있는 질문들에 대해서만 우리는 토론한다. 과거나 미래나 현재에 달라질 수 없는 것에 관해서는 어느 누구도 달라질 수 없다고 판단한다면 토론하지 않는다. 왜냐하면 그것은

어느 누구에게도 전혀 도움이 되지 않기 때문이다.

I, 2, 1357a, 4-7

방법에 관해서 보자면, 방법은 인간이 하는 추론의 일반 이론 구성에 관한 아리스토텔레스의 계획에서 유래한다. 이 계획은, 진실임직함의 영역에서 논쟁적 토론의 기술인 변증술, 그리고 공공의 연설 기술인 수사학, 이 두 기술을 규정하는 계획이다.[13]

수사학은 변증술의 유사물이다. 실제로 이들 각각은 몇몇 점에서 모든 인간에 공통적인 능력에 속하는 질문에 관한 것이며 어떤 특별한 학문을 필요로 하지 않는다.

I, 1, 1354a, 1-2

어떤 다른 기술도 반대를 결론지을 수 없다. 변증술과 수사학은 유일하게 그것을 한다. 왜냐하면 이들은 똑같이 반대되는 주장에 적용되기 때문이다.

I, 1, 1355a, 33-35

아리스토텔레스는 자신의 《논리학》에서 학문적 추론의 원칙을 세운 다음에 학문적 추론을 진실임직함에 적용한다.[14] 그러므로 아리스토텔레

---

13 변증술과 수사학에 관해서는 다음 도표를 참조할 것. 《오르가논*Organon*》에서 변증술의 위치에 관해서는 2장 4항의 〈논리적 입증〉을 참조할 것. 아리스토텔레스 사상에서 용어 "논리학", "변증술", "수사학"에 대한 서로 구별되는 접근방식에 대해서 전제의 성격에 대한 아래 16번 주, 그리고 카임 페렐만의 인용된 논문을 참조할 것.

14 다음에서 아리스토텔레스의 《오르가논》이나 《논리학》의 분석인 〈로고스적 입증〉 부분을 참조할 것.

스의 논증은 진실임직함의 논리이다. 현대 논리학이 물려받은 진실의 논리학 옆에 아리스토텔레스는, 플라톤에 의해서 수사학에 대해 던져진 불신을 고려할 때 그 독창성이 약간 저평가된 한 시도의 기초를 세운다. 즉 "인간의 일상적 담론을 지배하는 진실 말하기의 이차적 범주"인 진실임직한 추론의 논리학의 기초를 세운다(마르크 앙주노, 《팸플릿적 말》, Payot, 1982, p. 162). 아리스토텔레스가 진실임직함에 부여한 특수한 위상의 망각에 의해서 그의 논증 이론이 그의 논리학과 동일화되었다.[15] 그런데 진실과 진실임직함의 구분만이 논증과 증명의 구별에 근거가 된다. 고려되는 영역과 대상이 무엇이더라도 일반적 논리 절차가 인간의 추론에서 작용한다. 근본적인 두 기능작용 방법이나 양식에 부합하는 것이 입증이다.

—일반적인 것에서 특수한 것으로 나아가는 연역적 절차

—특수한 것에서 일반적인 것으로 나아가는 귀납적 절차

이 두 경우에 추론은 모든 증명 밖에서 제시된 (대개 단언적이고 때때로 조건적인 명제의 형태인) 전제나 판단에서 출발한다. 그것들의 성격이 추론의 이 두 적용 영역을 결정한다. 전제가 진실이거나 진실임직함에 따라서 추론은 증명적이거나 논증적이다.

진실임직함의 범위에서 연설과 논쟁은 변증술과 수사학의 유사성에 의해서 연결된다. 변증술과 수사학의 영역을 보자면 그들의 연결은 진실과 진실임직함의 연합 안에 있다. 그러나 논증만이 인간들 사이의 관계, 사회적, 도덕적, 법률적, 정치적 등의 관계를 지배한다. 따라서 수사학이 자신의 적용 영역에 의해서 논리학으로 축소될 수 없다는 것은 분명하다.

15 다음 5장 1항 〈수사적 삼단논법과 판결, 서식적 논증〉과 부록 II 〈수사학과 논증〉을 참조할 것.

전제와 상관적인 입증

<table>
<tr><td colspan="2">필연적이고 항구적인
진실 전제</td><td colspan="4">가능성이 있고 논란의 여지가 있는
진실임직한 전제</td></tr>
<tr><td colspan="2">**증명**</td><td colspan="4">**논증**</td></tr>
<tr><td colspan="2">학문에서</td><td colspan="2">모순적 논쟁에서</td><td colspan="2">설득적 연설에서</td></tr>
<tr><td colspan="2">**논리학**</td><td colspan="2">**변증술**</td><td colspan="2">**수사학**</td></tr>
<tr><td colspan="2">**입증:**</td><td colspan="2">**입증:**</td><td colspan="2">**입증:**</td></tr>
<tr><td>삼단논법</td><td>귀납법</td><td>변증술적
삼단논법</td><td>변증술적
귀납법[16]</td><td>수사적
삼단논법</td><td>예증법</td></tr>
<tr><td colspan="2">《분석론》에서 연구됨</td><td colspan="2">《토피카》에서 연구됨</td><td colspan="2">《수사학》에서 연구됨</td></tr>
</table>

결국, 진실과 진실임직함의 분할은 주론의 일반 이론에 의해서 포섭되기 때문에 단절이 아니다. 변증술과 수사학의 상관적 결합은 논증을 최대 규모로 만든다. 수사학이 자신의 역사에서 때때로 시학과 혼동될 정도로[17] 표현의 규범적 이론으로 점차적으로 축소된 것은, 착상[18]의 이름하에 전통적으로 개론서의 첫째 부분에서 진술되는 논증의 아리스토텔

16 전제의 성격은 논리학과 변증술을 구분한다. 수사학과 변증술의 차이는 이와 동일한 성격이 아니다. 아리스토텔레스는 수사학을 변증술의 유사물로 정의한다. "실제로 양자는 어떤 점에서 모든 인간에 공통적인 능력에 속하는 질문을 대상으로 하지만 특별한 어떤 학문도 필요로 하지 않는다"(I, 1, 1354a, 1-6). 따라서 차이는 본성의 차이가 아니며, 토론의 사회적 틀(변증술은 교육에 고유한 기술이다)과 다루어지는 질문들의 동일성과 동시에 관련되는데, 이 다루어지는 질문들은 변증술에서 특수화되고 기술적 성격을 갖지만, 이에 반해 수사학은 청중의 상식을 향하며 그 틀은 공공의 담론이다. 이 구분에 대해서는 카임 페렐만의 〈수사학, 변증술, 그리고 철학〉, 《재평가된 수사학*Rhetoric revalued*》, Papers from the International Society for the History of Rhetoric, Brian Vickers 편집, Binghamton, New York, 1982, pp. 277-281을 보시오.

17 다음 부록 II 〈수사학과 논증〉을 참조할 것.

18 다음 부록 I 〈웅변술의 분류체계〉를 참조할 것.

레스적 이론의 망각에 그 원인이 있다. 20세기에, 첫 번째 위대한 수사학 개론서는 본질적으로 논증 개론서라는 이 주요한 사실을 상기시키기 위해서는 카임 페렐만[19]의 연구를 기다려야 할 것이다.

상식의 수사학

논증의 조작적 구조를 연구하기 전에, 특히 설득 과정에서 의견의 기능과 연설가에게 대중이 갖는 위상을 정의하여 진실임직함의 개념을 명시하는 것이 중요하다.

논증에 고유한 기준들을 기억하자. 논증의 대상은 인간의 행위라는 점과 이 이 논증의 대상은 논쟁의 여지가 있다는 점이 그 기준이다. 세 번째 기준을 첨가하는 것이 적당한데 이는 논증의 대상은 상식과 관련된다는 점이다. 수사학과 변증술은 "몇몇 점에서 모든 인간에 공통적인 능력에 속하는 질문을 대상으로 한다"(I, 1, 1354a). 논증은 비전문가이며 상식적인 교양이 있는 청중을 대상으로 한다.

> 수사학의 기능은, 여러 단계를 따라서 추론할 능력과 멀리 떨어진 지점부터 추론을 따라오는 능력이 없는 청중들 앞에서 우리가 토론해야 하는 주제들, 우리가 기술을 조금도 갖고 있지 못한 주제들을 다루는 것이다.
>
> I, 2, 1357a, 1-4

아리스토텔레스는 "수사학은 이미 관례적 토론의 대상인 질문들만을 주제로 취한다"(1357a, 1)고 명시하여, 수사학의 공적이고 공통적인 성격,

19 다음 6장 1항을 참조할 것.

진실임직함의 규범인 여론과 논증의 관계를 명확하게 한다.

> 모든 사람, 혹은 대부분의 사람들, 혹은 현자들, 그리고 현자들 모두, 혹은 대부분의 현자들, 혹은 모든 현자들, 최고로 유명하고 뛰어난 현자들에 의해서 수용되는 의견은 개연적이다.
>
> 《토피카》, I, 1, 100b, 20-23[20]

그러므로 의견이 될 만한 것 혹은 진실임직함은 개인적이 아니라 집단적 위상을 가지므로 상식의 영역에 속한다.

> 〔수사학은〕 개연적인 것을 성찰적으로 개인에 대하여 예를 들어 소크라테스와 히피아스에 대하여가 아니라, 이러 이러한 성격의 사람들에 대하여 개연적인 것을 고찰할 것이다.
>
> 《수사학》, I, 2, 1356b, 30-34

이 단계에서 연설가는 어떤 가치 판단도 금하고 청중에 주의를 기울여야 한다. 왜냐하면 자신의 논증의 출발점인 진실임직한 전제를 연설가에게 제공하는 것은 통념, 청중의 모든 의견들이기 때문이다. 청중의 상식

20 *Topiques*, I, 1, 100b, 20-23, trad. J. Tricot, éd. Vrin, p. 2.
여기서 아리스토텔레스는 공통의 의견 즉, 모든 사람의 의견, 그리고 현자들의 의견, 이 두 타입의 의견을 구분한다. 여기서 현자들의 의견은 J. Brunschwig가 "식견 있는 의견을 대표하는 사람들"에 의해서 표현되는 용어이다(Budé 출판사, p. XXXV). 유능한 청중과 무능한 청중 사이의 이 구분은 변증술과 수사학 사이의 구분에 근거한다 (앞의 주를 참조할 것). 그런데 수사학은 변증술의 유사물이니까 플라톤에게 있어서 현자와 대중 사이에 존재하는 차이처럼 이 청중들 사이의 성격의 차이는 없다. 그리고 개연적인 것을 정의하기 위해 다수의 법칙(그들 중 대부분) 혹은 명성의 법칙(최고의 명사들)을 이 두 청중에 적용하는 것은 아리스토텔레스적 기술의 특수한 표증이다.

에 대한 연설가의 이 적응 법칙은 연설의 때로는 모순적인 결과들을 설명해준다. 최고의 연설가는 가장 학식이 많은 사람이 아니라 청중의 통념에 가장 가까운 사람이다.

> 교양이 없는 연설가들은 교양 있는 사람들보다 군중을 더 잘 설득한다. 〔…〕〔왜냐하면 그들은〕 그들이 아는 것에서 자료를 취하며 청중에게 아주 친숙한 주장을 하기 때문이다.
>
> II, 22, 1395b, 27; 30

키케로는 웅변술의 이 핵심적 원리를 강력하게 재확인한다.

> 내가 사람들 앞에서 말할 때 내가 원하는 것은 대중의 동의이다. 왜냐하면 언어에 의해서 다수의 인정을 얻는 데 성공하는 연설가가 전문가들의 인정을 얻지 못하는 것은 있을 수 없기 때문이다.
>
> 《브루투스》, 184

왜냐하면 연설의 성공은 연설 기술의 지식에 따르지 않고 군중에 대한 이 연설의 현실적 효과에 따르며 이 연설에 대한 찬성 혹은 반대는 이 연설의 척도이기 때문이다. 그리고 이 효과는 웅변술 입문자이거나 아니거나 모든 청중에 의해서 동일하게 느껴진다.

> 사람들은 연설가의 가치를 그의 말이 생성한 효과에서 이해하게 된다. 〔…〕 효과는 획득되는가 아닌가? 청중은 연설가가 원했던 의향을 가지는가? 이것들은 청중의 동의와 다수의 박수갈채에서 나타난다. 그러한 이유로 해서 한 연설가가 훌륭한가 나쁜가의 문제에 관해서는 전문가들과

대중 사이에 견해의 차이가 결코 없었다.

《브루투스》, 184-185

청중의 문제—연설가와 시인

따라서 논증이 청중의 가치와 의견에 기초하므로, 관중은 논증의 본질적인 구성요소이다. 그런데 이에 더하여 청중은 자신의 존재에 의해서 설득 과정의 본질적 구성요소이다. 그리고 이 청중에 대한 관심은 논증술의 옹호자와 이의 적 사이, 이 경우에는 소크라테스와 플라톤 사이의 분할선을 나타낸다.

소크라테스의 재판을 재구성하고 소크라테스식 웅변가의 모습을 제공하는 《소크라테스의 변명》에서 소크라테스의 방어 행동 방식은, 소크라테스의 청중은 연설가의 청중과 혼동되지 않는다는 점을 분명하게 나타낸다. 소크라테스는 자신의 비판자들에게 대답을 하여, 정치적 공동체로서의 심판관들에 말하는 것을 실제로 거부한다. 그는 잠재적으로는 지혜를 열망하는 개인으로서의 각 개인에게만 말하고자 한다.

> 자신과 자신의 도덕적이고 지적인 완성에 전념하기 전에 자신의 어떤 일에도 전념하지 말라고 설득하려 시도하고, 도시 국가의 일에 전념하기 전에, 그리고 나머지 모든 것에서 동일한 원칙들을 따르기 전에 도시 국가의 일에 조금도 전념하지 말 것을 설득하려 시도하여, 나는 여러분들 각자에게 내가 가장 큰 봉사라고 선언하는 것을 하려는 일 이외에는 다른 것을 원하지 않았는데 〔내가 무슨 벌을 받아야 하나〕
>
> 〈두 번째 연설〉, 36b-c[21]

21 *Deuxième discours*, 36b-c, éd. Garnier-Flammarion, trad. E. Chambry, p. 49.

수사학에 대한 반대는 근본적인데, 소크라테스적 현자는 논증 기술의 기초를 필연적으로 세우던 사회적 삶에 등을 돌린다. 도시국가를 소피스트들에게 양보하고 재판에 질 위험을 감수하고 소크라테스는 철학적인 것을 위해 정치적인 것을 멀리한다. 수사학자의 공적이고 집단적인 청중과 현자의 개인적이고 선택된 군중이 대립되며 현자의 대화는 인간들의 마음에 들기 전에 신의 마음에 들어야 한다.

> 현자가 이 모든 수고를 하는 것은 사람들과 말하고 논하기 위해서가 아니라, 현자가 신에 의지하는 한에서는, 신들의 환심을 살 언어가 가능하고 모든 것에서 신들의 마음에 드는 행동이 가능하기 위해서이다. 티시아스여,—우리보다 더 박식한 이들은 단언하는데—분별력 있는 인간은 비록 부차적일지라도 노예상태의 동료들의 환심을 사려고 행동해서는 안 되며, 선하고 훌륭한 혈통을 물려받은 주인들의 마음에 들려고 행동해야 한다.
>
> 《파이드로스》, 273e-274a[22]

키케로의 청중 특성짓기는 플라톤의 정의와 근본적으로 대립된다. 키케로는 이를 위해서 연설가의 청중이 갖는 본질적이고 비상황적인 성격을 예시하는 재미있는 우화를 이용한다.

> 데모스테네스는 유명한 시인 앙티마크의 글에서 인용된 말과 비슷한 말을 결코 할 수 없었을 것이다. 앙티마크는 자신이 초대한 청중 앞에서 자신의 작품, 당신이 아는 방대한 양의 시를 읽고 있었다. 독회 중에 플라톤을 제외하고 모든 사람들의 관심을 잃은 그는 "그래도 역시 나는 계속하겠다. 플라톤 혼자가 나에게는 십만 명의 청중의 가치가 있다"라고 그는

22 *Phèdre*, 273e-274a, Les Belles Lettres, p. 81.

말한다. 그가 옳았다. 시는 무엇인가 세련된 것이므로 소수의 사람들의 마음에 들기만 하면 된다. 연설은 군중을 대상으로 행해지는 것이므로 군중의 동의를 불러일으켜야 한다. 나머지 청중들의 관심을 잃은 데모스테네스 앞에 혼자서 이 플라톤이 있었더라면 데모스테네스는 말 한마디 할 수 없었을 것이다.

《브루투스》, 191

예술가는 자기 기술의 주인이므로 혼자서 자기 연주의 성공 책임을 진다. 이에 반해 연설가의 시도는 청중에 달려 있다.

연설가의 플루트는 관중의 귀라고 말할 수 있다. 귀에 대고 말해도 소용없다면, 혹은 무감각한 말처럼 청중이 전혀 반응을 하지 않으면 더 이상 노력을 할 필요가 없다.

《브루투스》, 192

하지만 논증의 이 원리가 혼돈을 유발해서는 안 될 것이다.

1) 연설가의 청중에 대한 적응은 기회주의적 행동이 아니라 전제 탐구의 기술적 법칙으로 간주되어야 할 것이다. 연설가는 청중에 의해 받아들여진 주장으로부터 자신의 논증을 구성하지만, 그의 논증 작업은, 새로운 명제들을 청중이 받아들이도록, 그가 처음의 명제들로부터 연역하려고 노력하는 새로운 명제들(설득의 쟁점)에 대한 청중의 동의를 지향한다. 설득은 역동적인 동시에 교육적인 활동이므로 아직 청중이 받아들이지 않은 가치, 판단 혹은 계획의 수긍이 아니라 이것들에 대한 지지를 청중에게 옮겨 놓는 것이다.

2) 상식의 웅변 개념은 보편적 관중(인간)이 아니라 연설가가 마주 대하는 청중의 통념(견해, 공통의 표현)에 기준한다.

> 연설가는 모든 의견에서 자신의 논거를 추출해서는 안 되며, 몇몇 정해진 의견, 예를 들어 결정권을 가진 사람들의 의견, 혹은 연설가 자신이 권위적으로 인정하는 이들의 의견에서 자신의 논거를 추출한다.
>
> II, 22, 1395b, 31

3) 마지막으로 아리스토텔레스의 진실임직함은 자의적임의 동의어가 아니다. 고려되는 청중과 관련해서 그것은, 진실과 진실임직함에 대한 사람들의 태도를 규정하는 윤리적 공리를 고려하여 청중으로부터 동의를 기대한다. "수사학은 유용하다, 왜냐하면 진실과 진실임직함은 그 반대보다 자연적으로 더 강한 힘을 가지므로 필연적으로 단지 실수에 의해서 소송인은 열세에 놓인다"(I, 1, 1355a, 20-23). 모든 청중에 대한 자연적인 선한 믿음을 고려할 때 훌륭한 추론은 그 전제가 개연적으로 진실로 보이는 것이 아니라 정해진 청중에 의해서 실제로 인정되는 것이다.

우리는 이렇게 의견과 청중의 역할을 규정했으니 논증의 내재적 구조를 검토할 수가 있다.

II. 아리스토텔레스의 착상

1. 수사적 방법 혹은 수사적 기술

논증과 설득

수사학이 자의적이고 비도덕적이라는 이중적 비난을 무효화하는 것이 아리스토텔레스가 시도한 논증의 합리화에서 쟁점이다. 입증을 구성하여 진실임직함에 대한 엄밀한 추론의 기초를 세울 수 있다고 그는 말한다. 그것은 경험적 처방의 산물일 수가 없으며 한 방법의 결과일 수 있다.

> 이 영역에서 하나의 방법을 또한 그릴 수 있는 것은 분명하다. 실제로 사람들이 습관에 의해 목적에 도달하고 마찬가지로 우연에 의해 목적에 도달한다면 우리는 그 이유를 성찰하여 찾아낼 수 있다. 그런데, 이제 모두가 동의할 텐데, 그것이 기술의 기능이다.
>
> I, 1, 1354a, 7-10

이 말은, 웅변 실천의 영역에 직접적으로 위치하는 것이 아니라 추론의 일반 이론의 성찰적이고 방법론적인 장에 위치하는 아리스토텔레스 수사학의 정확한 성격을 드러내 준다.

본 개론서는, 기존의 생각들과 제시될 수 있는 모든 주제를 버팀목으로 하여 연역적으로 추론할 수 있게 하는 방법을 찾아내고자 한다.

《토피카》, I, 1, 100a, 18-21[1]

그러한 이유로 해서 논증술은 (법정 웅변술의 개론서와는 달리) 직접적으로 실리적이지 않다. "논증술의 고유한 기능은 설득하는 것이 아니라 각 주제가 포함하는 설득 수단을 살펴보는 것이다"(I, 1, 1355 b, 7-11). 그러나 이 주제들은 인간 관계와 사회 관계에 대한 논쟁의 여지가 있는 질문들을 다루며, 이는 수사학과 추상적 성찰을 구분하며, 수사학은 강한 의미로서 사람들의 관심을 끄는 문제들을 체계적으로 다룬다.

우리는 우리에 의존하는 것, 그리고 실현 가능한 것들만을 토론한다.

《니코마코스 윤리학》, III, 3, 1113 a, 30-31[2]

그러므로 수사학은 존재의 구체적인 것에 적용된 기술적 성찰이다. 즉 논증하는 것은 도시국가 사람들 사이의 참된 토론 대상을 전제로 한다. 게다가 그 시도는 조금도 독단적이지 않으며 논증 방법을 만드는 것은 확실한 설득에 이르지 않는다. 그것은 한 기술의 궁극적 목적에 대해 오해하는 것이다. 의학의 궁극적 목적이 치료하는 것이 아니라 보살피는 것인 것처럼 수사학의 궁극적 목적은 설득하는 것이 아니라 설득 수단을 찾는 것이다.

수사학의 고유한 기능은 설득하는 것이 아니라 각 주제가 포함한 설득하

1 Trad. J. Brunschwig, Les Belles Lettres.

2 Trad. M. Dufour, *Rhét.*, I, p. 86.

> 기의 수단들을 살펴보는 것이다. 다른 기술의 경우도 모두 마찬가지이다. 의학의 일은 건강을 환자에게 되돌려주는 것이 아니며 가능한 한 치료에 진전이 많이 있도록 하는 것이 아닌가? 실제로 더 이상 건강을 회복할 수 없는 환자들을 훌륭하게 다룰 수 있다.
>
> I, 1, 1355b, 11-14

따라서 기술은 (기술을 전지전능한 것으로 제시하는) 독단주의와 (기술의 효용성만을 고려하여 … 치료 불가능한 환자들을 의학적으로 결국 돌보지 않게 되는) 실용주의의 암초에서 벗어난다. 어떤 기술도 이 효과들로 환원되어서는 안 된다. 아리스토텔레스는 결과적으로 궤변론들에 대한 조직적 반박을 가능하게 하면서 실용적 경험주의와 구분되는 방법을 수사학에 제공한다.

이 계획은 논증과 설득을 명확하게 구분하는 장점을 갖는다. 논증 기술은 설득 수단들을 찾는 체계적 기술이다. 이와 반대로 설득은 (체계적이거나 경험적이거나, 미리 숙고된, 혹은 아니든) 논증 시도의 상황적 효과이다. 간단히 말하면 설득은 특수한 의사소통 상황과 연결된 결과로 그 상황의 요인들은 필연적으로 방법의 적용 장에 있지는 않다. 달리 말하면 정확하게 세워진 논증은 설득의 보장이 아니며, 이전에 분명해진 구성요소, 즉 열정, 악의, 편견 등에 의해서 거부할 수 있는 청중의 역할과 관계가 있는 주요 이유들 중의 하나이다.

> 확신을 가져오거나 관심을 끌기 위해서 증명하고, 반박하며 증거를 가져오고 사실을 확립하는 것으로 충분하다면 인류는 오래전에 구원되었을 것이다.
>
> 르벨, 《검열에 반대하여》, 136[3]

따라서 설득에는 이성적 구성요소 이외의 다른 구성요소들이 있으며 아리스토텔레스는 그것을 모르지 않는다. 그러나 논증에 논증의 방법을 부여하여 어떤 이데올로기적 편견, 어떤 열정적 동기유발을 분석하는 것이 가능하며, 어떤 설득 방식이 청중의 감각을 속이거나, 논쟁의 여지가 있는 의견을 명백한 것으로 제시하여 이성을 속이므로 기만적이라고 고발하는 것이 가능해진다.

> 고대의 수사학은 확실성이 아니라 개연적인 것, 가능한 의견을 추구한다. 아리스토텔레스의 변증술은 가능한 의견의 전략이다. 주장이 이성에 따른 것이며 받아들일 만한 '근거'에 의해서 지지되고 옹호된다는 점을 사람들은 증명하려 해야 한다.
>
> 앙주노, 《팸플릿적 말》[4]

진실임직함을 확실함으로 가장하는 것은 소피스트적 추론의 가장 분명한 지표이므로, 논증 방법은 틀림없는 설득(전체주의적 꿈)의 기술을 시민에게 제공하는 것과 거리가 멀며 시민에게 자신의 발화를 위한 도구, 담론의 세계가 우리 각자에게 미치는 여러 영향들의 분석 도구를 제시한다.

청중, 연설가의 심판관—연설의 장르들

아리스토텔레스는 교육적 목표와 기술적 목표 이 이중의 목표에 도달하고, 수사학을《논리학》에서 시작된 인간 추론의 일반 이론과 연결시키고

3 J. F. Revel, *Contre censures*, 136. Marc Angenot, *La Parole pamphlétaire*, Payot, 1985, p. 146 재인용.

4 Marc Angenot, *La Parole pamphlétaire*, Payot, 1985, p. 148.

자 설득적 담론을 보편성 안에서 파악하려고 노력한다. 따라서 그는 그리스 도시국가에 고유한 사회 · 문화적 특징의 결과인 수사학의 법정 논증화라는 실질적 특수화와 조화할 수 없었다. 아리스토텔레스는 알렉산더 대왕의 스승이었고 법적인 것에 대해 정치적인 것의 분명한 우월성(의회, 식장, 법정의 장르 연구 순서가 보여 주듯이, 그리고 정치 세계에서 빌려 온 다수의 예가 증명하듯이)을 부여하므로 더더욱 그 조화는 불가능했다. 도시국가의 틀은 아리스토텔레스의 수사학적 사상을 구조화한다.

논증의 첫 번째 일반적 특징은 청중의 기능에 있다. 이 영역에서 아리스토텔레스는 연설을 연설의 대상과 청중의 기능에 따라 구분하는 기술 중시자들에 의해서 시작된 연설 장르의 분류를 물려받았다. 청중은 법정 장르에서 과거 사건과 행위의 심판관이다. 청중은 의회 장르에서 미래에 관한 (정치적 혹은 다른) 결정을 하도록 부름 받는다. 마지막으로 식장 혹은 감정 표현적 장르에서 청중은 현재의 행동(비난 혹은 칭송의 수사학)을 좋거나 나쁘게 평가하는 데 부름을 받는다.

이 3분류를 아리스토텔레스는, 심판관의 기능은 연설의 장르가 무엇이든지 간에 청중에게 부여 가능하다는 점을 보여 주어 상대화시킨다.

> 아리스토텔레스에게, 모든 청중은, 결국 서로 논쟁적인 주장들 중 어느 것도 확실하게 인정되지 않을 때, 어느 것이 우월하다고 발언해야 하는 심판관이다.
>
> 카임 페렐만,《수사학의 제국》, p. 171

아리스토텔레스는 이 기능을 보편화하여 법정 장르에서 경계획정적 특징을 박탈하고 정당화되지 않는 우선권을 빼앗는다. 심판관이 된다는 것은 배심원과 사법관에 고유하지 않으며 논쟁적인 가치에 대해 의견표명을 해야 하는 모든 청중의 특징이다.

> 설득적 담론은 판단을 하기 위해 사용된다. 담론이 한 사람에게 권고하거나 만류하고자 할 때 (청중이 한 사람일지라도 심판관이다. 설득대상이 되는 사람은 절대적 정의상 심판관이니까), 혹은 한 항의자(소송당사자)나 한 주장에 대항하여 말하거나 그것은 결국 항상 똑같은 일이다. 왜냐하면 말의 대상이 되는 적과 같은 반대 논거를 무화하기 위해 담론을 반드시 사용해야 하기 때문이다. [⋯] 만들어진 담론의 수신자인 관중이 심판관과 같은 식장 장르의 경우에서도 또한 마찬가지이다.
>
> II, 18, 1391b, 7-21

하지만 이와 동시에 아리스토텔레스는 웅변 장르의 3분할을 정교하게 하여 웅변의 전통이 그가 웅변 장르에 대해 제시하는 기술을 인정할 정도가 된다. 실제로 그는 이 세 장르 각각에 하나의 기능, 하나의 시간적 관점, 그리고 특히 세 장르에 고유한 논증의 전제들에 대한 탐구에 초점을 맞추게 되는 가치들에 의해서 규정되는 특수한 궁극적 목적을 연결하여 이 세

연설의 장르	연설가의 행위	청중의 행위	연설 대상의 시간적 위치	연설의 궁극적 목적	우선적 일반 말터[5]
의회	충고하기 만류하기	결정하기	미래	유용함 해로움 (정치)	가능함 불가능함 (가능성)
식장	칭찬하기 비난하기	평가하기	현재	아름다움 추함 (미학)	위대함 편협함 (양)
법정	비판하기 변호하기	심판하기	과거	공정함 불공정함 (윤리)	현실 비현실 (시간성)

장르에 질서를 부여한다. 그는 의회 장르에 대하여 유용함/해로움, 식장 장르에 대하여 아름다움/추함, 법정 장르에 대하여 공정함/불공정함을 부여한다. 앞의 도표는 이 모든 기준들을 요약적으로 보여 준다.

수사학의 세 입증

고려된 연설 장르가 무엇이든지 간에 세 유형의 입증이 아리스토텔레스적 논증을 구성한다. 이 3분류는 아리스토텔레스의 독창적 기여이다. 이 3분류는 입증을 수사학의 본체로 만든다. 서구에서 자연언어에 의한 논증 논리의 최초의 개요로서 설득에 대한 이 합리화의 개념적 대담성과 풍요를 아무리 강조해도 지나치지 않을 것이다.

> 연설이 제시하는 입증은 세 종류로 나뉜다. 첫 번째 종류는 연설가의 성격에 있으며, 두 번째 입증은 청중이 위치하는 입장에 있고, 세 번째 입증은, 연설문이 증명하고 증명하는 것으로 여겨지기 때문에 연설문 그 자체에 있다.
>
> I, 3, 1356a, 1-4

첫 번째, 두 번째 입증은 발화 상황을 규정하는 의사소통 주체에 관한 것이다. 첫 번째 입증은 연설가에 관한 것이며 연설가가 말함에 의해서 자신에게 부여하는 이미지와 관련된다. 두 번째 입증은, 청중에게, 그

5 공통 말터 혹은 토포이topoï에 대해서는 다음의 IV장 〈말터〉를 참조할 것. 말터의 우선적인 분포는 연설의 시간적 관점에 의해서 결정된다. 가능성, 양, 시간성은 공통 말터에 상응하는 세 범주이다.

리고 연설가가 자신의 연설에 의해서 청중에게 불러일으키는 감동과 관련된다. **에토스적** 입증은 청중이 연설가를 호의적으로 보게 하고자 한다. **파토스적** 입증은 연설가의 명분에 대한 청중의 동의를 얻고자 청중의 열정을 동원한다. 이와 반대로 세 번째 입증은 연설문의 고유한 영역에 속한다. 세 번째 입증은 화자에 의존하지 않는다는 점에서 객관적인데 연설문이 구성하는 이성적 요소들에 의해서 설득하고자 한다. 엄격한 의미로 그것은 연설문의 논증이다. 그것은 증명의 유사물로서 **로고스적** 논증의 명칭을 부여받는다.

이 세 입증은 연설가가 시도할 수 있는 설득 작업의 전부를 포함한다. 아리스토텔레스는 설득의 상호주관적 차원과 설득의 정감적 구성요소에게 자리를 내준다는 점을 우리는 본다. 왜냐하면 수사학의 방법은 설득에서 열정을 추방하려하지 않고 열정을 가능한 한 최고로 통제하려 한다. 따라서 수사학의 방법은 합리주의의 비난에서 벗어난다. 그래도 역시 주관적 입증에 논리적 입증을 첨가하는 것은 수사학의 결정적 혁신이다. 아리스토텔레스는 자기 선배들과는 정반대의 입장을 취하여 열정의 남용적 조작과 연설 방법의 경험주의에 반대하여 객관적 입증을 내세운다.

입증의 이 3분류는 역사적으로 수사학의 전통에 의해서 인정되는데, 키케로에게는 연설가의 세 의무, 즉 **증명하기, 마음에 들기, 감동시키기**[6]를 이룬다. 이 3분류는, 다음의 도표가 보여 주듯이, 로고스적, 에토스적, 파토스적 입증들의 확립에 고유한 전제들의 성격을 연속적으로 검토하는 아리스토텔레스의 개론서의 구상을 결정한다.

---

6 연설의 이 의무에 대해서는 또한 부록 I 〈웅변술의 분류체계〉, 그리고 문체의 3분류에 대한 이에 상응하는 부록 I의 주 9를 참조할 것.

입증[7]		연설의 수단	기능 혹은 의무
주관적 (대화의 영역)	윤리적 (II,1)	연설가의 성격 (도덕적 이미지)	마음에 들기
	감동적 (II,1-17)	청중에게 유도된 열정	감동시키기
객관적 (담론의 영역)	논리적 (I,4-15) (II,18-26)	증명적 담론[8]	증명하기

2. 윤리적 입증 또는 연설가의 성격(첫 번째 주관적 입증)

> 연설이 연설가에게 믿음을 주기에 일맞을 때 사람들은 성격으로 설득한다. 왜냐하면 정직한 사람들은 모든 일반적 문제에 대하여 더 크고 더 빠른 신뢰를, 조금도 확실성을 지니지 않으며 의심의 여지가 있는 문제에 대하여 전적인 신뢰를 우리에게 불러일으킨다. 그러나 이 신뢰가 연설의 효과이어야지 연설가의 성격에 대한 선입견의 효과이어서는 안 된다.
>
> I, 2, 1356a 5-9

에토스 또는 연설가의 성격은 연설가의 도덕적 이미지와 청중에 대한 이 이미지의 효과를 가리키는데, 청중의 좋거나 나쁜 태도는 연설의 성공 아니면 실패를 결정한다. 아리스토텔레스에게 에토스는, 논증이 진실에

7 입증이라는 말은 연설가에 의해서 생산된 입증을 포함해야 한다. 연설가에 외재적인 기술 외적 입증(I권의 15장에서 법정 장르에서 검토된 증언, 고백, 글, 문헌, 물질적 증거)과 대립되는 기술적 입증이 있다.

8 증명이라는 말은, 설득의 심리적이고 정감적 구성요소들과는 대립적인 담론의 논증을 의미하도록 해야 한다. 그러므로 연설의 전통에서 관례적인 표현은, 과학에서의 추론에 남겨두는 것이 적당한 용어인 엄밀한 의미로서의 증명과 동일시될 수 없다.

근거하지 않고 진실임직함이나 의심스러운 것에 근거할 때는 입증 중에서 가장 효과적이다. 그러므로 연설가의 신용은 결정적 요소인데, 왜냐하면 청중의 신뢰하기는 설득의 길을 열기 때문이다.

역사적으로 이 연설 개념은 카타르시스가 겪은 변질과 유사한 변질을 겪었다. 즉 기독교 전통의 영향 하에 이 개념에 도덕성이 부여되었다. 그러나 사실을 말하자면 중의성은 고대 시대부터 존재한다. 따라서 에토스적 입증을 표현하는 로마의 격언 "vir bonus, orator peritus"는 "정직한 사람은 좋은 연설가가 된다"는 교화적 해석에 적합하다. 이 해석에서 연설가의 도덕적 가치는 연설의 성공을 결정하며 연설의 정직성을 보증한다. 그러나 이 해석은 기술적으로 윤리에 얽매이지 않는 진실임직한 논증 방법인 아리스토텔레스의 수사학과 무관하다. 논증술은 그 자체로 도덕과 관계 없으며 논증술의 사용만이 도덕에 의해서 외적으로 지배될 수 있다. 따라서 에토스는 설득 과정의 기술적이고 내재적인 조건으로 이해되어야 하지 연설가의 본성에서 나오는 도덕적이고 외재적인 특징으로 이해되어서는 안 된다. 진지하고 정직한 사람이 반드시 효과적인 연설가가 되는 것이 아니다.

결국 원래의 정의로 되돌아와야 한다: 연설이 연설가에게 믿음을 주기에 알맞을 때 사람들은 성격에 의해서 설득한다. 신뢰를 낳는 것은 담론이다. 연설가는 세계의 표현과 동시에 자신의 발화행위에 의해서 논증 상황을 형성하는 자기 자아의 연설 표현을 만들어 낸다. 연설가의 발언의 효과는 이 담론적 이미지의 제어에 달려 있다. 왜냐하면 연설가가 자신의 청중을 설득할 수 있다는 희망은, 그가 옹호하는 의도에 대한 신뢰, 자아에 부여된 신뢰를 청중에게 전달하는 행동에서 유래하기 때문이다.

청중의 실제적 인격과는 독립적으로 이 연설의 이미지는 담론의 내용과는 아직 구분된다. 에토스는 자화상, 연설가가 어느 마음에 드는 때에 자신을 그리려는 방식인 아름답게 꾸미는 인물묘사법에 있지 않다. 문제는 담론의 발화가 아니라, 연설가의 이미지를 보게 하고 구성하는 담론의 발화가 문제이다. 이 활동은 연설가의 자아에 기반하는 모든 기호들을 생산하며 연설가는 자신의 경험에 따라 다소간 이 활동을 통제한다. 그러므로 윤리적 입증은, 담론의 발화행위에서 청중을 목적지로 하는 연설가의 이미지를 형성하는 데 역할을 하는 모든 것에 의해서 구성된다. 목소리의 톤, 발화의 어조, 단어와 논거의 선택, 몸짓, 표정, 시선, 자세, 화장 등은, 연설가가 자신에 대하여 심리학적이고 사회학적인 이미지를 부여하는 발성적, 연설적, 의상적, 상징적 기호들이다. 모든 청중의 사회 · 문화적 기억은 거의 본능적으로 어떤 조음상의 이완을 대중적인 것으로 식별하게하고, 어떤 몸짓이나 억양을 교육받은 것으로 혹은 세련된 것으로 식별하게하는 것을 가능케 하고, 어떤 자세를 감동의 지표로 해석하게 하는 것을 가능케 한다. 윤리적 입증에서는 모든 것이 기호가 되며, 연설이 진행됨에 따라 청중이 연설가에게 부여하는 개성의 징후이다. 진실보다도 훨씬 더 연설가는 청중의 정신을 유혹하므로 말브랑슈는 철학자와 신학자가 개인적으로 무너뜨리기를 꿈꾸는 연설가의 사회 · 문화적 발현을 나타내는 민감한 부분에 대한 아주 명확한 기술을 한다.

> 예를 들어 말하는 사람이 능란하게 표현을 한다면, 말하는 동안 유쾌한 얼굴을 유지한다면, 정직하고 재기발랄한 사람으로 보인다면, 재능이 있고 재산이 많은 사람이라면, 권위적이고 엄숙하게 말한다면, 상당한 명성이 있고 상급의 사람들과 교류가 있는 사람이라면, 마지막으로 사람들의 환심을 사고 존경받을 정도로 운이 있다면, 그는 모든 것을 올바르게 진

> 척시킬 것이며 사소한 것에서도 무엇인가 상당한 것을 증거할 것이다. 그러나 앞의 것들과 반대되는 점들을 가질 정도로 아주 불행하다면 그는 드러내도 소용없으며 결코 아무것도 입증하지 못할 것이다.
>
> 《진실의 탐구》[9]

로마의 사회적 가치인 명성, 체면과 관련되는 연설의 권위인 훌륭한 연설가*bonus orator*의 의미가 이제는 더 잘 이해가 된다. 연설가의 정직성은 엄밀한 의미로서의 도덕적 미덕보다는 연설가가 지닌 사회적 미덕이다.

윤리적 입증은 특히 설득을 통해서 청중이 호의적인 마음을 갖게 하는 데 기여한다.

> 〔…〕 몇몇 특성하에 자신을 드러내고 심판관이 어떤 기분을 갖게 하는 것이 필요하다. 왜냐하면 어느 날 자신을 드러내어 청중이 어떤 기분을 하고 있으며, 더욱이 청중이 연설가에 대하여 어떤 의향을 가지고 있는 것이 설득을 위해서, 주로 토론에서, 그리고 또한 법정에서 큰 이점이 있다.
>
> 《수사학》, II, 1, 1377b, 20-27

담론의 특색: 연설의 전통이 채택한 표현은, 내용의 모든 고찰 이전에 담론은 그 형식과 기호의 힘에 의해서 청중에게 작용하는 의미 활동이라는 점을 강조한다. 외관의 제어는 설득 과정과 관련된다. 그리고 연설가의 윤리적 전략은, 청중이 믿음을 줄 만한 연설가에 대해 마음에 품은 이미지에 적응하는 데 있다. 그러므로 에토스는 도덕적 지식보다는 청중이

9 Malebranche, *La Recherche de la vérité*, M. Fumaroli, "Préface" à Yvon Belaval, *Digression sur la rhétorique*, Ramsay, pp. 8-9 재인용.

도덕적 가치에 대해 마음에 품은 공통의 표상에서 더 많은 것을 빌려 온다. 이 공통의 도덕(통념)은 청중으로 하여금 대중의 신임을 불러일으키는 미덕들을 웅변적으로 구현하게 해준다.

> 〔연설가들은〕 신중, 미덕, 그리고 친절에 의해서 신임을 얻는다. 〔…〕 연설가가 이 모든 장점들을 가진 것 같다면 그의 말을 듣는 이들에게 신뢰를 불러일으킨다.
>
> II, 1, 1378a 6 & s.

고전주의 시대 한 수사학자가 요약한 다음의 말 "미덕의 색채에 자신의 붓을 담그는 것은 무척 유리하다"[10]는 겉으로 보아서만 비도덕적 절치일 뿐이다. 외관의 이용을 진실임직한 논증의 기술적 제약으로서, 이 제약은 외적으로 외관에의 호소를 공정하게 사용하는 데 대한 규정을 윤리에게 남긴다.

에토스적 입증은 설득의 진정성에 대한 환상을 지속적으로 뒤흔든다. 그리고 사회적 삶의 매체화는 연설 이미지의 중요성을 강력하게 상기시킨다. 즉 매력, 카리스마, 실감적 연기는 연설가의 명성을 다소간 가리키는 용어들이다. 에토스적 입증은, 고전주의자들이 '연설의 정직성'이라고 명명했던 심리적이고 사회적인 코드에 의해서 지배되는 연극으로 담론의 공간을 정의한다. 연설가는 이 '연설의 정직성'에 순응하고 이를 이용해야 한다.

10 Jean-Baptiste Crevier, 《프랑스 수사학*La Rhétorique française*》, Paris, 1765, 2권 중 1권, pp. 183-184, in Michel Le Guern, 〈고전주의 시대 프랑스 수사학에서 에토스〉, 《담론의 전략*Stratégies discursives*》, le Centre de recherches linguistiques et sémiologiques de Lyon의 학회 발표문, 20-22 mai 1977, Presses universitaires de Lyon (pp. 281-287) 재인용.

문학은 무척 대조적으로 에토스적 입증의 주목할 만한 예시들을 제공한다. 현대 문학에서 수사학에 대한 불신의 결과로 수사학의 역할은 우스꽝스럽게 종종 강조된다. 플로베르의 경우 농업공진회 연설은 연설자인 참사관 리외뱅 씨의 그로테스크한 초상화로 시작된다.

> 그때 은빛 자수가 있는 짧은 옷을 입고, 이마가 벗겨지고, 뒤통수에 머리숫이 많고 안색이 창백하며 아주 인자한 모습의 한 신사가 4륜마차에서 내리는 것이 보였다. 무척 크고 두꺼운 눈꺼풀로 덮힌 그의 두 눈은 군중을 주시하고자 반쯤 열려 있었으며 동시에 그는 뾰족한 코를 들어올리고는 움푹 들어간 입으로 미소지었다. 그는 현장을 두른 시장을 알아보고는 도지사가 올 수 없었다는 점을 설명했다. 그는 참사관이었는데, 몇 마디 사과의 말을 더했다. 투바슈 시장은 이에 예절스럽게 답하였고 참사관은 무척 송구스러워 했다. 그리고 시의원, 공증인들, 국민병 대원들과 군중들, 주위의 심사위원들과 함께, 그들은 이마가 거의 닿은 채 서로 마주하고 있었다.
>
> 《보바리 부인》, 2부, 8[11]

플로베르의 자유간접화법은 이야기(묘사)에서 담론(연설가의 윤리적 이미지)으로의 이전을 보장한다. 첫 번째 묘사 문장은 있는 그대로의 참사관이 아니라 보여지는 대로, 즉 그의 외모에 초점을 맞춘다. 단일 인칭 대명사 "on"은 익명이고 집단적인데, 이중적으로 드러나는 이 시선에 중의성을 부여한다. 이 시선은 시골 관객들의 감탄스러워하고 순박한 시선이고, 또한 서술자의 냉담하고 비꼬는 시선이다. 이 이중화는 시장과 참사

11 Gallimard, coll. Pléiade, p. 419.

관의 마지막 자세, 즉 얼굴을 마주 대하기 또는 이마를 마주 대하기라는 우스꽝스러움의 극치에 이른다. 그러나 텍스트의 이 부분에서 우리는 이미 담론의 공간 안에 있다. 왜냐하면 플로베르의 빈정거리는 태도는 참사관의 연설 이미지에 작용하기 때문이다. 실제로 이 이미지의 조롱은 독자에 의해서만 지각되기 때문이다. 이와 반대로 농업공진회의 청중은 참사관의 인격이 발하는 모든 기호들에 의해서 마음이 끌린다. 신체적 기호들(이마, 눈, 코, 입), 의상 관련 기호들(은빛 자수가 있는 짧은 옷), 사회적 기호들(시장의 현장을 본뜬 옷)은 협력하여 참사관의 대화자들과 청중들에게 분명히 깊은 인상을 준다. 그러므로 "(그는) (시장에게) 설명했다/그는 …였는데/몇몇 사과의 말을 더했다. 그 사람(참사관)은 무척 송구스러워 했나"에서 나타나는 자유간접화법은 연설가와 청중이 공유한 감정을 표현한다. 연설의 이 단편들은 참사관의 이미지를 구성하는 연설 행위의 반영이다. 그러나 자유간접화법의 발화자는 화자이므로 이 특징 부여는 비꼬는 투이다(미숙하고 기품 없는 연설가, 순진하고 매혹된 청중). 독자가 연설가를 우스꽝스럽다고 판단할수록 청중은 아주 만족스럽게 연설가에 감탄한다. 참석자들의 현혹됨이 청중에 대한 연설가의 이미지가 갖는 거의 환각을 일으키는 힘을 강조하며, 청중에게 있어 참사관 리외뱅의 말은 체면과 권위를 구현한다.

이 심리 · 사회적 재현은 에토스적 입증에서 상상계의 역할을 강조한다. 이 에토스적 입증은 정신 심리학(연설가의 성격)과 정감 심리학(청중의 열정)의 교차점에 위치한다. **에토스**는 실제로 **파토스**와 연합한다. 왜냐하면 도덕적 미덕의 재현은 청중에게 감동을 유도하기 때문이다. 그러한 이유로 해서 에토스는 자신의 힘을 상상력의 의심스러운 힘에서 가져오므로 에토스 안에서 상상계의 동원은 고전주의 시대의 철학자들과 모랄리스트의 경멸을 야기하였다. 말브랑슈 이전에 파스칼은 상상력의 의심스러운 힘을 고발하고 자신의 저서 《팡세*Pensées*》에서 "설교자는 그가 알리는 위대한 진리보다는 자신의 용모와 풍채에 의해서 설득한다"(Pléiade, p. 1116)고 한탄한다. 그러나 파스칼은 수사학이 진실임직함과 외관의 기술이기는 하지만 인간의 정신을 감동시키는 것을 가능케 한다는 것을 알고 있다. 그러므로 파스칼의 성찰은 에토스적 입증의 무효화를 목표한 것이 아니라 에토스적 입증이 사용하는 감성적 동력에 대한 정확한 지식에 의해서 에토스적 입증의 적절한 용법을 결정하는 것을 목표로 한다.[12]

---

12 설득의 감각적 구성요소에 대한 파스칼의 입장은 양면성이 그 특징이다. 외관의 역할은 착각을 일으키는 상상력의 발현으로서 《팡세》에서 낙인찍혔다(상상력, 104[361] 편, J. Chevalier 편집, Bibliothèque de la Pléiade, 1954). "고양이와 쥐를 보고 숯이 으스러지는 소리에 이성을 잃고 격노한다는 점을 누가 모르겠는가? 목소리의 톤은 가장 현명한 사람들에게 강한 인상을 주어 담론과 시에 힘을 실어 주어 변화시킨다.

애정이나 증오는 정의의 모습을 바꾼다. 그리고 미리 보수를 잘 받은 변호사가 자신이 변호하는 입장을 더 정당하다고 얼마나 생각하겠는가? 그의 무모한 제스처가 이 외관에 의해 속은 판사들에게 그 입장이 얼마나 더 좋아 보이게 하겠는가! 바람이 온갖 방향으로 조종하는 우스꽝스런 판단력"(p. 1117). 이 외관의 사회적 효과도 마찬가지로 비판받는다. "우리 재판관들은 이 신비를 잘 경험했다. 그들의 붉은색 옷, 제복의 흰담비 모피 띠, 그들이 재판하는 법원, 흰 백합 문양, 이 모든 위엄 있는 도구들은 필요했다. 그리고 의사에게 긴 옷과 실내 실리퍼가 없었더라면, 의사들에게 각이 진 모자, 네 면이 너무 헐렁헐렁한 가운이 없었더라면 그들은 이처럼 진짜인 이 회중시계에 저항할 수 있는 사람들을 결코 속일 수 없었을 것이다"(p. 1118). 그러나 설득에서 이 감각적 여건의 힘과 항구성은, 이웃사람을 설득하고 마음을 바꾸려 하자마자, 고려 대상이 되는 것이 강요된다. 그러므로 자신의 외관을 소홀히 하여 임무를 달성하지 못할 수 있는 설교자에 대한 경고로서 이 발췌문을 읽을 수 있다. 호교론적 계획은 에토스의 고려를 필요로 한다. "그(판사)가 설교를 시작하는 것을 보시오, 그는 아주 종교적 열정을 보이며 격정적 자비심으로 자기 근거의 견고함을 강화한다. 그는 모범적 존경심으로 설교자의 증언을 들을 준비가 되어 있다. 설교자가 나타나고, 천성적으로 그는 쉰 목소리를 가졌으며 얼굴 윤곽이 괴상하고 이발사가 그의 면도를 잘못 하였으며, 게다가 우연히 그가 발표하는 몇몇 위대한 진리가 더욱이 우물우물 말해진다면, 나는 우리 상원의원의 엄숙함이 사라진다고 단언한다"(p. 1117). 파스칼

고전주의 연극은, 연설가의 심리적 이미지가 연설의 성공을 결정짓는 연설 시도의 여러 예들을 제공한다. 모랄리스트들의 의심을 정당화하는 라신의 연극에서도 이는 마찬가지인데, 왜냐하면 연설의 이미지는 거기에서 간계에 종종 봉사하기 때문이다.《안드로마케》의 1막에서 오레스테스는 피로스에게 아스티아낙스를 그리스로 넘기라고 요구하는 완강한 전권대사의 역할을 갖는다. 그러나 이 공식적 역할은 피로스의 거부를 야기하여 헤르미오네의 마음을 사려는 그의 진정한 의도를 감춘다. 그러한 연설의 전략은, 현실의 관습이 연설가의 성공을 결정하기를 바라는 모랄리스트의 기원을 무효화한다. 마찬가지로《브리타니쿠스》에서 네로를 설득하는 것은 부루스의 진실성이 아니라 나르키소스의 속임수이며, 부루스가 자신의 이미니에 대해 승리를 거두는 것은 거짓말에 의해서이다("나는 나의 경쟁자를 포옹하는데 이는 그를 질식시키기 위해서이다"). 더 심각하게도 이 이미지가 본래의 존재와 힘에 의해 활기를 띤다. 그리하여《안드로마케》의 2막에서 피로스는 오레스테스가 지녔던 임무를 자신에게 유리하게 이용한다. 즉 피로스는 안드로마케의 거부에 격노하여 전권대사의 논거에 확신을 갖는다고 선언한다.

... 내가 당신에게서 떠난 이래로,
나는 당신의 힘을 느꼈고 당신의 공평성을 경험했다.

II, 4

따라서 오레스테스는 헤르미오네에 대한 자신의 개인적 의도를 파괴하

의 이 판단에 대하여 또한 6장 1항에서 에토스와 권위의 논거에 관한 주 18을 참조할 것.

는 자기 자신의 논증 앞에 굴복하게 될 것이다. 웅변의 이미지는 그러므로 등장인물들의 의지와 독립적인 설득 효과를 생산한다. 라신의 극작법은 에토스의 설득적 힘을 역설적으로 전개하며 진실에 대하여 논증이 갖는 자율성의 냉엄한 예시를 제공한다.

바로 이 자율성으로부터 몰리에르의 타르튀프는 쉽게 속는 사람인 오르공에 대해 설득의 힘을 얻는다. 신봉자의 음모가 오르공의 아들에 의해서 방금 전에 비난받았음에 반해 타르튀프의 대답은 가장 모순적이지만 가장 효과적인 논거, 비난을 강조적으로 확증하는 것임이 밝혀진다.

> 예, 나의 형제여, 나는 악인이며 유죄입니다.
> 온통 타락으로 가득 찬 불행한 죄인입니다.
> 결코 존재하지 않았던 악당입니다.
> 내 삶의 매 순간은 오점으로 차 있답니다.
> 내 삶은 범죄와 비열함의 무더기에 불과합니다.
> 그리고 나는 하늘이 나를 처벌하고자 이 기회에
> 나를 괴롭히고자 한다는 점을 압니다. […]
> 아닙니다, 아니에요. 당신은 겉모습으로 잘못 판단하시는군요.
> 그리고 유감스럽게도 나는 사람들이 생각하는 것 자체입니다.
> 모든 사람들은 나를 선한 사람으로 간주합니다.
> 그러나 나는 아무 가치가 없다는 것이 순수한 진실입니다.
>
> III, 6

타르튀프는 진실을 말한다. 하지만 오르공은 그것을 믿으려 하지 않으며 자신의 아들을 쫓아낸다. 이 독특한 논증 효과는 타르튀프 자신이 오르공의 정신에 각인시킨 연설의 이미지, 즉 신봉자의 이미지에 의해서만 설명된다. 그런데 타르튀프는 자신의 반박에 의해서 헌신의 문화적 코드를 이용한다. 왜냐하면 타르튀프는 지극히 겸손하게 최악의 범죄를 저질렀다고 자책하여 자신을 고문하기 때문이다. 이 굴욕의 이미지는 오르공이 하는 타르튀프 연설의 해석을 결정한다. 오르공은 실제로 타르튀프를 신봉자로 마음에 그린다. 그리하여 타르튀프가 자책하면 할수록, 이는 오르공의 눈에는 겸손과 헌신을 증거한다. 그가 자신을 고발하고 자신을 드러낼수록 오르공은 그가 덜 유죄라고 생각한다. 오르공은 타르튀프가 부여하는 연설적 이미지의 포로가 되어 이 고백에서 미덕과 경애심의 과장적 표시를 본다. 타르튀프는 진지하며, 자신의 대화자가 발화행위의 차원에서만 해석하지(자책하는 것은 경건한 것이다) 발화의 차원에서는 (자신의 범죄를 고백하는 것) 해석할 수 없는 이 진지함에 의해서 오르공을 속인다. 이 장면은 연설의 도덕성과 실재적 도덕성 사이의 편차에 대한 주목할 만한 예시이다. 그러나 타르튀프를 위선자라고 규정하는 것은 부정확할 것이다. 연극 내내 그의 담론은 일체를 이루며 그가 엘미르를 유혹하려 할 때도 논증적으로는 신봉자의 담론으로 남는다. 타르튀프의 재주는 자신의 권력의 원천이며 계속적으로 이 연설의 이미지를 유지하는 것이며 이 연설의 이미지가 갖는 설득의 힘은 오르공의 소외를 감당할 수 있다. 속이기의 정점은 자신의 진지함을 이용하는 것이다. 진실임직함의 담론적 공간에서 진실 자체는 진실을 효과가 없게 하거나 더 나쁘게는 속이기에 봉사하게 하는 조작의 대상이 될 수 있다. 타르튀프의 담론은 에토스의 힘, 그리고 타락한 에토스의 사용을 훌륭하게 예시한다.

3. 파토스적 입증(두 번째 주관적 입증)

> 연설이 청중에게 열정을 경험하도록 유도할 때 설득은 청중의 기분에 의해서 이루어진다. 왜냐하면 사람들이 고통 혹은 즐거움, 우정 혹은 증오를 느낌에 따라 동일한 방식으로 판단하지 않기 때문이다.
>
> I, 2, 1356a, 14-16

법정 연설에 있어 파토스적 입증은 중대한 입증이다. 또한 이 파토스적 입증은 수사학의 전통에 자양분을 제공하는 열정에 관한 여러 개론서의 원천이다. 더 넓게는 파토스적 입증은 설득과정의 심리적 구성요소를 결정하며, 청중과 관련되기 때문에 이 구성요소의 후위 단계를 구성한다. 그리고 이것의 전위 단계는 연설가와 관련되는 **에토스**가 구성한다. 아리스토텔레스는 자신의《수사학》제2권 절반을 **파토스**에 할애한다. 그의 열정에 대한 정의는 어원과 멀어지는데, 왜냐하면 그는 열정의 기능을 설득 과정에서 고려하기 때문이다. 아리스토텔레스에게 열정은 청중의 감동이 나타내는 변화, 즉 판단 변화의 동인이다.

> 열정은 사람들의 판단을 변화시키는 원인이므로, 그 결과로 고통과 즐거움, 화, 동정, 두려움 그리고 이러한 부류의 모든 다른 감정들, 그리고 이의 반대들 등의 고통과 즐거움을 갖게 된다.
>
> II, 1, 1378a, 19-21

연설의 입증들을 특징짓는 가역성 원리에 적합하게 열정 분석은 열정을 반대의 짝으로 분류한다. 즉 **성냄**과 **조용함**(2장, 3장), **우정**과 **증오**(4장), 두

려움과 안심(5장), 수치와 후안무치(6장), 친절과 불친절(7장), 동정과 분개(8장, 9장), 욕구와 경멸(10장, 11장). 이 정의들에 나이에 따른(젊음/늙음/성숙, 12장, 13장, 14장) 성격의 정의, 고귀함과 관대함의 정의(14장), 그리고 부자와 권력자의 정의(16장, 17장)가 첨가된다. 그러한 검토의 궁극성은 현대인의 정신으로서는 금방 이해되지 않지만, 연설가가 불어넣기에 이르는 열정에 의해서 청중의 판단이 바뀌는 한에 있어서는 청중의 설득에 의해서 결정된다. 따라서 연설가는 청중의 열정의 동기들과 청중의 성격에 관한 심리적 지식을 소유하는 것이 적합하다. 그러므로 연설가는 그가 청중으로부터 기대하는 판단에 유리하게 작용하는 열정, 즉 화, 감탄, 수치를 야기할 수 있어야 할 것이다.

결과적으로 열정과 성격에 대한 지식은 설득적 추론의 선제를 제공한다. 연설적 열정의 유형론은, 통념을 간청하는 연설가와 의견을 받아들이는 청중에게 공통적인 통념을 규정하며, 예를 들어 화가 무엇인지, 어떤 성격이 그 화에 영향을 주는지, 무슨 인간적, 상황적 원인이 그 화를 야기하는지에 대한 통념을 규정한다. 청중을 화로 이끌기 위해서는 바라는 열정을 만들기 위해 어떤 행동의 유형을 언급해야 하는지 알아야 한다. 따라서 파토스적 입증은 이중의 축을 따라서 전개되어야 한다. 즉 파토스적 입증은 청중의 열정을 동원하고자 하며 청중에게 바라는 열정을 촉발할 수 있는 행동이나 상황의 재현에 의해서 이 효과에 도달한다. 열정을 야기하는 것의 재현에 의해서 구체화되는 열정에 대한 지식은 설득의 감동적 전제를 구성한다. 이 통념은 열정의 문학적 재현에 강한 영향을 미쳤으며 고전주의 문학에서 체계화된 이 믿음의 표현은 수사학적 전통에서 명시적으로 빌려 왔다. 열정들의 대조적 결합, 그리고 열정들의 급진적 반전은 라신의 극작법에서 열정의 재현을 특별히 지배한다.

예, 내 소원은 단지 무관심 속에서만 멈출 수 있을 정도로
그 격렬함을 너무 멀리 밀고 나갔소.
그것을 잘 생각하세요. 차후로 필요한 것은 나의 마음이,
격정으로 사랑하고 분노로 증오해야 한다는 것이오.

《안드로마케》, 피로스, I, 4

각 열정에 대한 정의는 세 가지 질문에 대답하는 동일한 절차에 따라 실행된다. 열정의 출현에 어떤 선행하는 감동적 성향이 유리한가? 사람들이 이 열정을 누구에 대해서 느끼며 어떤 대상에 대하여 비교적 느끼는가? 이 방법론은《파이드로스》에 진술된 플라톤적 변증술적 방법에서 빌려 온다. 플라톤은 거기에서 철학적 수사학의 가능성을 결정한다. 대상의 본질을 분석적이고 종합적으로 이중적으로 파악하는 원칙으로 변증술은, 청중의 영혼을 확인하고 구분하는 것이 첫 번째 행위인 철학적 수사학의 가능성을 구상하게 해준다.[13] 이 방식은 설득의 본질적 주체인 청중

13 《파이드로스》의 텍스트를 이해하기 위해서는 수사학에 대한 플라톤의 판단의 변화를 고려해야 한다.

1) 우선 플라톤은 소피스트들에 대한 소크라테스의 거부를 자신의 것으로 한다. 소크라테스는《소크라테스의 변명*Apologie de Socrate*》에서 정치 공동체로서 심판관들에게 호소하는 것을 거부하고 잠재적으로 지혜를 열망하는 개인으로서 각각의 심판관에게 호소하고자 한다. 그것은 철학자의 개별적 청중과 수사학자의 공적 청중을 구별짓는 것이다(2차 연설, 36 b-c). 387년에 작성된《고르기아스*Gorgias*》는 또한 소크라테스를 고르기아스(수사학의 정의), 폴루스Polus(수사학의 사용), 칼리클레스Calliclès(자신의 삶을 이끄는 방식에 대하여)와 대립시키는 세 토론으로 구성된 전투적 텍스트이다. 두 번째 대화는 영혼과 육체의 건강을 돌보는 기술과, 아첨이 상응하는 흉내로 구상했던 경험적인 학문들 사이의 유사점을 세운다. 그리하여 지혜를 다룬다고 주장하는 소피스트들이 비웃음의 대상이 된다. 수사학은 이러한 흉내내는 사람들의 권력과 명예의 거짓된 도구이다.

2) 플라톤은 (《공화국》과 동시대 저작인)《파이드로스》에서 소크라테스의 입장과 구별되는데, 수사학자들에게만 도시국가와 교육의 책무를 맞기지 않으려는 염려를 드러낸다.

의 본성에 의해서 결정되는데, 영혼과 성격이라는 청중에 대한 특수한 지식은 담론에 철학적이고 방법론적인 기초를 제공한다.

> 연설의 기술을 진지하게 교육하고자 하는 이는 가능한한 아주 정확하게 영혼을 우선 기술해야 할 것이다 […] 두 번째로 영혼이 어떻게 그리고 무엇에 대하여 작용하는지, 그리고 어떻게 무엇에 의해서 영향을 받는지 기술한다. 세 번째로 담론과 영혼의 종류, 그리고 영혼의 성향을 분류한 다음에 그 동기들을 간단하게 검토하고 각각의 동기에 상응하는 것을 일치시키고 어떤 담론과 어떤 동기가 어떤 영혼에 필연적으로 설득을 가져오는지, 어떤 영혼에는 효과가 없는지를 가르친다.
>
> 《파이드로스》, 270d-271b[14]

아리스토텔레스가 파토스적 입증을 정의하기 위해 바로 이 플라톤적 변증술에 의존하는 것은, 플라톤적 변증술이 전통적으로 비합리성의 장소로 간주되는 설득의 구성요소를 고려하게 해주기 때문이다. 한 예가 열정에 대한 정의의 이 논증적 기능을 예시해 준다. "수치는 명성의 손실과

또한 플라톤은 변증술의 분석적 기술에 근거한 현자의 수사학의 가능성을 고찰한다. 플라톤은 진실임직함의 모순과 연결된 궤변과 담론의 무익한 분할을 비판한 다음에 이 철학적 수사학의 성격을 명시한다. 개인적이며 공적이 아닌 이 수사학은 지혜를 사랑하는 선택된 관중을 대상으로 하며 현자 그 자신이 신을 대상으로 하듯이 항상 말해야 한다. 이 수사학은 청중의 영혼이나 성격의 이해에 도달하기 위해 정의하고 분할할 수 있어야 한다. 이는 아리스토텔레스의 수사학에서 열정 분석의 기초를 이루는 공리이다(271a). 이러한 조건에서 수사학은 진리의 설득적 진술일 수 있으며, 변증술은 진리의 발견이다. 그러므로 플라톤의 입장과 아리스토텔레스의 입장을 구별짓는 종속 관계가 남는다. 이 문제에 대해서는 M. Dufour의 《아리스토텔레스 수사학*Rhétorique d'Aristote*》 서론, G. A. Kennedy의 《그리스의 설득술》 3장, 그리고 《고대 수사학*Classical Rhetoric*》 4장을 참조할 것.

14 Trad. E. Chambry, Garnier-Flammarion, p. 159.

관련되는 재현이다"(II, 6, 1384 a, 22). 여기서 열정의 새로운 정의를 찾을 현대의 독자는 아리스토텔레스적 정의의 상대적 명증성에 실망할 것이다. 그러나 파토스적 입증을 이용하는 연설가는 열정에 대한 심리학 개론서의 기초를 세우려 의도하지는 않는다. 그는 청중으로부터 암시적이든 명시적이든 동의를 받을 만한 열정의 통념적 정의를 세우려 한다. 그러므로 정의에 대한 이 동의는 열정의 이 통념적 정의에서 나온 전제에 진실임직함의 성격을 부여한다. 이 정의들의 통념적 성격(진실임직함)은 가설적 표현에 의해서 분명히 나타난다.

> 따라서 수치는 명성의 손실을 야기하는 것으로 여겨지는 과거나 미래의 악덕에 관한 고통과 혼란이라는 점을 받아들이자. 파렴치함은 동일한 결점과 관련된 경멸이나 무관심이다.
>
> II, 6, 1383b, 12-14

대화자들이 동일한 언어를 말한다는 점을 목표로 하는 용어상의 관례를 따라 여기서는 심리적 관례를 세우는 것이 문제이다. 일단 수치의 정의가 수용되면 파렴치함의 정의는 거기에서 나온다. 그리고 그 정의들은, 어떤 종류의 행위들이 최초의 정의를 받아들인 청중에게 진실임직하고 보편적으로 수치를 불러일으키는 것이 무엇인지 결정하는 것이 문제일 때, 전제의 역할을 한다.

> 수치가 방금 정의된 감정이라면, 우리에게 수치스럽게 보이는 모든 악행이나 우리가 염려하는 모든 악행에 대하여 필연적으로 사람들은 그 감정을 느낀다. 그런데, 악덕에서 결과하는 모든 행동들은 예를 들어 자신의 방패를 던지거나 도망치는 것이 그러한 것들이다. 왜냐하면 그러한 행동

들은 비겁함에서 나오기 때문이다.

II, 6, 1383b, 15-18

이제 오늘 방패를 버리지 않는다면 장비 일체를 포기할 수도 있다. 그러므로 대장의 비겁함은 수치스런 행동, 되돌릴 수 없는 불명예로 일반적으로 보여진다. 적어도 그것은 탐험대가 빙산 지역에서 해난 사고를 당하였을 때 한 극지 탐험가에 대하여 소설가 크리스토프 랑스메르가 전개하는 논증이다.

> 움베르토 노빌레는 자신의 경비행기를 잃은 다음에 난파 시에 행동을 규제하는 명예의 규칙을 위반했다. 그리하여 사람들은 그를 용서하지 않았다. 〔…〕 룬트보리란 이름의 스웨덴 조종사가 노빌레의 표류하는 얼음조각 위에 수상비행기를 결국 성공적으로 착륙시켰을 때, 장군을 사람들이 우선적으로 구한다는 점을 관용한 이는 다시 한 번 장군이었다. 팔에 조그만 개 폭스테리어 티티나를 안고 그는 조종사의 자리를 제외하고는 한 자리의 승객 자리밖에 없는 비행기에 올라서는 이탈리아 보조선 시타 디 밀라노에 곧 안착했다. 그는 모든 나머지 사람들 이전에 구출되기 위해 알아서 하는 선장이다!
>
> 《빙산과 어둠의 공포》, p. 140[15]

마지막 감탄부호가 나타내는 것은 장군의 행동이 야기한 분노의 보편성이다. 그러나 이 가치판단은 도덕적이고 감동적인 통념에 근거한 바로 그 논증이다. 이 통념은 난파 사고의 명예 규칙을 명시적으로 가리키는 통념

15 Christoph Ransmayr, *Les Effrois de la glace et des ténèbres*, Maren Sell, 1989, p. 140.

이며, 이 규칙의 위반은 장군의 구조에 관한 간단한 서술에 의해서 증명되었다(비인간성의 외양을 비겁함에 추가하는 조그만 개 폭스테리어의 언급). 따라서 가치판단은, 전제로부터 출발하여 (명예의 규칙은 존재하며) 장군에 의해서 그 규칙의 위반이 성립되고 여론에 의해서 탐험가에게 적용되는 수치의 판단에 의해서 결론나는 체계적 논증에 의해서 성립된다. 따라서 열정의 수사적 통념은 많은 연역적 추론을 만들어 내고 파토스적 입증이 갖는 논증적 기능의 현실성을 증거한다.

더욱이 이 예는, 청중에게서 열정(수치, 분노)의 일어남은, 청중에 의해서 수용되는 윤리적 혹은 열정적 통념에 따라 수치스럽다고 판단될 수 있는 행동, 행위 혹은 선언의 이야기화를 필요로 하는 한에서는, 논증과 문학적 재현의 결합을 예시한다. 아리스토텔레스는 연설가에게 과해지는 이 서술적 재현의 기능을 분명히 강조한다.

> 연설가는 담론을 이용하여 청중이 분노를 하기에 적합한 분위기를 만들어야 하며, 분노를 자극할 만한 말을 하거나 행동을 하는 잘못을 범한다고 반대편을 묘사하고 분노를 불러일으킬 수 있는 성격 중 하나를 지닌 자로서 반대편을 묘사해야 한다는 점은 분명하다.
>
> II, 2, 1380a, 1-5

게다가 서술은 법정 담론의 본질적인 부분이다. 그러므로 문학의 원천, 특히 허구적 재현의 힘은 논증적 특히 감동적 전략에 의해서 동원된다. 그러한 이유로 해서 특히 고전주의 극작법에서 열정의 문학적 '회화'의 독서는 열정 재현의 논증적 기능의 탐구에 의해서 새로운 조명을 받을 수 있다.

4. 로고스적 입증(혹은 객관적 입증)

로고스적 입증은 "담론 그 자체, 담론이 나타내거나 나타내는 것으로 여겨지는 것"에 의해서 구성된다(I, 1356a, 1-4). 앞의 두 입증의 유형들은 설득의 주체들과 관련된다. 에토스적 입증에서는 설득의 행위자인 연설가, 파토스적 입증에서는 설득의 대상인 청중이 이 주체들이다. 이 주관적인 입증들과는 달리 로고스적 입증은 객관적인 입증이다. 왜냐하면 로고스적 입증은 담론 그 자체에서 유래하기 때문이다. 로고스적 입증은 언어의 내재적 설득 능력에 의해서 합리적 논증을 규정한다. 합리적 논증이란 청중을 설득하기 위해 담론상으로 추론을 구조화하는 방법을 결정하는 것이다. 그것이 로고스적 입증의 궁극성이다. 아리스토텔레스가 담론적 논증의 방법을 진실되게 세우는 것은 주관적 입증들에 로고스적 입증을 덧붙이는 방식에 의해서이다. 그의 연구는 논증의 수사 구조 핵심에 우리를 위치시킨다.

논리학과 수사학을 대치시키는 것은, 논증에 엄밀한 방법을 부여하여 논증과 증명을 구별시키는 이중적 이익을 제시하는데, 이는 연설의 전통에 의해서 인정된 아리스토텔레스의 주도하에 이루어졌다. 물리학과 함께 실상 논리학은 아리스토텔레스의 학문 구성에서 지배적이다. 그의 설명은 일체의 개론서들, 오르가논의 대상이 된다. 첫 번째 세 권(《범주론》, 《해석에 대하여》, 《분석론 전서》)는 추론의 원리들을 정의한다. 마지막 세 권은 추론의 용법을 정의한다(《분석론 후서》, 《토피카》, 《소피스트 반박》). 삼단논법 이론과 이것의 모든 형식들은 《분석론 전서》에서 진술된다. 삼단논법적 연역의 증명적 기능(그리고 귀납의 기능)은 《분석론 후서》의 대상이 된다. 《토피카》는, 두 대화자 사이의 모순적 토론(혹은 논쟁)으로 이루어진 아카데미의 훈련인 변증술의 틀 안으로 동원되는 공통의 말터들 일체를 검토한다. 《소피스트 반박》은, 논리를 흉내내어 청중을 속이는 상대방을 침묵하게 하는 추론 혹은 유사논리적 추론을 변증술가가 거부할 수 있도록, 소피스트들이 이용하는 외관적 반박 기술들에서 나타나는 표면적 밝히기 성격을 검토한다.

논리적 추론은 연역과 귀납이라는 증명의 두 방법 혹은 흐름에서 유래한다. 연역의 형식은 삼단논법이며 일반에서 특수로 결론 맺는 추론으로, 이 추론에서는 "몇몇 전제가 제시되고 새로운 명제가 거기에서 필연적으로 결과한다"(《토피카》I, 12, 105a, 10-19). 여기 삼단논법의 예시가 있다.

> 모든 도덕적 미덕은 올바른 이성에 적합하다.
> 절제는 도덕적 미덕이다.
> 따라서 절제는 올바른 이성에 적합하다.
>
> 앙주노, 《팸플릿적 말》, p. 157(아리스토텔레스, 《분석론》에 의거)

역으로 귀납은 "개별적 경우로부터 일반적인 것으로 가는 과정"이다. 여기 한 예가 있다.

> 귀납은 특수한 것들에 의해서 일반적인 것에 도달하는 상승이다. 예를 들어 최고의 조종사는 잘 아는 사람이라면, 그리고 마부의 경우에도 그렇다면 결국 일반적으로 잘 아는 사람이 각각의 전문분야에 대하여 최고이다.
>
> 《토피카》, I, 12, 105a 13-19; 《수사학》, II, trad. M. Dufour, p. 36

변증술가가 "논쟁에 대하여 더 제약을 하고 더 효과를 갖는" 삼단논법의 엄밀성을 찬양한다면, 수사학자는 "더 설득적이고 더 분명하며 더 자명하고, 대부분의 사람들에게 공통적인 능력에 속하는"(*Ibid.*) 귀납의 개방적인 성격을 좋게 평가한다. 훌륭한 연설가는 이 두 방법을 능숙하게 결합할 것이다.

> 아마도 사람들은 예로 이루어지는 현실적 담론에 덜 설득당하지는 않을 것이다. 그러나 사람들은 수사적 삼단논법이 있는 담론에 더 박수를 보낼 것이다.
>
> 《수사학》, I, 2, 1356b, 22-23

여기서 주목할 것은 논리학에서 수사학으로의 이전은 용어상의 변화를 낳는다는 점이다.

> 나는 수사학의 삼단논법을 수사적 삼단논법이라 부른다. 수사학의 귀납법은 예증법이라 부른다.
>
> I, 2, 1356b, 4

두 쌍의 용어 사이에 논증의 논리적 구조의 근거를 이루는 유추 관계가 존재하지만, 동시에 이 유추 관계는 전제들의 성격, 즉 증명적 과학에 대해서는 진실, 논증적 추론에 대해서는 진실임직함이라는 전제에 의해서 증명과 논증을 구별시킨다.[16] 아리스토텔레스가 로고스적 입증, 특히 "수사학의 본체"인 수사적 삼단논법에 부여한 중요성을 고려하면 전제의 연구는, 세 종류의 연설(1권)에서의 논리적 전제, 에토스와 파토스(II권

---

16 I장 3항 도표 〈전제와 상관적인 입증〉을 참조할 것.

의 1부)에 고유한 전제, 예증법과 수사적 삼단논법의 형식적이고 기능적 연구, 또한 상대방을 침묵으로 이끌거나 그렇지 않은 반박의 형식(II권의 2부)의 조사에 순서 있게 할당된 개론서의 계획을 결정한다.

이 전제들의 진실임직한 성격은 수사적 삼단논법과 삼단논법을 구별하지만, 수사적 삼단논법을 구성하는 축소된 명제들의 수를 구별하지 않으며 이 명제들의 수는 수사적 삼단논법 형식과만 관련된다.[17] 연설의 전통은 수사적 삼단논법의 축소를 지나치게 강조하여 수사적 삼단논법과 삼단논법 사이의 논리적 기능작용의 동일성을 잊게 했다.

> 일상언어에서 '수사적 삼단논법'은 대개 소개념인 하나의 전제와 결론만 있는 삼단논법을 의미한다. 대전제는 완전히 명백하므로 암시된다. 아리스토텔레스에게 그것은 수사적 삼단논법의 변별적 성격은 아니다. 왜냐하면 이 성격은 더 일반적이며 귀납법, 예증법에도 속한다. 그에게 **수사적 삼단논법은 두 개나 하나의 명제를 지닌 삼단논법이며, 하지만 이 삼단논법의 전제들 혹은 하나의 유일한 표현된 전제는 진실임직함에서 나온 것이지 진실에서 나온 것이 아니다.**
>
> 생틸레르[18], 《분석론에 대한 논평》, I, 2, 27장(강조는 저자)[19]

수사적 삼단논법의 논리적 실용성은, 논증이 전제와 결론 사이에 설정하는 제약적 성격, 진실임직한 추론과 자의적 판단을 동일시하는 것을 금하는 제약적 성격에 의해서 구성된다. 실제로 일단 전제가 받아들여지면

---

17 다음 5장 1항 〈수사적 삼단논법과 격언〉을 참조할 것.

18 아리스토텔레스, 《전집*Oeuvres complètes*》, Barthélémy Saint-Hilaire 번역(수사적 삼단논법에 대한 부록, 《알렉산더에게 바치는 수사학*Rhétorique à Alexandre*》 수록), Paris, 1870.

19 Barthélémy Saint-Hilaire, *Commentaire des Analytiques*, I, 2, ch. 27, pp. 343-344.

삼단논법적 추론은 필연적으로 결론을 산출한다. 전제와 결론 사이의 이 내재적 제약은 논증의 논리적 구성요소를 정의한다.

> 전제가 명백하게 제시되고 안 되고는 중요성이 거의 없다. 그래도 역시 결론은 필요하다. 그리고 결론의 필연성은 발화되거나 발화되지 않은 세 항과 두 명제로부터만 나올 수 있다. 결론은 삼단논법적으로 필연적이지만 필연적으로 진실이지는 않다. 왜냐하면 기원이 되는 전제가 개연적인 것에만 근거하기 때문이다.
>
> 《분석론에 대한 논평》, I, 2, 27장, pp. 343-344

추론의 논리적 타당성의 검토, 그리고 추론에 개연성을 부여하는 성격이 되는 전제의 수용성 검토라는 이중적 검토에 의해서 수사적 삼단논법이 실행된다는 것을, 삼단논법적 필연성과 진실의 필연성 사이에 존재하는 언급된 편차가 결국 내포한다. 이 전제의 수용성은 전제의 선택을 결정하는데, 일부분은 에토스와 파토스, 다른 일부분은 가치(아리스토텔레스가 "말터"라고 부르는 것)에 대한 논증으로 이루어지는 심리적이고 이데올로기적 구성요소들에 의존한다. 그것들이 논리적 구성요소들과 결합하는 것은 논증의 궁극성인 판단의 실행과 결정하기를 명시화한다.

> 결론을 전제와 결속되게 하는 것은 형식논리학의 역할이지만 전제의 수용성을 보여 주는 것은 법률 논리학의 역할이다. 전제의 수용성은 분쟁에서 대립되는 입증의 수단들, 논거들, 그리고 가치들의 대치에서 결과한다. 심판관은 결정하고 판단에 동기를 부여하기 위해 분쟁의 중재를 해야 한다.
>
> 카임 페렐만, 《법률 논리학, 새로운 수사학》[20]

따라서 논증적 가치의 말터론 혹은 연구를 하기 이전에, 논증의 논리적 타당성을 결정하는 규칙들을 검토하고 이 논리적 논증의 효용성을 평가하고 형식화된 추론의 한계를 측정해야 한다. 그것이 다음 장의 목적이다.

20 Ch. Perelman, *Logique juridique, nouvelle rhétorique*, Dalloz, 1972, p. 177.

III. 논증과 논리학

1. 삼단논법의 형식

현대 논리학이 진리 논리의 수학적 형식화에 의해서 20세기 초에 대단히 변형되었지만, 논증의 논리적 기초를 제공하는 삼단논법적 논리는, 자연언어로의 추론 논리, 즉 아주 정확하게 진실임직함의 논리를 고려한다면 계속 모든 관심의 대상이 되고 있다. 더욱이 삼단논법 형식의 교육은, 추론의 양식들과 논증의 도식에 의해서 의식적이든 아니든 삼단논법의 형식들을 친숙하게 하여 여러 사상가들과 작가들에게 그 자취를 남겼다.[1] 그러므로 삼단논법의 주요 형식들에 대한 연구는 논증의 타당성 조건들을 명시 가능하게 해주며, 담론의 실행에서 빈번하게 예시되는 논증 전략에 대한 이해를 가능하게 한다.[2]

---

1 "추론"이라고 제목이 붙은 포르-루아얄의 《논리학*Logique*》의 제3부를 참조할 것. 이것은 Antoine Arnaud와 Pierre Nicole(《논리학 혹은 사고의 기술*La Logique ou l'art de penser*》, Librairie philosophique J. Vrin, Pierre Clair와 François Girbal의 비평이 담긴 판본, 2판, 1981)에 나와있다.

2 다음에 나오는 분석의 기술적 용어들과 몇몇 예들은 Paul Mouis(《논리학과 과학 철학*Logique et philosophie des sciences*》, Hachette, 1944)에서 빌려 왔다.

삼단논법의 항들과 명제의 양식들

연역은 대화자를 필연적으로 원칙에서 결과로 이끌어 제약하는 추론이다. 아리스토텔레스의 분석에서 연역적 추론은 다음의 세 명제에 의해서 관습적으로 예시되는 삼단논법을 구성한다.

모든 인간은 죽음을 면할 수 없다	(제1명제, 제시된 전제)
소크라테스는 인간이다	(제2명제, 제시된 전제)
소크라테스는 죽음을 면할 수 없다	(제3명제, 연역된 결론)

연역 체계는, 두 전제에 존재한다는 이유로 해서 중간 항으로 불리는 항인 "인간"에 의해서 결론의 주어와 술어의 결합으로 이루어진다. 결론의 주어 "소크라테스"는 소항을 구성하는데, 거기에서 그것을 포함하는 전제에 대하여 소전제라는 명칭이 나온다. 결론의 술어 "죽음을 면할 수 없는"은 소위 대전제에 포함된 대항을 형성한다.

이 항들의 결합은 아리스토텔레스적 논리의 삼단논법적 체계를 구성한다. 연역은 항들의 내용과는 독립적으로 특수 규칙에 따라 행해진다. 그러한 이유로 해서 형식 논리라는 말을 한다. 모든 전제에서 중간 항의 기능은 주어나 술어 기능인 경우에 삼단논법의 형식을 결정한다. **첫 번째 형식**에서 중간 항은 대전제의 주어이고 소전제의 술어이다(S-P). **두 번째 형식**에서 중간 항은 두 전제의 술어이다(P-P). **세 번째 형식**에서 중간 항은 두 전제의 주어이다(S-S). **네 번째 형식**에서 중간 항은 대전제의 술어이고 소전제의 주어이다(P-S).

필연적 귀결로 명제들의 특성이나 양태는 삼단논법의 양식을 정의한다. 양적인 두 특성, **보편/특수**, 두 질적인 특성 **긍정/부정**이 구별되는데, 이는 4가지 문자(A, E, I, O)에 의해서 관례적으로 지시되는 4가지 타입의 명제를 결정한다.
—**보편 긍정**(A): 모든 인간은 죽는다.
—**보편 부정**(E): 어떤 인간도 죽지 않는다.
—**특수 긍정**(I): 몇몇 인간들은 죽는다.
—**특수 부정**(O): 몇몇 인간들은 죽지 않는다.

4가지 형식, 4가지 양태, 3가지 명제의 결합은 삼단논법적 형식의 이론적 수를 254(4×4^3)로 이끈다. 그러나 삼단논법의 규칙들(8규칙, 예를 들어 두 긍정적 전제는 부정적인 하나의 결론을 낳을 수 없다)은 이 수를 19개(첫째 형식에 대해서 4, 둘째 형식에 대해서 4, 셋째 형식에 대해서 6, 넷째 형식에 대해서 5) 양식으로 이끈다. 이 마지막 형식의 타당성은 이의제기 대상이 되므로 앞의 이 세 가지 전제에서 나온 타당한 14개의 삼단논법적 양식만 남는다. 우리가 이용하려는 것은 이 세 형식 각각에 결부된 논증적 특성이다.

1) 첫 번째 형식의 삼단논법(충분조건의 발화)

그것은 소크라테스의 죽을 운명을 결정하는 삼단논법에 의해 예시된다. 대전제는 충분조건(죽을 운명인 인간)을 발하는 규칙의 위상을 갖는다. 소전제는 이 조건의 실현을 검증하고 결론은 규칙의 특수한 적용이다. 첫 번째 형식에서 대전제는 항상 보편적 명제이며 소전제는 긍정 명제이다. 그러한 삼단논법은 정의의 판정 산출에 해당한다. 법률의 발화는 대전제를 가지며, 심판받은 경우에 관한 법률의 적절성은 소전제를 구성하고, 판정은 결론을 구성한다. 이 점에서 어떤 판정이나 삼단논법의 결과로서 간주될 수 있을 것이다. 도덕적 규칙이 보편적 형태를 가진다면 (의무나 금지의 경우) 도덕적 규칙의 발화에서 유사 관계가 타당하다. 마지막으로 규칙의 발화는 그 자체로 수사적 삼단논법을 구성할 수 있다. 훌륭한 운전사는 누구나 술을 마시지 않는다(그런데 당신은 훌륭한 운전사이므로 술을 드시지 않지요). 고전주의 연극의 여러 판정이 이 삼단논법적 형식에서 유래한다. 그러므로 그것은 형식적인 차원에서 수사적 삼단논법이다.

> 덕성이 없는 탄생은 아무것도 아니다.
>
> 《동 쥐앙》, IV, 5

> 재상은 회교국 군주에게 항상 약간의 모욕을 준다.
>
> 《바자제》, I, 1

> 몇몇 범죄는 항상 큰 범죄에 앞서 발생한다.
>
> 《파이드라》, IV, 2

그 활용은 마찬가지로 구매행위를 형성하려는 광고 문안에 빈번하다. 미치지 않고서야 이 제안을 무시할 수 없다. 살림을 잘하는 모든 주부들은 가루비누 X를 쓴다(Mouis 인용, p. 231).

2) 두 번째 형식의 삼단논법(필요조건의 발화)

반대로 이 형식의 규칙은 다음의 궤변에 의해서 이해된다.

모든 인간은 죽을 운명이다.
그런데 개는 죽을 운명이다.
따라서 개는 인간이다.

술어들 각각의 확장을 고려하면 이 연역은 부정확하다는 것은 분명하다(죽는 부류는 인간의 부류를 넘어선다). 논리적 비타당성은 삼단논법 형성 규칙의 비준수에 해당한다. 이 두 전제는 긍정일 수 없다. 왜냐하면 그렇게 되면 중간 항 "죽을 운명의"는 두 번 특별하게 취해지는데, 이는 금지된다. 왜냐하면 두 주제는 소위 《포르-루아얄 논리학》의 첫째 일반 규칙이 나타내듯이 동일한 확장을 필연적으로 갖지 않기 때문이다.

> 중간 항이 두 번 특별하게 취해질 수 없다. 하지만 그것은 적어도 한 번은 보편적으로 취해진다.
>
> 《포르-루아얄 논리학》, III, 3, p. 183[3]

그러한 추론은 불확실한, 즉 가능하지만 필연적이지 않은 결론의 발화로 갈 뿐이다. 인간은 누구나 말하는데, 이 존재는 말하므로 한 인간일 수 있을 것이다. 따라서 삼단논법이 마찬가지로 부정적인 형식의 필연적 결론을 생산하는 것은, 전제 중 하나가 부정적일 경우일 뿐이다. 보편적 대전제에 의해서 발해진 필연적 조건의 반박을 구성하는 이 결론은 다음의 예처럼 긍정적일 수 있다.

인간은 누구나 말한다.
그런데 개는 말하지 않는다.

---

3 Antoine Arnaud, Pierre Nicole, *La Logique ou l'art de penser*, J. Vrin, 1981, p. 183.

따라서 개는 인간이 아니다.

혹은 이 결론은 부정적일 수 있다.

한 믿을 만한 증인은 자신의 말을 취소하지 않는다.
그런데 그 증인은 자신의 말을 취소했다.
따라서 그 증인은 믿을 만하지 않다.

이 추론의 유용성은 반박에 의한 논증에서 분명하다. 첫 번째와 두 번째 형식의 삼단논법은 아리스토텔레스가 행한 증명적 수사적 삼단논법과 반박적 수사적 삼단논법 사이의 구분(《수사학》, II권 22장, 1396b, 22-27)을 고려한다. 여기에서 아리스토텔레스는 (삼단논법적 첫 번째 형식에 상응하는) 증명적 수사적 삼단논법에 의해 크게 유리해지는 반박의 논증적 효용성을 강조한다. 그 이유는,

반박적 수사적 삼단논법은 반대되는 것들을 간단히 접근시키기 때문에 그리고 이와 상응하게 실상이 청중에게 더 분명하게 나타나기 때문이다.
II, 23, 1400b, 29-31

3) 세 번째 형식의 삼단논법(두 성격의 양립성)

어느 인간도 자신을 떠날 수는 없다.
인간은 누구나 자신의 적이다.
따라서 떠날 수 없는 적들이 있다.
《포르-루아얄 논리학》, III, 7, p. 199

이 형식에서 소전제는 항상 긍정이다. 그리고 결론은 항상 특수하다. 연역은 필연의 영역이 아니라 가능의 영역에 속한다(자기 자신을 적으로 하는 인간들이 존재한다). 과학적 사고는 과학적 가정을 형식화하는 데 적합한 이 유형의 발화들에 익숙하다.

> 고래는 포유류이다.
> 고래는 바다 동물이다.
> 따라서 바다 포유류가 존재한다.

가능성의 발화는, 이 가능성이 독단적 형태를 지닌 사고를 반박할 때 모순의 가치를 지닐 수 있다. 그러므로 이 형식은 관용 정신의 표현이다.

> 독실한 인간은 누구나 신에 근접한다.
> 이 회교도는 독실한 인간이다.
> 따라서 신에 근접한 회교도들이 존재한다.

앞의 두 형식은 긍정과 부정의 축을 이루며 모순 논리의 영역에 속하는 데 반해서 세 번째 형식은 추론의 첨가 논리에서 나온다. 앞의 두 형식이 논쟁의 무기를 제공한다면 세 번째 형식은 논쟁에서 빠져나오는 수단을 부여한다.

2. 삼단논법의 복합물

삼단논법의 연구는 내재적 형식에 국한되지 않고 담론 안에서 삼단논법의 구성물에도 확장된다. 그러므로 삼단논법적 연속체의 연구는 종종 복합적 삼단논법으로 구성된 담론적 추론의 분석에 기여한다. 삼단논법의 형식이 특수한 논증 전략을 설명한다면 삼단논법의 담론적 결합은 추론의 언어구조를 명시화할 수 있다.

일반적으로 등위나 종속에 의해서 삼단논법 결합의 두 형태를 구분한다. 첫 번째 형태는 삼단논법의 연관 혹은 연쇄인데 연쇄식 삼단논법에 해당한다. 두 번째 형태는 삽입구조로 대증식 삼단논법에 해당한다(앙주노, pp. 158-59;《포르-루아얄 논리학》, III, 1 & 14).

연쇄식 삼단논법

점층법이라고 불리던 연쇄식 삼단논법에 대하여 아르노와 니콜은 "수전노들은 필연적으로 불쌍하다"를 증명하는 추론의 예를 제안한다.

> 수전노들은 욕구로 가득 차 있다. 욕구로 가득 찬 사람들은, 그들의 모든 욕구를 충족시키는 것이 불가능하므로 많은 것들이 부족하다. 자신이 원하는 것이 부족한 사람들은 불쌍하다. 따라서 수전노들은 불쌍하다.
>
> 《포르-루아얄 논리학》, III, 1, p. 180

그들은 이것의 구성을 다음과 같이 명시화한다.

> 만일 예를 들어 수전노들은 불쌍한지 의심한다면, 나는 수전노들이 욕구와 열정으로 가득한지 우선 검토할 수 있을 것이다. 만일 따라서 그것이 그들은 불쌍하다라고 결론나게 하지 않는다면, 나는 욕망으로 가득 찬 것이 무엇인지를 검토할 것이다. 그리고 나는 이 개념에서 원하는 많은 것

들이 부족하다는 개념을, 그리고 원하는 것의 결여에서 빈곤을 찾아낼 것이다. 그것은 나에게 이 추론을 형성하게 해줄 것이다.

《포르-루아얄 논리학》, III, 1, p. 180

연쇄식 삼단논법의 원리는, 이전의 술어가 허용치 않았던(cf. "만일 그것이 결론나게 하지 않는다면") 원하는 연역을 가능케 하는 술어를 얻을 때까지 (따라서 그들은 불쌍하다) 술어를 연속적으로 대체하는 것이다(욕망으로 가득 차다 = 그의 모든 욕망을 만족시킬 수 없다 = 많은 것들이 부족하다). 연쇄식 삼단논법에는 술어의 연속이 기능적 등가 관계에 위치하므로, 단 하나의 유일한 연역이 있다. 그러한 이유로 해서 몇몇 술어가 이전 술어에 의미상으로 포함되더라도 우리는 등위라고 말한다. 그 증거로, "그의 모든 욕구를 채울 수 없다"와 "욕구로 가득 차다" 사이에 포함 관계를 세우는 "나는 이 개념에서 찾는다"는 표현이 있다.

이 추론은 한 선행요구에 근거한다. 이 추론은 연설가가 대체적 연쇄에 대한 선행적 지식을 갖는 것을 전제하는데, 최종적 성공은 첫 번째 술어의 선택에 의해서 조건화되며, 이 첫 번째 술어로부터 연설가는 의미상의 등가 연쇄를 전개하며 의미등가들을 발견하는 척 가장하는 데 만족한다. 이 논증 방식은 소크라테스 변증술의 가장 효과적인 원동력 중 하나이며, 이는 외관상으로는 하찮은 첫 번째 명제를 대화자에게 동의하게 한 후에 다음 명제들에 동의하게 강요하며, 처음에 대화자에 의해 옹호된 원칙들을 공허하게 만드는 마지막 명제에 이르게 된다. 연쇄식 삼단논법의 논증은 마지막 술어의 보유와 은폐의 전략으로서 언어 의미의 내포적 영역을 효과적으로 이용한다.

대증식 삼단논법

대증식 삼단논법은 종속의 형식으로서, "삼단논법의 전제에 전제의 설명을 위한 하위 추론을 결합시킨다"(앙주노, 《팸플릿적 말》, p. 159). 《포르-루아얄 논리학》의 저자들은 청중에게 '의심스러운' 명제들을 정당화할 필요성에 의해서 이 대증식 삼단논법을 정의한다. 이 연설상의 필요성은 담론적 논증과 논리적 증명을 구분하는 이 추론의 독창성을 만든다.

> 학교의 방법은 논거 전체를 제시하고 이어서 어려움에 처하는 명제를 증명하는 것인데. 일상의 담론에서 이어지는 방법은 의심스러운 명제들에 그 명제들을 확립하는 증거들을 더하는 것이다. 그리하여 여러 명제들로 구성된 일종의 논거가 이루어진다. 왜냐하면 대전제에 대전제의 증거들을 더하며, 소전제에 소전제의 증거들을 더하고, 이어서 결론을 내리기 때문이다.
>
> 《포르-루아얄 논리학》, III, 15, p. 228

대증식 삼단논법의 형태와 배열은 청중의 심리적, 인지적 능력에 의해 결정된다. 대증식 삼단논법의 구조는 대화자에게서 나타나는 이해의 심리적 리듬에 적응한다. 설득의 심리적 여건은 이 경우에 수사적 삼단논법에서처럼 논리적 작용의 형태를 결정한다. 하나의 연쇄식 삼단논법은 하나의 대증식 삼단논법을 포함할 수 있는데, 원인 명제 "그들이 자신의 모든 욕구를 충족시킨다는 것이 불가능하기 때문에"가 부차적 명제 "욕구로 가득 찬 사람들은 많은 것들이 부족하다"의 증거인 앞의 예가 그 경우이다. 대증식 삼단논법은 주요 논증과 종속 논증을 구분하며, 복합 논증 구조가 한 담론의 규모를 가질 수 있으므로 복합 논증 구조를 분석하게 해주는데, 《포르-루아얄 논리학》의 저자들은 《밀로를 위하여》를 거대한 대증식 삼단논법으로 간주하기 때문이다.

> 〔키케로는 정당방위를 언급하며, 선동자 클로디우스의 살해로 고소당한 티투스 밀로의 입장을 옹호한다.〕
>
> 따라서 밀로를 위한 연설을 하나의 복합 논거로 축소시킬 수 있는데, 이 논거의 대전제는 우리에게 함정을 파놓는 사람을 죽이는 것은 허용된다는 것이다. 이 대전제의 증거는 자연법, 인간의 권리, 예에서 나온다. 소전제는 클로디우스가 밀로에게 함정을 파놓았다는 점이다. 그리고 소전제의 증거는 클로디우스의 무리와 수행원들이다. 결론은 따라서 밀로가 그를 죽이는 것이 허용되었다는 것이다.
>
> *Ibid.*

이 두 형태의 연쇄식 삼단논법은 무척 대조적인 논증 원리에서 유래한다.

—연쇄식 삼단논법은 증명의 범위 밖에 제시된 전제에 고유한 명증의 힘을 이용한다. 그것은 술어의 등가 원리 자체이다. 이 원리는 역학적으로는 의문의 여지가 없지만 이 원리의 실현은, 술어의 연속체에 적절성과 일관성을 부여하는 전체적 의미의 응집력을 전제로 한다. 실상 마지막 술어 기능은, 증명해야 했던 것CQFD[4]의 유추적 논증 원칙에 따라서 세련된 연역을 실현해야 한다. 반대로 의미적 일관성의 비준수는 술어 연쇄를 기괴한 뜻 모를 말로 변형시킨다. 스가나렐이 신의 존재(3막)와 저주의 위험(5막)에 대하여 동 쥐앙을 설득하려 할 때마다 스가나렐의 담론이 그렇게 나타난다. 그리하여 횡설수설은 의미적 그리고 연역적 일관성 대

4 Ce qu'il fallait démontrer의 약자—옮긴이.

신 음성의 연합(유음중첩법)이나 주제상의 인접성(생각의 자유 연상)을 택한다.[5]

> 부유함은 부자를 만든다. 부자는 가난하지 않다. 빈자는 무엇인가 필요성을 느낀다. 필요성에는 법칙이 없다. 법칙이 없는 데서는 사람들이 야수처럼 산다. 따라서 당신은 모든 악마들의 저주를 받을 것이다.
>
> V, 2

—대증식 삼단논법은 설명의 힘을 이용한다. 대증식 삼단논법은 증거를 더 늘려서, 삼단논법적 연역에 의해서 곧장 추론의 근거를 세우지 않고는 아무 것도 진척시키지 않는 추론의 정당함을 증명하는 작업을 내세운다. 그 결과 증명상으로 견고하다는 느낌이 생긴다. 증명을 암시하는 연쇄식 삼단논법과는 달리 대증식 삼단논법은 증명을 과시한다. 이는 서로 정반대되는 전략으로서 이 전략들의 활용은 각각의 논증 상황에 고유한 요구사항에 의해서 결정된다.

3. 양도논법과 선언적 추론

삼단논법은 자신의 표준적 형태 이외에 전제의 양태에 따라, 다음의 선언적 추론이 예시하듯이 조건적 혹은 선언적 형태를 지닐 수 있다.

> 카이사르를 죽인 사람들은 군주시해자이거나 자유의 옹호자이다.

---

5 몰리에르의 텍스트 연구, 제2부 3장 2항을 참조할 것.

그런데 그들은 조금도 군주시해자가 아니다.

따라서 그들은 자유의 옹호자이다.

《포르-루아얄 논리학》, III, 12, p. 220

첫 번째 전제는 두 명제 혹은 두 주장을 분리한다. 두 번째 전제는 이 두 명제 중 한 진리를 긍정하거나 부정한다(이 경우에 첫 번째 명제를 부정한다). 결론은 다른 주장의 진리를 부정하거나 긍정한다(현재의 경우 긍정한다). 긍정 명제가 소전제나 결론을 구성하는 것에 따라 선언적 추론은 수사학 전통에 의해서 체계화된 두 형태를 가진다.

—부정하여 긍정하기(tollendo, ponens): 부정적 소전제, 긍정적 결론.

—긍정하여 부정하기(ponendo, tollens): 긍정적 소전제, 부정적 결론.

이 논증 구조는, 카이사르의 암살 후에(셰익스피어, 《율리우스 카이사르》) 브루투스는 대체 세력 중 두 번째 파를, 안토니우스는 첫 번째 파를 옹호하는 상황에서, 로마의 대중 앞에서 계속 벌어지는 장광설에서, 안토니우스와 브루투스의 논쟁적 연설에 활기를 부여한다.[6]

양도논법兩刀論法, dilemme은 선언적選言的 추론의 변이형이다. 포르-루아얄의 《논리학》에서 양도논법은 복합 삼단논법의 세 번째 형태를 이루며 다음의 특성에 부응한다.

1) 전제는 조건적이다. 첫 번째 전제는 두 명제나 두 주장을 분리한다. 두 번째 전제는 양분되며 대안의 각 가지를 고찰한다.

2) 양도논법의 특수성은 필연적이고 유일한 하나의 결론에 이르는 것이므로 대안의 각 가지는 동일한 한 결론에 도달한다. 따라서 수사학적인

6 안토니우스는 역설적 언급으로 브루투스의 논증을 무력화시키려고 바로 브루투스의 논증을 다시 취한다. 이 텍스트의 연구, 제2부 2장 1항을 참조할 것.

의미에서 양도논법은 모순에 부딪힌 추론의 반대이다. 반대로 양도논법은 강력한 결정의 도구로서 이는 모순의 논증적 풍요성을 예시한다.

결혼에 대한 양도논법, 독신에 대한 논거는 전통적 예이다.

> 만일 당신이 결혼하면, 아름답거나 추한 여성과 결혼할 것이다.
> 만일 그녀가 미인이라면, 당신은 질투로 괴로울 것이다.
> 만일 그녀가 추녀라면, 당신은 질투로 고생하지 않을 것이다.
> 따라서 결혼해서는 안 된다.
>
> 올레롱, 《논증》[7]; 《포르-루아얄 논리학》, III, 16

추론은 질문을 하나의 대안으로 분할하는데, 이 대안의 가지들은 상호 모순적이고 보완적이다. 이 분할은 양도논법의 논리적 적합성을 결정한다. 실제로 이 두 가지가 고찰된 질문 전체를 설명한다는 점은 중요하다. 이 경우에 한 부인은 예쁘거나 추할 뿐이다. 반대로 이 분할의 한계는 양도논법의 수용가능성 조건을 규정한다. 실제로 청중은 이원적 분할과 양도논법에 의해서 강요된 현실의 대안을 수용해야 한다. 왜냐하면 양도논법은, 현실 전체를 포괄한다고 주장하는 한 대안의 형태로 현실을 재현하기 때문이다. 이 두 선택은 상보관계이며 현실의 가능성들을 철저히 고찰한다(혹은 그렇다고 주장한다).

> 논증에 대한 이러한 추론 유형의 이점은 질문을 재검토하는 것으로 보이는 것이다. 사람들은 고려되는 점을 상보적인 두 양상으로 나누고 두 양상에 대해 의견을 개진한다. 그리하면 더 이상 토론할 것이 남지 않으며

7 Oléron, *L'Argumentation*, p. 40.

결론의 근거는 굳건해 보인다.

올레롱, 《논증》, p. 40

그렇지만 청중이 중간 항의 존재를 고려하면 청중은 현실의 대안적 분류를 거부하며 양도논법의 논리적 구조를 무력화한다. 따라서 아름답지도 않고 추하지도 않은 여성을 생각하는 것이 가능할 것이다. 이는 양도논법을 결정적이지 않다고 판단하기 위해 아르노와 니콜이 언급한 바로 그 이유이다(《논리학》, III, 16). 게다가 청중은 부인들을 추녀와 미녀로 반드시 분류해야 한다는 것을 전제하면서도, 청중은 두 번째 전제의 이중적 연역을 반드시 수용하지는 않을 것이다(만일 부인이 아름답다면, 당신은 질투로 괴로워할 것이다/만일 그녀가 추하다면 당신은 질투로 고통을 겪지 않을 것이다). 실제로 이 연역은, 질투에 대한 것처럼 추함에 대하여 무감각한 남편의 가정을 무력하게 할 심리적이고 열정적 통념에 근거한다. 이 두 번째 이의제기는 현실의 논리적 재현을 문제삼는 것이 아니라, 청중의 문화적 정체성에 좌우되는 양도논법의 이데올로기적이고 심리적 수용가능성을 문제삼는다. 따라서 양도논법의 효용성은 논증의 논리적, 이데올로기적, 그리고 심리적 구성요소들에 대해 앞에서 정의된 결합에 따른다.

몇몇 예가 이 논증의 구성요소들에 고유한 제약들을 식별하는 데 도움을 준다. 《포르-루아얄 논리학》에서 차용된 첫 번째 예는 아리스토텔레스와 한 회의적 철학자 사이에 벌어진 정치적인 것의 중요성에 대한 논쟁이다. 다음의 양도논법이 회의주의자에게 부여된다.

거기에서 잘 행동하면 이로 인해 사람들은 모욕감을 느낄 것이므로 이것은 안 좋은 것이다.

나쁘게 행동하면 이로 인해 신들은 감정을 상할 것이므로 이것 또한 안 좋은 것이다.

따라서 공화국의 일에 간섭하는 것은 어떤 방법으로든 안 좋은 것이다.

《포르-루아얄 논리학》, III, 16, p. 231

이에 아리스토텔레스는 반대 양도논법으로 대답한다.

거기에서 인간들의 타락한 법칙에 따라 통치한다면, 사람들을 만족시킬 것이다. 참된 정의를 지킨다면 신들을 만족시킬 것이다.

따라서 그것에 간섭해야 한다.

《포르-루아얄 논리학》, III, 16, p. 232

《포르-루아얄 논리학》의 저자들은 아리스토텔레스의 양도논법을 '합리적'이라고 판단하지 않는다. 그 이유는 하느님의 감정을 상하게 하여 인간들을 만족시키는 것은 유리하지 않기 때문이라고 그들은 말한다. 아리스토텔레스적 추론의 이 평가는 "통치하는 것은 인간들이나 신들을 만족시키는 것이다"라는 양도논법의 기초를 이루는 분리를 거부한다. 이 반대는 기독교적 윤리에 명시적으로 근거한다(cf. 하느님의 감정을 상하게 하는 것offenser Dieu에서 단수와 대문자). 이 반대는 따라서 이데올로기적 성격의 것이다. 《포르-루아얄 논리학》의 기독교적 저자들에게 고대 철학자들이 형성한 대로 하는 질문의 분할은 수용불가능하지만 무효는 아니다. 추론의 논리적 타당성은 검토되지 않으므로 따라서 반론은 양도논법의 논리적 조작성을 문제삼지 않는다. 이중적 양도논법은 모순의 논증적 풍요성을 예시한다. 양도논법은 모순적인 것과는 거리가 멀며 결정하기를 위한 강력한 도구이다. 그리고 이 두 양도논법은 회의주의적이든 아리스토텔레스적이든, 반대의 분리적 전제에서 출발하더라도, 둘 다 타당하다.

—정치적으로 처신하는 것은, 인간들이나 신들의 감정을 상하게 한다.

—정치적으로 처신하는 것은, 인간들이나 신들을 만족시킨다.

결론은 전제에 의해 직접적으로 결정된다. 전제에 의해 선택된 모순(감정을 상하게 하기 혹은 만족시키기)에서 결론의 논증적 극성이 나온다(정치에 개입하기 혹은 조금도 정치에 개입하지 않기). 반대로 이 두 경우에 논리적 조작은 동일하다. 논리적 조작은 분리의 가지 중 하나에 대해서 부정으로가 아니라 대안을 유지하는 데 있다. 이는 양도논법의 결론에 필연적 성격을 부여하는 분리된 명제들에 대한 동시적 긍정이다. 분리는 양도논법에 해지를 요구하는 성격을 부여하는 데 반해, 결합은 역으로 논리적 궁지에 이른다. 이것이 아리스토텔레스가 칼리페Callipe(코락스의 추종자)의 추론을 비난하는 것인데, 칼리페는 모순적이고 무력화시키는 대안, 요구들을 분리시키는 대신에 결합시키는 대안을 형성한다.

> 교육은 사람들을 욕구에 노출시키는데 이는 좋지 않은 점이다. 교육은 사람들을 학식있게 만드는데 이는 좋은 점이다. 따라서 교양을 갖출 필요가 없다. 왜냐하면 욕구를 자극해서는 안 되기 때문이다. 그리고 교양을 갖추어야 한다. 왜냐하면 학식이 있어야 하기 때문이다.
>
> II, 23, XIII, 1399a, 13-17

첫 번째 전제는 반대되는 두 결과를 결합시키고 반대되는 것들의 이 동시성이 결정가능적 논리적 궁지를 야기한다. 그리하여 청중은 양립 불가능한 두 명령에 따르게 된다. 이는 정신의학이 이중구속라는 용어로 가리키는 심리적이고 병을 일으키는 상황이다.

《르 시드》의 시절에서 로드리그의 결심하기에 대한 연구는, 고전주의 문학의 이 전형적 토의를 지배하는 양도논법의 논증적 풍요성과 논증의 여러 구성요소들을 예시한다. 시절들의 시작은 분명히 모순에 부딪힌다. 왜냐하면 로드리그에게 제공되는 대안은 사랑의 요구와 명예의 요구라는 명확히 양립불가능한 두 가지를 결합하기 때문이다.

> 모욕을 당하고 내버려 두어야 한단 말인가?
> 시멘의 아버지를 벌해야 한단 말인가?
>
> I, 6

그러나 대안을 검토하면 곧장 해결책들이 불공평하다는 점이 분명히 드러난다. 즉 모욕을 당하고 내버려 두는 것은 명예를 배반하는 것일 뿐만 아니라 존경심을 잃는 것, 따라서 시멘의 사랑을 잃는 것이다(나는 복수하지 않으면 그녀에게서 경멸을 당할 것이다). 명예와 사랑-찬미(연쇄식 삼단논법) 사이의 이 서술적 등가는, 대안의 이 두 줄기가 차후로 동일한 결과에 도달한다는 의미에서 대안의 이 두 줄기를 변경시킨다. 로드리그는 동일하고 유일한 해결책에 이르는 이중적 의무의 요구 하에 있게 된다. 따라서 최초의 여건과는 거리가 멀게 이 토론적 담론의 산물인 논증적 양도논법에 도달한다.

—아버지를 명예롭게 하거나 연인을 명예롭게 해야 한다.
—아버지를 명예롭게 하는 것은 명예의 규칙을 존중하는 것을 내포한다.
—시멘을 명예롭게 하는 것은 명예로운 연인이 되는 것, 따라서 명예의 규칙을 존중하는 것을 내포한다.

—따라서 동 디에그에 대한 복수를 해야 한다.

이 추론과 선택은 "가, 나는 너를 조금도 미워하지 않아"라는 시멘의 말에 의해서 확인된다. 로드리그는 자신의 명예를 존중함으로써 또한 자신의 사랑도 보존했다. 이는 양도논법이 현실에 대하여 부여하는 논리적 형식화가 갖는 조작적 효용성의 모범적 증거이다. 그는 상황의 회의적 발화를 넘어서 상황의 논리적이고 극적인 해결을 결정한다.

이것이 이 논거의 논리적 구성요소이다. 그러나 로드리그의 결심하기는 이데올로기적 구성요소로부터도 나온다. 실제로 백작에게 도전할 결심은 중세적 윤리의 명령에 부응하는데, 이 중세적 윤리는 사랑의 행위와 전사적 행위를 동 디에그에 대한 의무와 시멘에 대한 의무를 수렴하는 명예의 규칙으로 지배한다(연극의 다음 부분은, 결혼이 위태롭게 되지만 반대로 사랑의 감정은 로드리그의 결정에 의해서 변질되지 않는다는 점을 잘 보여 준다). 달리 말해서 결정하기를 가능하게 하는 양도논법은 자신의 이데올로기적 수용가능성을 봉건적 가치들에서 얻는다. 이 이데올로기적 구성요소의 존재와 역할은 반대로 모순적 가치들의 존재에 의해서 확인된다. 결투를 금하는 모순적 가치들은 군주제적 이데올로기이다. 이 경쟁적 규칙의 전망에서 모욕에 대한 보상은 왕실의 중재를 거친다. 그것은 바로 양도논법을 무력화시키는 제3의 선택이며, 새로운 윤리로서, 이 새로운 윤리를 연극이 진행되는 동안 군주가 신봉자들에게 강요하려 한다. 이 두 이데올로기의 경쟁은 《르 시드》 극작법의 심층적 의미의 기초를 형성한다. 결국에는 군주제적 이데올로기가 우위를 점한다. 왜냐하면 왕실의 해결책은 중재적이고자 하는 데 관심이 있기 때문이다. 왕실의 해결책은 흘린 피의 절약을 넘어서 단절이 아닌 진전의 지상권 안에 자리 잡으며, 이 지상권에 의해서 군주는 끝에서 중세적 명예에 의해서가 아니라 군주제적 평화의 보호 아래 두 연인들 사이의 화해의 가능성을 분명히 나타낸다.

심리적 구성요소는 로드리그의 개성에 의해서 결정된다. 로드리그는 아버지를 따라서 행동에 의해서, 타인을 향한 행동에 의해서 반응한다. (훌륭한 혈통의 영혼들에게 …) 중세적 이데올로기가 자연스런 사실로 제시하는 전사적 심리에 의해서 지배되는 젊은이의 결심하기는, 특히 자살이라는 해결책을 그에게 금하는 행위 규칙에 의해서 결정된다. 이 자살은 그가 고려하지만 실제로 곧 거부한다.

> 적어도 시멘을 모욕하지 말고 죽자.
>
> 앙갚음을 하지 말고 죽을 것!

I, 6

로드리그의 기질에 내재한 이 덕성은 코르네유의 영웅과 라신의 등장인물들을 명확히 구분해 준다. 라신의 주인공들이 자신들의 신분에 의해서 동일한 이데올로기적 요구에 따른다고 해도 비극적 위기를 해결하기 위해 자살을 훨씬 더 체계적으로 고려한다.

삼단논법적 형태의 추론에서 이 세 가지 구성요소들의 각각의 역할을 정의하는 것이 이제는 가능하다.

1) 논리적 구성요소

이것은 추론의 형식적 타당성이나 교정을 결정하며, 연역의 내적 조직을 대상으로 하는 조건이다. 양도논법을 따라 삼단논법적 추론은 현실의 논리적 형식화를 제시한다. 현실의 이 논리적 가공이, 청중에 의해서 타당하다고 판단되기 위해서는 전제와 결론의 형태와 양태에 관련된 일정 수의 형성 규칙에 부합해야 한다. 아리스토텔레스는 불규칙하게 세워진 귀납을 **논쟁술**이라 명명한다. 이 부정확함은 서술을 결함 있게 만드는 의미적 혼동에서 나올 수 있다.

> 아테네인들은 수가 많다.
> 그런데 소크라테스는 아테네인이다.
> 따라서 소크라테스는 수가 많다.

여기에서 양적 의미소(수가 많은)는 일반적 의미소(아테네인)에 부당하게도 동일시된다. 잘못된 연역이 나올 수 있다. 예를 들어 만일 p이면, q이다라는 내포 관계에서, 술어들의 각각의 외연을 고려하지 않고 부정적 형태 *만일 non-p라면, non-q이다에서 타당성은 문제시된다. 이는 다음 형태의 추론을 낳을 수 있다.

> 중국인들이 회교도들이라면 그들은 불신자들이다.
> 그런데 그들은 회교도들이 아니다.
> 따라서 그들은 불신자들이 아니다.
>
> 올레롱, 《논증》, p. 43(《포르-루아얄 논리학》, III, 12 의거)

추론의 기초가 되는 논리적 구조는 따라서 구성의 정확한 규칙에 부응해야 하며, 이 규칙의 비준수는 논증의 부정확하고 기만적 성격을 결정한다. 그러나 이 필요 조건은 충분하지 않다. 실제로 청중은, 현실의 논리적 재현이 현실성을 변질시킨다는 점을 강조하여, 현실의 논리적 재현을 항상 거부할 수 있다. 그러나 이 이의제기는 현실성의 재현을 작용시키는데, 다른 구성요소들의 영역인 가치들의 영역에 토론을 위치시킨다.

2) 이데올로기적 구성요소

이데올로기적 구성요소는 논거의 이데올로기적 수용가능성 혹은 "통념화 가능성", 즉 청중의 통념과 양립가능성을 규정한다. 청중의 가치와 연설가의 가치 사이의 편차가 설득을 실패하게 한다.《포르-루아얄 논리학》의 저자들의 기독교적 신념은 그들로 하여금 아리스토텔레스적 논증을 거부하게 한다.

3) 심리적 구성요소

심리적 구성요소는 특정 청중에게 있어 논거의 정감적 수용가능성을 규정한다. 어떤 전제(예를 들어 죽이는 것보다는 차라리 죽는 것)는 주체를 둘러싼 사람들에 따라서 그리고 주체가 자신에 대하여 갖는 이미지에 따라서 수용가능하거나 아니라고 판단될 것이다. 연설가의 윤리적 이미지와 청중의 감정적 기질은 이 구성요소를 조건짓는데, 이 구성요소는 사람들의 심리적 개체성을 작용시키므로 대화의 독특한 조건과 가장 밀접하게 연관된다. 이 구성요소는 설득의 비합리적 차원을 설명한다. 이 구성요소는, 논리적 논거뿐만 아니라, 어느 개인이나 원칙적으로 민감한 열정적 논거에 대한 한 대화자의 특별한 저항을 가리킨다. 예를 들어《일리아스》(10편)에서 아킬레우스는 전투를 다시 시작하라고 설득하려는 오디세우스의 논거에 완강하게 저항한다. 오디세우스는 이를 위해 전사가 습관적으로 민감한 가치의 작용을 제시한다. 명예, 영광, 전리품, 미녀 포로, …, 수고해도 소용없다. 왜냐하면 아킬레우스는 강박적인 단 하나의 열정, 브리세이스를 빼앗아간 아가멤논에 대해 품는 증오에 의해서 전적으로 지배되기 때문이다.

> 아가멤논이 나에게 모래와 먼지만큼이나 많은 재산을 준다 해도 내 마음을 괴롭히는 모욕의 대가를 완전히 나에게 갚기 전에는 내 마음을 설득시키지 못할 것이다.[8]

전형적으로 특이한 이 완고함은 논증의 심리적 구성요소를 규정한다.

하지만 이데올로기적인 것과 심리적인 것의 상호작용에 의한 이 두 구성요소들의 빈번한 뒤얽힘에 주목하자. 라신적 영웅의 병적 성질은 비극의 세계에서 아리스토텔레스적 규칙의 약화와 나란히 한다. 윤리적 약화와 심리적 파괴는 라신의 극작법에서 연결된다. 더욱이 이데올로기적인 구성요소와 심리적 구성요소는 삼단논법 전제의 진실임직함을 결정하는 공통의 기능을 갖는다. 이렇게 거짓된 진실임직함은 이데올로기적으로 그리고 심리적으로 수용가능한 것과 모순될 것이다. 진실임직하지 않음은 가치의 재현과 인간들의 재현에 있어 동시에 여론이 거부하는 것에 의해서 구성된다. 그러므로 약자가 강자를 위협하거나 강자가 약자를 위협하지 않는 것은, 전자는 사람들에 의해서 곧장 의심되기 때문에, 그리고

8 Trad. E. Lasserre, éd. Garnier, 1995, pp. 155-156.

후자는 의심되지 않기 때문에, 진실임직하지 않다. 이 논증은 인간이 자신의 힘과 거짓으로 할 수 있는 개연적 용법에 근거한다. 따라서 논증적 추론의 효용성 조건은 다음의 도표로 요약될 수 있다.[9]

<table>
<tr><th colspan="5">전제의 유형론</th></tr>
<tr><td>심리적 조건
(인간)</td><td colspan="3">수용가능한
전제</td><td>수용불가능한 전제
(파렴치함)</td></tr>
<tr><td>이데올로기적 조건
(가치)</td><td colspan="2">통념화
(연역)</td><td>모순
(궤변)</td><td>수용불가능</td></tr>
<tr><td>논리적 조건
(구조)</td><td>타당함
(설득적)</td><td>타당치 않음
(논쟁적)</td><td>모순</td><td>수용불가능</td></tr>
</table>

4. 논리 사각형, 논증과 대립

양도논법의 연구는 논증적 추론에서 논리적 구성요소와 다른 구성요소들을 구분하게 해주었다. 다른 구성요소들은 에토스적이고 파토스적인 입증들, 즉 청중에 고유한 심리와 가치들을 작용시킨다. 그러므로 논증의 통념적 수용가능성 조건들, 달리 말해서 아리스토텔레스가 **토피카**라고 명명하는 것을 연구하는 것이 적절하다. 그러나 논리적 구성요소의 한계를 파악하고 이 구성요소의 타당성과 효용성의 틀을 결정하는 것이 이에 앞서 필요하다. 실제로 양도논법은, (논리적 규칙의 존중에서 유래하는) 내

9 궤변의 원천에 대한 J. Brunschwig가 작성한 이와 유사한 도표(《토피카》, Les Belles Lettres, I 권, 1967, p. xxxvi)를 참조할 것.

적 타당성과는 독립적으로, 불가피하게 환원적인 현실의 재현 양식을 만드는 현실성의 논리적 가공을 밝혀 주었다. 따라서 현실의 이 "논리화"를 평가하기 위해서는 논리화의 논증적 효용성과 논리화가 현실성에 강요하는 축소를 대치시켜야 한다. 이러한 전망에서 우리는 규범적 논리 관계인 대립과 모순 관계를 검토할 것이다. 한편에서는 자연언어에서 논증방식에서 사용 빈도로 인해서, 다른 한편에서는 명제 논리학에서 논리 사각형이라는 전통적 명칭하에 나타나는 이 관계의 형식화로 인해서 이를 검토하겠다.

삼단논법은 두 전제나 명제의 대조에 의해서 만들어지는 연역적 구조이다. 연역의 성격은 추론을 만든 사람이 의식적으로 구성하여 대조되는 이 두 명제 사이에 존재하는 논리적 관계에 좌우된다. 이 논리적 관계 중에서 대립과 모순 관계는 널리 요구된다. 이 관계들은, 다른 의견들과 주장들이 서로 대립하는 모순적 토론의 틀, 고대 변증술의 틀, 중세의 토의 혹은 현대의 토론의 틀 안에서 결정적 무기, 논증상의 여러 활용의 원천을 이룬다. 아리스토텔레스부터 형식 논리학은, 반대와 모순이라는 두 본질적 논리 관계를 설명하는 소위 논리 사각형에서 명제적 대립의 양식들을 재현했다. 이 두 논리 관계는 일관성의 개념과 더불어 현실의 논리-합리적 재현의 기둥이며 논증의 논리적 도식의 본질을 제공한다. 논리 사각형의 4각은, A, E, I, O로 상징되는 긍정/부정, 보편/특수의 결합 양태에 의해서 구성된다. 보편은 사각형의 상위 반을 결정하며 긍정은 왼쪽의 반을 결정한다. 그리하여 다음의 그림을 얻게된다.

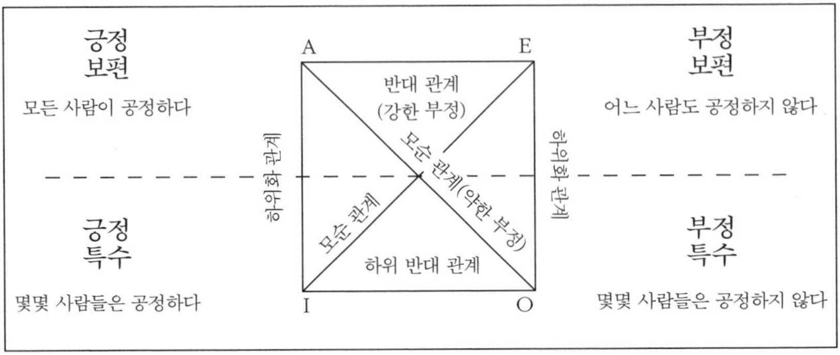

논증의 전형적인 장소인 도덕적 가치의 영역에서 이 사각형은 소위 의무의 사각형이라는 상관물을 갖는다.

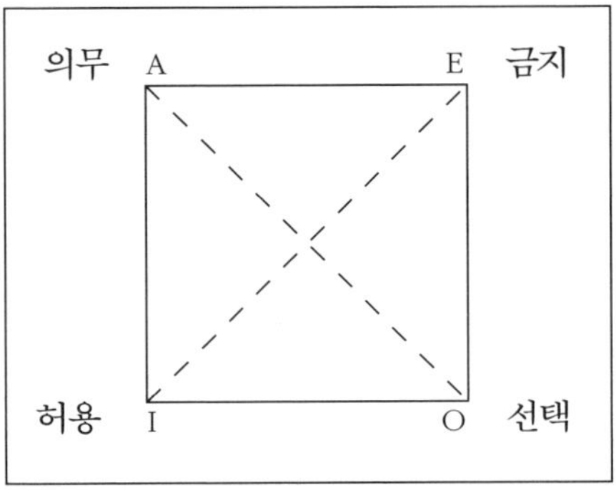

각 관계는, 진리 표에 통합된 명제들 사이의 양립가능성 규칙에 의해서 규정된다.

대립 관계 혹은 분극화된 논증

A	E	A/E
V	V	F
F	F	V
F	V	V
V	F	V

반대되는 것들은 함께 진실일 수 없다.
반대되는 것들은 둘 다 거짓일 수 있다.
하나의 진리는 다른 하나의 진리를 배제한다.

논증의 이용은 대화자의 논거에 대한 전체적 부정에 상응한다. 이는 결점 없는 입증을 필요로 한다. "사형은 사회의 절대적인 필요성이다"라고 주장하는 사람에게 "어떤 인간적 정의도 한 인간으로부터 생명을 빼앗는 데 근거가 되지 않는다"는 반발이 있을 것이다. 각각의 경우에 명제는 모든 경우에 적용된다고 주장하므로 보편적이다. 이러한 유형의 논증은 토론의 급진화에 해당하며, 대화자 각자는 양보의 가능성 없이 자신의 입장을 견지하므로 대화자 중 일인이 전체적으로 승리하거나 이 논증이 난관에 봉착할 수 있다. 왜냐하면 한 역례가 출현한다면 반대 관계의 실행 영역이 나타나기 때문이다.

모순 관계 혹은 점진적 논증

A	O	A/O
V	V	F
F	F	F
F	V	V
V	F	V

모순 명제들은 함께 진실이 될 수 없다.
한 편의 진실은 다른 한 편의 거짓을 내포한다.

모순은 배중률 원칙에서 유래한다. 모순은 상대방의 주장을 무효화하는 것을 가능하게 한다. "어떤 살인이나 사형에 처해질 만하다고 말하는 것은 거짓이며", "몇몇 치정 범죄는 부분적으로 용서를 받을 만하다" 등등이 가능하다. 그러나 반대 관계와는 달리 모순은 상대방의 주장에 반대 주장의 타당성을 대립시키지 않는다. 따라서 극단적 분극의 장을 떠나서, 대립 관계에 의해서 특수 명제("몇몇 사람들은 사형을 받을 만하거나 그렇지 않다" 등), 허용과 선택의 윤리적 영역에 이르는 논증적 점진의 영역으로 간다. 그러므로 (긍정이나 부정인) 주어진 양태에서 하위화 관계는 양보와 반박 전략을 발전시킨다. 소돔의 모든 주민들을 죽이려는 하느님에게 아브라함은 "그들 중 10명의 정의로운 사람들이 있으면 소돔을 살리시겠습니까?"라고 물어본다. 이는 양보의 교묘한 용법("분명 소돔이 부정하지만 …")이다. 이는 전체적 학살을 막는 데 충분한 역례, 이 경우에 롯과 그의 후손들을 보존하는 데 충분한 역례이다.

반대와 모순 관계는 논증에서 특히 논쟁적 상황에서 빈번하게 사용된다. 여기 사형제도의 폐지 옹호문에서 발췌한 한 예가 있다(R. Badinter, *Le Monde*, 1980). 고찰된 구절에서 저자는 유럽 민주주의 내부에서 법률적 의고주의, 즉 프랑스 공화국에 사면권 같은 대통령의 전유물이 된 구 왕권에 속하는 권리의 존속에 의한 프랑스의 고립을 설명하려 한다.

> 프랑스는 자기 역사의 포로와 같다. 공화국이 된 왕정은 한 인간인 대통령이 사형수에 대해 생명권, 즉 죽음의 권리를 지닐 수 있다고 생각한다. 〔…〕 그러므로 우리의 정의는 왕이 없는 세계에서 신수권의 정의로 남아 있다.

사면권은 사형제도 유지와 유사한 것인데, 공화국 이전의 원시적 정의와 동일시되고, 민주적 원리에 반하며 절대주의(신수권)로 더럽혀진 입법적 비일관성과 암시적으로 동일시된다. 그러나 이 이데올로기적 실격은 생명권은 곧 사망권이라는 독특하고 모순적인 술어의 대상인 사면권의 수식에 의해서 완성된다. 이 등가는 혼합에서 오지만 외관상의 신뢰성을 결하지는 않는다. 이 등가는 절대왕정과 군주의 신하에 대한 "생명과 죽음"의 권리와의 문화적 연상을 특히 이용한다. 그러나 판결의 실행을 무기한으로 중단하는 대통령의 가능성(권한)이라는 사면권의 기술적 정의에서 멀어지게 된다. 명제적 논리는 추론에 가하는 왜곡을 밝히는 것을 가능케 한다. 실제로 고려된 전망에 따르면 사면권의 실행은 의무 사각형의 각각의 각도에 나타난다. 헌법에 따르면 그것은 허용된다. 대통령에게 있어 그것은 선택적이다. 사형의 찬성자에게는 그것은 금지해야 할 것이므로 금지된다. 사형 폐지론자에게 사면권을 조직적으로 활용하는 것은 윤리적 의무이다. 사형폐지론의 입장, 즉 그 법안 폐지론의 입장에서는 사면권의 예외 없는 실행은 사형폐지론과 생명권을 동일시하는 것이며, 사면권의 비실행은 사형폐지론과 사망권을 동일시하는 것이다. 반대에 의한 이 이중적 규정은 다음의 의무 사각형의 상위 부분에 기록된다.

사면권의 실행

필수 "생명권" 폐지론	보편	**금지** "사망권" 폐지반대론
허용 헌법적 권리	특수	**선택적** 대통령의 권한

법률적 정의는 사면권을 특수명제에 할당된 사각형 부분에 위치시키는 데 비해(그러므로 사면권의 실행은 각 경우를 검토해야 한다), 법률 텍스트가 제안하는 정의는 사면권을, 사면권의 이용을 금하거나 강요하는 절대적이고 분극화된 판단의 영역에 위치시킨다. 이 첫 번째 의미적 전이는 모순의 횡단 축에서 행해진다. 두 번째 의미적 대체는 상위의 수평 축, 부정의 축에 개입한다. 다음처럼 공간적으로 사각형 위에 재현할 수 있는 의미의 이중적 미끄러짐이 있다고 하자.

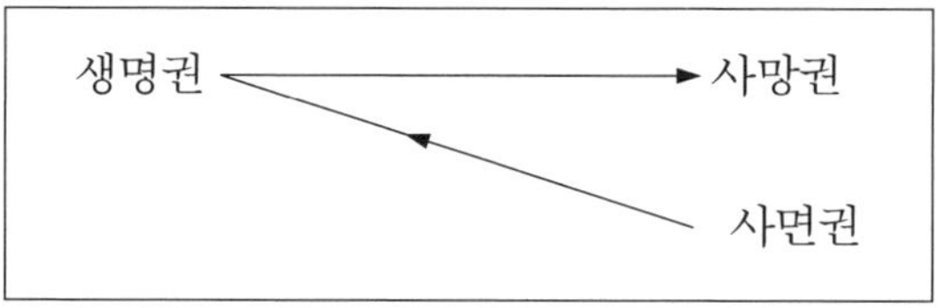

따라서 이는 이중적 거짓추론, 즉 특수(몇몇 사형수는 사면받을 수 있다)가 보편(모든 사형수는 사면을 받아야 한다)에 의해 대체되며, 이어서 생명권이 사망권으로 변형되어 반대되는 것들이 동일시된다. 이 경우에 이 용어 '거짓추론'을 쓰는 것은 사면권의 비실행을 회피가 아니라 행위로 제시하는 것이다(이는 법률적 차원에서 살인과 인명 구조 태만죄를 동일시하는 것이다). 따라서 법률적 추론은 정치적 논증에 자리를 양보하며, 이데올로기적인 것이 외면만의 논리적인 것에 우선한다. 이는 요컨대 논쟁에서 빈번히 나타나는 기술이다. 즉 그러므로 논리를 강요하는 것은 사면권의 경멸적 기능을 사용하는 것인데, 이는 독자에게 윤리적으로 그리고 정감적으로 간청하는 것이다. 사형제도를 철폐하는 것은 군주적 전제정치의 마지막 주요 부분을 상징적으로 무너뜨리는 것이기 때문이다. 동시에 청중의 동의는 논리적 형태의 논거에 부여되는 신용에 의해서 용이하게 된다. 논리적 형태의 논거는 이데올로기적 쟁점을 감추고 은밀하게 심리의 동원에 호소하여 청중에게 그의 동의가 엄밀하게 이성에 근거한다는 느낌을 부여한다.

5. 논리적 논거의 장점과 한계

논리 사각형의 분석은 논증에서 논리적 구조를 많이 활용한다는 점을 부각시켰다. 논리적 구조를 현실적으로 이용하거나, 표면적 형식을 이용하거나, 논리적 구조의 설득적 효용성은 주목할 만하다. 실제적으로 논리적 구조는 자신의 내재적 조작 타당성에 현실의 모든 모델화에 내재하는 외재적 권위 가치를 연결시킨다. 논증의 논리적 범주가 현실과 인간 정신의 구조에 근거하는 것으로 여겨지는 한에서는 청중은 수학적 증명의 경우와 마찬가지로 이것에 동일한 신뢰를 부여한다. 이점은 논리 구조의 논증적 중요성을 설명해 준다. 논쟁과 토론의 불명료한 공간에서 추론의 논리적 형태는 선택의 실행과 결정하기에 필요한 질서와 명료함을 가져온다. 과학의 위엄 있는 분위기에 놓인 거의 논리적인 논거는 객관적 진리의 동의어이다.[10]

그렇기는 하지만 논리적 논증이 현실 전체를 설명한다는 주장은 청중을 기만하는 것이다. 현실을 합리적인 것으로 축소하는 것은 철학사에서 수없이 비판받은 방식이다. 현실을 합리적인 것으로 축소하는 것은 또한 논증 무기이며 이 무기의 장점과 한계를 강조해야 한다.

---

10 준논리적인 논거의 이 기능작용에 관해서는 다음 6장 1항을 참조할 것.

이 축소의 부정적 가치는, 현실에 논리적 형태를 부여하려고 논리적 형태를 강요할 때 축소에서 생겨난다. 축소가 왜곡이라면 추론은 궤변론적 전략에 따라 논리적 외관만을 이용한다. 반대로 논리적 논증의 장점은 형식화의 설명적이고 설득적 힘에 있는데, 이 형식화를 인공적이라고 규정하지 않도록 조심해야 한다. 실제적으로 인간의 추론에서 논리적 구조의 빈도는 심리학자들로 하여금 이 논리적 형태들과 인간 정신의 기능 작용, 특히 인간정신이 현실을 재현하는 방법 사이의 관계를 세우게 하였다. 그리하여 모순의 논리적 개념은 양립불가능성 개념에서 "현실"의 상응물을 찾아낸다.

> 모순 개념은 논리학자들에 의해 무로부터 창조되지 않았다. 이 개념은 사물들, 행위들, 사람들, 말들에 의해서 나타난 속성들과 관련된 확인 사실들을 도식화한다. 〔…〕 "이 말은 흰색이다"와 "이 말은 검은 색이다"를 동시에 단언하는 것이 모순적으로 보인다면, 이는 흰 색과 검은 색의 속성들에 따른 것이며, 이 속성들은 용어들의 의미와 이 용어들에 대해서 발해질 수 있는 판단을 결정한다.
>
> 올레롱, 《논증》, p. 56

따라서 모순과 대립 관계의 형태하에 현실의 재현은 현실의 구조와 인간 상호 관계의 형태에 의해서 야기된다. 언어는 어휘에 그런 자취를 보여 주는데 많은 용어들이 대립어들의 쌍(참/거짓, 유익/비유익), 모순의 쌍(오른쪽/왼쪽, 직선/곡선), 혹은 상보의 쌍(예리함/둔함)으로 기능한다. 반의어들의 언어 분석은 심리학자들의 가정에 확증을 준다.

> 〔반의어 용어들은〕 예를 들어 오른쪽/왼쪽, 사기/팔기, 남편/부인 등 물리학적이고, 생물학적이며, 사회 · 문화적인 '상수들'에 해당하는 '결합' 구조의 언어적 치환이다.
>
> 이렌 탕바-메츠, 《의미론》[11]

그러므로 모순 개념은, 현실의 동일한 요소에 더움과 차가움, 사각형과 삼각형 등의 동시 존재를 배제하는 양립불가능의 존재론적 원리를 표현한다(올레롱, 앞의 책, p. 57). 그러나 특히 논증의 차원에서 모순은 판단의 가능성, 즉 평가와 논증의 가능성을 조건짓는다.

> 긍정하고 부정하기는, 언어의 규칙 혹은 상징적 글쓰기의 게임이기 이전에, 사회적 행위, 결정하기 행위, 유인 행위 혹은 거부 행위이다. 〔…〕 양립불가능의 긍정은 이미 하나의 결정하기이다. 이는 분리하고 나누고 대립시키는 것을 억제하는 방향으로 가는 도식화이다.
>
> 올레롱, 《논증》, pp. 56-57

이 논리적 도식화는, 반대되는 것들 사이의 경계가 토론거리가 되는 한에서는 여러 사회적이고 윤리적 토론을 부추긴다.

> 생명과 죽음 사이의 대립에 관하여 예를 들어 '뇌사 상태의 혼수'에 대한 토론, 그리고 이 상태의 몇몇 양상에 관한 논쟁의 주장들 사이의 갈등을 상기하는 것으로 충분하다. 결국 사망은 법에 의해 명시된 기준들로부터 정의되는데, 이 기준들은 생물학적이고 의학적인 지식의 진보에 따라 의

11 Irène Tamba-Mecz, *La Sémantique*, PUF, coll. Que sais-je?, pp. 96-97.

문시되고 변경될 수 있다.

올레롱, 《논증》, p. 58

정감적 삶의 심리적이고 생리적인 구성요소들은 정서의 양면성(사랑/증오, 두려움/현혹)에 의해서 마찬가지로 특징화된다. 대립의 논리적 구조가 보이는 보편성에 대한 보충적 증거는, 라신 비극의 글쓰기와 셰익스피어 비극의 글쓰기처럼 서로 문체적으로 거리가 있는 글쓰기에서 파국과 절망을 표현하기 위한 유추적 반대명제의 작용이 존재한다는 점이다.[12]

사랑은 식어가고, 우정은 죽어 가며 형제들은 사이가 틀어진다. 도시들에서 소요가 있다. 지방에서는 불화가 있다. 성들에서는 배반이 있다. 아버지와 아들을 연결하는 끈이 끊어졌다. 나에게서 태어난 그 불쌍한 자가 이 예측 안에 놓인다. 아버지에 대항하는 아들이다. 왕은 자연적 경향에서 멀어져 자식에 대항하는 아버지가 되었다. 우리의 좋은 날들은 지나가 버렸다.

《리어왕》, I, 2[13]

따라서 논증의 준논리적 절차들은 인간의 정감적이고 사회적이며 역사적 세계의 지각과 밀접하게 연관되며 문학적 담론의 많은 부분을 구조화한다.

---

12 앞에서 인용한 피로스의 장광설을 볼 것("그가 열정적으로 사랑하지 않는다면, 나의 가슴이 격렬하게 이제는 증오해야 한다", 《안드로마케》, I, 4). 앞의 2장 3항을 참조할 것.

13 *Le Roi Lear*, I, 2, trad. Camille Chemin, éd. Aubier-Montaigne, 1976, p. 99.

IV. 논증과 가치

1. 논증적 말터론—특수 말터, 공통 말터

논증의 논리적 구성요소는 주로 삼단논법적 연역으로 구성되며, 삼단논법적 연역의 형태는 추론의 논리적 타당성 규칙들을 결정한다. 그러나 이 타당성만으로 청중에 의해서 승인되어야 하는 논증의 필연적 성공이 되는 것은 아니다. 이데올로기적이고 심리적인 이 승인 혹은 수용가능성은 논증의 다른 구성요소들을 규정하는데, 이 다른 구성요소들은 설득의 관계자들, 연설가와 청중을 작용시키며 비논리적 입증인 윤리적 입증(에토스적 입증)과 감동적 입증(파토스적 입증)을 동원한다.

논증의 수용가능성은 추론에 내재적인 증명적 체계와 구별되며 추론의 전제들의 성격에 좌우되는데, 이 전제들은 추론을 실행하기 이전에 청중이 받아들인다고 간주되는 초기 명제들이다. 전제들은 선험적 판단들, 고유한 의미로서의 편견과 동일시가 가능한데 논증을 가치에 결합시킨다. 실제로 청중에 의해서 수용되거나 거부되는 가치들은, 청중이 설득적 추론의 기초를 세우는 모든 지지 요소들을 결정한다. 이 논증의 원천은 아리스토텔레스에게는 말터를 구성하는데 이 말터의 이론이 토피카이다. 수사학적 착상의 본질적 부분인 말터론은, 연설가가 세우는 논증의 출발점이 되는 명제들을 연설가에게 제공하는 방법이다. 아리스토텔레스의 분석에서 말터는 두 종류이다.

—**특성 혹은 특수 말터**: 이는 연설의 주제에 의해서 직접적으로 결정되며 아리스토텔레스에 의해서 연설의 3가지 장르의 틀 안에서 체계적으로 검토되었다.

—**일반적 혹은 공통적 말터**: 이는 논증에서 축소된 수의 일관성 있는 구조 위에 세워지며 모든 연설의 장르에 적합할 수 있다.

장르의 3분류[1]에서 말터와 관련된 요소들은, 전제들의 출처가 되는 학문에 따라 전제들을 분류하는 것을 가능하게 하고 이의 필연적 귀결로서 논증과 여러 지식과 가치의 장들과의 관계를 명시하는 것을 가능하게 한다.

말터의 성격

말터	해당 연설의 장르	상관적 학문
일반적 혹은 공통적 - 가능 그리고 불가능 - 현실 그리고 비현실 - 더 그리고 덜	선호하는 장르 - 정치 - 법정 - 식장	논리학 (준논리적 범주들)
특수 혹은 특성 - 유용 그리고 비유용 - 아름다움 그리고 추함 - 공정함 그리고 불공정함	특수 장르 - 의회 - 식장 - 법정	정치학 미학 윤리학

1 앞의 2장 1항을 참조할 것.

특수 말터

아리스토텔레스는 특수 말터를 공통 말터와 대조하여 다음과 같이 정의한다.

> 나는 특성에 각 장르에 고유한 전제라는 의미를 부여한다. 말터라는 말에 모든 장르에 동일하게 적용되는 전제라는 의미를 부여한다.
>
> I, 2, 1358a, 30-31

모든 주제에 적용가능한 공통 말터는 특수성의 부재에 의해서 특징화 된다.

> 이 공통 말터는 법률, 물리학, 정치학, 그리고 이러한 수많은 여러 학문들의 주제들에 관한 공통의 말터이다. 예를 들어 가감加減의 말터가 이에 해당한다. 왜냐하면 법률, 물리학 그리고 어떤 학문에 대해서도 삼단논법이나 수사적 삼단논법을 이 공통 말터에서 추출할 수 있기 때문이다.
>
> I, 2, 1358a, 12-16

이와는 대조적으로 특수 말터의 성격과 사용은 연설의 대상이 되는 학문에 달려 있다.

> 각 특성과 각 장르에 특수한 전제들에서 도출되는 결론은 특수하다. 예를 들어 윤리학에 대하여 수사적 삼단논법과 삼단논법을 도출할 수 없는 전제가 물리학에 대하여는 존재한다. 그리고 물리학에 대하여 수사적 삼단논법이나 삼단논법을 추출할 수 없는 전제가 윤리학에 대하여는 가능하

며, 마찬가지로 모든 학문에 대하여도 동일하다.

I, 2, 1358a, 17-20

초기 수사학자들의 방법과 구별되려고 아리스토텔레스의 수사학은 공통 말터의 용법을 제한하기를 바라며 특수 말터에서 수사적 삼단논법적 추론의 주요 원천을 찾는다.

> 가장 많은 수사적 삼단논법이 이 특수하고 고유한 특성에서 추출된다. 그리고 더 적은 수의 수사적 삼단논법이 공통 말터에서 나온다.
>
> I, 2, 1358a, 25-28

더욱이 특수 말터는 수사학의 경계를 획정짓는다. 왜냐하면 특수 말터는 논증과 학문적이고 사회적 분야의 결합을 규정하기 때문이다.

> 특수 말터에 관해서 보자면 전제의 선택이 좋을수록, 청중이 모르게 변증술과 수사학과 다른 하나의 학문을 창조하게 될 것이다.
>
> I, 2, 1358a, 22-23

이 결과는 논증의 성격에서 유래한다. 논증은 추론의 논리적 구조에 근거하기는 하지만, 논증은 진실임직함의 기술이며, 전제에 의해서 사회의 가치, 즉 개인과 관련된 윤리, 그리고 도시 국가와 관련된 사회적이거나 정치적 윤리와 결부되는 설득의 사회적 기술이다.

> 수사학은 분석적 과학(즉 논리학), 그리고 성격과 관련된 정치 과학으로 구성된다.
>
> I, 4, 1359b, 9-10

따라서 연설가의 지식은 수사학의 세 가지 입증들을 최상으로 이용하기 위한 논리학이며 윤리학이어야 한다.

> 〔세 가지 입증의〕 조작은 삼단논법적 추론 능력, 성격에 대한 사변적 지식, 미덕에 대한 지식, 세 번째로 열정에 대한 지식을 분명히 전제한다. 〔…〕 거기에서 수사학은 변증술과 도덕 과학의 분과分科와 같으므로 정치학이라고 명명하는 것이 적당하다는 결과가 나온다.
>
> I, 2, 1356a, 20-27

다음의 도표가 이를 표현한다.

입증, 특성 그리고 상관적 학문

입증들	관련 지식들	상관적 학문
주관적이고 도덕적 - 윤리: 청중에게 각인된 연설가의 권위 - 비장감: 연설가가 청중에게 불러일으킨 열정	미덕, 성격 그리고 열정	윤리학과 정치학
객관적이고 논리적 - 수사적 삼단논법 (수사적 연역) - 예증법(수사적 귀납)	삼단논법과 귀납	논리학 (분석적 학문)

세 종류의 연설 장르(의회, 식장, 법정)에 고유한 논증 연구는 가치들의 검토로 이루어지는데, 이 가치들은 세 연설 장르를 정의하며 각 장

르의 고유한 말터, 즉 정치적 논증, 법적 논증 등에 특수한 전제들의 출처이다. 이 책 1부의 핵심은 이 방법의 설명에 할애되는데, 이 방법은 기술적 방법을 찾는 독자를 당황하게 하지만 더 주의를 기울여 읽어 보면 주목할 정도로 현실적인 논증의 주제들에 대한 조사가 나타난다.

이의 최고의 예시는 아리스토텔레스가 가장 관심을 기울이던 논증 영역인 정치 영역과 관련되는 정치 장르에 의해서 제공된다. 여기에 어떻게 국제 정책을 결정하는 것이 적당한지 특히 중대한 위기의 경우에 전쟁을 해야 하는지를 결정하는 것이 적당한지에 대한 예가 있다.

> 우선 말하고 추론해야 하는 주제가 정치적이거나 어떤 다른 장르이든지, 사용 가능해야 하는 논거들이 그 주제에 속해야 한다는 점을 잘 이해해야 한다. 〔…〕 내 말의 예는 다음과 같다. 아테네의 군사력이 어떠하며, 군대가 해군인지 육군인지 혹은 육해군인지, 군대수가 얼마인지, 그들의 소득은 얼마인지, 누가 그들의 친구이며 적인지 어떤 전쟁을 그들이 지원했는지 그리고 이러한 종류의 나머지 모든 질문들은 어떠한지를 우리가 알지 못한다면, 아테네인들에게 전쟁을 하라고 혹은 하지 말라고 어떻게 우리가 충고할 수 있을 것인가?
>
> II, 22, 1396a, 4-10

명확히 공식화하는 것이 바람직한 일련의 문제들에 대한 답을 결정해야 하며 이 답은 조금도 우연의 산물이 아니다. 현실적으로 정치적 추론의 전제들은 체계적으로 열거되며(I, 4) 재정적인 문제, 군사적 문제(외부적 차원으로는 방어, 내부적 차원으로는 안보라는 이중적 차원으로), 상업적 문제(수입과 수출), 그리고 법률상의 문제라는 다섯 가지 토의의 주제를 결정한다.

> 모든 사람들이 토론하며, 조언하는 모든 사람들이 말하는 가장 중요한 주제들은 다섯 가지라고 말할 수 있다. 그것은 소득, 전쟁과 평화, 거기에 더하자면 영토의 수호, 수입, 수출, 그리고 법률이다.
>
> I, 4, 1359b, 18-22

현대의 민주적 의회에서 정치 전반의 토론 주제들의 본질을 망라하는 이 정치적 말터론은 독특하게 현실성을 지닌다.

이 말터들을 결정하는 것은 정치적 장르, 즉 도시 국가의 행복에 유용하거나 해로운 행위를 결성하는 가지에서 유래한다. 그러므로 정치적 논증은 진실임직한, 즉 대부분의 사람들에 의해서 수용가능한 정의인 행복의 정의를 전제로 한다.

> 따라서, 행복은, 미덕이나 존재 수단들의 충분함, 혹은 안전하며 최고로 즐거운 삶, 혹은 자산과 물질 일부를 보존하는 능력과 나머지를 이용하는 능력이 갖추어진 자산과 물질의 번영이 함께하는 잘 사는 법이다. 거의 모든 인간들은 행복이 이것들 하나 혹은 여럿으로 구성되도록 하는 것에 동의한다.
>
> I, 5, 1360b, 14-17

그러므로 이 일반적 정의의 분석은 주제에 적용가능한 전제들 전부를 결정한다. 행복에 관해서는 다음과 같은 구분이 있다.

—영혼과 육체와 관련되는 내적 자산(미덕들과 건강의 여러 속성들).

—귀족, 친구, 자본, 명예와 같은 외적 자산(6장, 1362b, 9를 참조할 것).

이는 특히 여러 정치적 조직들의 평가를 가능케 한다. 각 조직에 고유한 궁극적 목적은 정치적 논증이 거기에서 취할 수 있는 형식을 결정한다. 이는 자유(민주주의), 부유함(과두정치), 교육(귀족제)에 따라서 결정된다. 각 정치체제는 자신의 고유한 궁극적 목적에 비추어서 평가될 것이다. 그리고 정치체제를 비판하는 것은 해당 체제의 근본적 가치를 칭송하거나 비난하는 것을 전제한다. 따라서 정치적 논증은 시민들이나 지배적인 정치 계급에 의해서 수용되는 가치들에 한정된다.

법정 장르의 전제들에 대한 결정은 유사한 방법으로 행해진다. 고소인들과 방어자들은 부정한 행위의 고유한 성격에 따라서 자신의 옹호나 비난의 자료를 찾아낼 것이다. 이는 어떤 행위의 원인들에 대한 분석적 정의를 가정한다. 이 분석적 정의는 외적이거나 내적일 수 있다.

—외적인 이유는 행운이나 필연성에 기인할 수 있는데, 그 이유는 폭력이나 본성의 효과에 의해서 그 자체적으로 설명된다.

—내적인 이유는 습관이나 충동에 기인하며 숙고되거나 무의식적일 수 있다.

무의식적 행위의 경우에는 이유는 화나 욕망일 수 있다.

그리하여 범죄행위의 가능한 동기들 전체를 보면 다음과 같다.

—우연, 압박, 본성, 습관, 성찰, 화, 욕망은 이 범죄 행위에 관한 논증을 위해 사용 가능한 전제들이다. 다음 쪽의 수형도가 그려진다.

자신의 범죄 행위의 이익을 확신하기 위해 범죄인이 갖는 추론으로는 무혐의, 무처벌, 수익성이 있다.

> 사람들은 악행의 실행이 가능하고 자신들에게는 가능하다고 생각하거나, 자신들의 행위가 발견되지 않거나 발견된다 해도 처벌받지 않을 것이

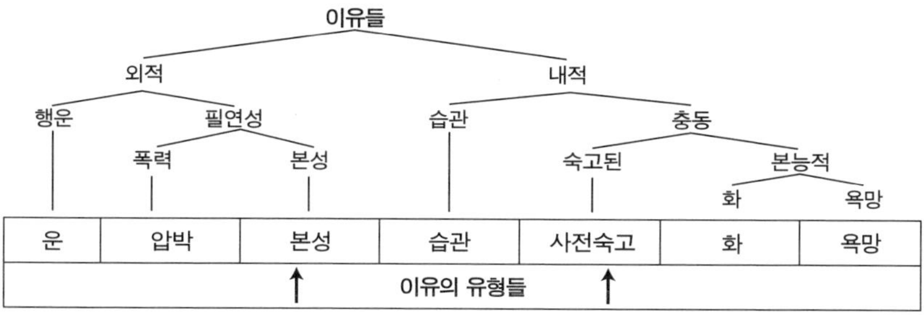

며 처벌 받는다 해도 처벌이 이익보다 적을 것이며, 혹은 그들 자신을 위해서 혹은 그들이 염려하는 사람들을 위해서 악행을 저지른다.

I, 12, 1372a, 5-8

세 번째 종류의 경우는 호메로스의 영웅인 아킬레우스의 찬양에 의해서 예시되는데, 이는 특수 말터와 공통 말터를 구별 가능하게 한다.

여기에 내가 진부한 명제들이라는 말로서 의미하는 것이 있다. 그것은 아킬레우스가 한 인간이고 반신이며 일리온(트로이아의 다른 이름—옮긴이)에 대하여 전쟁을 했다는 점을 칭송하는 것이다. 왜냐하면 이 특징들은 또한 다른 나머지 사람들에게도 속하여, 이 논거들을 사용하는 연설가는 디오메데스보다 아킬레우스를 더 칭송하지 않기 때문이다. 고유한이라는 말은 아킬레우스가 아닌 다른 사람에게는 일어나지 않는 사건들, 예를 들어, 트로이아인들 중에서 가장 용맹한 헥토르와, 자신의 불사신적 특성 덕분에 군대의 상륙을 막았었던 시크노스를 죽인 일, 원정대에서 가장 젊었으며, 어느 서약과도 관련되지 않으며 이러한 종류의 모든 나머지 특징들을 가졌다는 점을 의미한다.

II, 22, 1396b, 12-18

그리고 극작가인 라신은 아리스토텔레스의 다음 권고를 기억한다.

> 주제와 관련된 명제들을 가지면 가질수록 증명은 쉬울 것이다. 그리고 명제들이 그 주제에 가까우면 가까울수록 그 주제에 더 적합할 것이며 덜 진부할 것이다.
>
> II, 22, 1396b, 9-11

실제로《이피게네이아》에서, 트로이아를 향한 신속하거나 지연된 출발의 시의적절함에 대한 아킬레우스와 아가멤논의 격렬한 토론 중에 영웅 아킬레우스는 자신을 다른 그리스인들과 구별짓는 바로 그 논거를 사용한다. 그만이 자신의 의지로 트로이아에 가며 다른 전사들과는 달리 왕과 서약에 의해서 연결되지 않는다.

> 그리고 내가 달려가는 이 트로이아가 나에게 무엇을 했나? [⋯]
> 나는 야만인인 당신을 위해서만 거기에 간다오,
> 그리스인들 중에서 나만이 아무것도 빚지지 않는 당신을 위해서,
> 내가 임명하게 했으며 그들의 대장이며 나의 대장인 당신.
>
> IV, 6

공통 말터

공통 말터는 아리스토텔레스에 의해서 보편적 용법을 갖는 논증의 도식으로 정의된다.

> 모든 연설가는 연설에서 가능함과 불가능함의 말터를 반드시 이용해야

> 하며 일군의 연설가들은 일이 일어날 것이라는 점을 나머지 연설가들은 일이 일어났다는 점을 증명하려 노력해야 할 것이다. 게다가 위대함의 말터라는 모든 종류의 연설에 공통적인 말터가 있다. 즉 모든 연설가는 충고하거나 칭송하거나 비난하거나 고소하거나 변호할 때 과소평가나 과장을 이용한다.
>
> II, 18, 1391b, 28-32

앞에서 만든 도표(입증들, 특성들, 그리고 상관적 학문들)에 적합하게 이 말터들은 판단의 범주들 혹은 현실 이해의 양태들, 즉 가능성, 양(대와 소) 그리고 시간적 현실(있음, 있었음, 있어야 함)과 상응한다. 그 자체로서 이 말터들은 수사적 삼단논법과 예증법에 고유한 논리적 절차들과 구별된다.

이것들은 용법이 보편적이지만 장르에 고유한 시간적 전망에 의한 연설 장르들에 따라 선호하는 용법을 가진다.

—대상이 미래와 관련되는 정치 장르는 일반적으로 가능성의 말터를 이용한다.

—현재를 판단하는 식장 장르는 양의 말터를 이용한다.

—과거로 향하는 법정 장르는 시간적 존재의 말터를 이용한다(II, 22, 1392 a, 4-7).

그러나 명칭이 말해 주듯이, 이 말터들의 특성은 연설 상황 전체에서 보통 사용된다는 점으로서, 특히 가감의 말터는 점층적인 논증 전체의 원천이다.

> 모든 연설가들은 칭송하거나 비난할 때, 권고하거나 만류할 때, 고소하거나 변호할 때, 좋은 것이나 나쁜 것, 아름다움이나 추함, 공정함과 불공정

> 함을 중대하거나 하찮다고 증명하려 노력하거나, 연설가들이 그러한 것들을 절대적 가치로 간주하거나, 그것들을 서로 간에 비교할 때, 중대함과 하찮음, 최상과 최저, 그리고 보편적인 것과 개별적인 것, 예를 들어 어떤 선이나 범죄 혹은 어떤 정당한 행위가 더 중대하거나 더 하찮은지 그리고 나머지 모두에 대하여 전제들을 가져야 한다는 점은 분명하다.
>
> I, 3, 1359a, 16-25

아리스토텔레스는 앞에서 인용된 공통 말터의 세가지 범주에 《토피카》에서 다시 취한 28가지의 말터의 범주를 첨가하는데 이 두 형태의 말터 사이의 정확한 관계는 세우지 않는다. 그 결과 개념의 변질을 용이하게 한 말터들의 형식적 구조에 관한 일정한 불분명함이 있다. 즉 이 말터들은 무척 빨리 사전에 구상된 논거들, 법정 논증을 위한 논증적 방법들에 (특히 키케로의 토피카를 따라서) 동화된다. 따라서 공통 말터의 정확한 성격을 이해하기 위해서는 이 말터의 기능적 정의에 한정해야 한다. 이는 논증적 전제의 기원이다. 이는 개론서(II, 23)의 예들의 검토에서 확증된다.

—만일 사람들이 거짓을 쉽게 믿는다면, 반대로 진실을 믿는 데 망설일 것이라는 점을 받아들여야 할 것이다.

—무절제한 것이 해롭다면, 절제하는 것은 좋다.

이것이 마르크 앙주노에 의해서 정의된 반대의 말터의 두 예시이다.

> 어떤 사건이 어떤 것과 갖는 관계는 이것의 부정 혹은 반대가 아마도 이 사건의 부정과 갖는 관계일 것이다.
>
> 《팸플릿적 말》, p. 161

이 추상적이고 초보적인 명제는 고유한 의미의 말터를 구성하는데, 앞에서 인용된 이 말터의 예들은 하나의 특수한 실현이다. 따라서 공통 말터는 특수 명제들 전체의 통사적이고 논리적인 모형이다.

수사적 삼단논법처럼 공통 말터에 의한 논증은 연역적(일반에서 특수로)이지만, 반드시 명제적 형태를 갖지는 않는다.[2] 더욱이 말터와 수사적 삼단논법의 차이는 말터적 추론의 위상에 있다. 말터적 추론은 순수한 논리적 추론이 아니라, 더 정확하게는 일반 명제와 특수 명제들 사이의 관계에 의해서 구성된 논리와 실재의 관계이다. 그러한 이유로 해서 이 명제들 중 하나를 반대한다는 사실은 이 명제의 기초가 되는 일반 명제를 부정하며 말터의 이데올로기적 차원을 밝힌다. 실제로 말터의 기능적 타당성이 말터의 의미적 내용과 독립적이지만 말터의 수용가능성은 이와 같지 않을 것이다. 공통 말터의 수용가능성은 이 말터의 이데올로기적 차원에 따르며 그리고 이 말터의 의미적 특수화에서 나타나는 가치들과의 관계에 따르는데 이는 다음의 예에서 나타난다.

> 자연이 더 높은 등급에 위치시킨 사람들의 미덕들은 더 아름답다. 그들의 행위도 그렇다. 예를 들어 남성의 미덕들과 행위들은 여성의 미덕들과 행위들보다 더 아름답다.
>
> 《수사학》, I, 9, 1367a, 16-18

---

2 삼단논법적 형태로 수사적 삼단논법을 재구성하는 것에 대해서는 앙주노의《팸플릿적 말》, p. 168을 참조할 것. "말터와 수사적 삼단논법의 관계는 경우에 따라서 가변적인 변형의 조정을 요구하는데, 아리스토텔레스는 이 변형 조정을 정의하지 않았으며 이 조정은 우연적으로만 삼단논법의 형태를 가질 뿐이다." 또한《현대비평의 실용 어휘 사전*Glossaire pratique de la critique contemporaine*》, Montréal, 1979에 나오는 〈수사적 삼단논법〉과 〈말터〉 항목을 참조할 것.

이는 양의 말터를 식장 장르에 적용한 것이다(크기, 최고와 최저). 말터의 특수화에서 나온 이데올로기적 구성요소는 이것의 내용이 현대 서양 이데올로기에서 멀어지므로 더 분명하다. 실제로 이 말터에서 발해진 판단은 고대 그리스 사회에 고유한 성의 불평등 원칙에 기초한다. 그리고 말터론은, 말터를 구성하는 균형 원리가 특수한 가치, 이 경우에 남성의 미덕들에 적용되자마자 이데올로기적이 된다.

고전주의 문학에서 그러한 말터론의 사용이 발견된다. 예를 들어《아내들의 학교》에서 부부간의 사랑의 의무에 대하여 아녜스에게 아르놀프가 하는 맹세에서 이것이 나타난다.

> 당신의 성은 의존만을 위한 것이다.
> 남자에게 절대권력이 있다.
>
> 아르놀프, III, 2

그러나 정확하게 고전주의 시기에 몰리에르의 극작법에 고유한 이데올로기적 효과는 아르놀프의 말과 그의 논거들을 오용적이고 시대에 뒤떨어진 것으로 감지하게 하는 것이다. 그러므로 말터의 수용가능성은 역사 그리고 이데올로기의 역사에 좌우된다. 말터의 '보편성'은 문화사에 의해서 경계가 그어진다. 그 증거로《르 시드》의 유명한 격언, "고귀한 가문 출신 인간들에게는 가치는 나이를 중요시하지 않는다" 는, "태생이 고귀할수록 미덕은 더 커진다"는 형태의 말터에 암시적으로 기초하여 태생의 계층과 미덕의 등급 관계를 세운다. 그런데 이 말터는 귀족적 가치들의 코드를 아주 정확하게 규정한다. 따라서 피가로의 반귀족적 논증에서 바로 이 말터의 부정을 발견하는 것은 정상적이다.

> 당신은 세상에 나오느라 고생하셨군요. 그 이상은 아무것도 아니지요. 게다가 아주 평범한 인간이시지요.
>
> 보마르셰, 《피가로의 결혼》, V, 2

따라서 논거의 출처가 되는 말터의 선택은 이데올로기적 가치를 갖는다. 이 선택은 이 경우에 출신에 근거한 사회와 장점에 근거한 사회의 근원적 대치를 규정한다. 그러므로 논증의 역사와 수사학의 역사는 역사에 귀착된다. 그리고 말터의 확인은 이데올로기들의 역사에 대한 귀중한 지표를 확실히 제공할 수 있다. 그러므로 로드리그와 피가로 사이에서 동 루이가 자신의 아들 동 쥐앙에게 하는 훈계에서 당시 귀족이 처한 위기의 아주 전형적인, 이데올로기적으로 중산적인 논증이 발견될 것이다.

> 탄생은 미덕이 없는 곳에서는 아무것도 아니며 〔…〕 나는 사람들이 서명하는 이름보다는 사람들이 하는 행동을 더 살펴보고, 그리고 〔…〕 나는 너처럼 생활할 군주의 아들보다 정직한 인부의 아들을 더 존중할 것이다.
>
> 《동 쥐앙》, IV, 5

특수 말터와 공통 말터는 논증과 가치와의 관계를 모범적으로 보여 준다. 특수 명제의 경우에 이 관계는 고려되는 연설 장르에 고유한 가치(유용함, 올바름, 아름다움)에 따르며, 이 가치는 특수한 전제를 결정한다. 공통 말터의 경우에 역사적으로 가변적인 이데올로기적 가치를 말터에 부여하는 것은 말터의 특수화이다. 가감의 말터에 의해서 출신과 미덕 사이의 방정식을 세우는 것은 논증의 역사적 수용가능성을 결정하는 도덕적, 사회적, 정치적 가치들을 작용시키는 것이다. 특수 말터는 윤리적이고 정치적인 문제들의 교차점에 수사적 논증을 분명하게 위치시킨다. 따라서 말터론은 논증의 비논리적 구성요소를 강조한다. 특히 논증의 비논리적 구성요소는 다음 장의 대상인 수사적 삼단논법과 삼단논법을 구별한다.

V. 논증, 허구와 미학

1. 수사적 삼단논법과 격언—서식적 논증

삼단논법, 수사적 삼단논법 그리고 격언

우리는 삼단논법에서 유래한 추론 형식들을 검토했다. 그런데 이론가들 자신들도 자연 언어로 구성된 삼단논법의 희귀성을 인정한다. 더욱이 문학적 분석으로 삼단논법을 재구성하는 것은 부담이 크고 엄밀한 작업이며 게다가 형식의 특수성을 제거하는 작업이다. 게다가 연설을 삼단논법적 구조로 축소시키는 것은 아리스토텔레스에게서 유래하는 것이 아니라 "수사학의 삼단논법", 즉 수사적 삼단논법의 특수성을 무시하여 논증의 논리적 구성요소를 비대하게 한 그의 후계자들에서 온 사실이다. 이 그리스 철학자가 수사적 삼단논법의 형식적 면에 대하여 무척 신중한 것은 사실이다. 유일한 정확한 증거는 명증성의 정도에 따라 생략될 수 있는 명제들의 수와 관계된다. "만일 전제들 중 하나가 알려진 것이라면, 그것을 말할 필요조차 없다. 청중은 그것을 보완한다"(I, 2, 1357a, 15-21). 따라서 청중은, 형식적 차원에서 축소된 삼단논법인 수사적 삼단논법 명제들의 생략이나 발화행위에 대하여 규범이다. 그러니까 청중들이 따라가기에 너무 어렵거나 너무 긴 추론(그것은 대증식 삼단논법일 것이다)을 하게 해서는 안 된다. 역으로 전제들이 지나치게 간단하거나 진실임직함이 거의 없어서도 안 된다. 왜냐하면 추론은 수수께끼 같거나 모순적일 수가 있기 때문이다. 한 예가 청중을 위해 추론을 조정하는 것을 보여 준다.

> 도리우스가 승리의 대가로 화관을 받았다는 것을 결론짓기 위해 "그는 올림피아에서 승리자였다"라고 말하는 것으로 충분하며 "올림피아에서 승리자는 화관을 받는다"는 것을 첨가할 필요가 없다. 그것은 모든 사람에게 알려진 일이다.
>
> I, 2, 1357a, 17-21

이 예에서 대명제 "올림피아에서 승리자는 화관을 받는다"의 생략은, 모든 사람에 의해서 용인되므로("그것은 모든 사람에게 알려진 사실이다") 진실임직한 성격으로 인해, 삼단논법을 수사적 삼단논법으로 변형시킨다. 논증의 축소는 문화적 지식에 기초하며, 연설가는 이 지식을 청중이 사전에 갖기를 요구하는데, 즉 발화에 선행되는 것으로 본다. 전제들이 갖는 통념적 성격의 직접적 결과인 이 문화적 선행 요구는 이데올로기적 가치를 가지며 수사적 삼단논법적 논증에서 암시적인 것이 하는 기능을 분명히 한다. 이 영역에서 발화행위의 현재 이론들과 담론의 이데올로기적 분석의 근저에 있는 전제와 암시적인 것의 개념들에 대한 최초의 직관이 아리스토텔레스에게서 나온다고 볼 수 있다.[1]

《수사학》에서, 격언이 아리스토텔레스에 의해 줄어든 수사적 삼단논

1 다음에서 화용 언어학 연구의 발표 특히 미셸 르 게른Michel Le Guern에 의해서 정립된 에토스와 발화행위 이론 사이의 관계(6장 2항)를 참조할 것.

법으로 정의되는 한에서는, 간접적으로 수사적 삼단논법의 논증적 기능 작용을 예시하는 것은 금언이나 격언이다. 격언은 다음의 수사적 삼단논법의 구조적 기준들에 실제로 부합한다.

—격언의 전제는 진실임직하거나 논란의 여지가 있다.

—격언의 궁극성은 성찰과 검토의 대상인 행위이다.

—몇몇 전제는 생략된다.

> 금언은 수사적 삼단논법의 일부분이다. (…)
>
> 금언은 특수한 것이 아니라 일반적인 것을 표현하는 문구이다. 그리고 격언은 모든 종류의 일반성이 아니라 (…) 그 대상이 행위로서 행위와 관련해서 선택되거나 회피될 수 있는 일반성의 종류들만 표현하는 문구이다. 결과적으로 수사적 삼단논법은 그러한 주제들에 관한 삼단논법이기 때문에 결론과 수사적 삼단논법의 전제에 삼단논법이 없다면 금언이다.
>
> II, 20, 1393a, 25; II, 21, 1394a, 21-28

여기에서 단어 삼단논법은 인과적 추론의 일반적 의미를 갖는다(그리스어 syllogismos는 소전제와 대전제의 연관에 의한 연역을 뜻한다).[2] 삼단논법이

2 삼단논법의 의미에 대한 이 변화는《수사학》의 여러 구성 층위에 의해서 설명된다. 공통 말터의 나열적 검토에 할애된 제2권 끝은, 말터를 세 가지 주요 범주로 축소시키는 제1권의 주요 부분에 앞서고 삼단논법 이론이《분석론》에서 이미 형성되었음에도 작성된 제1권 주요 부분에 앞선다는 점이 그럼직하다.《토피카》의 제1권, 8권은 삼단논법 이론을 고려한다. 그러나 삼단논법의 정의는 세 명제의 도식을 다루는《분석론》의 표준적 정의보다 더 일반적이고 덜 기술적이다.《분석론》에서는, 요컨대 변증술의 경우에 진실임직한 전제, 즉 용인된 생각들에 의존하는 연역적 추론의 체계가 문제이다. "이 개론서는, 수용된 생각들과 제시될 수 있는 주제들에 의지하여, 우리가 연역적으로 추론하는 것을 가능케 하는 방법을 찾아내고자 한다"(《토피카》, I, 1, 100a, 18-21, J. Brundchwig 번역). 따라서 삼단논법은 전제와는 구별되는 하나의 명제를 필연적으로 생산하는 구조화된 담론 양식이다.

금언에 없다고 말하는 것은, 연역은 자명하며 대전제와 소전제의 연관이 명시적인 발화행위를 필요치 않는다고 간주하는 것이다. 따라서 원인(혹은 원인에 의한 설명)의 삭제는 수사적 삼단논법을 금언으로 변형시킨다.

> 수사적 삼단논법은 하나의 격언이며 여기에는 격언이 의지하는 원칙이 표시된다. [⋯] 수사적 삼단논법은 근거가 있는 하나의 판단이라고 우리는 결론내릴 수 있다.
>
> 생틸레르, 《수사적 삼단논법에 대한 부록》[3]

요컨대 삼단논법, 수사적 삼단논법 그리고 격언은 다음의 예에 의해서 예시되는 축약의 이중적 관계에 의해서 연결된다.

> "양식이 있는 사람이라면 자식들에게 지나친 지식을 주어서는 결코 안 된다." 이것이 금언이다. 그러나 여기에 원인, 즉 무엇 때문에를 추가한다면, 모든 것은 하나의 수사적 삼단논법을 형성하는데, 예를 들어 "그들이 게으름의 피해를 초래하는 것은 차치하고라도 그들은 동향인들의 질투

"하나의 담론 양식으로서 여기에는 몇 개가 제시되어 있고 이미 제시된 것과는 다른 하나의 것이 이미 제시된 것 덕택에 필연적으로 도출된다"(*Ibid.*, 100a, 25-27). 그러므로 "삼단논법이 없는 수사적 삼단논법의 결론과 전제는 금언이다"라는 《수사학》(II, 21, 1394a, 25-28)에서 나타나는 격언의 정의에서 단어 삼단논법을 이해해야 한다. 결국 삼단논법 이론의 개념화 단계들을 도식적으로 요약할 수 있다. 1) 《오르가논》의 앞에 나오는 권들 중에서 《토피카》에 대한 2권부터 7권에는 어떤 언급도 없다. 2) 연역적 양식. 제시된 전제들과 필연적 연역. 《토피카》의 1권과 8권, 그리고 《수사학》의 적어도 한 부 (특히 II, 21). 3) 《분석론》, 3명제적 도식. 4) 《수사학》 1권에서, 그리고 2권 수사적 삼단논법에 대한 장에서 명제적 도식 재거론함. 《오르가논》과 관련한 《수사학》의 연대추정에 대해서는 M. Dufour, 서문 pp. 14-16, 그리고 G.A. Kennedy, 《그리스에서 설득의 기술*The Art of Persuasion in Greece*》 3장, pp. 82-84. 또한 J. Brunschwig, Les Belles Lettres, 1967의 《토피카》 서문을 참조할 것.

3 Barthélémy Saint-Hilaire, *Appendice sur l'enthymème*, p. 356.

와 증오의 대상이 될 것이다."

II, 21, 1394a, 29-34

만일 전제에 명령적 형식을 부여한다면, 아리스토텔레스 자신(1394b, 28)을 따라, 잠재적인 삼단논법을 재구성할 수 있다.

질투나 증오를 불러일으킬 수 있도록 행동해서는 결코 안 된다. (대전제)
아이들을 너무 교육시키는 것은 그들에게 질투나 증오를 불러일으킨다. (소전제)
아이들을 지나치게 교육시켜서는 결코 안 된다. (결론)

대전제를 생략하여 결론과 원인으로 구성된 수사적 삼단논법을 얻게되며 그리고 결론만으로 금언이 형성된다. 대전제는 교육에 적용된 양의 말터(과도함을 참고하시오)로 구성되며 이의 말터의 발화는 "교육의 영역에서 최상은 선의 방해물이다"일 것이며, 그리고 이 말터의 특수화(아동들의 교육)는 소전제를 만든다.

따라서 어떤 금언에나 잠재적 삼단논법이 있다. 포르-루아얄의 논리학자들은 아리스토텔레스에서 가져온 "죽을 운명은 불멸의 증오를 보존하지 못한다"는 격언으로 수사적 삼단논법과 삼단논법을 재구성하는데,

전체 논거는 "죽을 운명의 인간은 불멸의 증오를 보존해서는 안 된다. 그런데 당신은 죽을 운명이다. 따라서 등등"이다. 그리고 완전한 수사적 삼단논법은 "당신은 죽을 운명이다. 따라서 당신의 증오는 불멸이지 않을 것이다"이다.

《포르-루아얄 논리학》, III, 14, p. 227

단언의 절대적인 성격은 함축된 논증에 근거한다. 금언은, 진실임직함이 명증성의 형태를 갖는 암시적 논리 작용의 이데올로기적 형태이다.

격언의 논증적 기능은 문학적 담론 특히 고전 문학 담론과 아주 특별히 관련되는데 이 격언 형태는 거기에서 빈번히 사용된다.

보통의 계율로서 금언은 전제에 의지하는데 전제의 진실임직함은 일반적으로 만장일치를 얻는다. 금언은 '담론에 윤리적', 즉 이데올로기적 "성격을 부여한다"(II, 21, 1395b, 12). 격언적 발화는 청중의 도덕감과 일치한다는 조건 하에 연설가에게 양식과 명망의 권위를 부여한다.

> 만일 금언이 올바르다면 금언은 연설가의 성격도 올바르게 보이게 한다.
>
> *Ibid.*, 16

그러므로 금언이 갖는 통념적 성격은 다음의 예들에서처럼 미묘하고 모순적이며 터무니없는 논증의 경우에 귀중한 원군이다.

> 사용가능하다면 모든 사람들이 말하며 일반적 사람들이 사용하는 금언을 또한 사용해야 한다. 그 금언들은 공통적이기 때문이다. 사람들은 그 금언들이 만장일치를 얻고 완벽한 공정성을 갖는 동의에 근거한 것으로 믿는다. 예를 들어 [⋯] "적들의 무죄인 아이들을 제거하라고 충고할 때, 아버지를 죽이고 아이들을 살려 두다니, 미쳤지."[4]
>
> II, 21, 1395a, 10-18

4 Stasinos의 Chants cypriens의 싯구(Clément d'Alexandrie, Strom. VI, p. 747. [Médéric Dufour의 주] 참조.)

고대 그리스 사회에 고유한 호전적 풍습의 맥락에서 벗어난 금언의 이러한 용법은 끔찍해 보인다. 그러나 터무니없는 이 성격은 금언의 통념적 본질을 분명히 할 뿐이다. 이 금언의 타당성을 다시 찾기 위해서는 동등한 문화적 맥락 안에 위치하는 것으로 충분하다. 그러한 금언들은 라신의 그리스 비극에서 활용된다. 실제로 그것은 과장되어서 피로스에게 아스티아낙스를 요구하러 온 오레스테스가 펼치는 논증의 본질을 구성하는 등가적 금언이다.

> 폐하, 헥토르가 어떤 사람이었는지를 더 이상 기억하지 못하십니까? 〔…〕
> 그리고 어느 날 그의 아들이 무슨 일을 시도할지 누가 알겠습니까?
> 아마도 우리의 항구로 우리는 그가 들어오는 것을 볼 것입니다.
> 우리의 배들을 불태우는 그의 아버지를 사람들은 보았습니다 〔…〕
> 그는 당신에 대하여 우리의 항구들에 대항해서 싸우려 시도할 것이므로
> 위험한 원수를 파멸시키세요.
>
> 《안드로마케》, I, 2

따라서 금언은 논쟁에서 결정적 무기이다. 금언은 아버지에 의해 고발당한 히폴리토스에게 반박의 첫 번째 논거들을 제공한다.

> 저의 삶을 살펴보세요, 그리고 제가 누군지 생각하세요.
> 항상 사소한 범죄들은 커다란 범죄들에 앞서 있답니다. 〔…〕
> 미덕과 마찬가지로 범죄도 등급이 있답니다,
> 그리고 소심한 결백이 갑자기 극단적 방종으로
> 가는 것을 사람들은 본 적이 없답니다.
>
> 《파이드라》, IV, 2

범죄와 미덕과 관련된 금언의 이데올로기적 정상 상태는 테세우스에 의해서 형성된 도덕적 기괴성의 고발을 반박하기 위해 동원된다. 그런데 금언의 효용성은, 일반적 원칙의 발화와 연관된 명확함과 힘에 따라 마찬가지로 심리적이다. 그러므로 금언은, 청중이 불명료하고 본능적으로 생각하는 것을 일반적 표현으로 힘차고 명료하게 발화하여 청중에게 명증성의 마력을 행사한다.

> 금언은 일반성의 판결적 단언이라고 사람들은 우리에게 말했다. 그런데 〔청중들은〕 자신들의 특수한 경우에서 이전에 생각할 수 있었던 것을 일반화하는 것을 듣는 데 즐거움을 느낀다. 예를 들어 고약한 이웃들이나 아이들이 있는 사람은 "이웃보다 더 견디기 힘든 것은 아무것도 없다", 혹은 "아이들을 갖는 것보다 더한 바보 짓은 없다"고 말할 사람을 환영할 것이다. 그러므로 연설가는 청중의 감정이 어떠하며 그들의 편견은 무엇인지 예측하고 이러한 주제들에 관해 일반적으로 표현해야 한다.
>
> II, 21, 1395b, 5-10

청중의 의견에 대한 부합의 원리는 민중 선동적 논증의 주요 원동력 중 하나이다. 금언의 경우에 청중은, 그들이 불분명하게 생각하는 것과 편견이, 연설가가 그들에게 부여하는 일반적이며 보편적 형식 덕분에 연설가와 연합하여, 윤리적 원리의 가치를 갖는다고 도취적으로 느낀다.

수사적 삼단논법은 압축되고 결국 금언은 논증의 다음 세 가지 구성요소들을 효과적으로 결합한다.

—삼단논법의 논리적 증명 가능성.

—통념적 명제의 이데올로기적 유혹.

—분명하고 일반화하는 발화의 심리적 매력.

수사적 삼단논법과 문학적 미학

아리스토텔레스의 수사적 삼단논법의 수사적 특수성, 전제가 진실임직한 삼단논법을 우리는 앞에서 강조했다. 그러나 수사학의 이후 역사, 수사학과 논리학의 분리, 표현법에 유리하게 작용한 착상술의 상대적 위축은 수사적 삼단논법을 논증의 장에서 미학의 장으로 점차적으로 이동시켰다.[5] 아주 정확하게는 수사적 삼단논법의 특수성(진실임직한 삼단논법)은 잊혀졌으며 축소된 구조의 형식을 중점적으로 고찰하였다. 연설 전통은 수사적 삼단논법의 논리적 기능을 무시하고 수사적 삼단논법의 심리적이고 미학적 기능을 상향 평가한다. 이 두 구성요소는 고전주의 시대에 수사적 삼단논법의 정의에서 분명하게 재발견된다. 포르-루아얄의《논리학》에서 수사적 삼단논법의 형식적 불완전성, 즉 축약된 삼단논법의 본질은 생각에 대한 표현의 자연적 결합에 해당한다.

> 수사적 삼단논법은 정신에서는 완전하지만 표현에서는 불완전한 삼단논법이라고 이미 사람들은 말했다. 명제 중 하나를 너무 분명하고 너무 알려졌다고, 수화자의 정신에 의해서 쉽게 보충된다고 삭제하기 때문이다. 〔…〕 인간 정신의 본성은 보충해야 할 무엇이 있는 것을 더 좋아하며, 모든 것을 다 배워야 한다고 상상하는 것은 좋아하지 않는다.
>
> 《포르-루아얄 논리학》, III, 14, p. 226

따라서 추론의 압축 혹은 축약은 청중에 대한 심리적 유혹 기술로서, 청중에게 연설가의 논증을 이해한다는 느낌뿐만 아니라 완성한다는 느

5 다음 부록 II 〈수사학과 논증〉을 참조할 것.

낌을 부여한다. 《포르-루아얄 논리학》의 저자들에게 수사적 삼단논법은 "인간이 추론을 표현하는 일상적 방법으로"(*Ibid.*), 즉, 언어와 담론의 구조를 결정하는 인간 정신의 구조와 연관되는 사고의 생략적 표현이다. 그러나 이 상용의 표현은 전체적으로 명시되는 논리적 추론보다 더 효과적이다. 그리하여 수사적 삼단논법의 심리적 정당화에 《포르-루아얄 논리학》이 문학적 예에 관하여 정확하게 진술하는 미학적 고찰이 더해진다.

> 그러므로 이 삭제는 수화자의 허영심에게 아첨한다. 이 삭제는 수화자의 이해력에 무엇인가를 맡기고 담론을 축약하여 담론을 더 강하고 더 생기있게 한다. 예를 들어 무척 우아한 수사적 삼단논법을 포함한 오비디우스의 《메데이아》의 싯구에서,
>
> Servare potui, perdere an possim rogas?
> 나는 너를 보호할 수 있었다. 그러니 내가 너를 잃을 수 있겠는가?
>
> 이것을 이용하여 다음의 방법으로 형식을 갖춘 논거를 만들었다. "보호할 수 있는 사람을 잃을 수 있다. 그런데 나는 너를 보호할 수 있었다. 따라서 나는 너를 잃을 수 있을 것이다." 그것으로 모든 매력은 제거될 것이다. 그리고 그 이유는 다음과 같다. 담론의 주요 아름다움 중의 하나는, 의미가 가득한 것이며 표현이 할 수 있는 것보다 더 넓은 사고를 할 기회를 정신에 제공하는 것이므로, 반대로 의미가 없고 사상을 거의 포함하지 못하는 것은 가장 큰 결점들 중의 하나인데, 이것은 철학적 삼단논법에서 거의 불가피하다.
>
> 《포르-루아얄 논리학》, III, 14, pp. 226-227

여기서 논증 연구는 논증과 문학의 본질적인 관계가 나타나는 결정적

방향 전환을 보이는데, 문학은 논증 예시의 장에 만족하지 않으며 논증의 특수한 원천을 구성한다. 실제로 《포르-루아얄 논리학》 텍스트는 청중에 대한 수사적 삼단논법의 매력에서 유혹(그리고 '아첨')과 멋의 역할을 밝힌다. 따라서 논거의 형태에 내재하는 설득적 힘이 있다. 그것이 수사학과 미학의 논쟁으로서, 이 논쟁은 문체와 표현에 대한 고전적 성찰 특히 간략한 형식, 즉 프랑스의 고전주의 문학에서 아테네체와 숭고 문제의 상당한 부분을 지배한다. 문학에서 논증의 문제를 공식화하는 것은 문학적 미학과 서양의 수사학 문화와의 관련성에 대한 본질적 시각을 여는 것이라는 것은 분명하다. 그것은 고전주의 작가들로 풍요로워진 주석의 길이다. 우리는 라신의 시, 수사적 삼단논법의 멋지고 미묘한 형식을 논증적 차원에서 다시 읽어야 한다.[6]

> 나는 절개 없는 너를 사랑했는데 정절 있는 나는 무엇을 했단 말인가?
>
> 《안드로마케》, IV, 5

수사학 전통 내부에서 수사적 삼단논법의 생략적 형태는 문체에 대한 성찰을 불러일으켰다. 더 정확하게는 언어와 사고의 결합에서 언어 표현은 사고에 대하여 결여나 과도함으로 정의되었다. 고대와 고전주의 시대

---

6 고전주의 어휘는 이 미학적 문제에 관한 용어들을 많이 만들어 낸다. 매력, 단순함, 명확함은 시에서처럼 산문 표현에 요구되는 장점들이다. 미학적 논쟁에 대해서는 Perrot d'Ablancourt, Guez de Balzac과 도회풍 예절에 관한 로제 쥐베르Roger Zuber의 저작(*Perrot d'Ablancourt et ses "Belles Infidèles"*, Paris, 1968)을 참조할 것. 아테네체와 소아시아체에 관해서는 마르크 퓌마롤리의 《웅변의 시대》를 참조할 것. 숭고 문제, 그리고 시학과 수사학의 결합에 관해서는 〈정념을 재현하기. 라신의 표현적 간결성Représenter la passion: la sobriété racinienne〉, in *Littératures classiques*, n° 11, 1989(pp. 69-94)를 참조할 것.

미학은, 스토아학파의 영향을 받고 격언에 의해 상징화된 간략한 연설과, 키케로의 영향을 받고 삼단논법에 "살을 붙이기"에 관심 갖는 고전주의 시대 수사학자 르그라에 의해서 다음에서 옹호된 풍부한 연설 사이에서 정의되었다.

> 연설가의 논거는 논리학자들과 스콜라 철학자들의 논거처럼 빈약하고 무미건조해서는 안 된다. 연설가의 논거는 스토아학파의 논거처럼 힘과 섬세함을 갖추어야 하고, 키케로가 말하듯이, 생기가 있고 건강해야 한다. 논거는 세 개의 명제 안에 폐쇄되어서는 안 되며 원하는 만큼 영역을 부여할 수 있도록 조합되어야 한다.
>
> 《수사학》, 142-144[7]

이 문체론적 전망은 수사적 삼단논법을 표현법의 장에서 가능하거나, 간략하거나 긴 표현 도구들 중에 위치시킨다. 신고전주의 수사학의 역사는, 논증에서 수사적 삼단논법이 한 역할을 망각하는 이 축소를 증거한다. 따라서 수사적 착상법의 재건에서 수사적 삼단논법에 적합한 위치를 다시 부여해야 한다. 수사적 삼단논법은 수사적 입증과 삼단논법을 구별하여, 그리고 논증의 이데올로기적이고 심리적이며 미학적 구성요소들을 밝혀서 본질적으로 형태와 논거, 수사학과 문학을 결합한다. 생략의 효용성, 우아한 간결함, 명증성과 수수께끼의 미묘한 할당은 격언의 논증적 성공을 결정한다. 수사적 삼단논법적 표현은, 문학에서 나타나는 논증의 존재가 아니라 논증에 대한 문학 형식의 기여를 예시한다. 그것은 두 번째 수사학적 입증인 예증법에 할당된 다음 장이 확증한다.

7 *Rhétorique*, 142-144. A. Kibédi-Varga, *Rhétorique et Littérature*, Didier, 1970, p. 59 재인용.

2. 예증법—증명적 기능과 예시적 기능

《수사학》에서 삼단논법의 우월함은 예증법의 연구에 할당된 얼마 안 되는 지면(2권의 20장)에 의해서 설명된다. 그러나 우리의 관점에서 예증법은 문학과 논증의 관계에서 본질적인 위치를 차지한다. 고유한 의미로서의 귀납(예증법은 이것의 수사적 유사물)은《토피카》에서 정의된다.

> 귀납은 특수에 의해서 일반에 도달하는 상승이다. 예를 들어 최고의 조종사는 잘 아는 사람이다. 말 몰이꾼의 경우에도 그렇다면 각 전문 분야에 대하여 최고는 보통 잘 아는 사람이다.
>
> I, 12, 105a 13-19, 《수사학》, II, 36

위 인용문 다음에 나오는 인용문은 로고스적 입증을 선호하여 사용하기를 권고한다.

> 귀납은 더 설득적이고 더 분명하며 더 자명하고 대부분의 사람들에게 공통적인 능력의 영역에 속한다. 삼단논법은 더 제약하며 논쟁에 대하여 더 효과적이다.
>
> I, 12, 105a 13-19, *Ibid.*

아리스토텔레스 자신(3권 17장), 그 이후에 키케로(《토피카》, 13장, 14장)의 성찰을 다음과 같이 종합할 수 있다.

—수사적 삼단논법은 제약적이고 엄밀한 논증 절차이며 비교적 공식화된 토론의 틀 안에서 반박적 형태로 특별히 효과적이다. 예를 들어 논쟁에서 혹은 과거 사건("증명과 필연성의 개념을 적용할 수 있는 대상, 왜냐하면 돌이

킬 수 없는 과거에는 참된 필연성이 있으므로"(《수사학》, III, 17, 1418a)에 대해 행해지는 법정 연설에서 그러하다.

—예증법은 주관적 입증들과 더 유사할 것이다. 왜냐하면 예증법의 명증성은 이미지의 감각적 힘에 근거하기 때문이다. 예증법은 (비슷한 경우에 "연설을 다시 차갑게 할" 위험이 있는 수사적 삼단논법과는 달리, *Ibid*.) 연설에서 열정의 동원과 쉽게 결합한다. 예증법은 기술적인 정도가 떨어지며 대중 연설에 더 적당하고 미래와 결정하기에 관한 토의에 아주 잘 적합하다. 그러므로 예증법은 과거에서 갖고 온 행동 모델의 역할을 실행한다.

아리스토텔레스에게 귀납의 수사적 유사물인 예증법은 수사적 삼단논법과 마찬가지로 "추론의 한 원리"(II, 20, 1393a, 22)이다. 예증법의 분류는 실재 사실 혹은 가공의 사실 등 예증법이 말하는 사실들의 성격에 따라서 이루어진다.

첫 번째 경우는 역사적 예증법으로서 거기에서 추론은 이전에 정해진 공통 말터, 아주 정확하게는 가능성과 현실의 말터에 의지한다. 역사적 예증법은 실제로 다음의 말터, 대개 미래는 과거와 유사하다는 말터에 근거한다. 예를 들어 이집트에 대한 페르시아왕의 주장에 반대하는 것이 필요하다는 것을 그리스인들에게 설득시키기 위해 아리스토텔레스는 다리우스와 크세르크세스의 역사적 예를 강조하는데, 이들의 행동은 이집트 정복은 매번 유럽의 침략을 예고한다는 점을 보여 주었다(1393b).

두 번째 경우는 논증 과정에서 허구 이용의 일반적 문제를 말한다. 이 문제는, 모사물이며 착각의 원천으로 간주되는 허구에 대한 전통적 불신이 특징적으로 나타나는 철학사와 문학사에 똑같이 속한다. 왜냐하면 허구적 예증법에 의해서 문학은 논증 구조 구성의 일부분이 되기 때문이다. 아리스토텔레스는 창조된 두 종류의 예증법들을 구분한다.

—유사성의 비교 구조에 기초한 잠언
—유추의 서술적 구조에 근거한 우화 혹은 교훈집

잠언

아리스토텔레스는 소크라테스를 인용하며 잠언을 예시한다. 소크라테스는 아테네 집정관들을 추첨으로 선발하는 것에 반대하며 다음의 비교로 추첨 원리를 반박했다.

> 그것은, 경쟁을 하는 데 적합한 육체적 소질에 의해서가 아니라 운수에 의해서 육상선수들을 선택하는 것과 같다. 혹은 그것은, 조종술이 아니라 운수에 의해서 방향키를 잡는 수부를 선택하는 것과 같다.
>
> II, 20, 1393b, 4-7

육상선수와 조타수의 예는, 비교를 하면 집정관 임명 시에 준수되지 않는 것으로 분명히 드러나는 법칙인 능력 법칙의 긍정적 예시이다. 이 법칙의 도입은 특수함에 의해서 일반성에 도달하는 상승인 귀납의 논증적 기능작용에 잘 부합한다. 이는 청중이 받아들인다고 가정되는 능력의 규범 혹은 법칙이다. 이 승인은 제비뽑기에 의한 선택의 비난을 결정짓는다.

잠언의 기능작용에 필요한 조건들을 살펴보자.

—잠언은 현실이 동질적이다는 점을 첫 번째로 전제한다. 이 조건은 육상선수의 선발과 집정관의 선발을 유사하며 비교가능한 것으로 간주하는 데 필요한 조건이다. 이것은 또한 현실에 대한 행위의 기술이나 처방을 목표로 하는 모든 법칙들(혹은 선발 과정)을 공식화하는 데 필요한 조건이

다. 요컨대 이는 청중이 현실 구조의 재현과 유사성의 논리적 원리를 받아들이게 하는 개념적 조건들이다.
—그러나 잠언의 성공은 청중에게 친숙한 현실의 이미지, 청중이 현실에 대해서 가지는 개인적 재현에 어떻게 보면 속할 현실의 이미지에 의지한다는 점을 더욱이 요구한다. 따라서 잠언은, 청중이 받아들인다고 전제되는 법칙(능력에 의한 선발)을 암시적으로 공식화하기 위해 청중에게 친숙한 실재적 상황(이 경우에는 육상선수와 조타수의 선발)에 호소한다. 상황의 친숙함은 이 수용을 정확하게 유리하게 한다(그것이 예증법의 진실임직함과 결부된 힘이다). 그러므로 잠언의 비교 구조는, 알려졌으며 육상선수의 선발이라는 합의의 대상인 영역의 법칙을 집정관의 선발이라는 새롭고 문제되는 영역에 전이하여 적용하는 것을 가능하게 한다. 잠언은, 친숙한 차원에 대한 동의를 미지의 차원, 또한 인간의 상황에서 복음서의 잠언에 나타나는 신적 상황으로 유사성에 의해서 전이하는 것이다.

우화

우화는 잠언의 서술 구조와 유사하지만 전체에 확장된 구조를 이용한다. 그러한 이유로 해서 유사성은 유추 구조에 자리를 양보한다.

아리스토텔레스에 의해서 제안된 이 두 예증법은 정치적 성격을 지닌다. 첫 번째 예증법에서 연설가 스테시코러스는 이미 전권을 지닌 군사령관 팔라리스에게 친위대를 주지 말 것을 시민들에게 설득시키려 한다.

> 스테시코러스는 그들에게 다른 말보다 이 교훈집을 이야기했다. 한 마리 말이 혼자 초원을 차지하고 있었다. 갑자기 사슴 한 마리가 나타나서 목

장에 피해를 입혔다. 말은 사슴에게 복수하려고 한 인간에게 사슴을 벌주는 데 도와줄 수 없느냐고 물었다. 그 인간은, 말이 재갈을 받아들이고 투창을 갖고 말에 오르게 놔두는 것을 조건으로 그렇게 할 수 있다고 말했다. 계약이 체결되고 인간은 말에 오르고 말은 복수의 대가로 인간의 노예가 되었다. "원수에게 복수하려다 말의 운명을 겪는 것을 경계하세요. 여러분에게 이미 재갈이 물려져 있습니다. 여러분은 전권을 가진 군사령관을 선택하지 않았나요? 만일 여러분이 그에게 근위대를 주려면 그리고 만일 여러분의 등에 그가 올라타는 것을 허용한다면 여러분은 그때부터 팔라리스의 노예가 될 것입니다"라고 스테시코러스는 말했다.

II, 20, 1393b, 10-22

우화적 논증은 잠언과 여러 공통 특징들을 갖는다. 우화적 논증은 유추적 구조가 자리하는 데 필요한 현실의 동질성을 가정한다. 우화적 논증은 청중에게 친숙한 시골과 숲 세계에서 이미지를 끌어오는데 이 세계는 동물 세계의 노예화 원리를 정치세계로 전이하는 것을 가능케 한다.

우화의 특수성은 이 전이의 서술적 확장에 있다. 비교 구조는 잠언에서는 부분적인데 우화에서는 전체적이며 이는 유추의 성격을 명시하는 것을 가정한다. 우화적 논증의 특성은 두 계열의 대상을 유추관계화 하는 것이다. 이야기의 설득적 궁극성에 의해서 과해진 구조적 조직화가 이루어져 이 특성은, 유사성의 계열에 의해서 결정되는 이야기 요소가 아니다. 이 계열은 결국, 시도의 성공을 보장하기 위해 청중에게 지각가능해져야 한다. 그러한 이유로 해서 교훈집은 유사성 관계를 세부화하는 하나의 교육적 문장을 포함한다. 이 관계는 스테시코러스의 경우에 다음과 같이 도식화할 수 있다.

$$\frac{\textbf{동물세계}}{\textbf{정치세계}} = \frac{\text{인간}}{\text{군사령관}} = \frac{\text{말}}{\text{시민들}} = \frac{\text{재갈}}{\text{전권}} = \frac{\text{승마의 권리}}{\text{친위대}}$$

그러나 우화는 이 정적인 등가에 서술적 역동성을 추가한다.

> 재갈 + 승마의 권리 = 말, 인간의 노예.

여기에서 유추에 의해서,

> 전권 + 친위대 = 시민, 군사령관의 노예.

만일 서술이 엄밀하게 구성된다면 청중은 서술의 연역적 역동성을 받아들 수 있을 뿐이다. 청중의 유일한 이의제기 가능성은 세계의 전이 층위에 위치하게 된다. 따라서 연설가의 논증적 작업은 이중적이다.

—유추의 구성을 위한 논리 · 서술적 작업

—이야기의 진실임직함과 연관된 심리적 작업

허구적 세계에서 현실적 세계로 오는 이동의 수용을 결정하는 이 진실임직함은 우화에 일정 수의 서술적 특징을 강요한다. 그러므로 우화적 교훈이 청중에 의해서 수용되기 위해 필요불가결한 일관성과 명확한 교육적 의미의 조건들이 친숙함의 조건에 첨가된다. 이 조건들은 허구가 갖는 순수하게 문학적이며 미학적이고 문체적 장점에 대해 행사된다. 이야기는 자신의 진실임직함에 대하여 책임을 진다. 우화에 있는 특수하게 문학적인 힘은 논증의 성공 혹은 실패를 결정한다. 예증법은 수사적 삼단논법과 상보적으로 논증과 문학의 복잡한 관계를 드러낸다. 특히 우화는 논증과 이야기의 상호작용을 밝힌다. 이 둘은 진실임직함의 개념에 근거한다.

그리고 우화적 논증은, 플라톤에 의해서 거짓된 허구에 대해 행해진 비난 때문에 너무 무시된 허구의 인지적 기능을 강조한다.

문학 형식의 논증 작업에 대한 기여는, 의미있게 이솝에게서 차용한 제2 교훈집에서 더 드러난다. 그것은 여우와 고슴도치 사이의 대화 형식으로 이루어졌으며 선동가의 용서를 위한 변호이다.

> 이솝은 죽을 죄로 고발당한 선동가를 위해 사모스 섬 대중들 앞에서 이야기를 한다. 강을 건너던 여우 한 마리가 구멍으로 휩쓸려 들어가서 나올 수가 없었는데 피부에 달라붙은 여러 마리의 진드기로 고생하고 있었다. 지나가던 고슴도치 한 마리가 여우를 보고 측은히 여겨 진드기를 제거해 주겠다고 여우에게 물어보았는데 여우는 이를 받아들이지 않았다. 고슴도치는 여우에게 왜 그러냐고 물었다. 여우는 답했다. "진드기들은 지금 포식해서 약간의 피만 빨아먹는다. 하지만 만일 네가 진드기를 나에게서 떼어 낸다면 허기진 다른 진드기들이 달려들어서 나에게 남아 있는 피를 빨아먹을 것이다. 아 글쎄! 여러분들 사모아 섬 사람들이여. 이 선동가는 더 이상 여러분에게 고통을 주지 않을 것입니다. 왜냐하면 그는 부자가 되었으니까요. 하지만 만일 여러분이 그를 사형시킨다면 다른 가난한 선동가들이 등장해서 공적 재산을 훔치고 소비할 것입니다."
>
> II, 20, 1393b, 22-1394a, 1

동물세계가 정치계로 전이하는 것을 가능케 하는 유추의 전체적 구조 이외에 우화는 두 동물들 사이에 논증적 성격을 갖는 대화를 연출하여 청중의 동의를 보장한다. 따라서 허구의 중심에 논증의 액자화가 있으며, 청중의 동의는 등장인물들의 동일화(여우는 우화작가의 대변인이 되고, 고슴도치는 청중의 대표가 된다)라는 고유하게 문학적인 장치에 의해서 획득된다. 그러므로 문학적 재현은 우화의 수사적 효용성을 증대시킨다. 우화를 이용하는 연설가는 대화의 모방적이고 교육적 힘을 작용시켜 문학적 진실임직함의 효과가 논증에 도움이 되게 한다.

이렇게 재현의 원리는 문학적 허구의 구성물인데, 우화의 논증적 장치에 통합된다. 허구는 자신의 본질, 즉 허구로 하여금 논증을 반영하게 하여 논증의 효과를 확장하고 증가시키는 비유적 힘으로부터 논증적 기능을 얻는다. 게다가 고대의 연설가들은 우화의 논증적 힘을 매우 일찍 지각했다. 그리스의 법정 전통은 변론에서 우화를 활용하는 경우를 여러 번 제시한다. 우화의 논증적 실천은 법정 연설가들의 양성에서 구성적 부분으로서 고대 로마네스크 예술의 형성에 기여했다.[8]

모델 혹은 예시—예증법의 두 기능

이 구별은 예증법에 관한 아리스토텔레스의 연구를 결론짓는다. 이 구별은 예증법과 수사적 삼단논법의 관계 그리고 예증법과 문학 사이의 관계를 명시화한다는 장점을 제공한다.

아리스토텔레스에 따르면 수사적 삼단논법이 없을 경우에 예증법은 증명적 가치를 가지며, 반대의 경우에 예시적 가치를 갖는다(결론).

> 수사적 삼단논법이 없을 때 예증법을 증명처럼 이용해야 한다(왜냐하면 예증법은 확신을 야기하기 때문이다). 수사적 삼단논법이 있으면 예증법을 입증으로서 수사적 삼단논법에 대한 결론으로 사용해야 한다.
>
> II, 20, 1394a, 9–12

8 우화와 그리스 웅변 사이의 관계에 대해서는 Médéric Dufour, 《수사학*Rhétorique*》, II, 20, p. 105, 주 1을 참조할 것.

예증법이 증명적 기능을 담당하지만, 어떤 법칙을 증명하기 위해 훨씬 더 쉽사리 수사적 삼단논법에 호소하는 수사학에서는 드물게 사용되는 귀납법과 예증법이 유사하다고 아리스토텔레스는 명시한다. 반대로 예시적 예증법은 무척 빈번한데 "예시적 예증법은 증명을 닮았으며 증인은 어디에서나 확신을 가져온다." 게다가 증명하는 데 여러 예증법이 필요하지만 예시하는 데는 "하나로 충분하다. 왜냐하면 정직한 증인은 혼자라도 효과적이기 때문이다."

이 구분은, 수사적 삼단논법과 삼단논법 사이의 편차와 유사하게 예증법과 귀납법 사이에 존재하며 지금까지 상당히 모호한 상태로 남아 있었던 차이를 밝혀 준다. 귀납법이 특수함에서 일반으로 간다면 예증법은 부분과 부분의 결합이다.

> 예증법은 〔…〕 부분과 부분, 유사함과 유사함의 관계를 〔…〕 제시하는데, 두 사항이 동일한 종에 속하지만 하나는 다른 하나보다 더 알려진 것이다. 디오니시오스는 근위대를 요구하므로 전제군주권을 열망한다. 이전에 실제로 피시스트라트는 이 의도를 갖고 근위대를 요구하였다. 그가 근위대를 얻었을 때 전제군주가 되었다. 마찬가지로 테아젠과 메가르도 똑같았다. 그리고 사람들이 경험한 나머지 모두는 디오니시오스에게 예증법이 되었다. 하지만 그 이유로 그가 근위대를 요구하는지 아직 모른다. 이 모든 특수한 경우들은, 전제군주제를 열망하는 모든 이는 근위대를 요구한다는 동일한 일반적 개념에 속한다.
>
> I, 2, 1357b, 26-36

디오니시오스의 전제군주적 경향의 예증법에 의한 이 증명은 예증법에서 특수와 일반의 결합을 밝혀 준다. 귀납법과는 달리 예증법은 특수(피시스트라트, 테아젠)에서 특수(디오니시오스)로 가며 특수한 모든 경우들을 총괄하는 일반 법칙을 발하지 않는다(이 법칙의 암시적 위상은 게다가 동일한 일반적 개념에 속한다에 표현된다). 수사적 삼단논법이 삼단논법의 전제 중 하나를 비교적 명증하다는 이유로 생략하듯이 예증법도 하나의 특수함을 다른 하나의 특수함과 연결(전이)시켜 주는 일반 규칙의 진술을 생략한다. 이 점에서 귀납법과 구별되지만 수사적 삼단논법과 유사한 예증법은 자신의 암시적 차원에 의해서 수사학적이고 문학적인 본성을 명시한다.

요컨대 예증법은 이중적 기능을 갖는다.

—첫 번째 기능은 빈도가 거의 없는데 로고스적 입증의 충분한 가치를 갖는, 엄밀한 의미로 귀납적 기능이다.

—두 번째 기능은 빈도가 가장 높은데 예증법의 비유적 힘에 근거한 예시적 기능이다. 이 기능은, 비장감의 효과와 종종 연관된 문학적 절차에 의해서 증명을 강화한다(아리스토텔레스는 예시적 예증법의 설득적 힘을 마지막 순간 증인의 출현에 비유한다).

카임 페렐만과 뤼시 올브레츠-티테카는, 법칙의 근거를 세우는 예증법과 법칙에의 동의를 강화하는 예시를 구분하며 수사적 귀납의 이 이중적 가치를 명시화했다. 예증법은 (법칙을 무효화할) 어떤 역례도 허용치 않으며 논리적 차원의 요구에 따른다. "예시"는 명백해야 하며 표현적이고 문학적이며 미학적 차원의 요구에 따른다.

> 예증법은 규칙의 토대를 세우는 일을 하며 예시는, 일반의 관심을 밝혀주는 특수한 경우들을 제공하고, 일반적 관심을 적용 가능성의 다양성에 의해서 보여 주며 의식에 이 규칙의 존재를 증가시켜서 알려지고 용인된 규

> 칙의 동의를 강화하는 역할을 한다. 예증법은 의문의 여지가 없어야 함에 반해, 규칙에의 동의가 좌우되지 않는 예시는 의심스러울 수 있다. 하지만 예시가 사람들의 주의력에 강한 인상을 남기기 위해서는 상상력에 생생한 충격을 주어야 한다.
>
> 《논증 개론》, p. 481[9]

위의 저자들은, "환상 소설에서 포, 빌리에 드 릴-아당은 종종 이야기를 규칙의 발화로써 시작하는데, 이 발화는 법칙의 예시에 불과하다. 이 방식은 사건들의 신뢰성을 강화하는 것을 목적으로 한다"(*Ibid.*, p. 483)고 지적한다. 이 지적은 문학과 논증의 관계를 명시한다. 독서의 계약은 논증, 경우에 따라서 귀납적 구조에 의해서 구소화될 수 있다. 서술적 계약은 논증 작업에 대한 상상계의 기여를 밝힌다. 논거로서 예시는, 청중의 정신에 진실임직함과 확신의 감정을 각인하는 허구의 도움 없이 수행될 수 없다.

요컨대 예증법은 문학의 고유한 힘을 논증에 봉사시키며 논증 전략은 이야기 같은 문학 구조의 전체를 결정할 수 있다는 점이 드러난다. 문학과 논증은 상호적으로 풍요롭게 한다.

3. 형식과 논증

수사적 삼단논법과 예증법에 대한 연속적 연구는 논증과 문학 사이의 관계를 조직하는 몇몇 주요 축을 밝혀 준다.

---

9 *Traité de l'argumentation*, p. 481.

1) 로고스적 입증과 문학적 형식

문학 텍스트의 성격에 따라 수사적 삼단논법과 예증법은 각각의 특징에 의해 상대적으로 기능을 결정한다고 볼 수 있다. 사상 문학(에세이, 풍자문 등)처럼 명시적으로 논증적 목적을 지닌 비서술적 텍스트의 경우 수사적 삼단논법이 엄밀한 구조와 제약적인 연역적 기능 때문에 가장 적합한 논증 형식으로 인정된다. 수사적 삼단논법은 논쟁의 문학에서 반박의 핵심적 무기로 필요해진다. 역으로 서술적 텍스트에서 예증법은, 이야기가 허구적 세계로 통합되는 것을 유리하게 하는 비유적 힘 때문에 가장 적합한 논거이다.

비서술적(사상이나 투쟁) 문학	서술적(허구적) 문학
수사적 삼단논법적 기능 - 연역적 절차 - 생략의 미학 - 암시적인 것의 작용	이야기 꾸며 내는 기능 - 귀납적 절차 - 이야기의 미학 - 상상계의 작용

2) 문학 형식과 연설 장르

앞에서 우리는 법정 장르에서 수사적 삼단논법, 정치 장르에서 예증법의 특수화를 보았다. 이 분류는 식장 장르에 강조라는 논증적이고 문학적인 형식을 부여하여 완성된다.

> 보통 모든 연설 장르에 공통적인 형식 중에서 강조는 식장 장르에 가장 적합하다. 왜냐하면 식장 장르는 사람들이 동의하는 행위를 재료로 하기

때문이다. 그러므로 행위에 중요성과 아름다움을 부여하기만 하면 된다. 예증법은 정치 장르에 적당하다. 왜냐하면 과거에 따라서 우리는 미래를 점치고 예측하기 때문이다. 수사적 삼단논법은 법정 장르에 적합하다. 〔왜냐하면〕 원인의 탐구와 증명을 용인하는 행동이 밝혀지지 않았기 때문이다.

I, 9, 1368a, 26-33

다시 말해 다음의 도표가 있다.

연설 장르	논증 형식
식장	상소법
의회	예증법
법정	수사적 삼단논법

그리하여 논거의 기능적이고 형식적 분류가 나온다. 여기에서 한 논거의 기능은 그것의 형식과는 독립적으로 설득이므로 형식적이다. 예를 들어 연설 장르에서 나온 세 가지 논증 전략은 각각 논거의 선호적인 형식을 부여받는다. 이는 논증과 문학 형식의 결합 성격을 명시하는데, 그 이유는 연역적이거나 귀납적이거나 강조적이거나 논증 절차가 선택되면 텍스트의 구조가 필연적으로 결정되기 때문이다. 결국 연설 장르, 논증 형식, 그리고 문학 장르 사이에 강한 관련성이 존재한다.[10] 그리고 논증 연

10 장르에 논거 형식뿐만 아니라 (에토스, 파토스, 로고스의) 연설 입증을 연관시키면 이 관계는 더 풍부해진다. 아리스토텔레스는 2권 처음(1장, 1377b, 28-31)에서 이러한 분류를 개략적으로 보여 준다. "모습을 드러내는 연설가를 비추는 빛은 토론에 더 유용하다. 청중의 의향은 재판에 대하여 더 중요하다. 왜냐하면 좋아하는 사람, 증오하는 사람, 화를 느끼는 사람 혹은 체질적으로 조용한 사람에게 문제가 똑같게 보이지 않기 때문이다." 정치

구는 문학의 정체성 문제에 대한 가능한 답변이다. 문학이 증명적이면 투쟁의 글쓰기, 앙가주망이다. 문학이 서술적이면 세상에 대하여 문제의식을 가진 거울이다. 문학이 부연적이면 미와 세상의 중요성에 대한 모든 말의 원천이다.

3) 논증의 구성요소들, 논리학에서 미학까지

로고스적 입증, 수사적 삼단논법, 그리고 예증법에 대한 연속적 연구는 논증 구성요소들 각각에 고유한 역할을 명시화했다.

—논리적 구성요소는 추론의 타당성의 핵심이다.

—이데올로기적 구성요소는 논거의 집단적 수용가능성과 청중의 의견에 대한 논거의 적합성의 핵심이다.

—심리적 구성요소는 논거의 개인적 수용가능성, 특히 연설가와 청자 사이에 설정되는 정념적 관계가 갖는 긍정적 성격의 핵심이다.

이데올로기적 구성요소와 심리적 구성요소는 논증의 진실임직한 본성에서 유래한다. 전제의 개연적 본성은 논증의 논리적 또는 오히려 준논리적 구조의 효용성을 제한한다. 논증의 인간상호적 차원은, 이데올로기적이고 심리적 구성요소들을 작용시키는 주관적 입증들에 대한 상보

적 장르의 담론과 에토스적 입증, 법정 장르의 담론과 파토스적 입증 사이에 우선적 상관관계가 있다고 하자. 이러한 상관관계는, 문학 텍스트 내부에서 법정 장르나 정치 장르의 연설 담론을 찾아내면 이는 문학 연구에 도움을 줄 수 있다. 키베디-바르가는 고전주의 비극에서 그러한 구조들을 명백하게 했다(《수사학과 문학》, Didier, 1975). 그러나, 아리스토텔레스가 앞의 도표에서 언급된 분포에 따른 세 가지 장르에 존재하는 로고스적 입증의 사용을 불명확하게 하였으므로 이 상관관계는 철저하지 못하다는 점은 주목할 만하다. 장르, 입증 그리고 형식 사이의 상응에 대해서는 이후에 나오는 부록 I, 〈연설 기술의 분할〉, 〈논리적 절차〉의 기술과 이에 상응하는 주 4를 참조할 것.

적 호소를 필요로 한다.

그러나 논증의 준논리적이고 비논리적 위상은 형식적 성격의 다른 결과를 갖게 된다. 논리적 증명은 형식화되고 인공적인 메타언어에서 실행되지만 논증은 자연언어로 실현된다. 그러므로 논증은 담론적 형식화를 거친다. 바로 여기에서 세계를 담론화하는 문학을 만나게 된다. 그런데 앞에서 보았듯이 이 형식은 고유한 논증적 힘을 갖는다. 앞의 세 가지 구성요소에 형식의 매력에 의해서 정의 가능한 미학적 구성요소를 연결시키는 것이 적당하다. 이 구성요소는 엄밀하게 말하자면 위치를 결정할 수 없다. 그러니까 이 미학적 구성요소는 로고스적 입증의 발화행위가 있자마자 개입하며 로고스적 입증은 타당성에 의해서뿐만 아니라 긴단하며 조밀하고 율동이 있고 대칭적인 형식 덕분에 설득할 수 있다. 이 구성요소는 이데올로기적 구성요소와 충돌한다. 왜냐하면 한 문학 형식은 청중의 미학적이고 문학적 교양에 따라서 더 혹은 덜 매력적이기 때문이다. 이 구성요소는 유혹의 본질적 요소인 심리적 구성요소와 결국에는 결합된다.

요컨대, 논증은 이중적 작용의 결과물이다.

—논리적 타당화부터 개인화된 수용까지 보편적 증명부터 청중의 특별한 동의까지 나타나는 축을 거치는 세 가지 기능적 구성요소의 조화.

—매력에 의해서 확신을 동의로 변형시킬 수 있는 형식적이거나 미학적 구성요소를 갖는 이 세 가지 구성요소들의 결합.

다음의 도표는 이를 표현한다.

논증의 구성요소들

<table>
<tr><th>기능적 구성요소들</th><th>+ 형식적 구성요소</th></tr>
<tr><td>논리적 구성요소
(타당성)</td><td rowspan="3">+ 미학적 구성요소
(매력)</td></tr>
<tr><td>이데올로기적 구성요소
(가치의 수용가능성)</td></tr>
<tr><td>심리적 구성요소
(개인적 수용가능성)</td></tr>
</table>

이 마지막 구성요소에 의해 논증과 문학 형식들 사이의 관계에 할애된 마지막 부가 정당화된다.

VI. 현대적 시각

1. 카임 페렐만과 논증—새로워진 수사학

논증과 현대의 과학

브뤼셀 대학교 법학 교수인 카임 펠레만에 의해서 논증 이론이 사회와 인간 상호 관계의 본질적 구성요소로서 현대 서양의 인식론적 초석에서 자신의 자리를 되찾는다.

처음에 카임 페렐만의 탐구는 아주 다른 것이었는데, 이는 고틀로브 프레게[1]의 촉진하에 가치 판단의 논리를 제시하던 새로운 형식 논리학에서 나온 증명적 방법을 담론에 적용하는 것이었다.

> 올브레츠-티테카의 소중한 협력과 더불어 1947년 시작된 가치 판단의 논리학을 세우는 이러한 시도는 다양한 텍스트, 철학 개론서, 정치 기사, 도덕과 미학 서적의 분석에서 시작되었다. 이는, 거의 2년간의 노력 후에, 가치 판단의 특수한 논리학은 없으며 검토된 영역에서 논쟁적 의견의 영

1 독일의 수학자이자 철학자(1848-1925), 현대 수리 논리학의 창시자(《논리 탐구 *Recherches logiques*》, 1916-1925).

역처럼 토론하거나 심의할 때 논증의 기술에 호소한다는 예상치 못한 결론으로 우리를 인도했다. 이 논증의 기술은 설득시키고 납득시키는 것을 목표로 하는 담론에 관심을 가졌던 사람들과 《수사학》, 《변증술》 그리고 《토피카》를 출판한 모든 사람들에 의해서 고대부터 분석되었다.

페렐만, 《법률 논리학》, 101, § 50[2]

현대 논리학이 발견에 도움이 된다는 잠재성을 이용하려는 방법에서 출발한 페렐만은 논증의 보편성을 (재)발견한다. 이는, 논증의 고대적 유산 더 특수하게는 아리스토텔레스의 이론을 다시 구체화하는 방향으로 페렐만을 이끌었다는 점에서 모순적인 발견이다. 카임 페렐만은 자신의 방식을 요약하며 여기에서 논증에 관한 연구의 주요 축을 구성하게 될 교훈들을 얻는다.

실제로 페렐만은 논리적 판단과 담론에서 표현되는 자연적 추론을 대치시키며 불가피하게 아리스토텔레스가 간 길을 가게 된다. 그는 그의 모든 연구에서 증명과 설득을 비교하고 구분한다. 논증의 주요 부분이 로고스적 입증에서 자신의 형식을 빌리는 것과 반대로 청중의 동의는 논리학과 무관한 체제에 따라서 실행된다. 카임 페렐만이 제안한 논거의 유형론은 논리적 구성요소와 비논리적 구성요소의 이 이중성을 고려하게 만든다.

게다가 페렐만이 한 조사의 규모, 연구 텍스트의 선택에서 나타난 절충적 태도는 논증의 보편성을 분명히 한다.[3] 이 점에서 페렐만이 시도한

2 Chaïm Perelman, *Logique juridique*, 101, § 50.

3 《논증 개론》의 예들의 다양성에 의해서 증명된 절충적 태도. 법률, 철학, 문학 텍스트는 논증 구조의 보편성을 분명히 하기 위해 학문적 경계를 무시하는 방식의 이용을 증명한다. 이 점에서 《논증 개론》은 백과사전적 교양과 분류적 방식에 의해서 인문주의적 정신의

연구는 논증의 본질적인 학제적 성격을 재발견하며 전통적 수사학의 장을 확장시킨다. 전통적 수사학은 비전문적 관중을 대상으로 한 설득적 담론에 관한 것이었다. 페렐만은, 특수한 관중을 대상으로 하는 기술적이거나 학문적인 전문화된 담론도 포함하여 청중의 동의를 목적으로 하는 모든 담론을 거기에 첨가한다.

> 새로운 수사학(또는 새로운 변증술)으로 구상된 논증 이론은, 대상이 되는 청중이 누구이든지 간에 어떤 것을 대상으로 하든지 간에 납득시키거나 설득시키는 것을 목적으로 하는 모든 담론의 장을 포함한다.
>
> 《수사 제국》, p. 19

이 저서에서 그는 현대의 과학이 자신의 공리가 갖는 가설적 위상을 강조하여 논쟁의 발견적 기능을 어떻게 재활성화하는지 보여 준다.[4]

> 풍요로워지려는 모든 과학 이론이 경험의 여건을 당연히 초월하고 분명하지도 않고 오류의 가능성이 없는 것도 아닌 인간의 가설에 불과하다는 생각은 칼 포퍼가 재주 있게 옹호한 현대적 개념이다. 과학의 위상은 비인격적이기를 멈춘다. 왜냐하면 어떤 과학 사상이나 오류의 가능성이 있고 상황적이며 논쟁을 겪는 인간의 사상이기 때문이다.
>
> 《수사 제국》, pp. 174-175

연장선상에 속하는 시도이며 새로워진 수사 제국의 핵심에 당연히 자리잡는다,

4 논쟁과 논증은 이전에는 명증성에 근거한 과학적 방법의 데카르트적 단언에 의해서 과학의 장에서 배제되었다. 논증과 과학의 역사가 갖는 이 양상에 대해서는《수사 제국》14장을 참조할 것.

게다가 카임 펠레만은, 과학 정신의 이 변천과 나란히 고전주의 이후 철학은 고전주의적 형이상학의 원래의 공리, 즉 견해(다음 인용문에 나타나는—옮긴이)에 유리하게 원초적이고 필연적이며 분명한 하나의 진리 존재 따라서 이 진리 탐구를 버렸다는 점을 관찰한다.

> 합리적이며, 불완전한 그러나 개선 가능한 체계를 고안하려고 노력하는 인간들과 상호 작용하는 인간 사회들, 자신의 문화, 제도 그리고 미래에 책임을 지는 견해.
>
> 《수사 제국》, p. 176(고딕 강조는 저자)

그러므로 비형식적 사고의 새로이 거대한 장은 새로운 수사학, 설득적 담론의 일반 이론의 장이다.[5]

> 어떤 청중이든 지적이며 감동적인 동의를 얻으려 하는, [...] [그리고] 비인격적 타당성을 주장하지 않는 모든 담론이 [속하는] (설득적 담론—옮긴이)
>
> 《수사 제국》, p. 177

5 이 논증 이론은 《토피카》(《소피스트 반박》을 포함하여), 그리고 《수사학》에서 아리스토텔레스에 의해서 진술된 모든 변증술적 추론을 통합한다. 그러한 이유로 해서 페렐만은 '신수사학'이라는 명칭으로 이를 가리킨다. 논증 연구는 더 이상 대중 연설에만 제한되지 않는다. 논증 연구는 사회적 공간, 과학적인 생산물, 문학도 포함하는 생산물에서 실행되는 모든 논증 작업과 관련된다. 페렐만 덕분에 논증은 문채figures의 목록으로 축소된 고대 수사학의 경직화의 영향력에서 벗어나서 현대의 설득적 추론 분석의 도구가 된다(부록 II 〈수사학의 쇠퇴〉를 참조할 것).

논증의 유형론—기능적 분류

뤼시 올브레츠-티테카와 협력하여 저술된 대단한 《논증 개론》은 아리스토텔레스의 방식에 충실한 기능적 유형론을 따라 논증의 주요 기술들에 대한 조사를 행한다. 우리는 개론의 플랜을 결정짓는 주요 축을 아래에서 요약한다.

> 논증 절차의 요약
>
> I. 결합에 의한 논증
>
> I.1. 준논리적 논거
>
> I.1.1. 논리직 구조의 준논리석 논거
>
> I.1.1.1. 모순
>
> I.1.1.2. 동일성(공평의 규칙)
>
> I.1.1.3. 유사성(상호성)
>
> I.1.1.4. 추이성
>
> I.1.2. 수학적 구조의 준논리적 논거
>
> I.1.2.1. 부분/전체(동등한 논리로서, 대립되는 추론에 의해)
>
> I.1.2.2. 소/대(이데올로기적 우월성)
>
> I.1.2.3. 빈도 관계, 등
>
> I.2. 현실의 구조에 근거한 논거
>
> I.2.1. 연속성의 결합에 의해
>
> I.2.1.1. 원인/결과
>
> I.2.1.2. 목적/수단(그로테스크, 혐오, 파렴치)
>
> I.2.2. 공존의 결합에 의해

I.2.2.1. 인격/행동 (권위의 논거)
I.2.2.2. 남용/이용
I.3. 현실 구조의 기초를 세우는 논거
I.3.1. 귀납에 의해서
I.3.1.1. 예증법
I.3.1.2. 예시
I.3.1.3. 모델
I.3.2. 전이에 의해서
I.3.2.1. 유추
I.3.2.2. 은유
II. 분리에 의한 논증
(분리적 결합에 의한 가치 판단 생산)

이 도표에 의한 제시는 착각을 일으켜서는 안 된다. 본래 논증은 분류적 원리보다는 조작적 논리에 더 잘 부합한다. 《논증 개론》은, 항상 구체적으로 실현되는 혼성적인 논거들에서 지배적 요소를 끌어내는 교육적 제시 원칙에 따른다. 게다가 논증의 역동적 성격은 연설가에 의해서 제시된 주장에 대한 청중의 동의 분석에서 저자들에 의해서 명시화된다. 이 동의는 전이의 사항들로 정의된다. 전제에 부여된 동의를 결론에 전이하는 것이 문제이다(《수사 제국》, 3장, p. 35). 페렐만은 삼단논법에 중심 위치를 다시 부여하지는 않으면서 설득적 추론의 아리스토텔레스적 기술을 부분적으로 이용한다.[6]

6 《논증 개론》에서 삼단논법은 내포 관계로서의 추이성 관계로 분류된다. "논증적 실천

이 분류의 초기 원리는, 논증은 이중적 형식, 결합 혹은 분리하에서 실행될 수 있다는 점을 가정한다.

> 구별되는 요소들을 근접시켜서, 이들을 구조화하거나 긍정적이거나 부정적으로 가치화하기 위한 연대성을 이들 사이에 설정하는 것을 가능케 하는 구도를 결합 방식이라고 우리는 칭한다. 하나의 사고 체계 안에서 하나의 전체 또는 적어도 연대적 전체를 형성하는 것으로 간주되는 요소들을 분리하고 떼어놓고 분열시키는 것을 목적으로 하는 단절 기술을 분리 방식이라 칭한다. 체계의 중심이 되는 부분을 구성하는 개념 중 몇몇을 변경하여 이러한 체계를 변경하는 효과를 분리는 갖게 된다. 그리하여 이 분리 방식은 모든 본래의 철학 사상의 특징이다.
>
> 《논증 개론》, pp. 255-256

은, 형식 논리학이 정의할 수 있는 모든 내포를 이용하지는 않지만 논리적 결과 관계를 널리 이용한다. 삼단논법적 추론은 주로 추이성에 근거한다. 고대에 저자들이 발견하는 논거들을 삼단논법적 형식 하에 위치시키려 했다는 점은 전혀 놀랄 만한 일이 아니다. 수사적 삼단논법과 대증식 삼단논법의 항들은 삼단논법의 형식 하에 제시된 준논리적 논거와 대체로 일치한다. 아리스토텔레스는 수사학의 삼단논법을 수사적 삼단논법이라고 규정하고 퀸틸리아누스는 대증식 삼단논법이라고 규정한다. 우리는 이들의 전문용어의 세부사항을 보지 않겠다. 아마도 스토아학파의 논리학이 이들의 전문용어의 변화에 미친 영향을 보여주어야 할 것이다. 그러나 몇몇 논거들을 형식적 추론과 동일시한 것은 몇몇 논거들이 준논리적 논거의 역할을 대개는 한다는 사실을 우리는 중시하여 강조하고자 한다. 게다가 법률가들이 행한 삼단논법의 형식에 맞추어 추론을 만든 시도를 마찬가지로 이해해야 한다. 준논리적 추론은 생각하는 것보다 훨씬 더 다양하다는 점을 우리의 준논리적 추론 연구는 보여줄 것이다"(pp. 309-310). 《논증 개론》의 야심은 추론의 논리 형식에 대한 아리스토텔레스의 관점을 확대하는 것이다. 이 점에서 페렐만과 올브레츠-티테카는 형식 논리학의 개선을 이용한다. 더욱이 아리스토텔레스의 수사학을 삼단논법에만 결부시키는 것은 잘못일 것이다. 귀납적 논증(예증법)에 부여된 위치 이외에 아리스토텔레스의 논증에 대한 성찰의 핵심은 일반 담론에서 나타나는 수사적 삼단논법의 정의와 형식적 실현의 검토에 있다. 전제의 문제는 가치에 대한 성찰을 알리며 이 성찰에 《논증 개론》의 저자들은 주요 위치를 부여한다(특히 2부 〈논증의 출발점〉, pp. 87-249를 참조할 것).

결합과 분리는 상호간에 내포하지만[7] 결합에 의한 논증은 "전제에 부여된 동의를 결론에 전이하는 것을 가능케 한다." 이에 비해 분리에 의한 논증은 "언어 혹은 인정된 전통이 이전에 결합시켰던 요소들을 분리하는 것을 목표로 한다"(《수사 제국》, p. 64). 증명적이거나 반박적인 아리스토텔레스의 수사적 삼단논법의 두 형식들을 포함하는 구별이 이 두 종류의 논증적 도식에서 다시 나타난다.[8] 두 종류의 논증적 도식은 다음이다.

—결합에 의한 논증의 경우는, 아리스토텔레스의 삼단논법적 도식의 특징적 동의의 전이를 모든 논거 범주에 확장하고 일반화한다.

—분리에 의한 논증의 경우는, 결합에 의한 논증은 증명적 전략에서 유래하므로, 반박적 논증의 전형적 전략에 따라 상식 또는 역으로 통념을 취하는 논증이다.

준논리적 결합

이는 결합에 의한 논거인데 이 논거와 형식적 추론의 유사성은 이 논거를 일의적이고 반박불가능한 것으로 청중에게 제시하는 것을 가능하게 한다. 그러나 이 증명적 외관은 "비형식적 성격의 축소나 명시화 노력의 산물이다"(《논증 개론》, p. 259).

따라서 준논리적 논증은 두 구성요소를 갖는다.

—논거가 구성의 기반으로 하는 형식적 도식.

—현실의 여건들을 이 도식에 삽입 가능하게 하여 이 여건들을 비교할 만

---

7 "다양한 요소들을 잘 구조화된 하나의 전체로 결합하는 동일한 형식이 중립적 기반으로부터 이 요소들을 떼어 내어 분리한다"(《논증 개론》, *Ibid.*).

8 앞의 〈삼단논법의 형식〉(3장 1항)을 참조할 것.

하거나 유사하거나 동질적으로 만드는 축소 작용.
준논리적 논거는 빈약해진 로고스적 입증이라는 공통의 견해와 이 두 번째 작용은 모순된다. 완전히 반대로 준논리적 형식화는 논증 여건들의 동질화 작업을 전제한다. 설득적 유효성은 이 작업의 성공에서 나온다.

> 형식적 증명과 인정된 타당성의 용인된 존재를 고려할 때 준논리적 논거는 이 확정적인 추론 양식과의 연관에서 설득의 힘을 얻는다.
>
> 《논증 개론》, p. 260

즉 준논리적 논거는 과학적 추론의 이데올로기적 명성에 의지하며 자연언어로의 추론에 적용되는 것을 받아들이도록 한다. 그러므로 준논리적 논거의 성공은 형식적 도식으로의 축소 노력이 다소 높은 수용가능성을 갖는다는 점에 근거한다.[9]

모순 원리, (전체 혹은 부분적) 동일성 원리, 대칭 원리, 추이성 원리 등의 논리적 구조나, 부분과 전체의 관계, 최소에서 최대까지의 관계, 빈도 관계, 개연성 관계, 무게와 크기의 관계 등의 수학적 관계에서 이 도식을 빌려올 수 있다. 우리는 주목할 만한 몇몇 논증 절차를 가치화하는 것을 목적으로 하는 부분적 검토에 한정하겠다.

모순관계

논증 작업은 종종 모순을 삭제하는 경향이 있으므로 허구의 이용은 경우

---

9 로고스적 입증의 이 이용에 대해서는 앞의 3장 5항 〈논리적 논거의 장점과 한계〉를 참조할 것.

에 따라서는 장면화에 의해서 양립불가능성이 돌출할 상황을 회피하는 것을 가능케 하는 절차이다. 그것은

> 일부분, 관습 혹은 사회 시스템에 의해서 용인된 가장 절차로서 어떤 사실들이 현실과는 다르게 일어났거나 일어나지 않은 것처럼 행동하는 특히 추론하는 것을 가능케 한다.
>
> 《논증 개론》, p. 267

이 논증 기술의 연극적 적용은, 실제 대화자에게 직접적이고 명시적으로 말을 하였다면 용인불가능할 이야기를 등장인물로 하여금 말할 수 있도록 하는 허구적 청중을 창조하는 것이다. 몰리에르는 코믹한 양식으로 이 논증 전략을 예시한다. 그러나 어느 날 누군가에게 그의 이름을 말하지 않고/나는 말했지, 그의 방식으로 된 시를 보고서(《인간혐오자》, I, 2). 라신은, 비극적 어투로 파이드라가 히폴리토스에게 완곡한 방법으로 하는 고백에서 거짓으로 테세우스에게 말하는 방식으로 이와 동일한 방식을 이용한다. "그래요, 왕자여, 나는 쇠약해지고 테세우스를 향해 마음을 애태운답니다/나는, 지옥이 그를 본 것과는 전혀 다르게 그를 사랑합니다"(《파이드라》, II, 5). 이는 논증과 허구 사이의 관계의 범위를 예시하는 연설적 가장이다.

부분적 동일성의 관계

이 관계는 '공평의 법칙'을 정의하는데 이 법칙에 따르면 본질적인 한 범주의 존재들은 동일한 방식으로 대접받아야 한다. 이 형식적 공평의 원칙은 여러 법적 추론의 토대이다. 왜냐하면 이 원칙에 의해서 모든 법해석

의 기초인 이전 경우를 미래의 경우로 전이하는 것이 가능해지기 때문이다. 카임 페렐만은 공평의 법칙에서 관습(따라서 통념의 구성)의 기초를 형성하는 사회문화적 경향의 표현, 관성 원리의 표현을 본다.

> 우리가 그 〔원칙〕을 유감스럽게 보지 않았더라면 유추적 상황에서 이전과 동일한 방식으로 반응하는 것이 합리적이라고 생각하게 하는 〔원칙〕. 그러므로 관습이 탄생하며 관습은 습관적인 행동 방식에 규범적 가치를 부여한다.
>
> 《수사 제국》, p. 81

상호성의 논거

> 두 존재나 두 상황을 한 관계에서의 상관적 사항이므로 동일한 방법으로 처리해야 한다고 보여줌으로써 동일화시키는 것.
>
> 《수사 제국》, p. 82

그러므로 "자비가 미덕인 사회에서 구걸이 어떻게 범죄일 수가 있는지 나는 이해를 못한다"는 예에서 현실에 부과된 논리적 유사성 원칙은, 단지 언어적 차원에서 유사성의 성립에 의해서 대화자를 속이기 위해 이용될 수 있는 기습 효과를 만들어 낸다.[10] 그리하여《트리스트럼 샌디》에서 아버지 앞에서 할머니와 동침권의 근거를 세운다고 주장하는 젊은이가 나온다. "아버지는 나의 어머니와 동침하는데, 왜 내가 아버지의 어머니와 동침하지 못할까요?"라고 그는 말한다. 화자 요릭은 그것은 공통의 논

10 보리스 비앙Boris Vian에 할애된 연구에서 연설의 이용 예를 참조할 것(다음 제2부 1장 4항).

거, 즉 양측에 의해서 이용 가능한 논거라고 명시한다(4권, 30장, 《논증 개론》, pp. 302-303에서 인용). 이것은 유사성의 모사물에 의한 남용의 전형적인 경우로서 이 경우에는 유사성의 관계가 연속적이고 종속적이다.

이 기습 효과는 의식을 일깨우고자 청중을 당황하게 하려는 교수법에 따라 소란거리를 찾을 수 있다.

> 상호성 논거를 적용하여 야기된 상황의 반전에 의해, 습관이 들어 정상적으로 간주하는 우리 풍습의 이상함을 우리는 성찰할 수 있다.
>
> 《수사 제국》, p. 83

유토피아적 텍스트나 의사 여행 이야기에서 풍자적 글쓰기는 이러한 논거에 습관이 들어있다.[11] 이 논거의 사용이 라 브뤼에르의 텍스트에서 발견되는데 그의 글쓰기 원리는 프랑스 궁정 … 풍습을 더 비난하기 위해 여행 이야기에서 빌려 왔다. 관점과 지표로 휴론족 지역을 선택하여 묘사는 유사성 효과에 의해서 반자연적이고 모순적인 행동을 강조한다.

11 시라노 드 베르주라크Cyrano de Bergerac는 17세기의 무신론적 리베르티나주libertinage의 전형인 달세계 여행 이야기인 《다른 세계*L'Autre Monde*》에서, 인간의 영혼과 … 양배추의 영혼을 대칭적으로 검토하며 영혼의 불멸성을 간접적으로 의심한다. 양배추의 영혼이 "식물성", 즉 불멸이 아닌 영혼만을 갖는다는 사실은 양배추의 소비를 살인보다 더한 범죄로 만든다. "인간을 살해하는 죄는, 양배추에게 더 희망할 생명이 없는데 양배추를 잘라서 생명을 없애는 것보다 더 크지 않다. 왜냐하면 어느 날 그는 다시 살아날 것이기 때문이다. 여러분은 양배추를 죽게 하여 양배추의 영혼을 말살한다. 그러나 인간을 죽이는 것은 그의 거처만을 옮기는 것이다. 더 말한다면, 만물의 공통적 아버지인 하느님은 자신의 창조물을 귀하게 여기므로, 식물을 우리와 똑같이 간주하는 것이 공평하므로 우리와 식물들에게 똑같이 선행을 나누는 것이 합리적이다."(Sedes 판본, p. 124) 여기에서 풍자는 익살스러운 요소(인간과 양배추의 부적절한 대비)—이는 또한 익살적 글쓰기의 현상이다—와 유사성 논거의 적용을 결합한 데서 생겨난다. 논거는 본질적으로 궤변적이긴 해도 하느님의 시각에서 인간과 양배추가 평등하다는 신성모독적 공리를 말하게 해준다.

노인들이 여자에게 친절하며 세련되고 예의바르고, 반대로 젊은이들은 몰인정하고 사나우며 품행이 나쁘고 친절하기 않고, 다른 곳에서는 여성에 대한 열정을 느끼기 시작하는 나이에 여성에 대한 열정에서 벗어난 지역에 대해 사람들이 말한다.

《성격론》, 〈궁정에 관하여〉, 74[12]

부분과 전체의 관계

이 관계는 동등한 논리에 의해서 그리고 대립된 추론에 의하는 법률적 추론을 설명해 준다. 동등한 논리에 의함은 부분들의 확인에 의해서, 대립된 추론에 의함은 양도논법의 작용과 비슷한 분할에 의한다.

한 법률이 상속자 아들에 관한 몇몇 조치를 정한다. 동등한 논리인 논거 덕분에 이 조치를 딸에게 확장하려 한다. 대립된 추론에 의하는 논거는, 이 조치들이 여성에게 적용되지 않는다는 점을 주장 가능하게 한다.[13]

《논증 개론》, p. 325

평가에 의한 비교 관계

반대되는 것들에 의한 논증은 유사성 논거로 분류되지만, 평가적 비교는 수학적 관계에 속한다. "파리의 인구는 브뤼셀의 3배이다." 확인의 양식 하에 제시된 이러한 종류의 비교는, 비교의 항 중 하나를 실격시키고 연

---

12 *Caractères*, "De la Cour", frag. 74.

13 법률적 논증의 형식에 관해서는 특히 《법률 논리학, 새로운 수사학 *Logique juridique, Nouvelle rhétorique*》, Dalloz, 1972, 1976을 참조할 것.

설가의 이데올로기적 선택을 보여 주는 불균형의 도입에 의해서 가치 판단을 산출한다. 현 시대와 상황을 실격시키는 황금기의 언급은 비평적 담론에 봉사할 것이다. 역으로 혼돈적 과거와 목가적 현재의 대조적 묘사는, 모든 개혁 노력을 예고하려는 보수적 사고의 지표이다.

> 보통 과거나 미래의 황금기, 잃어버렸거나 희망하는 낙원을 그린 그림은, 밖에서 찾아내는 즐거운 옛 시절이나 행복에 관한 것이든, 살고 있는 시대와 지역의 평가를 떨어뜨리는 데 도움을 줄 것이다. 반대로 현재 상황에 대한 찬탄적 묘사는, 이 상황을 개선하기 위한 그리고 변형시키기 위한 모든 노력을 빛나가게 하는 데 도움을 줄 것이다. 기쁨의 상대적 증가는 최소일 것이며 기쁨의 손실은 대단할 것이다. 그러므로 위협에 의한 모든 설득은 지금 즐기는 상태가 가치화되는 만큼 더 효과적일 것이다.[14]
>
> 《논증 개론》, pp. 330-331

결합에 의한 다른 이 두 논거 범주는 논리적 형식화에 대한 논증적 여건의 저항에서 발생한다. 이 범주는 둘 다 상보적이고 역으로 현실로부터 생겨난다.

현실의 구조에 근거한 논거들

이 논거는 현실 요소들 사이의 결합, 좀 더 정확하게는 결합이 존재한다고 청중이 받아들이는 현실 요소들 사이의 결합에서 유래한다.

14 이것은 플로베르의 작품에서 리외뱅 참사관이 농업공진회의 연설에서 융성하고 즐거운 프랑스 복고 왕정을 혁명 프랑스의 '어두운 그림'과 대조하며 복고 왕정에 유리하게 말한 바로 그것이다(《보바리 부인*Madame Bovary*》, II, 8, p. 421). 다음 제2부 4장 2항 〈소설과 논증적 다성성Roman et polyphonie argumentative〉의 이 텍스트에 대한 연구를 참조할 것.

인정된 결합에서 현실의 요소들이 서로가 결합되자마자, 받아들여진 것에서 받아들여지기를 원하는 것으로 넘어가는 것을 가능케 하는 논증을 이 결합에 근거하게 하는 것이 가능하다.

《수사 제국》, p. 95

이것들을 연속의 결합(인과 관계, 목적과 수단의 결합)과 공존의 결합(인격과 그의 행동, 집단과 구성원 사이의 관계)로 분류할 수 있다.

연속의 결합

이 첫 번째 범주는, 사실, 행동을 설명하거나 정당화를 목적으로 하는 모든 가설의 형성을 결정한다. 이 범주는 결과에 의해서 원인을 논리적으로 타당하게 하는 실용적 추론의 기초이다. 그러나 원인/결과의 결합은 결과의 확인에서처럼 원인의 확인에서 논란의 여지가 있다. 이 문제제기적 정의는 책임 결정의 법률적 문제를 규정한다. 목적과 수단의 결합에 관해서 보면 이 결합의 수용가능성은 이 두 요소의 적합성에 달려 있다. 모든 불균형은 설득적 효과를 손상시키며 우스꽝스러움[15]이나 공포를 야기한다. 공포(그리고 냉소적 유머)의 생성은, 조나단 스위프트의 의미심장한 제

15 다음에서 참사관 리외뱅이 암탉…의 칭송에 의해서 농업의 문명화 힘을 찬양하는《보바리 부인》의 연구를 참조할 것. 실제로 익살스러움은 문체의 차원에서 수단이 목적에 부적합함을 심사숙고하여 탐구하는 것이다. 이 경우에 목적과 예 사이의 불균형에 의해서 고상하고 신고전주의적 어휘(ornement, nos couches)와 의도적으로 균형을 무너뜨린 등위 관계에 의해 분리된 계란의 물질적 언급 사이에 문체적 단절이 있다. "우리 가금사육장의 자랑이며 잠자리의 부드러운 베개, 식탁에 맛있는 고기와 계란을 제공하는 이 하찮은 동물에서 가져오는 모든 중요성을 누가 깊이 생각하지 않았습니까?"(《보바리 부인》, Pléiade, pp. 423-424).

목이 붙은 소책자 "아일랜드에서 가난한 사람들의 아이들이 부모나 지역의 부담이 되는 것을 막고 공익에 도움이 되기 위한 소박한 제안"에서 목적과 수단의 불균형에 정확하게 근거한다. 이 소책자에서 제목이 알리는 목적은 어린 아이들이 부자들을 위한 음식과 의복으로 변형되는 것에 의해 도달될 것이다.

> 부모나 교구에 부담이 되는 대신에, 혹은 나머지 생애에 음식과 의복이 부족한 대신에 반대로 수천의 사람들을 먹여 살리고 부분적으로 의복을 제공하는 데 기여하는 것과 같은 조치를 나는 그들을 위해서 제안한다.
>
> 앙드레 브르통, 《냉소적 유머 선집》 재인용[16]

행위와 인격의 상호작용(공존의 결합)

공존 결합은 불공평한 층위의 현실들 사이의 관계를 설정하는데, 그 현실 중 하나는 다른 현실의 표현이나 나타남으로써 재현된다(《수사 제국》, p. 103). 그러므로 인격 개념은 이 인격에게 부여된 행위의 전부를 통일시키고 일관성과 비일관성의 사항들로 이 행위들을 평가하는 것으로 여겨진다. 여기서 윤리적이고 파토스적 입증의 연구에서 아리스토텔레스가 한 논증적 여건 분석이 다시 발견된다. 그것은 무엇보다도 가치 판단하는 어디에서나 존재하는 권위의 논거의 기초이다. 발타자르 그라시앙은 이 논거의 힘과 위험을 강조했다. "위인의 예는 아주 훌륭한 수사학자여서 가장 비천한 것까지 설득시킨다"(《궁정인》, 《수사제국》, p. 107에서 인용). 그리

16 André Breton, *Anthologie de l'humour noir*, traduction Léon de Wally, Le Livre de Poche, p. 27; J.-J. Pauvert, 1966(1ère édition).

고 피에르 벨은 전통의 맹목적 존중을 검토 정신으로 대체하려고 권위의 논거 남용을 고발했다.

> 학자들은 때때로 악의적 보증인이어서, 증인들로 강화된 전통과 함께 대중은 거짓에서 자유롭지 않다. 따라서 학자라는 명칭과 직함이 우리를 압도해서는 안 된다.
>
> 《혜성에 대한 다양한 생각》[17]

권위의 논거가 궤변론적 성격으로 의심받으므로, 이 토론은 진실임직함에 대한 고대의 논쟁, 에토스, 웅변의 이미지 문제를 되살린다.[18] 이 의

17 *Pensées diverses sur la Comète*, éd. A. Prat et P. Rétat, Société des textes français modernes; Nizet, Paris, 1984, vol. 1, p. 47.

18 에토스적 입증에 대한 연구, 아주 특히 파스칼Pascal에게서 설득의 감각적 구성요소에 대한 이러한 의혹의 예시를 다음에서 참조할 것. "설교자는 자신이 알리는 위대한 진리에 의해서보다 자신의 얼굴과 태도에 의해서 더 설득시킨다"(《팡세Pensées》, Pléiade, p. 1116). 그렇지만 파스칼의 입장은 확정적 거부로 축소되지 않는다. 왜냐하면 파스칼은 개종 전략에서 설득 시에 무시할 수 없는 감각적 요소들의 성격을 의식하기 때문이다. 파스칼의 3영역 분류에서 이 감각적 구성요소는 사욕邪欲과 자비를 정반대로 결합하는 축에 위치한다. 그러므로 하느님을 향한 전진, 아주 정확하게는 감각적 과정인 개종이 있다(앞의 저서 2장 2항 파스칼의 에토스에 관한 주 12를 참조할 것). 권위의 논거에 대해서는 파스칼에게서 계몽주의 정신에 고유한 거부의 태도가 보이지 않는다. 한편《팡세》의 논증에서 전통, 즉 성경에의 호소가 갖는 중요성 때문에, 다른 한편으로는 설득의 감각적 구성요소들이 갖는 기능상 본질적 성격의 의식화 때문에 그러하다. 파스칼은 대중의 정신에 의심과 불확실성을 심기 보다는 대중의 정신에 전통의 믿음을 유지하는 것이 더 바람직하다고 평가한다. 진리에 도달하는 것이 불가능하다면 현자는 관례를 보존해야 할 것이다. "사물의 진리를 알지 못할 때, 예를 들어 계절의 변화, 질병의 진행 등의 원인으로 삼는 달처럼 인간의 정신을 고정시키는 공통의 실수가 있는 것이 바람직하다. 왜냐하면 인간의 주요 병은 인간이 알 수 없는 것들에 대한 걱정스러운 호기심이기 때문이다. 그리고 인간에게 이 유익하지 않은 호기심만큼 실수는 나쁘지 않기 때문이다"(Lafuma 판본, 744, Seuil, "L'intégrale" 문고). 여기에서 우리는 논증적 수사학에 관하여 고전주의적 사고와 계몽시대의 사고 사

심은, 청중에게 연설가의 외모와 연설이 만드는 명성과 관련된 설득의 모든 구성요소들을 대상으로 한다.

> 사실이 아니라 견해, 그리고 특히 평가에 관한 것일 때, 연설가의 인격뿐만 아니라 그가 수행하는 임무, 그가 맡은 역할은 청중이 그의 말을 받아들이는 방식에 부정할 수 없을 정도로 영향을 미친다. 변호사, 검사 혹은 판사가 한 동일한 지적은 다르게 받아들여질 것이다.
>
> 《수사 제국》, p. 111

비난자들에게 한 답변은 아리스토텔레스가 한 답변과 유사하다. 궤변을 만드는 것은 논거의 성격이 아니라 주어진 맥락에서 논거의 작용이다. 권위의 논거가 학문의 장에서 추방되었지만, 찬성가능함의 영역에서 중요한 역할을 한다.[19] 권위의 논거는 논증의 인간상호적 영역의 주요 여건 중 하나이다.[20] 이는 특히 정치적 논증, 더 일반적으로는 권력의 실행을 정

이의 차이의 정도를 가늠한다. 우리로서는 계몽시대의 합리주의와는 반대로 설득과정에서 견해와 감각의 중요성을 강조하는 고전주의 수사학의 의식의 복잡성과 풍부함을 강조하고 싶은 마음이 생긴다.

19 카임 페렐만은 찬성가능함의 세 형식을 구분한다. 능력의 논거, 보편성의 논거 그리고 전통의 논거가 있다(《논증 개론》, pp. 410-417). 이 마지막 형식에 관해서, 사빈Sabines의 유괴와 관련하여 앙젤리크Angélique와 대면한 토마 디아푸아뤼스Thomas Diafoirus의 담론에서 한 예를 볼 수 있다(《상상병 환자》, 다음 제2부 3장 2항).

20 이 점은, 이것이 발화행위énonciation 언어학에서 연구대상임을 설명해준다. 예를 들어 Oswald Ducrot, 《논증*L'Argumentation*》의 〈권위에 의한 논거L'argument par autorité〉, Presses universitaires de Lyon, coll. Linguistique et sémiologie, 1981을 참조할 것. 또한 Oswald Ducrot는 한 발화의 화자와 말의 책임을 지는 발화자를 구별하는 다성성polyphonie 이론을 제시하는데, *Le dire et le dit*, éditions de Minuit, 1984, 2부 〈발화행위〉의 2장 〈권위에 의한 논증〉, 그리고 8장, 〈발화행위의 다성성 이론의 개요〉를 참조할 것. Oswald Ducrot의 언어학에 대해서는 다음에 나오는 화용론의 설명(6장 2항)을 참조할 것.

당화 하려는 모든 결정 담론의 핵심 요소이다. 능력에 근거하여 결정을 하도록 하고, 전통을 내세우며 정당화하거나, 빈번한 경우로, 상급 권위나 자신에 외재한 권위에서 결정이 유래하는 것으로 결정을 유효화할 수 있다.

> 이 시대의 왕자들 중에서 찾으세요 〔…〕 누구도 고등의 지식을 가졌다고 자랑하지 않았다. 〔…〕 그들은 전쟁의 필연성, 무서운 압박, 불가피한 서두름, 여전히 위협적인 무질서를 내세운다. 〔…〕 이는, 명령하는 이는 지휘자가 아니라 외적이고 맹목적이며 비인간적인 필연성, 그리고 마음에 들지 않더라도 우리 모두가 복종하는 필연성이다. 의사가 "필요하다"고 말할 때 명령하는 이는 의사가 아니라 필연성이다.
>
> 알랭, 〈지도자들〉[21]

청중의 이성에 외재하며 접근 불가능하므로 강한 권위를 연설가는 손에 넣게 된다. 라신의《베레니스》에서 티튀스의 심복 폴랭은 민중과 로마 원로원의 대변인을 자임하며, 자신의 담론에 로마의 모든 제도와 전통의 권위를 부여하며 황제에게 영향을 미치는 데 이른다.[22]

인간과 행동을 구분하기와 연결시키기

마찬가지로 논증은 인간과 그의 행동 사이의 상호작용 관계를 단절시키

21 Alain, "Les chefs", *Propos politiques*, 24 mai 1930.

22 Bossuet에게서 이 논거의 절대적 형식은 신성한 권위에 있다. "그가 우리에게 가르치는 진리의 근거를 찾지 마세요. 모든 근거는 그가 말했던 것입니다." ("Sermons",《수사 제국》, p. 108).

거나 억제하는 기술을 사용할 수 있다. 행동과 인간 사이의 이러한 유형의 결합은 철학적으로 본질과 이의 발현의 관계와 유사하며 법률적 절차에서 정상참작을 구하는 것에 해당한다. 보통 이 관계를 제약하려 할 때 예외 개념을 이용한다.

> 인간의 이미지에 대한 반향을 축소시키기 위해 행동의 예외적 성격을 내세울 것이다.
>
> 《논증 개론》, p. 425

권위의 논거는 인간과 그의 행동이나 말 사이의 동질성 전제에 근거하는 데 비해, 인간과 그의 행동, 말을 구분하거나 이들 사이 관계를 억제하는 논증은 행위나 말을 인간과 본질적 관계를 갖지 않고 행해지거나 말해진 것으로 제시하는 것을 목적으로 한다. 한 인간의 행동이나 말을 우연적이거나 예외적이거나 고정되지 않은 것으로 제시하는 것은 이 인간에 대해서 앞에서 말한 행동과 말이 초래하는 평가를 하지 않게 한다. 피고소인의 행동을 평가해야 할 법률적 영역에서 논증의 중요성이 쉽게 이해된다.[23]

현실 구조의 기초를 세우는 논거

이 유형의 논거는 세계의 재현을 하거나 강화하는 데 기여한다. 예증법, 예시, 모델은 이 논거의 주요 요소들이다. 앞에서 예와 예시의 구조화 기

23 Boris Vian의 작품에서 나타나는 변호사의 변호에서 이 논거의 사용을 참조할 것(다음 제2부 1장 4항).

능을 연구했다(V, 2장). 모델 논거는 모델의 명성에 근거한 모방 관계를 설정하여 현실을 구조화한다. 플라톤 철학의 핵심 논거인 모델 논거는 모든 유토피아적 구성의 의미에 근거를 제공한다.

이 귀납적 절차에, 이전에 아리스토텔레스가 분석한 (우화와 잠언에 의한 논거) 논증적 문채인 유추와 은유를 첨가해야 한다. 이 비유에서 유사 관계는 현실의 구조화와 평가(한 주제를 비교에 의해서 평가하기)의 기능을 갖는다.[24] 카임 페렐만은 철학 텍스트에서 은유의 논거 기능을 분명히 한다.

> 철학사상은 경험적으로 검증될 수 없으므로 몇몇 유추와 은유를 세계관의 중심 요소로 받아들여지게 하려 한다.
>
> 《수사 제국》, p. 138

그러므로 지식을 정의하고자 길의 은유를 선택하는 세 명의 철학자들은 그들의 철학적 선택을 보여 주는 방식으로 이를 예시한다. 데카르트는 어두운 길(궤변의 비유)에서 더듬어서 하는 고독한 전진을 언급한다. 라이프니츠는 협력하여 전진하고 길(지식의 사회적 양태)을 알아보는 사람들 무리의 전진을 언급하고, 헤겔에게는 길(지식의 변증법적 전진의 이미지)[25]은 미리 정해진 것이 아니며 가시덤불을 제거하고 연장해야 한다.

24 다음에서 5장 2항 〈예증법〉, 《논증 개론》, 471-450, 그리고 《수사 제국》 9장을 참조할 것.

25 데카르트에게서 비유의 이 역할에 대해서는 Pierre Cahné, 《또 다른 데카르트, 철학자와 그의 언어*Un autre Descartes, le philosophe et son langage*》, Librairie Vrin, Paris, 1980을 참조할 것.

개념의 분리에 의한 논증

페렐만은, 서양의 사상에서 특히 개념의 구분 작업에서 행해지는 철학적 성찰에서 이 논증 유형의 구조적 중요성을 분명히 한다. 예를 들어 분리적 논증은 플라톤 사상에서 존재와 외관 사이의 근본적 구분의 근거를 세운다. 실제로 하나는 외관의 세상에 속하고 다른 하나는 본질의 세계에 속하는 두 항의 대립화에서 플라톤적 가치 판단의 전체가 유래한다. 페렐만은 이 플라톤의 가치 판단을 다음과 같이 형식화한다(《수사 제국》, pp. 142-143).

$$\frac{\text{물질세계}}{\text{이데아의 세계}}=\frac{\text{견해}}{\text{학문}}=\frac{\text{감각적 지식}}{\text{합리적 지식}}=\frac{\text{육체}}{\text{영혼}}=\frac{\text{생성}}{\text{존재}}=\frac{\text{복수성}}{\text{단일성}}=\frac{\text{인간적}}{\text{신적}}$$

논증적 기능작용은 이렇게 대치하는 항들의 분리에 의해서 결정된다.

> I항은 외관적인 것, 첫 번째로 제시되는 것, 현재의 것, 즉각적인 것, 직접적으로 알려진 것에 해당한다. II항은 I항과 구별되는 한에 있어서는 I항과 관련해서만 이해된다. II항은 I항 안에서 이루어진 분리, I항의 양상들 사이에 나타날 수 있는 양립불가능성들을 제거하려는 분리의 결과이다. II항은 I항의 양상들 중에서 타당한 것과 타당하지 않은 것을 구분시켜주는 기준, 규범을 제공한다. II항은 단지 하나의 여건이 아니라 I항의 분리에서 하나의 규칙을 결정하는 구성물이다. 이 규칙은, 현실을 제공하는 이 규칙에 적합하지 않은 양상들을 헛되고 가상적이라고 규정하며 I항의 여러 양상들의 위계화를 가능하게 한다. I항과 비교하여 II항은 규범적이며 동시에 설명적일 것이다. 분리 시에 II항은, I항에 제시되는 어떤 양상들을 가치화 하거나 가치가 떨어지게 할 것이다. II항은 위치가 애매한 외

관들 중에서 외관에 불과한 것과 현실을 재현하는 것을 구분 가능하게 할 것이다.

《논증 개론》, p. 557

따라서 분리적 논증은, 구분 작용이 첫 번째 항 방향으로 두 번째 항부터 실행된다는 의미에서 분극적이고 불평등적 관계이다. II항은 자신의 규범적인 위치에 의해서 일관성과 단일성을 보일 것이며, I항은 불명료한 다양성, 양립불가능성과 실수의 원천을 보일 것이다. 소크라테스는, 자신의 대화자들에게 그들이 외관과 실재를 혼동한다고 자백하게 할 때 이렇게 한다.

분리적 논거의 논증적 풍요로움은 여러 가치 판단의 기초인 상관적 항들의 분화에서 기인한다. 가치와 현실을 결합하는 주요 형이상학적 체계(현실을 현상 세계와 사물 자체 세계로 나누는 플라톤에서 칸트까지의 형이상학 체계) 안에서 이 경우가 나타나는데, 더 나아가 분리적 논거는 상식의 많은 판단들을 구조화한다.

주요 형이상학 체계의 서양 사상에 대한 영향은, 각 쌍 앞에서 짝의 한 요소에 I항이나 II항의 위치를 부여하는 데 주저하지 않는다는 사실에 의해서 나타난다. 그러므로 상식은 전통적 쌍을 제시하는 데 주저하지 않는다.

$$\frac{\text{수단}}{\text{목적}}=\frac{\text{결과}}{\text{사실 혹은 원인}}=\frac{\text{행동}}{\text{인간}}=\frac{\text{우연}}{\text{본질}}=\frac{\text{상황}}{\text{원인}}=\frac{\text{상대적}}{\text{절대적}}=\frac{\text{주관적}}{\text{객관적}}=$$

$$=\frac{\text{복수성}}{\text{단일성}}=\frac{\text{정상적}}{\text{규범적}}=\frac{\text{개별적}}{\text{보편적}}=\frac{\text{특수}}{\text{일반}}=\frac{\text{이론}}{\text{실천}}=\frac{\text{언어}}{\text{사고}}=\frac{\text{문자}}{\text{정신}}$$

《논증 개론》, p. 562(《수사 제국》, p. 143 재인용)

이 분리적 짝짓기는 서양 문화라는 사회 · 문화적 여건의 맥락에서, 이 문화의 상속자이며 사용자로서 우리가 다루는 자연발생적 가치 판단의 모형인 논증적 원형의 존재를 분명히 한다.[26] 논증적으로 우리는 이 논증적 원형을 받아들이거나 거부할 수 있는 자유가 있지만 무시할 자유는 없다. 철학 사상이 갖는 독창성의 근거 중 하나는 항들의 관계를 수정하는 데 있다. 아리스토텔레스가 증명과 논증, 진실과 진실임직함을 구분하기 위해서 정밀 과학과 인문 과학 사이의 지식을 어떻게 분리했다는 점을 우리는 이미 보았다. 마찬가지로 데카르트는 명증성과 확실성의 영역인 과학적 방법과 진실임직함과 의심의 공간인 수사학적 방법을 분리하게 된다.

그러므로 개념의 분리는 통념적 논증과 역설적 논증의 경계를 결정하며 이 분리의 조작은 현실의 통념적 재현을 문제삼는 것을 가능케 한다. 분명히 이 분리는 이데올로기적 격언과 기존의 개념에 대해 투쟁하기 위

26 이 논증 구조는, 단어에 선험적으로 호의적이거나 경멸적 가치를 부여하는 어휘적 분극화를 통해서 언어에 명시적으로 나타난다. 롤랑 바르트는 "소부르조아" 이데올로기를 분석하여 이 구조를 밝혔다. "오래된 테러리즘의 방식에 따르면 〔…〕 사람들은 명명하면서 동시에 판단한다. 그리고 사전의 죄의식이 가득 찬 단어는 천칭저울의 두 판 중 하나에서 아주 자연스럽게 무게가 나가게 된다. 예를 들어 사람들은 문화와 이데올로기를 대립시킬 것이다. 문화는 고귀하고 보편적이며 사회적 편들기 밖에 위치한 자산이다. 문화는 무게가 나가지 않는다. 이데올로기는 편향적인 따라서 저울이 있는 창조물이다. 문화가 결국에는 하나의 이데올로기라는 것을 생각하지 않고, 사람들은 문화의 준엄한 시선 하에서 이데올로기들 어느 한편을 지지하지 않는다. 추의 불명예스러운 놀이를 자극하는 역할을 하는 무거운 단어들, 결함이 있는 단어들(이데올로기, 교리문답서, 투사)이 한편에 있고 다른 한편 가볍고, 순수하며 비물질적이고 신성한 권리에 의해서 고귀한, 수의 저급한 법칙에서 벗어날 정도로 숭고한 단어들(모험, 열정, 위대성, 미덕, 명예), 거짓의 슬픈 시간계산 너머에 위치한 단어들이 있는 것처럼 모든 것이 이루어진다. 두 번째 부류의 단어들은 첫 번째 부류의 단어들에게 교훈을 주는 책임을 가진다. 한편에는 범죄인 단어들, 다른 한편에는 정의의 수호자인 단어들이 있다"("La critique Ni-Ni", 《신화학*Mythologies*》, Seuil, 1957, coll. Points, p. 145).

한 효과적인 무기이다. 예를 들어 사람들은 양의 말터에 근거한 공식적 논증 "계란을 훔치는 사람은 소를 훔친다"에 분리적이고 질의 말터에 근거한 논증 "계란을 훔친다고 해서 소를 훔치는 것은 아니다"("그는 오래 주저하다가 단호하게 일을 곧 하지는 않는다")을 대립시킬 것이다. 역으로 다윈적 진화론의 도발적 이데올로기의 가치는 인간과 동물의 본성 사이에 전통적으로(그리고 신학적으로) 가정된 질적 분리를 문제 삼는 데서 유래한다. 유대 · 기독교적 세계에서 친숙한 도덕적 분리를 깨트린 한 이론에 의해서 야기된 논쟁의 강도를 우리는 이해하게 된다.[27]

논증과 가치(전제와 이데올로기)

분리에 의한 논거가 보여 주듯이, 모든 논증 작업은 가치에 대해서 실행된다. 예를 들어 낭만주의 사상은 사회적 세계와 개인적 세계의 분리적 상관관계에 의해서 표현될 수 있다.

이 두 세계에서 2항은 선천적이고 자연적이며 진지하고 참된 것을 가리

27 분리에 의한 논증은《논증 개론》에서 상세히 분석되고 예시되었다(3부 4장, pp. 550-609). 분리적 절차에 근거한 것으로 드러나는 수사학의 문채 분석을 위해서는 앞의 저서를 참조할 것. 반의연사反意連辭paradoxisme의 경우도 같다. "반의연사에서는 서로 배제하는 것으로 보여지는 단어들의 결합에 의해서 대조법antithèse을 형성하며 반의연사는 한 개념의 분리 노력에 의해서만 이해된다"(《수사 제국》, p. 149.《논증 개론》, pp. 589-590). "분리 덕분에, 항들 중 하나의 재해석 덕분에 의해서만 의미를 갖는"(《수사 제국》, pp. 149-150) 동어반복법tautologie에서 동일한 논증 구조가 있다. "아이는 아이이다, 사업은 사업이다. 여기에서 특수한 경우는 본질의 표현으로 간주되므로 정상적으로 나타나는 것에 의해서 나타난 것이 밝혀진다"(《수사 제국》, pp. 149-150). 동어반복법의 이데올로기적 기능 작용에 대해서는 롤랑 바르트의《신화론》, "라신은 라신이다"에서 동어반복은 "양식의 이름으로" 이루어지는 "지성에 대한 전쟁" 선포이다"(Points-Seuil, p. 97).

키는 데 반해, 모든 사회적 관계는 피상적이고 인공적일 뿐이어서 배후에 있는 진짜 인격을 찾아야 하는 가면이며 등껍질이다.

《수사 제국》, p. 149

아리스토텔레스를 따라서, 모든 논거는 본질상 반박하거나 반박당하는 것이 목적이므로 진실임직함의 세계에서 중립적이거나 순수한 논거는 없다는 근본적 사실을 페렐만은 강조한다. 이 단언은, 가치에 대한 성찰과 가치에서 출발해 표명되는 판단에서 유래하는 논증의 페렐만적 연구의 기초를 세운다. 그러한 이유로 해서《논증 개론》의 제1부는 논증적 전제와 이 전제가 청중과 함께 세울 수 있게 해주는 선행적 동의에 할애된다. 가치에의 동의는 페렐만에게는 식장 연설 장르를 재평가할 정도로 논증의 핵심이다. 그는 이 장르에 대해 다음과 같이 판단한다.

(식장 연설 장르는—옮긴이) 중심적이다. 왜냐하면 그것의 역할은 가치에 대한 동의를 강화시키는 것이며 가치가 없으면 행동을 목표로 하는 연설은 청중을 감동시키고 움직이기 위한 힘을 발견할 수 없다. (…) 그러므로 모든 철학은 식장 연설 장르에 속한다.

《수사 제국》, p. 33

그렇기 때문에 전제의 선택도 논거의 선택과 마찬가지로 사회 · 문화적이고 이데올로기적 선택의 지표이다. 페렐만은 각 시대가 선호한 논거에 의해서 논증의 역사를 해독할 수 있는 가능성을 제시한다. 예를 들어 고대의 사상은 수학적 관계에서 파생된 준논리적 논거를 선호했다. 우리 시대와 좀 더 가까운 시기에 진보적 사상 경향과 보수적 사상 경향의 현대

적 대립은, 전제가 구체적이거나 추상적 성격을 갖느냐에 따라서, 전제의 선택에 의해서 특징지어진다.[28]

> 구체적 가치에 근거한 추론은 보수적 사회의 특징으로 보여진다. 반대로 추상적 가치는 비판에 더 손쉽게 도움이 되며 변화의 정당화와 혁명 정신과 연결될 것이다.
>
> 《수사 제국》, p. 42

페렐만은, 추상적 가치는 여러 모순을 만들며 이 모순의 초과는 가치를 변혁토록 하는 데 반해 구체적 가치를 내세우면 기존 제도의 영속화가 권유된다는 사실에 의해서 아래의 사항을 명시한다.

> 추상적 가치는 인간을 고려치 않으므로, 그리고 기존 질서의 변화를 바라는 사람에게 기준을 제시하는 것으로 보여지므로 비판에 쉽게 도움이 될 수 있다. 한편 변화가 원해지지 않는 한에서는 모순을 제시할 어떤 이유도 없다. 그런데 구체적 가치는 항상 화합할 수 있다. 구체적인 것은 존재하므로 가능하며 일정한 조화를 실현한다. 반대로 추상적 가치는 극단적으로 가면 양립불가능하다. 정의와 자비 같은 미덕들을 추상적으로 양립시키는 것이 불가능하다. 아마도 서양에서 변화의 욕구는 모순을 제시하는 데 더 적당한 추상적 가치에 대한 논증을 권유했다. (…)
>
> 그러므로 구체적 가치에 의존하는 것은 개선할 때 보다 보존할 때 훨씬 더 쉬울 것이다. 그리고 보수주의자들이 자신들이 현실주의자들이라고 생각하는 이유는 아마도 가장 중요한 위치에 그러한 가치들을 놓는다는

28 "구체적 가치는 살아 있는 존재, 확정된 그룹, 특수한 대상을 단일성 안에서 고려하면서 집착하는 것이다"(《논증 개론》, p. 103).

> 것이다. 구체적 가치와 연관된 충실성, 신의성 그리고 연대성 개념은 게다가 종종 보수적 논증을 특징짓는다.
>
> 《논증 개론》, pp. 106-107

동일한 성찰의 축에서 사용되는 말터의 선호도는 역사적이고 이데올로기적인 선택의 지표이다.

> 매우 일반적인 말터의 경우에도, 각각의 말터에 반대 말터를 대립시킬 수 있다는 것은 주목할 만하다. 고전적 말터인 지속가능함의 우월성에 순간만 지속되는 것, 낭만주의적 말터인 일시적임의 말터를 대립시킬 수 있다. 거기에서, 좋아하는 특수한 가치뿐만 아니라 반대되는 말터 짝의 어느 구성 요소에 특수한 가치가 부여하는 동의의 높은 정도를 통해 해당 사회의 특징 파악 가능성이 나온다.
>
> 《논증 개론》, p. 114

그러므로 말터와 말터의 이용은 논증의 역사가에게 첫 번째 자료가 될 것이다. 낭만주의와 고전주의의 대립은 그러한 역사에 당연히 속한다.

> 고전주의의 몇몇 입장을 전복하기 위해 낭만주의자들이 한 노력에서 이러한 대립의 더 일반적인 예를 찾을 수 있을 것이다. 고전주의가 양의 말터의 도움으로 방어될 수 있다고 낭만주의자들이 느꼈던 곳에서 낭만주의는 질의 말터에 아주 자연스럽게 호소했다. 고전주의자들이 보편적 청중을 대상으로 일정한 수단으로 양의 말터를 이용하는 것에 비해, 낭만주의자들이 특별한 청중을 설득시키는 것을 보통 목적으로 하며 유일한

것, 비합리적인 것, 엘리트, 천재 등의 질의 말터를 이용하는 것은 정상적이다.[29]

《논증 개론》, p. 130

이 노정은 페렐만이 한 시도의 광범위함을 측정하게 해준다. 왜냐하면 저작보다 시도는 적당한 단어이기 때문이다. 이 시도는 복구되었을 뿐만 아니라 전문화되었거나 비전문화된 모든 설득 담론으로 확장된 수사 제국의 틀 안에서 논증에 대한 성찰 그 이상도 아니고 그 이하도 아닌 그것뿐이기 때문이다. 그런 작업은 본질적으로 역동적이다. 이 작업은 규율과

29 농업공진회 장면의 플로베르적 서술은 실제로 유사한 대조를 예시한다. 국가의 수레에 의해서 자연요소에 부과된 모범적으로 고전주의적인 화합의 이미지를 이용하여, 왕실의 호의적인 보호하에서 이루어지는 국민적 노고의 조화스런 결합을 묘사하기 위해 종합문의 중첩법적 구문론에 호소하는 참사관 리외뱅의 연설은 고전주의, 또는 신고전주의 측면을 갖는다, "공적인 혹은 사적인 번영의 어떤 부분도 무관하지 않으며 비바람이 몰아치는 바다의 끊임없는 위험 속에서 아주 굳건하고 아주 지혜로운 손으로 국가의 수레를 이끄는, 게다가 전쟁, 산업, 농업, 그리고 미술처럼 평화를 존중하게 할 줄 아는 고위 행정부, 정부, 군주, 우리 지배자, 가장 사랑하는 우리 폐하의 공적을 인정하는 것을 허락해 주십시오"(p. 420). 역으로 로돌프가 엠마에게 하는 말은 똑같이 그리고 유사적으로 풍자적이지만 유일하고 끝없이 위험스러운 사랑의 열정적 발견을 기념한다. "그리하여 지평선들이 좌우로 펼쳐집니다. "여기에 있다"라고 외치는 목소리 같습니다. 당신 인생의 비밀을 이 사람에게 말하고, 그에게 모든 것을 주고 그에게 모든 것을 희생할 욕구를 당신은 느끼십니다. 그것은 자신에게 설명되는 것이 아니라 짐작됩니다. 우리는 꿈 속에서 서로 보았답니다. (그리고 그는 그녀를 바라보았다) 결국 그가 그토록 찾았던 이 보물이 여기에 있습니다"(p. 422). 간교하고 역설적인 화자는 두 도덕의 대립을 그리고 로돌프를 중개로 두 논증의 대립을 상관적으로 명시한다. 그는 응수한다 "아! 두 종류의 도덕이 있지요. 낮고 상투적인 인간의 도덕, 계속적으로 변하며 아주 강하게 울부짖으며, 당신이 보고 계시는 이 바보들의 모임처럼 아래에서 세속적으로 동요하는 도덕. 그러나 영원한 도덕은 우리를 둘러싸고 있는 풍경과 우리를 밝혀주는 푸른 하늘처럼 온통 주위에 있으며 그리고 위에 있습니다"(p. 423). 다음에서 《보바리 부인》의 연구(제2부 4장 2항)를 참조할 것.

연장을 요구한다.[30] 그러나 이 작업은 마찬가지로 있는 그대로 독서에 제공된다.《논증 개론》이 갖는 쟁점의 복수성과 예들의 다양성을 보여 주기 위해 이 저서의 몇몇 분석을 재추적하는 것이 필요해 보였다. 가치의 분석은, '새로운' 논증이 논증 기술의 조사에 한정되는 것이 아니라 논증 형식의 연구를 통해서 사상과 이데올로기의 역사로 향한다는 것을 특히 보여 주었다. 페렐만의 작업은 그 대상의 보편성에 따른다. 법률적 추론에서 문학 텍스트까지 철학 에세이에서 상식의 표현까지, 위대한 수사학자들이기도 했던 위대한 인문주의자들의 전형적 방식에서 카임 페렐만은 담론의 모든 영역을 다루었다. 사회과학이 여러 분과학문들로 세분화된 상황에서 그리고 철학도 문학도 경멸하지 않고 카임 페렐만은 수사학에서 동질적 학제성과 논증의 사회 · 담론적 보편성을 재발견한다.

---

30 카임 페렐만에게 헌정된 두 권의 저서에 의해서 페렐만의 저서가 갖는 명성을 측정할 수 있다.《형이상학에서 수사학까지*De la Métaphysique à la rhétorique*》, Michel Meyer 편집, Université de Bruxelles 출판사, Faculté de philosophie et lettres, 1986. 그리고《정의와 논증*Justice et Argumentation*》, Bruxelles, 1986. 브뤼셀 대학교에서 카임 페렐만이 수행한 작업은 철학과 수사학 교수인 같은 대학교의 미셸 메이에르의 연구에서 계속 연장된다. 미셸 메이에르는 또한 브뤼셀 대학교에서 출판되는 정기간행물 *Argumentation*의 책임자이며, 이 간행물은 이 대학교에 소재한 논증 연구를 위한 유럽 센터Centre européen pour l'Étude de l'argumentation의 활동을 증명하는데, 최근에 이 대학교에서 개최된 학술대회 "수사학과 논증"의 발표물들을 미셸 메이에르와 알랭 랑프뢰르Alain Lempereur가《문채와 수사적 갈등*Figures et conflits rhétoriques*》라는 제목으로 1990년 브뤼셀 대학교 출판부에서 출판했다. 마지막으로 카임 페렐만 교수직이 가족과 후원자들의 기부에 의해서 브뤼셀 대학교에 창설된 것을 주목할 것.

2. 논증과 화용 언어학

방법론적 상보성의 관계

화용 언어학의 주요 연구들이 언어와 담론의 논증적 기능에 부여하는 특권적 관심을 고려할 때, 논증의 정의는 화용 언어학의 주요 연구의 설명에서 두 번째 방법론적 부분을 찾아낸다. 그러나 이 언어학적 접근방식은 수사학적 접근방식과 경쟁하기보다는 상보적이다. 방법론적으로 이 언어학적 접근방식은 분석에 기여하지만 담론의 생산에는 기여하지 못한다. 이 점에서 이 접근방식은 세부의 기능적 연구, 미시분석에 특권적으로 적합하지만,[31] 수사학 이론은 담론의 구조적 단위들, 거시 분석과 관련된다. 더욱이 언어학 이론은 역사에 대하여 거리를 두고 공시적 관점에서 발전했던 데 비해,[32] 수사학은 항상 형식의 역사성을 고려했다. 또한 언어학은 문학에 대해서 종종 경멸감을 드러냈는데, 문학의 발화는 문화적으로 과다한 의미를 지녀서, 일상적 삶의 발화에 비해서 부차적 성격을 가지며 랑그의 기능적 구조의 과학적 기술이라는 언어학자의 계획을 왜곡하거나 적어도 복잡하게 하는 특수성을 지닌다. 역으로 수사학의 역사는 문학과 아주 오래된 대화의 역사이다. 간단히 말해서 모든 것은, 수사학

---

31 Dominique Maingueneau, 《문학 텍스트를 위한 언어학의 요소들*Éléments de linguistique pour le texte littéraire*》, Bordas, 1986, 그리고 《문학 담론을 위한 화용론*Pragmatique pour le texte littéraire*》, Bordas, 1990에서 이 가능성의 조사를 참조할 것.

32 소쉬르 그리고 소쉬르 이후 언어학의 이 특징에 관해서는 Oswald Ducrot, Tzvetan Todorov, *Dictionnaire encyclopédique des sciences du langage*(Points-Seuil, 1972)의 항목 "공시태Synchronie", "공시태와 통시태Synchronie et Diachronie"(pp. 179-192), 그리고 "소쉬르주의Saussurianisme"(pp. 29-35)를 참조할 것.

과 언어학은 논증에 대하여 방법론적인 상보성의 관계에 있다는 점을 가정하게 한다.[33]

화용론의 장과 수사 제국

이 상보성은 두 학문의 관점의 수렴에 의해서 설명된다. 화용 언어학을 이전의 정보 언어학과 대조하여 정의하는 것이 적합하다. 정보 언어학은 발화, 말해진 것, 랑그를 대상으로 하며 화용 언어학은 발화행위, 말하기, 담론을 대상으로 한다. 간단히 말하면 1960년대에 나타난 화용 언어학들은 담론 행위[34]를 연구 대상으로 삼고 랑그의 담론적 실천의 기술을 시도

33 우리는 Oswald Ducrot와 협력하여 문학 텍스트의 연구에 의해 이 상보성을 구체화하려고 시도했다. Gilles Declercq와 Oswald Ducrot는 Albi의 학술대회 *Langages et signification*, 1983, pp. 5-38에서 〈페스트에 걸린 동물들, 화용론적 접근과 수사학Les Animaux malades de la peste. Approche pragmatique et rhétorique〉이 있다. 나는 개인적으로 〈17세기 문체론과 수사학. 고전주의 문학 텍스트의 분석Stylistique et rhétorique au XVIIe siècle: l'analyse du texte littéraire classique〉, in *XVIIe siècle*, juillet-août 1986, n° 152에서 문학 연구를 위한 화용론 연구의 관심을 끌어내려 했다.

34 개념적이고 참고문헌상의 첫 번째 접근을 위해 정기간행물 *Communications*지의 32호(*Les Actes de discours*, 1980)를 참고할 수 있다. 다른 관점에서 우리는 여기에서 일치의 요소들만을 강조한다. 행위 개념에 대하여 심층적 연구는 랑그의 활동과 이 활동에서 결과하는 행위, 즉 파롤parole의 현실적 효과를 구별해야 할 것이다. 이 점에 대하여 Oswald Ducrot를 참조할 것. "랑가주langage가 실행된 이유, 그리고 더욱이 랑가주로 할 수 있는 것을 구별해야 한다. […] 언어 활동에서 랑가주에 내재적인 것과 외재적인 것을 구별할 것" (*Dictionnaire encyclopédique des sciences du langage*, p. 424의 "랑가주와 행동" 항목). 화용론의 용어에서 '발화 매개적perlocutoire'과 '발화 내적illocutoire' 개념이 포함하는 이 구별은, 화용론에 언어 행위의 제약된 의미 혹은 파롤의 사회 · 언어적 효과의 확장된 의미를 부여함에 따라 화용론 정의의 문제를 더 넓게 가리킨다. 이 구별과 여러 화용 이론에 대한 이 구별의 결과에 대해서는 Georges Kleiber의 종합(〈화용론pragmatique(소문자로서의 p)의 여러 견해들, 혹은 화용론Pragmatique(대문자로서의 P)의 현주소〉, *L'Information grammaticale*, janvier,

한다는 공통의 특징을 가진다. 화행론(*Quand dire, c'est faire*)은 의심할 바 없이 화용 언어학의 좌우명이다.[35] 그러므로 파롤 행위, 담론의 발화자를 수신자와 연결하는 대화 관계를 연구하게 되며, 화용론과 수사학의 수렴이 사실상 이루어진다.

담론 전략 연구의 역사는 수사학의 역사와 다른 것이 전혀 아니다.[36]

1982, n° 12)을 참조할 것.

35 이는 John L. Austin(1911-60)의 저서 *How to Do Things with Words*, Oxford, Clarendon Press, 1962; Paris, Seuil, 1970의 프랑스어 제목이다. Austin은 화용 언어학 특히 Oswald Ducrot의 언어학의 기초가 되는 언어 (소위 "옥스퍼드") 철학의 선구자이다. 언어행위 이론(*Speech Acts*, Cambridge University Press, 1969. 프랑스어 번역, *Les Actes de langage*, Hermann, 1972)을 형식화한 다른 창시자 John R. Searle이 있다. 정기간행물 *Communications* 32, 1980 (pp. 7-10)에서 François Récanati에 의해서 제시된 담론 행위와 관련된 화용론 개념의 〈소개présentation〉가 나온다. F. Récanati는《투명성과 발화행위, 화용론 입문을 위해서*La Transparence et l'énonciation, pour introduire à la pragmatique*》(Seuil, Paris, 1979)에서 언어 철학과 화용론의 주요 문제제기를 설명한다. 이 설명은《수행적 발화*Les Enoncés performatifs*》(éditions de Minuit, 1981)에서 연장되는데 이 저서의 서문(pp. 11-37)에서 화용론의 주요 문제들을 개관한다. 〈의미론과 화용론sémantique et pragmatique〉, 〈의미와 의미작용sens et signifacation〉, 〈발화내적 행위les actes illocutoires〉, 〈의미와 힘le sens et la force〉, 〈기술적 의미와 화용적 의미 sens descriptif et sens pragmatique〉, 〈통합 화용론la pragmatique intégrée〉, 〈명시적인 수행적 발화 les performatifs explicites〉, 〈발화의 해석l'interprétation des énoncés〉. 그리고 *La Pragmatique*, *Langue Française*, n° 42, 1979(A.-M. Diller & F. Récanati)을 참조할 것. 또한 Alain Berrendonner, 《언어 화용론 요소들Éléments de pragmatique linguistique》(éd. de Minuit, 1982), 그리고 종합적 설명에 관해서는 Françoise Armengaud, 《화용론*La Pragmatique*》(PUF, coll. Que-sais-je?, 1985)를 참조할 것.

36 이는 에토스에 대한 선구적 논문에서 Michel Le Guern에 의해서 강조된 객관적 일치이다. 〈고전주의 시대의 프랑스 수사학에서 에토스L'ethos dans la rhétorique française de l'âge classique〉, 《담론의 전략*Stratégies discursives*》, 1977년 5월 20-22일 Lyon의 언어학과 기호학 연구센터Centre de Recherches linguistiques et sémiologiques de Lyon 학술대회 발표문(Presses universitaires de Lyon). 우리는 고전주의 텍스트에서 이 일치를 이용하려 시도했다. Gilles Declercq, 〈연극 텍스트에서 발화행위와 연설가의 인격. 라신의 연극에서 연설의 관습,《안

여기서는 단지 이 수렴의 몇몇 요소만을 지적하겠다.[37] 그 요소들의 첫

드로마케》에의 적용L'Énonciation et la personne de l'orateur dans le texte dramatique. Les moeurs oratoires dans le théâtre de Racine: application à Andromaque〉, 《권력과 말하기*Pouvoir et Dire*》, Albi 학회 《언어활동과 의미작용*Langages et signification*》, 1982, pp. 268-294. 이 성찰과 연구의 연장 선상에서 Oswald Ducrot는 에토스의 수사학적 개념과 자신의 화용론 이론의 개념 중 하나인 다성성 개념을 연결시켰다. 《말하기와 말해진 것*Dire et le dit*》(éditions de Minuit, coll. Propositions, 1984), pp. 200-201을 참조할 것.

37 화용론의 개념들과 화용론이 차용하는 여러 노선을 검토하는 것은 우리 의도의 틀을 넘어선다. 이 시도는 한 권의 저서를 필요할 것이다. 이 저서는 원칙상 종결되지 않을 것이다. 왜냐하면 화용론의 장은 개척 중인 장이기 때문이다. 화용론 장을 종합하여 제시하는 것은 오만하면서 동시에 부적절한 방식일 것이다. 화용론의 여러 학파는 그 수에 의해 기술적이고 분석적인 방식을 필요로 한다. 여러 학파들 사이의 공리상의 차이는 방법상의 차이처럼, 때때로 정말로 모순적인 이 차이들을 인공적으로 제거하게 될 종합적 방식을 금지한다. 예를 들면 랑그와 담론 사이의 본질적 경계는 Robert Martin의 논리 의미론과 Oswald Ducrot의 통합 의미론에서 같지 않다. Oswald Ducrot의 관점이나 대화주의자들의 관점을 선택하느냐에 따라서 연결사connecteurs의 기능은 다르다. H. P. Grice에 의해 형식화된 담론의 법칙에 부여하는 설명적 위상에 대한 동일한 불일치가 있다. 마지막으로 Oswald Ducrot의 화용론 이론은 이전 공리에 대한 내적인 문제제기 과정을 통해서 끊임없이 나아간다. 더 총체적으로는 화용론 연구의 생생하고 현재적 성격은 의미론과 화용론의 각각의 범위에 대한 문제제기를 계속한다. 각각의 영역에 대한 문제에 대해서는 Irène Tamba-Mecz, 《의미론》, 1장, PUF, coll. Que-sais-je?, 1988, pp. 7-35의 설명을 볼 수 있다. 화용론의 여러 갈래에 대한 기술을 보기 위해서는 앞에서 이미 인용한 G. Kleiber(《화용론의 여러 개념, 또는 화용론, 어디에 있는가?*Les différentes conceptions de la pragmatique ou : Pragmatique, où es-tu?*》), *L'Information grammaticale*, 1982년 1월, n°. 12) 이외에, 주요 화용론 학파를 정의하는 Jacques Moeschler의 서문과 논문 〈화용 연결사, 담론의 규칙과 해석적 전략: parce que와 발화적 정당화Connecteurs pragmatiques, lois de discours et stratégies interprétatives: parce que et la justification énonciative〉, in *Cahiers de linguistique française de Genève*, n° 7, 1987, pp. 149-167)을 참조할 것. Oswald Ducrot 이론의 전개에 대해서는 〈논증성과 정보성Argumentativité et Informativité〉, in *Mélanges Perleman. De la Métaphysique à la rhétorique*, Bruxelles, 1986을 참조할 것. 그리고 인용된 모든 저자들에 대해서는 다음에서 화용론 장의 기술을 참조할 것. 우리는 여기에서 'performativité' 개념의 기초가 되는 'délocutivité'에 대한 연구를 한 Émile Benveniste("Les verbes délocutifs", *Problèmes de linguistique générale*, Gallimard, 1966, t. I, pp. 277-285; 1958년에 나온 논문) 같은 선구자들의 연구들을 언급하지는 않는다.

번째 열에 화용 언어학에 의한 인간 상호 관계 고려가 있다.발화행위와 대화의 문제제기는 연설가와 청중 사이 관계의 수사적 장을 포함한다.[38] 연설의 기술에서, 말의 실행은 힘의 관계, 그리고 권리와 의무의 복잡한 관계 안에 포함된다는 근본 개념은 오스왈드 뒤크로에 의해서 말의 법률적 틀 정의에서 계승된다.

> 언어는 모든 인간 상호간의 관계 목록, 화자가 자신을 위해 선택하거나 수신자에게 강요할 수 있는 역할 일체를 확고부동하게 포함한다. [⋯] 이 관점에서 벤베니스트에 의해서 시작된 관점처럼, 말에 내재적인 상호주관적 관계는 의사소통의 좁은 의미로, 즉 지식의 교환으로 환원되지 않는다는 점을 받아들이기에 이르렀다. 반대로 사람들은 상호주관적 관계에 의해서 인간 상호 관계의 아주 많은 다양성을 도입하는데, 언어는 이 다양성의 기회와 수단뿐만 아니라 제도적 틀, 법칙도 제공한다.
>
> 오스왈드 뒤크로, 1972, p. 4[39]

화용 언어학은 대화, 이어서 설득의 내포적 체계에 대한 성찰에 기여하였다. 가치의 문제와 언어 이론이 암시적으로 다룬 통념의 문제를 보는 것은 놀랄 만하다. 수사학은 연설가에게 청중이 공유하는 가치에 대하여 주의하라고 환기시켰다. 언어학자 알랭 베랑도네는 전제[40] 개념의 정의에

---

38 발화행위에 대해서는 Jean Cervoni, 《발화행위*L'Énonciation*》, PUF, coll. Linguistique nouvelle, 1987. 마찬가지로 *Langue française*, n° 50, 1981년 5월의 〈논증과 발화행위 Argumentation et énonciation〉, Larousse를 참조할 것.

39 Oswald Ducrot, *Dire et ne pas dire*, Hermann, 1972, p. 4.

40 내포implicite와 전제présupposition에 대해서는 Oswald Ducrot의 저서 *Dire et ne pas dire*, 1972, 그리고 *Le dire et le dit*, 1984에서 이를 다시 제안한 것을 참조할 것. 마찬가지로 Catherine Kerbrat-Orecchioni, *L'Implicite*, Armand Colin, 1986을 참조할 것.

서, 화자들이 공유하는 담론적 기억의 존재, 사람들이 따라야 하거나 명시적으로 부인해야 하는 통념의 경우처럼, 화자들의 담론 교환을 지배하는 담론적 기억의 존재를 분명히 한다.

> 모든 언어적 상호작용은 "담론적 기억"의 존재, 또는 대화자들에 의해서 의식적으로 공유되는 모든 지식을 포함하며, 의사소통은 기억에 작용하는 것을 목적 혹은 적어도 효과로 하는, 즉 기억에 관례의 변경을 야기하려 한다는 점을 가정합시다. 〔…〕 M의 요소들 수에, 연역 행위를 이끌기 위해 대화자들에게 공리 역할을 하는 우선 다양한 문화적 선행 요구(의사소통 규범, 논증의 말터, 공통의 백과사전적 지식 등)가 있다고 가정해야 한다.[41]

이 기억은 교환 중에 연속적 발화행위에서 결과하는 암시적 제약 효과들로 풍부해진다.

> 어떤 발화행위나 일단 수행되면 이 행위의 결과가 어느 정도로 받아들일 만한지 아닌지 결정하려는 대화자 사이에 복잡한 합의의 대상이 된다. 이 합의의 규칙 중 하나는 "말하지 않는 사람은 동의한다"이다. 현장에서 거부되지 않는 발화행위는 타당성을 부여받으며 그 행위뿐 아니라 글자 그대로의 내용도 그리고 그 행위에서 나오는 모든 논리적, 논증적 결론도 타당성을 부여받는다.
>
> *Ibid.*

41 〈화용적 연결사와 대용사Connecteurs pragmatiques et anaphore〉, in *Cahiers de linguistique française*, n° 5, Genève, 1983, pp. 230-31.

이렇게 정의된 전제 행위는 연설가와 청중 사이의 선행적 동의의 연설 개념과 유사하며,[42] 담론적이고 '법률적인' 제약의 동일한 내포를 포함한다. 동일한 전제 개념은 오스왈드 뒤크로가 언어의 논쟁적 본질, 따라서 더 나아가 논증적 행위가 그 기준인 언어적 교환의 논쟁적 본질을 다시 한 번 단언하도록 한다.

> 발화 내용을 제시된 의미 요소들로 분류하고, 화자는 이 분류에 책임을 지며, 발화 내용을 전제된 의미 요소들로 분류하고 화자는 이 분류의 책임을 청중과 함께 공유하는 것은 무엇보다도 논쟁적 기능을 갖는다. 전제를 정의하려 할 때 〔…〕 청중이 선택하지 않았지만 대화 자체와 외연이 같은 것으로 제시되며 더 이상 부인되거나, 이 대화가 전체적으로 거부되지는 않더라도 문제시될 수 없는 지적 세계에 청자를 가두어 둘 가능성이 주장된다. 암시와는 달리 이제 전제가 발화행위와 연관된 수사학 사실이 아니고, 랑그에 포함된다면 랑그의 이용 가능성과는 독립적으로 랑그는 토론과 주관성의 대치의 장으로 근본적으로 제시된다고 결론내려야 할 것이다.
>
> 〈전제와 암시〉, 《말하기와 말해진 것》, pp. 30-31[43]

이러한 인용문의 제시는 혼동을 야기해서는 안 된다. 이것은 화용론적이고 수사학적인 문제제기의 동일성을 믿게 하는 것이 아니다. 수사학

42 "피에르는 더 이상 담배를 피지 않는다"는 표준적 예를 다시 들어서, 이 말의 발화행위는 피에르의 흡연에 대한 선행적 단정, 더 정확하게는 이 흡연은 피에르에 대한 이전의 지식에 속하였다는 점을 모든 대화자가 인정한다는 것을 대상으로 한다고 우리는 확인한다. 즉, 대화자들은 의견을 취소하는 것을 제외하고는 더 이상 차후로 이의제기할 수가 없을 것이다.

43 "Présupposés et sous-entendus", *Le Dire et le dit*, pp. 30-31.

적 문제제기는 설득적 담론과 관련되며 화용론적 문제제기는 랑그의 본질적 활동과 관련된다.[44] 반대로 앞서 나왔던 요소들은 화용론 이론들에 의한 고대 수사학 영역의 포위를 분명하게 증거한다. 그러한 이유로 해서 언어학자들에 고유한 관점 내부에 수사학에 고유한 연설의 관점에서 이전에 형성된 개념들이 나타난다.[45] 화용론적 도구의 분석적 정확성을 고려하면 설득의 담론 조직을 가장 가까이에서 파악하기 위한 이러한 화용론의 관심을 이해하게 된다. 이 조직의 확인은 논증술의 핵심이다. 논증을 연구하는 화용론의 부분을 고려하면 이 관심은 더 증가하며 구체화된다.

화용론과 논증

화용론 탐구에 의하여 논증을 고려하는 것은 1980년대의 한 특징이다.

44 주의력 있는 독자는 Oswald Ducrot의 인용문에서 발화행위, 즉 담론 실현의 층위에서 작용하는 수사학적 조직인 암시와 랑그의 구조에 내재하는 조직인 내포 사이의 대립에 주목하였을 것이다. O. Ducrot에게서 논증 개념은 사회적 활동이 아니라 O. Ducrot가 언어활동의 기능적이고 의미론적인 근거를 보는 언어 조직을 가리킨다. 따라서 O. Ducrot는 수사학에서 갖는 의미로서의 논증보다는 발화의 논증성을 더 다룬다. 이 구분에 대해서는 "Note sur l'argumentation et l'acte d'argumenter", *Cahiers de linguistique française*, n° 4, Genève, 1982, pp. 143-164, 그리고 *L'argumentation dans la langue*, Mardaga, 1983, (7, 1장, "Argumentation et acte d'argumenter", pp. 163-168)을 참조할 것.

45 개념의 역사가 존재하며 이 역사는 인문과학의 다른 영역과 언어학의 문화적 결합을 지적하여 언어학을 풍요롭게 할 수 있다는 점을 상기시켜 통시태diachronie와 공시태synchronie 사이의 근본적 언어학적 단절을 문제삼을 때가 된 것 같다. 새로운 수사학은 현대 인문학의 본질적 여건임을 확신한다. 그런데 새로운 수사학은 현대 화용론과 아리스토텔레스의 수사학이 상호 대립되며 이질적임을 발견한다. 그러나 아리스토텔레스의 방법론적 현재성은 시간적 격차를 넘어 풍요로운 만남을 희망하게 해준다.

참고문헌이 이를 증거하고, 개념들이 이를 드러낸다. 장-블레즈 그리즈는 논리학과 논증을 대조시킨다. 로베르 마르탱은 진실임직함의 개념을 자신의 의미론 이론에 통합시키고 아주 최근에 오스왈드 뒤크로는 랑그의 논증 조직을 기술하기 위해 토포스 개념을 활용한다.[46]

논증의 영역에서 화용론적 탐구와 수사학의 이 상호작용은 화용론 탐구에서 논증 연구의 주요 방향의 개요를 우리로 하여금 제시하도록 결심하게 해주었다. 여러 화용론 이론에서 우리의 선택은 탐구의 이치가 맞는 분류에 대한 관심에 부응한다. 여러 이론의 제시 순서를 결정한 것은 논증에 대하여 화용론 이론들이 갖는 관계의 성격이다. 그러한 이유로 해서 조금도 철저하다고 주장하지 않는 우리의 설명은 이론들의 구성에서 연대기적 순서를 지키지 않지만 논리적, 언어적 그리고 대화적, 이 세 가지 큰 전망에 따라 분석 가능한 논리적 순서에 부응한다.[47]

---

46 《논증*Argumentation*》, Presses universitaires de Lyon, coll. Linguistique et sémiologie, 1981을 참조할 것. J.-Bl. Grize, 《논리학에서 논증까지*De la logique à l'argumentation*》, Genève, Droz, 1987. R. Martin, 《의미의 논리학*Logique du sens*》, PUF, 1983. O. Ducrot, "Opérateurs argumentatifs et visée argumentative", *Cahiers de Linguistique française*, Genève, n° 5, 1983, pp. 7-36. R. Martin, "Argumentation et topoï argumentatifs", *Actes de la 8e rencontre des professeurs de l'enseignement supérieur*, Université de Helsinski, 1987, pp. 27-57. R. Martin, "Topoï et Formes topiques", *Bulletin d'études de linguistique française*, Tokyo, n° 22, 1988. 마찬가지로 Christian Plantin의 최근 저서 《논증 시론. 논증적 발화 연구의 언어학적 입문*Essais sur l'argumentation. Introduction linguistique à l'étude de la parole argumentative*》, Kimé, 1990을 참조할 것.

47 그러므로 우리는 Robert Martin의 연구를 연대기적으로는 앞서는 Oswald Ducrot의 연구 전단계에 위치시킨다. 우리에게는 화용론의 역사를 재구성할 야심이 없다. 이는 수행성performativité 개념의 변화를 검토하고 이론들을 따라서 의미론과 화용론 사이의 경계의 이동을 추적하는 것을 전제할 것이다(R. Martin, *Pour une logique du sens*, V, 2, PUF, 1983, pp. 226-243을 참조할 것). 화용론 이론과 수사학의 결합은, 논리적 착상부터 행동화까지 담론 부분들의 연설 연속과의 유추로 논리적, 언어적, 대화적 세 전망으로의 배열을 결정지웠다(다음에 나오는 부록 I에서 담론의 연설 분할을 참조할 것).

I. 논리적 전망

이 전망은 자연 언어에 특수한 논리학을 개발하려 한다. 두 이론이 이 방식을 주로 예시한다.

a) 인지 · 심리 언어학은 담론과 대화의 분석에 의해서 자연 언어로 추론의 논리학을 재구성하려 한다. 이러한 유형의 탐구는 특히 조르주 비뇨, 장-블레즈 그리즈, 그리고 프레데릭 네프에 의해서 발전되었다.[48] 그러나 H. 폴 그라이스에 의해서 정의된 내포화 개념도 마찬가지로 이것이 특징이다.[49] 그리즈는 이 용어에 의해서, 화자의 발화행위로부터, 그리고 주어진 문화적 틀 안에서 모든 화자들에 의해서 받아들여지는 대화규칙에 동화가능한 준칙(양의 준칙, 또는 사람들이 알고 있는 모든 것을 말하기를 바라는 철저성의 원칙)으로부터 대화자가 활용하는 암시의 계산 절차를 가리킨다. 그런데 해석적 추론의 암시의 계산에서 대화의 준칙이 삼단논법적 추론에서 소전제의 역할을 한다는 점을 확인하는 것은 놀랄 만하다.

48 Jean-Blaize Grize, 《논리학에서 논증까지*De la logique à l'argumentation*》, Genève, Droz, 1987. Georges Vignaux, 《논증. 담론의 논리학 시론*L'argumentation. essai d'une logique discursive*》, Droz, 1976. Jean-Blaise Grize의 서문, Frédéric Nef, 《자연언어의 논리 분석*L'anlayse logique du langage naturel*》, éd. du CNRS., Paris, 1985. Frédéric Nef, *Logique et langage, Essais de sémantique intensionnelle*, Hermès, Paris, 1988. Frédéric Nef, *La Logique du langage naturel*, Hermès, 1989. Frédéric Nef, *Logique, langage, et réalité*, éditions universitaires, Paris, 1991.

49 *Communication*, n° 30에서 "Logique et conversation", "La Conversation", Seuil, 1979, pp. 57-79를 참조할 것. 앞의 참고 문헌은 "Logic and Conversation", *Syntax and Semantics*, Vol. III, Speech Acts, éd. par P. Cole et J.L. Morgan, Academic Press, Inc., 1975, pp. 41-58의 번역이다. 동일한 호에 François Flahaut("Le Fonctionnement de la parole"); Dan Sperber et Deirdre Wilson("L'interprétation des énoncés"); François Récanati("Insinuation et sous-entendu")의 세 소논문은 담론 분석의 영역에서 그리즈의 가설이 갖는 결과를 발전시킨다(pp. 57-94).

A는 X를 말했다
그런데 모든 발화행위는 대화 준칙에 적합하거나 이 준칙의 모든 위반은 이 준칙들 중 하나의 우선적 존중에 의해서 설명된다. 예를 들어 철저성 원칙을 보자. X를 말하여 A는 자신이 알던 모든 것을 말했다. 따라서 그는 Y를 모른다.

따라서 발화의 해석은 삼단논법적 연역의 형태 하에서 표현될 수 있다. 더 나아가 삼단논법의 생략적 성격은 대화적 준칙에서 파생된 명제의 내포 혹은 전제의 위상에 의해서 설명된다. 추론적 도식으로서의 함축화는 아리스토텔레스적 로고스적 입증에 독특한 현실성을 재부여한다.

b) 로베르 마르탱의 논리 의미론은 문장 상호적 관계에서 진리 개념의 재공식화로부터 언어 교환의 논리적 모델화를 시도한다. 몇 문장으로 이 작업의 규모를 표현하는 것이 불가능하기는 하지만[50] 반대로 진실임직함의 개념이 거기에서 갖는 이론적 중요성에 대하여 강조할 수 있다. 로베르 마르탱의 논리 의미론은 실제로 진실임직함의 기술 시도이다. 자연 언어에서 의미의 생산과 해석은 "모호성"의 의미론 혹은 "다소간 진실"의 의미론에 근거하며 언어학자는 이 언어학의 기능 규칙을 결정해야 한다. 로베르 마르탱은 이를 위해서 신념 세계의 개념을 발전시킨다.

50 이 시도는《추리, 반의어 관계 그리고 설명적 환언. 의미 이론을 위한 요소들*Inférence, antonymie et paraphrase. Éléments pour une théorie sémantique*》, Klincksieck, 1976;《의미의 논리학을 위해서*Pour une logique du sens*》, PUF, 1983;《언어행위와 믿음. 의미 이론에서 "신념의 세계"*Langage et croyance. Les "univers de croyance" dans la théorie sémantique*》, Pierre Mardaga éditeur, 1987. 전체적 평가를 위해서는 *L'Information grammaticale*, n° 39, oct. 1980의 Olivier Soutet,《언어활동과 신념*Langage et croyance*》)를 참조할 것. 로베르 마르탱의 논리 의미론은 인지언어학에 당연히 속한다. 신념의 세계에서 진실함직함의 개념이 차지하는 특수한 위치는 여기에서 이 의미론에 적합하다고 우리는 판단한다.

화자가 자신을 표현하는 때에 진실로 (그리고 결과적으로 거짓으로 간주하는) 혹은 진실이라고 믿게 하려는 모든 명제들.

《언어활동과 신념》, p. 10[51]

참의 의미론적 변화의 주요 원천이 각각의 화자가 참에 대해 갖는 지각이라면 이렇게 정의된 신념의 세계는 각각의 대화자에게 고유한 미시적 통념과 동일시가 가능하다. 담론 혹은 대화의 연쇄는 그러므로, 대화자가 반대되거나(반세계) 혹은 근본적으로 다른(이질적 세계) 신념의 세계를 생산하여 자신의 것으로 하거나 반박하는 이 세계에 의해서 결정된다. 요약적이지만 이 기술은, 담론 내부에서[52] 논증 실천을 고려하는 데 이러한 이론의 중요성을 분명히 하며 논리 의미론이 아리스토텔레스적 말터론의 문제제기를 놀랄 정도로 포함함을 암시한다.

II. 언어적 전망

언어적 전망은 랑그 차원에서 논증에 할애된 오스왈드 뒤크로가 현재하고 있는 연구를 중심으로 결집된다.[53] 앞의 전망과는 달리 논증 구조는

51 *Langage et croyance*, p. 10.

52 이는 Robert Martin 자신에 의해서 탐구된 전망이다. "Argumentation et sémantique des mondes possibles", in *Langage, Argumentation et Pédagogie*, in *Revue internationale de philosophie*, 4권, 1984(PUF 보급), pp. 302-321. 진실임직함의 문제에 대해서는 "Le Vrai, le faux, le vraisemblable et la notion d'univers de croyance" in *Logique naturelle et argumentation*, Colloque du CNRS, Royaumont, 1986을 참조할 것. 마지막으로 이 의미론과 진실임직한 허구의 문학적 개념을 결합시키는 전망에 대해서는 "Le paradoxe de la fiction narrative. Essai de traitement sémantico-logique", in *Le Français moderne*, octobre 1988, n° 3/4, pp. 161-173을 참조할 것.

53 Oswald Ducrot의 초기 연구가 논리학적 관심을 가진다는 것을 상기하는 것은 유쾌

논리적 성격이 아니라 랑그에 내재하며 주로 언어적이다. 랑그는 자신의 구조 안에 논증과 관련된 정보를 포함한다. 기능적으로 이 정보는 담화적 연쇄의 미리 정함과 동화 가능하다. 발화들은 따라서 논증적 극성, 즉 정확한 결론을 향해 방향지워진 장치 안으로 들어가는 데 적합함(그리고 반대 결론을 향해서 방향지어진 장치 안으로 들어가는 데 상관적인 부적합함)에 의해서 특징화된다.[54] 오스왈드 뒤크로와 장-클로드 안스콩브르의 연구는 한 특수한 공리, 이 논증적 극성들은 발화에 첨가되지 않고 모든 의미작용의 근본으로서 랑그에 기입된다고 간주한다는 특수한 공리에 의해서 다른 화용론 이론들과 구별된다. 이 두 언어학자에게 논증은 다른 언어 활동들 중의 한 활동이 더 이상 아니며 다른 구성요소들 중의 한 언어적 구성요소가 아니고 의미의 근본 그리고 담론에서 의미 해석의 근본이다.

한 일이다(*Échelles Argumentatives*의 부록(pp. 77-96)에서 파스칼과 몽테스키외의 텍스트에 대한 그의 연구를 참조할 것). 이 점에서 추구된 과정은 카임 페렐만의 과정과 유사하다. 어쨌든 이 과정은 논증 분석이라는 공통의 목적지를 갖는다. 주로 내포와 전제(*Dire ne pas dire*, Hermann, 1972를 참조할 것), 그리고 연결사(*Les Mots du discours*, Minuit, 1980을 참조할 것)를 대상으로 하는 Oswald Ducrot의 초기 화용론 탐구를 우리는 여기에서 언급하지 않겠다. 문학 텍스트의 분석을 위해서 연결사의 연구를 이용하는 것을 우리는 개인적으로 시도했다. "Crime et arguments - étude de la persuasion dans *Britannicus* (IV, 4)", *Lalies, Actes des sessions de linguistique et de littérature*, n° 3, 1981, Presses de l'Ecole Normale Supérieure, pp. 165-175을 참조할 것. 또한 다성성 개념을 중심으로 한 발화행위에 대한 연구를 언급해야 한다(플로베르의 연구에서 이 주제에 대한 주(다음 2부, 4장 2항)를 참조할 것).

54 의문이 갖는 논증적으로 부정적 성격의 분석에서 논증적 극성 개념의 대표적 예시를 찾을 것이다. J.-Cl. Anscombre, O. Ducrot, *L'Argumentation dans la langue*, 5장 〈의문과 논증 interrogation et argumentation〉, Mardaga, 1983, pp. 115-139. Oswald Ducrot에게서 논증에 대한 성찰의 여정에 대해서는 앞의 저서 이외에 *Les Échelles argumentatives*, Minuit, 1980(*La Preuve et le dire*, Mame, 1973을 부분적으로 다시 취함), 그리고 *Le dire et le dit*, Minuit, 1984를 참조할 것.

> 정보성은 실제로 논증성에 비해서 부차적이라는 점을 말하고자 한다. 그러므로 현실을 기술한다는 주장은 타인의 의견에 대해 압력을 가하는 더 근본적인 주장의 변장에 불과할 것이다.
>
> 〈정보성과 논증성〉, 《랑그 안의 논증》, p. 169[55]

결국, 앞에서 언급된 말터 이론은 이 이론의 최근 단계로서 논증 조작체의 가능한 결합을 계산하기 위해 문장 전체에 논증 조작자의 논증 개념을 확장하려 한다. 오스왈드 뒤크로는 이를 위해, 랑그의 논증적 사용을 조건짓는 X가 더하면 할수록 Y가 더하다, 또는 X가 덜하면 할수록 Y가 덜하다는 형식의 말터가 어떤 언어에도 존재한다는 것을 가정한다.[56] 거기에서 아리스토텔레스의 개론서에서 나타나는 이른바 가감의 말터를 알아보게 된다. 그러나 보편성, 일반성, 점층성이라는 말터의 기준들, 특히 보편성을 고려할 때 유추관계는 연장된다.

> "말터"라는 표현은 적어도 다음의 세 가지 특성을 지닌 논증의 원리를 뜻한다고 나는 본다. 우선, 한 언어 공동체가 그 말터를 공유하는 것으로 여겨지는 한에서, 말터는 "보편적"이다. 원천인 언어 공동체에는 논증 절차를 수행하는 사람이 적어도 속하며 그리고 논증 절차의 제시 대상이 된

55 "Informativité et argumentativité", *L'Argumentation dans la langue*, p. 169.

56 "Topoï et formes topiques", *Bulletin d'Études de linguistique française*, Tokyo, n° 22, 1988에서 제안된 종합(7가지 항목)을 볼 것. "(3) 한 의미 요소의 어떤 논증 행위나 그리고 좀 더 일반적으로 한 의미 요소의 어떤 논증 방향이나 점층적 말터가 이용된다는 점을 내포한다 (4) 각각의 말터는 상호적이며 등가적인 두 형식, "더 …면 할수록 더 …" 모양의 한 형식, 그리고 "덜 … 하면 할수록 덜 …" 모양의 한 형식 (5) 논증적 조작체는 작용하는 말터적 형식에 조건을 부과한다 (6) 랑그가 적어도 논증적 조작자를 포함하는 한에서는, 랑그를 사용가능하며 말터를 전제로 하는 한에서만 랑그를 사용할 수 있다."

> 사람인 목표도 이에 속한다. 〔…〕〔"더웁다. 수영하러 가자"는 발화의 경우에서〕 대상이 되는 사람이, 더위는 수영을 유쾌하게 한다는 생각을 받아들이게 한다는 점을 가정하지 않으면 수영의 정당화로서 더위를 제시할 수 없을 것이다. 그렇지 않으면 논거는 어느 곳에도 이르지 못할 것이다.[57]

이 보편성의 기준은 수사학자들의 통념과 아주 가까운 개념이다. 이것은 차이는 부인하지 않지만 문제제기의 유사성이 유일한 어휘상의 차용을 넘어선다는 증거이다.

III. 대화적 전망

추론의 논리적 구조가 랑그의 전 단계라면 담론과 언어의 교환은 랑그의 후단계이다. 이것이 대화적 혹은 대화주의적 언어학들(자크 뫼슐레르와 같은 제네바 대학교 연구자들에 의해 특히 발전된 언어학),[58] 이중의 방향으

57 "Argumentation et topoï argumentatif", in *Actes de la 8ᵉ rencontre des professeurs de français de l'Enseignement supérieur*, Université de Helsinski, 1987, p. 27-57. 말터의 이론에 대해서는 또한 J.-Cl. Anscombre, "Argumentation et topoï", in *Colloque d'Albi*, 1984, pp. 45-70을 참조할 것.

58 Jacques Moeschler, *Dire et contredire. Pragmatique de la négation et acte de réfutation dans la conversation*, Peter Lang, Berne, 1982. Jacques Moeschler, *Argumentation et conversation. Éléments pour une analyse pragmatique du discours*, Hatier, 1985. 연례 학술대회(n° 1, 1980, n° 2, 1980. n° 3, 1982, n° 4, 1984, n° 5, 1985, n° 6 1985, n° 7, 1989, n° 8, 1987, n° 9, 1988, n° 10, 1986)에서 발표된 연구들을 게재하는 제네바 대학교의 정기간행물 *Cahiers de linguistique française*에서 대화주의적 연구의 범위가 넓은 견본집이 발견된다. 이 정기간행물은 논리학적이거나 언어학적인 전망의 영역에 속하는 연구들을 받아들인다. 이 분류적 구별은 이들 사이의 개념적 인근성을 잊게 해서는 안 된다. 이 점에 관해서《논리학, 논증, 대화*Logique, Argumentation, Conversation*》. Actes du colloque de Pragmatique. Fribourg, 1981(Peter Lang, Berne, Alain Berrondonner & Jean-Blaise Grize의 책임하에 출판됨, 1983)을 참조할 것.

로 나아간 연구들의 전망이다.

a) 논증적 연결사와 언어적 연쇄의 다른 조작자(donc, finalement, au fond, pourtant, etc.)에 대한 체계적 연구. 이는 대화에 대한 미시적 분석을 구상 가능하게 한다.

b) 특히 대화의 궁극적 목적에 따른 즉 대화의 논증적 목표에 따른 대화와 대화의 하위 단위들(교환, 개입)에 대한 구조적 연구. 문학 분석을 위해 이 접근방식은 미시적 분석의 장점을 제공한다. 즉 이 접근방식은 연구 대상으로 텍스트의 큰 단위들, 따라서 발화의 경계를 넘어선다. 이는 대화 분석의 몇몇 이론가들이 연극 텍스트에 이 접근방식을 적용했다는 점을 설명해준다.[59]

요컨대 대화의 틀은 또한 화용론의 역사에서 핵심적 이론, 즉 H. P. 그라이스[60]에 의해서 발전된 **담론 법칙** 이론의 틀이다. 그라이스의 가정에 따르면 이 법칙은 모든 화자가 존중한다고 가정되는 모든 대화의 조정 원리를 구성한다. 인간 상호 관계의 사회적 행위로서 대화는 협력 원리에 의해서 지배된다는 것이 근본 가정이다. 이 원리가 현실에서 강제적이지 않지만, 즉 이 원리가 현실의 대화에 강요되는 것을 주장하지 않지만, 이 원리의 기능은 해석적이다. 왜냐하면 발화의 의미가 담론의 법칙을 존중하거나 위반하는 것으로 필연적으로 간주되니까 협력 원리는 발화 의미 해석의 근거를 세우기 때문이다.

랑그 사용자들의 공동체를 지시하는 담론의 법칙은 마지막에는 논증 분석과, 어빙 고프만 혹은 존 검퍼즈 같은 연구자들에 의해서 발전된 담

59 Jacques Moeschler & Anne Reboul, "Discours théâtral et analyse conversationnelle", *Cahiers de linguistique française de Genève*, n° 6, 1985.

60 다음에 나오는 *Communications* n° 30에서 인용된 텍스트.

론의 사회학을 결합시킨다.[61] 모든 언어 현상을 행위의 일반 이론으로 총괄하는 최대의 확장을 화용론에 부여하여 우리는 우리 연구의 경계와 접하게 된다. 수사학에 의해서 확립된 담론 생산 순서와 유사한 순서, 즉 입증의 논리적 발견부터 담론의 사회적 실현까지를 우리는 살펴보았다. 논증에 대한 화용론적 연구는 오늘날 모든 수사학의 장에 걸쳐 분포한다는 것을 보여 주는 것이 이 설명의 최종 의미이다.

61 E. Goffman, 《말하는 방법들*Façons de Parler*》, Alain Kihm에 의해 영어 텍스트 번역, éd. de Minuit, "Le sens commun" 문고, 1981, 1987. *Le Parler frais d'Erving Goffman*, *Actes du colloque de Cerisy* 1987, Robert Caster, Jacques Cosnier & Isaac Joseph 책임 편집. édition de Minuit, 1990. J. Gumperz, *Engager la conversation, introduction à la sociolinguistique interactionnelle*, éd. de Minuit, 1990. Pierre Bourdieu, *Ce que Parler veut dire. L'économie des échanges linguistiques*, Fayard, 1982.

부록 I

웅변술의 분류 체계

여기서는 논증을 다루므로 수사학은 직접적으로 우리의 관심 대상이 아니다. 하지만 논증의 웅변 이론을 이해하는 것은 수사학, 수사학의 어휘만큼이나 수사학의 역사에 대한 최소한의 지식을 전제로 한다. 그러한 이유로 해서 아리스토텔레스와 키케로의 성찰이 끝난 후에 나타난 고대와 고전주의 수사학 개론의 전통적 분류를 우리는 제시한다. 이는 17세기에도 유효한 수사학의 "성서 라틴어 번역본"에서 전통적으로 실행된 분류이다.[1] 마지막으로 이 설명은, 웅변의 배열과 착상의 결합에서 담론의 논증적 질서에 대한 성찰에서 끝난다.

---

1 이 문제에 대한 참고문헌을 알기 위해서는 Olivier Reboul, 《수사학*La rhétorique*》, "Que-sais-je?", PUF., 1984, 그리고 *Dictionnaire des littératures de langue française*, J.-P. de Beaumarchais, Daniel Couty, Alain Rey 책임, 1984, 1판, 그리고 Michel Patillon, 《수사학 요소*Éléments de rhétorique*》, Nathan Université, 1990을 참조할 것. 이 문제제기의 심화를 위해서는 Aron Kibédi-Varga, 《수사학과 문학. 고전주의 구조의 연구*Rhétorique et littérature. Études de structures classiques*》, Didier, 1976을 참조할 것. 이 경우 참고 서적은 키케로의 저서 특히 《수사학의 분류체계*Partitions oratoires*》, Henri Bornecque 판본, Paris, "Les Belles Lettres", 1925. 이 저서는 우리의 설명에 폭넓게 영감을 주었다. 마찬가지로 G.-A. Kennedy, 《로마 세계에서 수사의 기술. 기원전 300년-기원후 300년*The Art of Rhetoric in the Roman World. 300B.C.-A.D. 300*》, Princeton University Press, 1972을 참조할 것. 마지막으로 위에서 나온 코락스와 티시아스의 담론 분류에 대한 연구(1장 1항)을 참조할 것.

1. 웅변의 세 장르

수사학은 공정함과 불공정함 또는 유용함과 해로움, 또는 선과 악의 각도에서 공통의 것에 관한 설득의 기술이다. 이는 웅변의 세 장르를 정의한다.
—법정 장르
—의회 장르
—식장(또는 증명 또는 이론적)[2] 장르.

2. 웅변술의 분류

개론의 전통적 분류에 따르면, 연설기술의 분류라고 불리는 연속적 5단계를 정의하는 생산의 순서에 따라 연설가가 담론을 구성한다고 한다.
—착상 또는 논거의 창조
—배열 또는 입증의 조합
—표현술 또는 주제에 적합한 단어와 표현(문채)의 선택
—기억술 또는 구어적 실현을 준비하는 담론의 암기
—발표 또는 담론의 물리적 실현(말, 제스처 등)

3. 연설의 입증 혹은 연설가의 의무

착상의 차원에 세 종류의 입증이 존재한다.

2 마찬가지로 1부 2장 1항의 연설 장르와 청중에 대한 도표, 그리고 연설 장르의 분석(2장 1항, 〈수사적 방법과 혹은 수사적 기술〉)을 참조할 것.

—풍습이나 연설가의 이미지와 관련된 에토스적 입증
—청중의 열정과 관련된 파토스적 입증
—담론의 논거와 관련된 로고스적 입증.

이것들은 키케로적 연설가의 세 가지 의무를 결정한다.[3]
—마음에 들기
—감동시키기
—교육하기

4. 논리적 절차

담론에 내재하는 로고스적 입증의 틀 안에 두 절차 또는 방법이 존재한다.
—수사적 삼단논법, 연역적 절차
—예증법, 귀납적 절차

주목할 점—입증과 장르 사이의 상관성

아리스토텔레스는 연설장르, 그리고 선호적으로 사용되는 것과 유사한 입증 사이의 상호 대응을 강조한다. 상호 대응의 분포는 다음과 같다.
—법정 장르: 수사적 삼단논법과 열정
—의회 장르: 예증법과 풍습
—식장 장르: 강조법과 장식 문채[4]

3 마찬가지로 제1부 2장 1항 입증에 대한 도표와 연설가의 입증에 대한 연구(2장 1항 〈수사적 방법과 혹은 수사적 기술〉)를 참조할 것.

5. 담론의 부분들

키케로에 의해서《수사학의 분류체계》에 기술된 담론의 구분에 따르면 전통적으로 담론의 네 부분을 구분한다.[5]

---

4 앞에 나오는 5장 3항 〈형식과 논증Forme et argumentation〉을 특히 아리스토텔레스 저서 I권 9장 1368a, 26-32의 인용에 따른 연설 장르와 논증 형식을 연결하는 도표와 관련하여 보시오. "일반적으로 모든 연설 장르에 공통적인 형식 중에 강조법은 식장 장르에 가장 적합하다. 왜냐하면 식장 장르는 모든 사람이 동의하는 행동을 재료로 하기 때문이다. 따라서 그 경우에 그 행동에 중요성과 아름다움을 부여하는 것 밖에 없다. 예증법은 정치 장르에 적합하다. 왜냐하면 우리가 미래를 점치고 미리 판단하는 것은 과거에 의해서이기 때문이다. 수사적 삼단논법은 법정장르에 적합하다. 조사하지 않은 행동은 원인의 탐구와 증명을 받아들인다", 그리고 II권 1장 1377b, 28 "연설가를 비주는 빛은 정치토론을 위해서는 가장 유용하다. 청중의 경향은 재판에 더 중요하다. 왜냐하면 좋아하거나 증오하는 사람, 화를 내거나 고요한 상태에 있는 사람에게 사항은 똑같아 보이지 않는다"에 따라 논증의 형식을 연설 장르와 연결하는 도표를 보기 위해서는 5장 3항을 참조할 것.

5 키케로는 연설의 기술에 관한 여러 텍스트를 집필했다. 우선 개론서《착상에 대해서*De L'invention*》는 수사학의 이 부분에 대한 당시의 연설 이론을 종합하는 젊은 시절의 저서이다.《헤레니우스를 위한 수사학》은 오랫동안 키케로의 저서로 간주되었는데《착상에 대하여》와 함께 중세 내내 연설의 기술을 교육하기 위한 참고 텍스트가 되었다.《연설가에 대하여*De l'Orateur*》,《브루투스*Brutus*》와《연설가*L'Orateur*》는 성숙기의 저서로서 대화의 형식으로 제시되는데 특히 그리스와 로마의 웅변의 역사, 숭고체, 위대한 연설가의 기술에 대한 그의 수사학 성찰의 본질을 구성한다.《토피카》처럼 수사학의《수사학의 분류체계》는 후기 저서이다.《수사학의 분류체계》는 자기 아들의 웅변 교육을 목적으로 하는데 담론의 분류를 요약하고 입장의 (스토아 학파에서 기원하는) 이론을 진술한다.《토피카》는 바다를 건너는 동안 기억에 의지하여 작성된 것인데 아리스토텔레스의 말터의 요소들을 극단적으로 요약하여 진술한다. 아리스토텔레스 저서의 직접적 독서 없이 이 텍스트가 해석된 요약적 방법은 아리스토텔레스의 말터에 대한 이론의 변질 원인 중의 하나이다. 이 변질에 대해서는 Eugène Thionville,《아리스토텔레스의《토피카》에 나오는 공통 말터 이론에서 현재까지 이 이론이 겪는 주요 변경에 대하여*De la Théorie des lieux communs dans les Topiques d'Aristote et des principales modifications qu'elle a subies jusqu'à nos jours*》, Paris, 1855, Vrin 출판사에서 재간행, 1893을 참조할 것. 마지막으로 마지막 저서《연설가의 최고의 장르에 대하여*Du Meilleur Genre d'orateurs*》는 데모스테네스Démosthène의 두 연설의 라틴어 번역을 도입하는 것을 예정했었다. 키케로

—머리말은 동정, 관심, 주의로 이루어진 청중의 호의를 얻는다. 즉 머리말은 주관적 입증(에토스, 파토스)과 객관적 입증을 결합하여 이용한다. 왜냐하면 머리말에서 연설가는 사건을 요약하고 명분이 야기하는 문제들을 분할하여 명분을 정의해야 하기 때문이다. 연설의 쟁점은 따라서 청중에게 분명하게 나타나야 한다.

—서술은 확신을 세우기 위해 의존하는 사실들을 진술한다. 서술은 분명하고 진실임직한 진술, 하지만 또한 열정을 동원하는 문학적 기능 덕분에 유쾌한 진술이다. 서술은 특히 법정 장르에서 배열의 핵심이다. 즉 진실임직함의 요소들인 입증, 지표 혹은 신념의 전략적 조직은 청중을 설득하는 것을 목표로 하므로 이야기의 설명적 장점을 동원하는데, 그 점에서 연설적 기술과 문학적 기술의 유사함을 강조한다. 이 조직은 특히 청중을 즐겁게 하거나 감동시킬 수 있는 현실적이고 허구적인 대화를 삽입할 수 있다. 서술에 현실과 이성에 적합하기를 요구하는 진실임직함의 요소들에 덧붙여 에토스도 요구되는데 그 이유는 설명적 이야기의 신뢰 가능성이 연설가의 이미지와 연결되기 때문이다.

—확증은 연설가의 입증을 부여하고 반박은 상대방의 입증을 뒤엎는다. 이 입증의 작용은 명분에 적합한 전제를 찾는데 조직적 면에 의해서 특징화된다.[6] 이 증명의 단계는 논리학의 말터(정의, 반대, 유사성 등)에 널리 호

의 수사학에 대해서는 Alain Michel과 G.A. Kennedy의 연구를 참조할 것. 키케로는 아리스토텔레스의 성찰 특히 열정의 이용에 할애된 중요성(다음 주 8을 참조할 것), 그리고 연설의 문체에 대한 성찰(다음 주 9를 참조할 것)과 관련된 아리스토텔레스의 성찰을 연장하고 방향을 바꾼다.

6 키케로는 스토아 철학에 영감을 받은 질문하기 기술의 아리스토텔레스적 말터를 이 경우에 강화한다. "모든 재판에서 사건이 존재하는지 아닌지, 사건이 무엇인지, 어떤 특징을 갖는지를 찾는다. 첫 번째는 추정에 의해서, 두 번째는 정의에 의해서, 세 번째는 규정에 의해서 다루어진다"(《수사학의 분류체계》 33). 마찬가지로 입증에 대하여 그는 우리가 다음

소하지만 정의하고 분류할 필요성은 유추, 묘사, 열거, 또는 어원에 의한 설명과 같은 문학적 절차에 대한 호소를 야기한다. 상대방에 대하여 "입증을 하나하나 무너뜨리는 것"(《수사학의 분류체계》, 44)을 목표로 하는 반박은 참이나 진실임직함에 따라 이중 전략에 속한다. 반박은 상대방의 논거가 거짓이라는 것을 드러내어 전체적으로 이 논거를 무효화하거나, 상대방의 논거를 의심스럽거나 모순적으로 제시하여 논거의 진실임직함을 반박한다.

—결론은 주제에 대해 부연하면서 동시에 요약한다. 과장은 은유법, 축적법, 점층법, 활유법[7] 같은 표현법의 수단에 의해서 청중의 열정을 깨우려 한다. 요약은 청중의 기억력을 되살려서 논거에 더한 힘을 부여한다.

이 연설의 네 부분은 키케로의 이론 체계에서 설득에 대한 두 키케로적 장치인 논증과 감동을 결합한다.[8]

에 다시 제시하는 논거들의 질서에 대한 성찰을 제시한다.

7 "부연법은 영혼을 감동시켜 연설을 설득력 있게 해야 하는 더 강한 단언이다. 과장법은 단어의 선택과 내용에 의해서 효과를 산출한다"(《수사학의 분류체계》, 53). 내용은 원인을 크게 하는 입증의 말터를 뜻한다.

8 키케로의 분석에 따르면 키케로에게 입증들 중에서 가장 효과적인 감정적 장치는 에토스와 파토스이다. 세가지 연설의 입증들에 대한 검토(《연설가에 대하여》)에서 키케로는 로고스적 입증에 대하여 거의 말하지 않으며 에토스를 파토스의 완화된 등급으로 제시하는 경향이 있다(이 점은 이 두 연설의 장치 사이에 본성의 차이가 있다고 보는 아리스토텔레스와 다르다). "이 종류의 웅변은, 격렬하고 열정적 움직임에 의해서 심판관들의 영혼에 불을 붙일 여지가 없는 소송에서 특히 성공한다. 왜냐하면 격렬함은 항상 적당하지는 않기 때문이다. 종종 조용하고 온건하며 부드러운 언어가 '피고소인'에게 가장 이익이 되며, 이 수단은 서론, 서술, 혹은 결론에서 이용이 되는데 섬세하고 민감하게 다루어지면, 그리고 주장 자체보다도 주장의 성공에 기여한다면 상당한 힘을 가진다. 말하는 사람의 성격이 말에 반영된다는 점을 느끼고 말하는 일정한 방법의 효과가 그것이다. 편한 기질이 점쳐지는 부드러운 행동에 의해서 지지되는 사고와 표현의 적절한 선택은 공정함, 좋은 품행, 미덕의 이미지를 제공한다. (《연설가에 대하여》, II, 183-

1. 서론 ································ 영혼을 감동시키기
(ad motum animi)

\+

2. 서술 ································ 정신에 동조하기
(fidem facit orationi)

\+ = 청중을 설득시키기

3. 입증 ································ 정신에 동조하기
(확증과 반박)

\+

4. 결론 ································ 영혼을 감동시키기

요약적 도표[9]

연설의 장르	연설의 분류	연설의 입증	논리적 입증	연설의 부분
법정 연설	착상	에토스적	수사적 삼단논법	서론
	배열			서술
의회연설	표현	파토스적		
식장 연설	기억	로고스적	예증법	확증/반박
	발표			결론

84, E. Courbaud 번역). 또한《연설가》를 참조할 것. "연설가에 의해 잘 다루어지면 웅변을 유쾌하게 만드는 두 가지가 실제로 있다. 하나는 그리스인들이 '윤리적'이라 부르는 것인데 기질, 습관, 그리고 삶의 모든 처신에 적합한 것이다. 다른 하나는 '열정적'이라 부르는 것인데 사람들의 마음을 동요시켜 자극하는 것으로 바로 이 점에서 웅변이 승리한다. 첫 번째 것은 부드럽고 유쾌하게 하며 우리가 호의를 얻게하는 데 적합하다. 두 번째 것은 난폭하고 열정적이며 격렬하고, 성공을 움켜쥐며 격렬한 물결처럼 불이 붙었을 때는 성공을 움켜쥐며 그것에 저항할 방법이 없다."(37,128, A. Yon 번역)

9 수사학의 전통에서 또 다른 연설의 분류가 있는데 그것은 키케로가 의무 분류의 기초로 삼은 문체의 3부류로 저속bas, 평이médiocre, 숭고sublime이다. 특히《연설가》를 참조할 것. 논증보다는 시학과 수사학의 역사상의 관계가 더 관련되는 문체의 구분에 대한 세부적인 분석에 대해서는 Gilles Declercq, "Représenter la passion: la sobriété racinienne", *Littératures Classiques*, n° 11, 1989, pp. 69-93를 참조할 것.

고찰—담론의 순서와 논증

우리는 논증을 연구하면서 수사적 착상의 검토에 정당하게 우선권을 부여했다. 그렇기는 하지만 논거의 조합, 즉 배열에 관한 고려에서 논증에 관한 성찰의 요소들이 마찬가지로 발견된다. 키케로는《수사학의 분할 체계》에서 입증과 관련하여 논하면서, 특히 논증이나 감동에 호소함에 따라서 입증의 전략적 배치에 대한 몇몇 고찰을 공식화했다.[10] 그는 논증의 두 양식을 검토한다.

1) 직접적으로 설득시키기, 즉

—받아들이게 해야 하는 점을 진술하기

—기초하는 근거들을 제시하여 확립하기

—진술된 점으로 되돌아와 결론짓기

이 절차에서는 논리가 지배소인데, 증명적 진행에 근거하기 때문이다.

2) 감정에 호소하며 우회적으로 실행하기

---

10 아리스토텔레스에서 이 고찰은《수사학》의 3권에 위치하지만 표현법의 검토와 비교해서는 아주 축소된 위치를 차지할 뿐이다. 그리고 3권 자체는, 수사학의 본질은 입증의 탐구와 관련된다고 보는 아리스토텔레스에 의해서 부차적인 것으로 판단되는 문제들을 논의한다. 실제로 앞(1장 1항)에서 아리스토텔레스는 연설의 부분들의 미묘한 명명에 대해서 소크라테스가 드러낸 경멸을 공유한다는 점을 보았다. 요컨대 초기 기술론자들에 의해서 제안된 분류는 소크라테스가 보기에는 법정 장르에 의해서 훨씬 더 결정된다. 그러한 이유로 해서 아리스토텔레스는 연설에서 두 부분만, 즉 제안과 입증 혹은 증명만을 필요한 것으로서 고찰한다(III, XIII-XIV, 1, Loeb 판본, pp. 426-427). 다른 부분들은 본질적이지 않거나 오히려 세 가지 장르에 보편적으로 적합하지 않다. 식장 장르 도처에 존재하는 서술은 서론이 중요성이 거의 없는 장르인 의회 장르에는 거의 없으며, 이에 반해 서론은 법정 장르에서 대단히 중요하다. 아리스토텔레스에서 배열에 대해서는 E. Havet,《아리스토텔레스의 수사학에 대한 연구*Étude sur la rhétorique d'Aristote*》, 1843, Vrin 출판사 재간행, 1983, p. 115 et s를 참조할 것.

—선택된 근거를 제시하고 확립하기
—영혼을 감동시키기
—최초에 진술했어야 할 것을 마지막에 끌어들이기
앞의 방식과는 반대로 이 방식은 증명의 여정을 뒤집어서 정감적 동의를 추구하고 결론의 예기치 못한 성격을 이용한다. 게다가 입증은 단조로움을 피하기 위해 추론의 단축과 연설적 질문에 호소할 수 있다. 그러므로 논증은 새롭게 한 번 문학적 미학의 원천에 호소한다.[11]

역시 카임 페렐만은 연설에서 논증의 배치에 관한 성찰을 발전시킨다. 아리스토텔레스와 키케로의 입장을 상기시킨 다음에 그는 조직의 세 가지 전략을 언급한다.
—점증적 논증 순서
—점감적 논증 순서
—네스토르적 순서.

11 "논증에는 두 양식이 있는데, 그 중 하나는 직접적으로 설득을 지향하는데 비해 다른 하나는 우회하여 감정에 호소한다. 논증이 직접적으로 받아들이게 해야 할 점을 진술할 때, 그리고 논증이 근거하는 이유들을 개진할 때, 그리고 이유들이 확립된 후 논증이 진술된 점으로 되돌아가서 결론을 낼 때가 직접적인 경우이다. 다른 두 번째 논증은 말하자면 전도되고 반대의 방향을 따른다. 논증은 우선 선택된 이유들을 제시하며 이들을 굳건하게 세우고 다음에는 논증이 사람들의 마음을 생생하게 감동시킨 다음에 마지막으로 (시작하면서) 진술했어야 할 것을 제시한다. 마찬가지로 우리 자신에게 질문을 던지거나 (상대방에게) 질문, 정확한 초청, 혹은 바램, 수많은 사고의 문채를 제시하여, 논증을 변화시키고 약간의 멋을 부여할 수 있다. 단조로움을 피하기 위해 (받아들이게 해야 할 점을) 진술하는 것으로 항상 시작하지는 않는다. 하나의 추론에 의해서 모든 것을 확립하기를 바라지 말아야 한다. 때때로 간단하게 충분히 분명한 것을 지적하고 전제들의 결과가 분명할 때 규칙으로서 결론을 얻어 내는 것을 필연적이라고 생각하지 말아야 할 것이다"(《수사학의 분류체계》, XIII, 46-47, H. Bornecque 번역). 단축에 대한 이 고찰에 대해서는 앞에서 수사적 삼단논법(5장 1항), 그리고 특히 청중의 유혹 기술로서 논거의 응축에 대한 포르-루아얄의《논리학》저자들의 발언(III,14)을 참조할 것.

고대의 수사학자들에 의해서 추천된 이 네스토르적 순서는 연설의 처음과 끝에 가장 강력한 논거를 위치시킨다.[12] 그렇지만 페렐만은, 논증적 힘의 개념은 이 배치가 변경하는 담론의 역동적 전진과 청중의 성향에 의존한다는 점을 상기시킨다. 설득 과정과 관련하여 고정불변이고 선험적으로 고정된 순서는 있을 수 없을 것이다.

12 《수사 제국》, 13장, "L'ordre des arguments dans le discours", pp. 161-167. G.-A. Kennedy, 《고전 수사학》, pp. 11-15에서 아킬레우스가 전투에 다시 나가도록 설득하기 위해 전개되는 논거들의 순서와 이성적 혹은 감성적 성격과 관련된 연설 전략의 다양성을 예시하는 오디세우스, 아이아스Ajax, 네스토르의 세 연설 분석을 참조할 것.

부록 II

수사학과 논증—점차적 축소의 역사

수사학-문채-은유, 이것은, 자기 능력의 장 혹은 적어도 행동의 장이, 가죽처럼 줄어드는 것을 여러 세기에 걸쳐 계속적으로 경험한 한 학문의 (개략적으로) 역사적 여정의 주요 단계의 줄기이다. 아리스토텔레스의 《수사학》은 "일반적"(더더욱 "일반화된") 수사학이 되기를 원하지 않았다. 아리스토텔레스의 수사학은 일반적이기를 원하지 않았으며 자기 목적의 규모면에서 그러해서 거기에서 문채 이론은 어떤 특별한 언급의 가치가 없었다. 문체, 그리고 옹색한 영역이며 거대한 제국에서 길에서 벗어나 길을 잃은 영역인 구성, 직유법과 은유법에 대한 몇 페이지밖에 없었다. 오늘날 우리는, 사실상 문채의 개론서를 일반 수사학이라고 제목을 붙이기에 이르렀다. 그리고 만일 우리가 "일반화"해야 할 것이 그토록 많다면, 그것은 분명히 너무나도 축소시켰기 때문일 것이다. 코락스부터 오늘날까지 수사학의 역사는 일반화된 축소의 역사이다.

제라르 주네트, 〈줄어든 수사학〉, 《문채 III》[1]

유럽의 수사학 역사는 논증에 부여된 위치의 점차적 감소와 표현법에

1 Gérard Genette, "La Rhétorique restreinte", *Figures III*, Seuil, 1972, p. 22.

대한 관심의 상관적 향상에 의해서 아주 도식적으로 요약될 수 있다. 즉 개론서들의 구조상의 변화는 착상술의 위축과 표현술의 비대에 의해서 나타난다. 간단히 말하면 수사학은 "탈논리화"되고 "문학화"된다. 이 변화의 단계들은 다음과 같이 요약적으로 기술될 수 있다.

1. 르네상스 시기에 피에르 드 라 라메, 이른바 라무스(1515-1572)는 후기 아리스토텔레스의 교부철학에 적대적이며 착상술과 배열술을 받아들이는 변증술에 논증 이론을 남겨두기 위해 수사학의 장에서 논증 이론을 제외시킨다. 이렇게 논증적 논리학에서 분리된 수사학은 문법과 문학적 표현에 관한 문제들('잘 말하기' 문제)에 재집중한다. 자유 학문들 분류의 이 재구성은 또한 연설 실천의 변질, 즉 로마의 공화국 제도 이후의 사회정치적 조건이 세 가지 주요 장르(의회 장르, 법정 장르, 식장 장르) 사이에 균형의 유지를 불가능하게 했다는 점의 이론적 표현이다. 이 퇴보 더욱이 타키투스에 의해서 《연설가들의 대화》[2]에서 제국시대부터 비판받은 정치 연설의 사라짐이 있다. 사람들이 자기 스스로 재판에서 변호하던 아테네에서처럼 더 이상 인기 있지 않은, 혹은 키케로가 스스로를 예시했던 위대한 소송의 방식으로 공적이지 않은 법정 연설의 전문화가 나타난다. 마지막으로 식장 연설은, 비열하게 왕자에게 아첨하는 데 소용이 되지 않을 때 문학에서 도피처를 찾으며, 문학의 울타리 안에서 수사학은 자신의 모습을 바라보며 유럽 문학사에 결정적으로 영향을 미친 2차적 수사학을 구성한다.[3]

---

2 이 텍스트의 수사학적 분석을 위해서는 마르크 퓌마롤리의《웅변의 시대》, Droz, 1980을 참조할 것. 이 저서는 위대한 정치 연설의 쇠퇴와 문학 수사학의 도약 사이의 관계를 보여 준다. "La régression de l'Orateur vers le type de l'avocat ambitieux ou du délateur servile restaure la fonction primitive du Poète"(p. 65).

3 수사학이 문학 공간에 이렇게 틀어박히는 것에 대해서는 Georges A. Kennedy,《고전 수

2. 계몽시대의 초기에 수사학은 사회적이고 정치적 영역을 궁극적으로 잃으며 발견에 도움이 되는 모든 장점을 박탈당한다. 과학적 방법론의 시기는 웅변 시대의 끝을 나타낸다. 미래의 인문과학 특히 비판적 학문[4]이 된 웅변의 옛 분야인 역사학의 도약과 결합된 추론 이론[5]에 대한

사학》(Croom Helms, London, 1980)을 참조할 것. 이 저서는 이차적 수사학을 다음과 같이 정의한다. "2차적 수사학은 예술 형태의 담론 주위에 밀집된 수사적 기술 장치인데, 여기에서 이 수사적 기술은 일차적인 구어적 목적으로 사용되지 않을 때이다. 이차적 수사학에서 발화 행위는 중심적 중요성을 갖지 않는다. 발화행위의 역할은 텍스트에 양도된다. 가장 빈번한 이차적 수사학의 발현은 공들이는 글쓰기에서 나타나는 공통 말터common places 말의 문채와 사고의 문채figures of speech and thought 그리고 전의이다. 많은 문학, 예술, 그리고 비현실적 담론은 이차적 수사학에 의해서 장식된다. 이차적 수사학은 화자나 작가의 목적에 기여하지만 이는 간접적으로 혹은 이차적 층위에서 나타난다. 이것은 저자의 교육, 웅변 혹은 기술을 나타낼 것이다. 그리고 종종 그를 청중에게 더 수용가능하게 만든다. [⋯] 이차적 수사학은 또한 의사소통의 표면에 변화하는 강조 형태를 확실하게 하는 데 사용되며 이는 청중의 지루함을 경감시키고 의사소통에서 가장 중요한 것을 지적하는 데 도움을 준다. 이것은 수사적으로 무의미하지 않다. 이는 신비스럽고 고도로 시적인 표현의 경우에 특히 그러하며 여기에서 비인지적 목표는 스타일의 형태들과 이미지의 연상에 의해서 추구된다(예를 들어, 성 어거스틴Saint Augustine이 《고백록*Confessions*》에서)". ("Traditional and Conceptual Rhetoric", p. 5). 수사학의 문학화와 표현 문채들의 향상이 더 분명하게 강조될 수 없을 것이다.

4 이 용어는 Pierre Bayle에게서 빌린 것이다. 17세기 말에 역사의 위상 변동에 대해서는 G. Declercq, "L'Histoire du Calvinisme de Louis Maimbourg et sa réception par la critique protestante", *De la Mort de Colbert à la Révocation de l'Édit de Nantes: Un Monde Nouveau?*, Actes du XIVe Colloque du C.M.R., 17 janvier 1984, pp. 199-214, 그리고 "Un Adepte de l'histoire éloquente, le Père Maimbourg, s.j.", *XVIIe Siècle*, avril-juin 1984, n° 143, pp. 119-132를 참조할 것.

5 이 점에 대하여 포르-루아얄《논리학》의 제4부, 〈방법에 대하여De la méthode〉(regulae의 한 원고 견본이 포르-루아얄의 학자들 사이에서 유통되었다는 점을 거의 확실하게 알고 있다)의 편집에 대한 데카르트의 영향을 참조할 것. 동시에 제3부에서 말터 이론에 대한 소송은 수사학적 착상에 대한 돌이킬 수 없는 불신을 증거한다(17장, 〈말터에 대하여 혹은 논거를 발견하는 방법에 대하여. 이 방법이 얼마나 거의 사용되지 않나Des lieux ou de la méthode de trouver des arguments. Combien cette méthode est de peu d'usage〉). 카임 페렐만은 수사학의

데카르트 철학의 영향은 수사학을 문학의 날개 아래에 도피하게 강요한다. 말터론이 신용을 잃었고 과학적 진리가 이제는 명증과 증명 또는 문헌의 문헌학적 분석에 근거하므로 진실임직함에 근거한 논증은 지식의 영역에서 모든 타당성을 잃는다. 이렇게 논증적이고 사회적인 차원을 빼앗긴 수사학은 문학화되고 미학화되어서 표현법 무늬 목록인 시학에 의해 흡수된다. 더 이상 수사학이 아니라 문법 안에 자신의 작업을 분류하는 뒤마르세의《전의 개론》(1730, 1판)이 이 변화를 결집한다.[6]

3. 프랑스에서 19세기 말에 수사학은 공식적으로 중등, 고등 교육 과정에서 사라지고 이 자리를 문학사가 차지한다. 천재성과 창조적 진정성의 이름으로 수사학의 기교를 고발하는 낭만주의사들에 의한 격렬한 수사학 비판은 수사학을 마지막 영역에서 추방시킨다. 또한 실증주의 이데올로기는 "정밀"[7] 과학에 고유한 증명의 엄격함을 인문 과학에 확장한다

변질에 대한 이 영향의 정도를 측정한다. "기하학자들에 의해 영감을 받았으며 항상 단순에서 복합으로 나가는 유일한 순서의 채택은 방법의 문제를 수사학적 문제, 청중에 대한 적응 문제로 만드는 것을 그치게 하지만 사물의 본성에 적합한 과학적 문제로 만드는 것은 남겨둔다. 이러한 관점에서 라무스의 견해에 적합하게 수사학은 이제는 설득하는 것이 아니라 마음에 드는 것을 목적으로 하며, 최선의 경우에 설득의 기술과 독립적으로 언어와 겉모습, 알려진 진리 덕분에 더 쉽게 받아들에게 하는 것을 목적으로 한다"(《수사 제국》, p. 166).

6 "게다가 이 개론서는 문법의 본질적 부분으로 여겨진다. 왜냐하면 단어들의 참된 의미, 어떤 의미로 단어들이 담론에서 사용되는지를 표현하는 것은 문법의 영역에 속하기 때문이다"(1장 5항, Le Nouveau Commerce 출판사, 38호 증보, 1977, p. 22). 카임 페렐만은 이 변화에 대해 다음과 같이 주석을 붙인다. "순서의 문제를 과학적 방법론이나 미학적 방법론으로 환원시켜 내용의 문제를 형식의 문제와 분리하고, 수사학의 고유한 문제인 담론이 청중에 적응하는 문제를 배제한다. 진리의 문제와 동의에 관련된 문제를 분리하여 수사학에 의사소통의 단순한 도구만이 남게된다, 이는 점차적으로 설득의 기술인 고대 수사학의 쇠퇴와 이에 따라 순전히 장식적이고 기껏해야 순전히 문학적 문채 수사학으로 변형된다"(《수사 제국》, p. 166).

고 주장하여 수사학은 아리스토텔레스가 수사학에 부여했던 인간 상호간의 관계 영역에서 실행된다는 모든 주장을 권리상으로 잃게 된다. 강하게 말한다면 수사학은 더 이상 시민권을 갖지 못한다.[8]

7 그리하여 현대의 소쉬르 언어학은, 수사학에 대한 문학 비평의 새로운 관심과 동시대적인 화용 언어학의 출현과 함께하여 비로소 고려되게 될 담론의 실제적 행위와 거리를 두고 랑그 체계의 공시적 연구에 헌신한다.

8 우리는 서문에서 20세기에 수사학의 재건 조건을 언급했다.

제2부

문학 텍스트의 논증 분석

문학과 논증

문학과 논증

문학에 적용되었을 때, 논증의 문제는 다음과 같이 두 가지 면에 관련된다.

—발자크나 스탕달의 텍스트에서 묘사에 대한 연구를 할 수 있듯이, 우리는 라신이나 샤토브리앙의 텍스트 속에서 논증을 연구할 수 있다. 이야기의 이론을 지적해 내기 위하여 서술학에 대하여 말하는 것과 마찬가지로, 논증학을 생각해 볼 수 있다는 것이다. 문학이론의 틀에 속하는 이런 관점에 따르면, 논증은 다른 방법들(구조주의, 행위자 분석)과 경쟁적으로 문학 텍스트 해석에 기여하는 텍스트 분석의 한 방법이 된다.[1]

—그러나 문학 텍스트를 논증이 어떻게 구사되는지 잘 보여 주는 다른 여러 자료들 중의 하나로 간주하는 것도 가능하다. 이런 점에서, 문학은 여러 가지 이점을 지니고 있다. 즉, 문학 텍스트는 광범위하게 보급되어 있고, 교육의 제도적인 대상이기 때문에, 보편적이지는 않더라도, 적어도 접근하기 용이한 문화적인 기준을 형성하고 있다. 문학 텍스트는 구두口頭자료—연설, 논설, 대화—의 쉽게 사라지는 상황적인 성격을 지니고 있는 것이 아니다. 이런 점에서 문학 작품은 상당히 자기 지시적이며, 자

1 이 관점에서 이야기에 적용된 최근 저서를 참조할 것: Albert W. Halsall, *L'art de convaincre. Le récit pragmatique : rhétorique, idéologie, propagande*, éditions Paratexte, Toronto, 1990.

기 자신의 문맥을 건축하는 이점이 있다. 작품에 대한 총괄적 이해가 어떤 역사적인 틀을 전제하고 있다면, 글쓰기의 전기적인 상황이 그 의미를 간단히 나타낼 수는 없다. 문학 작품은 자기 고유의 삶을 지니고 있는 것이다. 문학 텍스트의 이런 의미의 독자성으로 인하여 문학작품은 흠잡을 데 없는 교육학적 장점을 지니게 된다. 즉, 상황적인 것과 일화적인 것으로부터 단절됨으로써, 텍스트는 자신이 제기하고 있는 현실 묘사에, 특히 그것에 투영되어 있는 논증 행위에 전범典範적인 가치를 주고 있는 것이다. 이런 관점에서, 문학에 대한 연구는 예컨대 논증 메커니즘에 대한 견습인 셈이다. 그래서 논증에 대한 연구는 더 이상 문학적 분석 방법이 아니라, 문학을 통하여 논쟁 행위기법으로 입문하는 과정인 것이다.

이 연구는 논증의 이런 이중적 가치로 인하여 다른 문학적 분석 방법과 분명히 구별된다. 논증과 문학의 연접連接은 필연적으로 문학과 문학 연구의 '사회적 기능'이라는 문제로 향하게 된다. 대학 강단에서 가르친 경험에 따라 우리는 이제 문학 연구가 논증에 의하여 야기된 다음과 같은 이중적 관심을 만족시켜야 한다고 믿게 되었다.

—논증의 수사학적이며 언어학적인 이론에서부터 출발하여 개념적으로는 엄격하고 해석적으로는 하나의 효과적인 분석망을 건축한다는 것. 그럼으로써 상속받은 우리의 문학 유산을 부각시키고 풍요롭게 만든다는 것.

—미학적이며 이론적인, 내재적으로는 문학적인 이런 기능에 사회적 목적성을 지닌 외래적이며 문화적인 기능이 덧붙여지는데, 이것은 정보 매체들이 증대하고 있는 사회적 우주 속에서 인간관계를 지배하고 있는 논증방식들을 정신이 이해하고 통제하도록 대비對備시켜 주는 기능인 것이다. 문학적인 문화의 방법론적이고 질적인 이런 기능은 더 이상 교사 양

성에 한정될 수 없는 현재의 문학교육 속에서 의미 있게 구현되고 있다.

문학과 논증을 대조하면서, 우리는 결국 분석의 방법과 기법의 입문이라는 이중적 기대에 응답하려고 노력했다. 그런데 이런 기능적 이중성이, 우리가 보기에, 사회적 기능과 미학적 기능을 조화롭게 연계시키는 능력에 따라 미래가 좌우될 문학교육의 근본적인 필요성을 나타내고 있는 만큼 더욱 그 기대에 응답하려고 했던 것이다. 이런 이중성에 따라 제시된 제2부의 처음 세 장(〈논증의 존재〉)은 논증적 기법을 보여 주고 나머지 두 장(〈논증적 기반〉)은 텍스트들의 글쓰기가 주고 있는 논증적 여건들을 분석하고 있다.

A. 논증의 존재

문학 텍스트를 통한 논증기법 입문: 현실의 전반적인 재현이라는 문학의 모방 기능은, 문학 내부에 있는 논증적 행위들의 존재를 관찰함으로써, 이런 목적이 실현될 수 있도록 하고 있다. 우리는 논증 행위들이 여러 가지 논증 도구나 설득전략을 활용하고 있는 예시로서 텍스트들을 먼저 선택하였다. 따라서 제1부에서 제시되었던 이 도구들에 대한 이론적 설명과 이제 여기서 연구되고 있는 텍스트들 속에서 이것들이 어떻게 실용화되고 있는가를 서로 비교하는 일이 가능하다. 이렇게 함으로써, 보르헤스의 작품에 나타나 있는 진실임직함에 대한 사용법이나 안토니우스의 연설 속에 들어 있는 파토스적 입증의 작동을 관찰하게 될 것이다. 각 장들의 나열순서도 역시 그 이유가 있다. 첫 장(〈추론의 형태와 논쟁의 원칙〉)은 논증 형태를 더욱 특별히 드러내고 있으며, 둘째 장(〈웅변의 가치와 청중의 설득〉)은 가치의 조작과 연설의 전략에 관심을 두고 있고, 셋째 장(〈연설의 형태와 문학적 전략〉)은 문학적 표현 그 자체 속에서 수사학의 위상이 점진적으로 변질되고 있는 것을 관찰함으로써 하나의 역사적인 전망을 세우고 성찰을 계속하고 있다.

I. 추론의 형태와 논쟁의 원칙

논증 도구들의 등장은 다음의 네 가지 텍스트의 공통적인 특징이다. 논증적 추론 입문(루이스 캐롤), 궤변적 추론의 전시(보르헤스), 웅변적 논쟁(이오네스코), 교활한 변론(보리스 비앙) 등이 그것이다. 여기에는 논증의 힘이 드러나 있는 것만큼 그 오용으로 인하여 생기는 위험도 있다.

1. 앨리스 혹은 논증의 견습

루이스 캐롤, 《이상한 나라의 앨리스》[1]

이상한 나라의 여자 논리가: 옥스퍼드의 교수인 한 논리학자의 문학에 바친 기발한 공헌의 산물, 《이상한 나라의 앨리스》는 고삐 풀린 환상 그 자체이다. 작은 소녀의 몽상적인 탐험은 엄격한 논리에 따라 이루어지고 있는데, 이 논리의 주요 표현은 원더랜드의 비상식적인 것 앞에서 논리적으로 대응하는 어린아이의 능력이다. 그리고 이런 입문적인 이야기는 논증의 견습이며, 자신을 끊임없이 침입자로 취급하는 세상에서 함정과 공격의 희생자인 어린 여자아이가 이 함정

1 Éd. Garnier-Flammarion, traduction. Henri Parisot, 1979.

과 공격을 물리치도록 해주는 필수불가결한 무기인 것이다. 이런 기이한 논리학 개설이, 앨리스와 원더랜드의 거주자들 사이에 늘 논전에 가까운 토론이 시작되면 바로 드러나는 논증구조로, 즉 논쟁으로 입문시키는 하나의 진정한 개론서로 이중화되어 있는 것은 그 때문이다. 우리의 연구는 논증의 논리적 과정들로 또 논쟁으로도 입문시키는 이런 이중성에서 출발하고 있다.

1. 연역법과 귀납법 혹은 눈물의 바다

앨리스는 몸의 크기를 변화시키어 이상한 정원을 향해 열려 있는 조그만 문을 지나가려고 애쓴다. 자신의 변신을 통제할 수 없게 된 그녀는 울음을 터뜨리고, 눈물은 어떤 늪을 만들어 내는데 그것의 원천을 따져 볼 사이도 없이 그 속에 빠져 버린다.

> … 풍덩 ! 그녀는 짠물 속에 턱까지 잠겨 있었다. 여러 가지 설명할 수 없는 상황이 벌어진 후 자신이 바다 속에 빠진 것이라는 생각이 가장 먼저 들었다. "그렇다면, 기차를 타고 돌아갈 수 있을 거야"라고 그녀는 중얼거렸다. (앨리스는 살면서 한 번 바닷가에 간 적이 있었는데, 그때 서둘러 일반화시켜 버렸던 결론은 영국 해안가에 가면 어디든지 물이 흥건한 수많은 탈의실, 나무 삽으로 모래에 구멍을 파고 있는 아이들, 그리고 일렬로 늘어선 가족용 하숙집들과 그 집 뒤로는 기차역이 하나 보인다는 것이었다.)
>
> (pp. 106-107.)

앨리스의 첫 번째 생각(나는 바다에 빠졌다)은 전제들[2]의 상호적 확장(바다물 외에도 짠물은 있다)을 염두에 두지 않고 있기에, 압축된 삼단논법, 즉 부정확한 연역적 추론에서 온 것이다. 이런 전제를 세워 놓고, 앨리스는 귀납적이고 유추적인 하나의 구조에 따라 자신의 추론을 지속한다.[3] 특수한 것에서 일반적인 것으로 가는 방식을 사용하면서, 살면서 한 번이라는 표현이 지적하고 있는 것처럼, 앨리스는 개인적이고 유일한 체험(바닷가의 한 번의 체류)을 현실의 구조 원리(영국 해안가에 가면 어디든지 보이는 것은 …)로 변화시킨다. 그리고 나서, 유추적으로, 그녀는 이런 규칙을 자신의 특별한 상황에 적용시켜 결론을 내린다(그렇다면, 기차를 타고 돌아갈 수 있을 거야). 그것에 기인한 우습고 불합리한 효과는 추론의 엄밀함과 그 적용의 엉뚱함이 결합됨으로써 발생되는 것이다. 처음의 삼단논법이 논리적으로 무효라는 것 외에도, 그것에 이어지는 귀납법은 교묘하게도 서둘러 생긴 것이라고 지시되어 있는 하나의 일반화 위에 규칙을 세워 놓고 있는데, 그 일반화란 것은 유추구조를 구성하는 특징들의 확장과 정밀함 때문에 부정확한 것이다. 사실상, 세부사항들(탈의실, 나무 삽 등)의 과도함은 묘사의 현실적 효과를 강조하고 일반화가 불가능할 정도까지 해수욕장의 풍경을 특수화시키고 있다. 바로 여기서 서술적 논리와 논증적 논리가 충돌하는 것이다.

—논증적인 면에서, 틀린 것일지라도, 이 추론은 어린아이의 추론이라는 특수한 틀 내에서는 어떤 진실임직함을 담고 있다. 이것은, 심리적인 면에서, 실제로 아이의 인지 과정에 해당된다. 그 아이에게는 경험을 일반화시키는 것이 발견에 도움을 주는 어떤 힘이 되고 있는 것이다(부모는 실

2 제1부 3장 3항 〈양도논법〉에 대한 연구를 참조할 것.

3 제1부 5장 2항 〈예증법〉에 대한 연구를 참조할 것.

수를 교정시키는 기능을 갖고 있기 때문에, 이 가설은 세상의 이해와 발견에 기여한다). 원더랜드에서, 앨리스는 자기 자신의 지배하에 있지만, 화자는 실수를 관대하게 지적하면서 부모와 같은 역할을 하고 있다.

—서술적인 면에서, 이 에피소드는 이중적 가치를 지니고 있다. 우선 앨리스의 논리적이고 신체적인 첫걸음을 보여 주고 있으며 이후의 발걸음은 더욱 당당할 것임을 나타내고 있다. 논리 입문이 사실상 앨리스의 탐험을 주도하는 끈이고 화자의 지적은 이야기의 이런 교육적인 차원을 확인시키고 있다. 이야기의 순서도 결국 어린 주인공의 심리적이며 수사학적인 성숙에 따라 결정되어 있다. 둘째로, 추론은 그 묘사의 힘에 의해 픽션을 가다듬는 작업에 기여하고 있다. 이 경우, 묘사적인 세부사항들의 과다한 사용은 텍스트를 더욱 몽환적 차원으로 이끌고 있는데, 이런 텍스트의 이미지 창출적인 힘은 논리적인 편차에서 직접적으로 오고 있는 것이다. 잘못된 어떤 추론을 가다듬는 일은, 서술적인 면에서는, 논증방식을 독창적으로 극화劇化시키는 기회가 되고 있다.

2. 원더랜드의 진실임직한 경이 혹은 통념

이야기의 진행과 논리 입문의 이런 결합은 하나의 통념 혹은 원더랜드 고유의 진실임직함에 대한 규칙의 공식화 속에서 구체화되고 있다. 앨리스는 불가사의한 것의 논리에 자신의 추론을 맞춘다. 이처럼 그녀가 삼키는 물질의 효과에 관하여.

> "무엇이든 내가 먹거나 마시면 곧 재미있는 '어떤 일'이 꼭 벌어진단 말이야. 그러니까 이 병 속에 들어 있는 것이 어떤 효과를 만들어 내는지 한

번 봐야 되겠어"라고 그녀는 중얼거렸다.

(p. 120.)

그 결과로 나온 정상적 상태는 실망을 자아낸다.

> 그녀는 키가 변하지 않는 것을 알고 무척 놀랐다. 분명, 과자를 하나 먹으면 보통 그런 일이 벌어진다. 그런데, 앨리스는 이상한 일만을 기대하는 데 그처럼 익숙해져 있었기 때문에 …
>
> (p. 101.)

이야기의 매력은 논리에 대한 이런 예외적인 것들과 논리적 메커니즘보다 환상이 우세한 이런 서술적 놀라움으로 이루어져 있다. 나를 마셔라라는 명령문이 쓰여 있는 작은 병을 앞에 두고 앨리스는 위험을 일러주는 콩트들의 전형에 근거한 완벽한 귀납법적 추론을 전개 한다.

> "여기에 '독'이란 말이 나와 있는지 없는지 먼저 확인해 봐야지"라고 그녀는 중얼거렸다. 친구들이 한 간단한 경고를 생각하지도 않으려 했었기 때문에 (…) 생화장 당했거나 야생동물들에게 잡아먹힌 아이들에 관한 몇 개의 끔찍한 이야기들을 그녀는 읽은 적이 있었던 것이다.
>
> (pp. 99-100.)

그러나 "독"이라는 표시가 없는 것을 구실 삼아 맛있는 음료를 마시려는 어린 소녀의 식탐에 의하여 이런 멋진 추론은 곧바로 사라진다. 앨리스의 입문은 성숙함과 치기[稚氣], 추론 능력과 육체적 욕구 사이의 이런 긴장으로 되어 있다.

3. 궤변에 대한 저항

광기에 중심을 둔, '체셔의 고양이'와의 논쟁이 이야기의 상징적 열쇠이다.

> … "여기서는 모든 사람들이 미쳐 있어요. 나도 당신도 다 그래요."
> "내가 미쳐 있는지 어떻게 알아요?"라고 앨리스가 물었다.
> "미친 게 분명하죠. 그렇지 않으면 여기에 오지 않았을 거예요"라고 '고양이'가 대답했다.
> 앨리스는 그것으로 충분히 입증된다고 생각하지 않았다
>
> (pp. 144-145.)

이 첫 번째 교류는 앨리스의 광기를 가지고 여기서는 모든 사람들이 미쳐 있어요라는 전제에서 파생된 하나의 명제를 만드는 '고양이'의 궤변적인 위압적 태도에 앨리스가 대항하는 모습을 잘 보여 주고 있다. 이 전제에 대해 뚜렷한 의견 표명도 없이, 앨리스는 자기 자신에게 이것이 연역법적으로 적용된 것을 거부하고 있다. 바로 이것은 고양이의 판단에 함축되어 있는, 원더랜드에 그녀가 속해 있다는 사실을 부인하는 일이다. 앨리스는 다음에 여기서는 모든 사람들이 미쳐 있다와 여기에 오는 사람은 누구든지 미친 자들이다라는 서로 구별되는 두 전제들을 동일화하는 '고양이'의 논증을 불충분한 입증이라면서 받아들이지 않는다. 실제로, '고양이'는 정신이 건강한 존재도 원더랜드를 가로질러 갈 수 있다는 점을 인정하지 못하는 것이다. 앨리스의 대항에 놀란 그는 따라서 자신의 광기를 보여 주려고 한다.

"처음부터 다시 시작합시다. 개들은 미치지 않았죠. 그건 인정하죠?"라고 '고양이'는 말했다.

"그런 것 같아요"라고 앨리스는 대답했다.

"자 그러니까, 개들은 화가 나면 짖고 좋으면 꼬리를 흔드는 것을 보시게 될 겁니다. 그런데, 나는 말이죠, 좋으면 으르렁거리고, 화가 나면 꼬리를 흔든답니다. 그러니 난 미쳐 있는 것이지요"라고 '고양이'는 계속 말했다.

"그건 으르렁대는 게 아니라, 가르랑댄다고 하잖아요"라고 앨리스는 논박했다.

"좋을 대로 부르세요. 오늘 '여왕님' 댁에서 크로켓 놀이 할래요?"라고 '고양이'는 말했다.

(*Ibid.*)

고양이의 논증이 성공이냐 실패냐 하는 것은 개들은 미치지 않았다라는 전제를 앨리스가 받아들이느냐의 여부에 달려 있다. 그 부정적 표현법이 앨리스가 신중하게 동의하는(그런 것 같아요) 것을 실제로는 받아들일 만한 것으로 만들고 있다. 그래서 개의 행동은 비非-광기와 같은 것이다라는 상관절 속에서 이 전제를 '고양이'는 다시금 명확히 표명한다. 그는 이런 대전제에 이어 고양이들과 개들의 행동 사이에 하나의 대립관계를 도입하는 소전제를 덧붙인다. 개들은 고양이들과는 감정을 반대로 표시하고, 거기서부터 고양이는 미쳤다(비-광기의 반대는 광기이기 때문에)라는 결론이 반대예측을 통해 도출되는 것이다. 이런 결론이 형태적으로는 맞을지라도, 대전제와 소전제 사이의 대립관계는 그렇지 않다. 즉, 고양이들과 개들의 감정표현 사이에는 실제적인 대립이 있는 것이 아니라, 단순한 차이만이 있을 뿐이다. 대립적으로 말하는 것은 언어 행위의 남용이고 앨리스는 이것을 놓치지 않고 그건 으르렁대는 게 아니라, 가르랑댄다고 하잖아요라고 지적한다. 대화의 갑작스런 변화는 고양이의 패배를 드러내고 있다.

원더랜드의 횡단은 하나의 본질적 경험이다. 이 경험은 앨리스를 추론의 오류와 그녀의 대화 상대자들이 내세우는 규칙들의 남용적 성격을 고발할 수 있는 강력한 변증술가로 만들고 있다. 계속 증가하는 그녀의 논리적 지식은 '3월의 산토끼'가 갑자기 앨리스에게 말하는 것처럼(초대받지도 않았는데 여기에 와 앉는 것은 무례한 짓이었어요.) 끊임없이 침입자로 취급되고 있는 그녀로 하여금 자신에게 가해지는 수많은 공격에 저항하도록 해준다. 그녀의 여행을 결론짓는 소송이 벌어질 때 이런 논승적 소질은 웅변적이며 서술적으로 완성되고 있다.

> 바로 이때, 얼마 전부터 수첩 위에 뭔가 열심히 적고 있던 '왕'이 "조용히 하시오"라고 명령을 내리더니, 수첩을 읽어 내려갔다. "제42조. 키가 1500m 이상 되는 자는 그 누구든지 법정 방청석을 떠나야 함." 〔…〕
>
> "어쨌든 저는 여기서 남아 있겠어요. 게다가 그 조항은 법전에 나와 있지도 않아요. 그걸 방금 만들어 낸 것은 당신이예요"라고 앨리스는 반박했다.
>
> "이것은 법전의 가장 오래된 조문이오"라고 '왕'은 주장했다.
>
> "그렇다면 제1조가 되어야 할 텐데요"라고 앨리스는 응수했다.
>
> '왕'은 얼굴이 하얗게 되어 서둘러 수첩을 덮어 버렸다.
>
> (pp. 196-197.)

자연 언어로 된 논리, 즉 논증에 대한 진정한 입문 이야기인 이 이상한 콩트는 그렇게 끝난다.

앨리스라는 인물 속에서, 독자는 원더랜드 등장인물들의 비논리성과 궤변을 고발하는 어린 소녀와 나란히 위치한다. 텍스트가 논증의 긍정적 견습방식을 나름대로 형성하고 있는 것은 바로 그 때문이다. 다른 텍스트들은 반대로 독자의 담론세계, 그리고 화자와(혹은) 등장인물들의 담론세계 사이의 간격을 설정한다. 원더랜드의 논리와 통념은 이렇게 다른 텍스트들의 비논리성과 모순에 맞서고 있다. 이 텍스트들은 독자들에게 논증의 힘과 원동력을 인식함으로써만 빠져나올 수 있는 언술적 함정을 보여주고 있다. 훌륭한 웅변가는 궤변적 기법을 물리치기 위하여 그 기법에 입문해야 한다라는 아리스토텔레스가 원했던 효과를 모순적이며 부조리하거나 우스꽝스런 이 텍스트들은 그런 식으로 만들어 내고 있다. 궤변이 풍부한 이런 문학은 따라서 논증의 적대적 견습으로 읽힐 수 있는 것이다.

2. 이단적 논증—보르헤스 작품에 나타난 픽션과 궤변

《픽션들》, 〈유다에 관한 세 가지 다른 이야기〉[4]

이 짧은 단편은 열두 번째 사도인 유다의 비천한 죽음이 그의 신성함의 증거 자체라고 단언하고 있는 닐 루네베리라는 어떤 신학자의 이단적인 이론의 발표에 관한 글이다. 이런 주장을 옹호하기 위하여, 그는 거짓된 진실임직함의 사용에 아주 정확히 기초를 두고 있는 논증에 의지하고 있다:[5]

4 Ed. Gallimard, collection Folio, pp. 176-179.

> "우리는 그가 사도들 중의 하나였고, 천국을 널리 알리고, 병자들을 치유하며, 문둥병 환자들을 깨끗이 낫게 하고, 죽은 자들을 소생시키며 악마들을 쫓아내기 위하여 선택된 자들 중의 하나였던 것을 알고 있다"라고 그는 말했다(마태복음 10장 7-8절, 누가복음 9장 1절). 구세주에 의하여 이처럼 선별되었던 한 인간은 자신의 행적에 대한 최선의 해석을 우리로부터 받을 만한 것이다.
>
> (p. 176.)

이 첫 번째 절은 텍스트의 논증적 계획인 유다의 복권復權을 말하고 있다. 이러한 복권은 유다는 사도였다와 사도는 선한 자다라는 두 가지 전제에 근거하고 있는데, 여기서부터 유다를 매수된 배신자로 만든 판단은 그의 사도적인 천성과 어긋난다는 부정적 결론이 나오는 것이다.

> 그의 죄를 탐욕의 탓으로 돌리는 것은 (요한복음 12장 6절을 인용하면서, 몇몇 사람들이 그러하듯이) 가장 비열한 동기를 무조건 받아들이는 것이다. 릴 루네베리는 그와는 정반대로 지나치고 때로는 무한정적인 어떤 금욕주의를 동기로 내세운다.
>
> (*Ibid.*)

루네베리는 행위와 사람을 별개로 취급하는, 사법적 분야에서 흔한 논거를 여기서 사용하고 있다.[6] 유다를 그의 행위에 따라 심판하기보다는, 그의 사도적인 천성에 따라 그의 행위를 심판하는 것이 좋다는 것이다. 이

---

5 제1부 1장 2항에 나오는 강자와 약자의 패러독스에 대한 연구를 참조할 것.

6 제1부 6장 1항과 Ch. Perelman, *Traité d'argumentation*의 p. 394를 참조할 것.

러한 작업은 유다의 배신을 근본적으로는 그의 사도적이고 금욕적인 천성에 연관된 것으로 간주함으로써 진실임직한 것들의 질서가 전도顚倒되도록 만들고 있다.

> 금욕주의자는 신의 영광을 극대화시키기 위하여 자신의 육신을 비하시키고 그것에 고통을 가한다. 유다는 정신적으로 그와 똑같은 일을 한 것이다. 그는 다른 사람들이, 더 영웅적으로 한 것은 아니지만 쾌락에 대해 그렇게 했듯이, 명예와 안락과 평화와 천국을 포기했다. 그는 무서운 통찰력으로 그의 잘못을 미리 숙고했다.
>
> (*Ibid.*)

이러한 모순적인 진실임직함은 연역적 추론의 과정을 거꾸로 하려는 데 그 목적을 지니고 있다. 즉 유다는 성자라는 결론을 먼저 내세우고, 다음에 유다의 행위들 그중에서도 그의 배신에 대하여, 성화聖化적 독서에 따라 재해석이 가능토록 하는 전제들을 다시 만들어 내고 있다. 첫 번째 전제는 금욕주의자는 자신의 육신에 고통을 가하고, 과장된 금욕주의자는 자신의 영혼에 고통을 가한다라는 하나의 유추에 근거하고 있다. 두 번째 전제의 진술—유다는 그의 영혼에 고통을 가했다—은 유다의 죄를 모순적인 진실임직함의 조명에 따라 다시 읽고 거기에 과장된 겸허함의 징표가 있는지 살펴보도록 강요하고 있다. 이렇게 하기 위하여, 루네베리는 귀납적 회로를 구축한다. 만약 평범한 범죄에 미덕이 일부 차지하고 있다면, 특별한 범죄(유다의 범죄)는 그 어떤 미덕도 지녀서는 안 된다.

> 간통죄에는 부드러움과 자기희생이, 살인죄에는 용기가, 불경죄와 신성

> 모독죄에는 어떤 악마적 광채가 일정 부분 있게 마련이다. 유다는 그 어떤 미덕도 절대 찾아들지 않는, 신뢰의 남용(요한복음 12장 6절)과 밀고라는 잘못을 선택했다.
>
> (*Ibid.*)

다르게 말하면, 그의 배신의 절대적 비열함은 그의 희생의 과장되고 절대적인 특성을 증명하고 있다. 죄악 중에서도 가장 나쁜 죄를 저지르면서, 유다는 그의 영혼에 고통을 가했고 그럼으로써 신에게 겸허함에 대한 가장 커다란 증거를 돌려주었다.

> 그는 놀라운 겸허함을 가지고 행동했다. 그는 자신이 선량한 자가 된다는 것은 가당치도 않다고 믿었다. 〔…〕 유다는 주님의 기쁨으로 족하기에, 지옥을 추구하였다. 천복은, 선과 마찬가지로, 신의 속성이며 인간이 그것을 찬탈해서는 안 된다고 그는 생각했다.
>
> (*Ibid.*)

유다의 배신은 이렇게 하여 결론이면서 동시에 최초의 명제였던 유다는 선한 자라는 것을 증거하게 되었다. 이것이 바로 아리스토텔레스가 "두 가지 논거 중에서 가장 약한 것을 가장 강한 것으로 만든다는 것은 바로 이런 것에 있다"라고 고발하고 있는 그런 거짓된 진실임직함의 효과인 것이다.

3. 《대머리 여가수》 혹은 미친 언쟁

외젠 이오네스코[7]

이 작품 속에 수사학과 논증이 차지하고 있는 놀라운 자리는 어떤 대머리 여가수도 등장하지 않는 작품 제목의 부조리성과 작가가 작품의 근원을 어떤 영어 입문서로 교묘히 귀속시키는 것 등으로 위장되어 있다. 우리는 이 작품 속에서 주로 언어행위와 부조리 사이의 근본적인 연관관계를 강조했지만, 논증에 대한 놀랍고, 우스꽝스러운 그리고 뛰어난 교훈도 발견해 낼 수 있다.

실제로 논증은 작품의 테마 및 그 연극적 원동력을 동시에 구성하고 있다. 우선 우리는 논증에 명백히 의거하고 있는 등장인물들의 말, 간단한 어휘 일람표(결론, p. 15. 논증 체계, p. 31. 예시, p. 39. 이유, p. 40. 경험, p. 41 사실들, p. 45. 이론적 증명, p. 45. 반론, p. 43. 논리, p. 49. 모순의 정신, p. 64.)를 통해 이 점을 확인할 수 있다. 등장인물들은 수사학 방면에 놀라울 정도로 정통하다. 논증의 가역성에 대한 환기는 그들에게는 문체의 단순한 연습에 불과한 것이다.

> 스미스 씨—마음엔 나이가 없는 법이죠.
> 마르틴 씨—맞는 말씀이오.
> 스미스 부인—그렇게들 얘기하죠.
> 마르틴 부인—그 반대로 말하는 사람도 있어요.

(7장, p. 35)

7 Ed. Gallimard, collection Folio.

하녀 역시 마르틴 '부부'가 저지르는 논리적 오류를 관중들에게 알려주는 삼단논법적인 연역법의 전문가다. 이 부부가 자식을 통해 자신들의 신분이 확인되었다고 믿지만(그들은 같은 침대에서 잠을 자는 사람들이고, 한쪽 눈은 빨갛고 또 다른 쪽 눈은 흰색인 어린 딸 하나가 있다), 하녀는, 틀렸어요, 경우에 따라 빨간 눈은 오른쪽이기도 하고 왼쪽이기도 하기 때문이예요…라고 말한다.

> 이렇게 도날드의 논리체계는 결정적인 증거처럼 보이는 놀라운 우연의 일치에도 불구하고 그의 모든 이론을 없애 버리는 이 마지막 장애물에 부딪쳐 모두 무너지고 있다.
>
> (5장. pp. 31-32)

문제가 되고 있는 소방관의 방문(7장)은 귀납적 추론(문의 벨이 울리면, 그때마다 거기엔 누군가가 있는 것이다)에 대한 대표적인 논쟁의 기회가 된다. 현실이 논리에 맞서고 있는 듯한 것은 사실이다.

> 스미스 부인—이론적으론 그게 맞아요. 그러나 현실의 일들은 다르게 벌어지죠. 방금 잘 봤잖아요.
>
> (7장, p. 41)

등장인물들의 논리적 아포리즘과 무대 혹은 무대 밖 현실 사이의 이러한 모순이 상반된 논박, 요컨대 말다툼의 연속인 극의 소재를 제공하고 있다. 이런 논쟁들은 극적 긴장의 주요 원천이며, 그 긴장의 크레센도는 테마와 결론에 대한 언쟁들이 서로 더욱 부조리하게 확전되면서 점점 더 사납게 치는 괘종시계 소리로 강조되어 있다. 《대머리 여가수》는 마치 사회와 우주가 더 이상 진지한 주제를 제기할 수 없다는 듯, 조롱적이거나 자의적인 주제로 아귀다툼하는 변증술가들의 연극이다. 작가는 능란하면서도 부조리한 논증에 대한 연출을 통하여 자신의 아주 특유한 이런 형이상학적 조롱을 잘 드러내고 있는 것이다. 첫 번째 언쟁들 중의 하나는 다음과 같은 테마를 지니고 있다: 맥킨지 박사는 좋은 의사인가?

> 스미스 부인—그는 훌륭한 의사예요. 우리는 그를 신뢰할 수 있어요. 자기 자신에게 실험해 본 약 이외에는 절대로 처방하지 않죠. 파커 씨를 수술할 때에도 전혀 아프지 않은 자기의 간을 먼저 수술한 사람이예요.
> 스미스 씨—그런데, 의사는 살아났고 파커 씨는 죽었소. 그건 어떻게 된 거요?
> 스미스 부인—왜냐하면 의사 선생님에 대한 수술은 성공했는데 파커 씨에 대한 수술은 실패했기 때문이죠.
> 스미스 씨—그렇다면 맥킨지는 훌륭한 의사가 아니오. 두 사람 모두 수술이 성공하거나 아니면 두 사람 다 죽거나 했어야 했소.
> 스미스 부인—왜 그래야만 되나요?
> 스미스 씨—양심적인 의사라면 환자와 자기 자신이 모두 치유될 수 없으면, 그 환자와 함께 죽어야 하오. 함장은 파도 속에서 배와 함께 죽는 것이요. 자기만이 살아남는 법은 없소.
> 스미스 부인—환자를 배에 비교할 수 없잖아요.
> 스미스 씨—왜 할 수 없다는 거요? 배에게도 병이 있소. 게다가 당신이 말하는 그 의사는 군함만큼 건장하잖소. 그것이 바로 그 사람이 환자와 동시에 죽어야 했던 이유요. 의사와 그의 배처럼 말이요.
> 스미스 부인—아 ! 내가 그걸 생각하지 못했던 것이군요… 그게 아마 맞는 것 같아요… 그런데 거기서 당신은 무슨 결론을 얻어 내려는 거죠?

스미스 씨—모든 의사들은 사기꾼에 불과하다는 것. 그리고 모든 환자들도 마찬가지라는 것이오. 영국에서는 오직 해군만이 정직하지.
스미스 부인—그러나 선원들은 그렇지 않아요.
스미스 씨—물론이지.

이 장면은 논리와 비논리, 부조리와 기교적 추론이 묘하게 뒤섞여 있다. 스미스 부부는 다음의 상반된 두 가지 명제에 대하여 열심히 대사를 주고받는다.

—1. 맥킨지 선생님은 훌륭한 의사다(스미스 부인의 주장)

—2. 의사/환자의 관계는 선장/배의 관계와 유사하다(스미스의 주장)

부조리하거나(주장 2) 부조리한 논거에 바탕을 두고 있는(주장 1) 이런 주장들을 앞에 놓고, 두 명의 스미스 중에서, 반론을 제기하는 사람은 논리적 착오를 몰아붙이는 앨리스의 입장에 서 있는 셈이다. 그러나 이오네스코의 작품에서, 이런 입장은 불안정하며, 스미스 가족 두 사람 다 비슷하게 착오적인 명제를 옹호하고 있다. 결국, 두 부부의 의견일치로 언쟁은 결말이 나는데, 이들은 이제 결속해서 광기를 함께 밀고 나가기 때문에, 그 결말의 힘은 부조리로 돌려지고 만다. 따라서 논리에서 부조리로 가는 길을 추적하는 것은 중요치 않다. 기교적으로 보면, 이 언쟁은 네 가지 양상을 띠고 있다.

1. 부조리의 설정—자기 실험의 규칙

다음과 같은 삼단논법에 맞춰질 수 있는, 스미스 부인의 연역적 추론에 따르면, 이 규칙은 훌륭한 의사를 가늠하는 기준이다.

> 훌륭한 의사는 우선 자신에 대하여 실험하는 법이다.
> 그래서 맥킨지는 파커의 수술에 앞서 자신의 간을 수술했다.
> 따라서 맥킨지 박사는 훌륭한 의사다.

이러한 추론은 의술적인 역량(언쟁의 초점)의 근거를 제공하는 실험의 원칙을, 윤리학과 과학을 혼동하는 자기 실험이라는 부조리한 규칙과 기만적으로 동일시하고 있다. 자신을 실험용으로 간주할 용기(직업의식과 동일시된)가 있더라도, 과학적인 이익은, 특히 신체 기관을 절제하는 경우에, 더욱 의심스러운 것이다. 스미스 부인의 연역은 따라서 자기 실험은 훌륭한 의사를 만든다라는 엉뚱한 대전제에 기초하고 있다. 규칙(간 수술)을 나타내는 소전제의 진술은 임상적인 변이(전혀 아프지 않는데도)를 강조할 뿐이다.

2. 논리주의 대 현실주의

현실을 염두에 두지 않고 세워진 선언적選言的 추론에 따라 훌륭한 의사에 대한 정의가 내려지는 경우이다. 이 추론은 환원적 동질화[8]를 통하여 현실보다 논리적 조작을 우선시한다. 실제로 선언적選言的 구조(두 사람 모두 수술이 성공하거나 아니면 두 사람 다 죽거나 했어야 했다) 속에서 환자들은 대체될 수 없고 동질적인 것으로 간주되고 있는데, 이로 인해 그들에게는 같은 원인, 같은 결과로 이끄는 도식의 적용이 가능하게 된다. 그러나 그

8 제1부 3장 5항 〈논리적 논거의 장점과 한계〉를 참조할 것.

것은 스미스 부인에 의하여 제공된 정보, 즉 파커와는 달리 맥킨지는 전혀 아프지 않다 는 것에 대한 무시를 조건으로 하고 있다.

3. 논증적 단절

논증적 단절이란 어떤 유추적 추론을 위하여 논리적인 설득 수단을 포기하는 데 있다.[9] 의사 선생님에 대한 수술은 성공했는데 파커 씨에 대한 수술은 실패했다라고 스미스 부인이 말하고 있는 그 현실은 스미스 씨의 논리적인 설득 수단을 무력화시키고 있다. 그는 이것을 포기하고 현실의 구조를, 그의 욕구에 따라 세우는 논거, 하나의 유추를 택한다. 양식 있는 의사는 환자와 함께 죽어야 한다라는 것을 증명할 수 있는 하나의 현실이 그것이다. 스미스 씨는 선장/배의 관계에서 익히 알려진(통념적인) 성격에 의거하여, 의사/환자의 관계를 그런 선장/배의 관계와 동일시한다. 그런데 유추는 잘못된 유사성 위에 세워져 있을 뿐만 아니라(의사의 의무는 치료하는 것이지 갑자기 낫게 하는 것이 아니다—아리스토텔레스, 《수사학》, I, 1), 특히 유추가 유효하게 만들고 있다는 소견(그들이 함께 치유될 수 없으면)은 의사와 환자를 동일시하고 있다. 이런 혼합은 유추들의 용어에 대한 인식을 혼란에 빠뜨려 횡설수설에까지 이르게 한다: 게다가 당신이 말하는 그 의사는 어떤 군함만큼 건장하잖소. 그것이 바로 그 사람이 환자와 동시에 죽어야 했던 이유요. 의사와 그의 배처럼 말이오. 유추 용어들의 혼동은 그 자체가 환자를 배와 비교할 수 없잖아요라는 스미스 부인의 적절한 비판의 논거를 모순적으로 보호하고 있는 그런 형국이다. 스미스

9 제1부 5장 2항 예증법에 대한 연구를 참조할 것.

씨가 승리를 거두는 것은 유추의 효능에 의한 것이 아니라, 어떤 논리적 비판도 이처럼 피해 나가는 추론의 혼돈에 의한 것이다: 아 ! 내가 그걸 생각하지 못했던 것이군요… 그게 아마 맞는 것 같아요… 그런데 거기서 당신은 무슨 결론을 얻어 내려는 거죠?

4. 모순된 의미적 일관성의 재구성

이것은 대화자들의 마지막 의견 일치 속에서 드러나고 있으며 유추적인 추론의 내부에서 일어나는 이동, 즉 부수적 요소(해군)가 본래의 테마(의학)를 희생시키며 결말의 테마가 되고 있는 그런 이동의 결과다. 이런 주제 변동은 바로 용어의 혼동에 의하여 가능해졌다. 그리고 의사들과 환자들을 한데 묶어 평가 절하시키는 판단(모두 사기꾼들이다!)은 완전히 상투적이고 근거 없는 관념적인 견해(영국에서는 오직 해군만이 정직하다)를 위하여 애초의 테마가 포기되었다는 것을 확인해 주고 있다. 그러나 이 말은 해군과 선원에 대한 판단이 서로 맞지 않음으로써 곧 소멸되고 만다. 현실에 등을 돌리고 펼쳐지는 논증의 부조리한 승리인 것이다.

4. 역효과적인 변론—검사 변호인

보리스 비앙, 〈안개〉[10]

법정 장르를 희화화戱畵化한 이 텍스트는 부조리와 코믹을 야기하면서, 논증을 궤변적으로 다루고 있다. 이런 미학적 목적과 아울러, 이

10 *Les Fourmis* (Nouvelles), U.G.E, 10/18, (초판: Le Terrain vague, 1968)

> 텍스트는 특히 경험 없는 청중에게 웅변적 기교의 힘이 작용할 때 그 힘에 대한 간접적 경계를 제시하는 텍스트로 읽힐 수 있다. 이 글은 살인 혐의의 피고인에 대한 변호사의 구두변론을 담고 있는 단편이다. 연설의 반어적 양태는 패러디적인 글쓰기의 고유한 특징을 지니고 있다. 즉 패러디되는 장르의 특성들에 대한 부풀림이 그것이다. 따라서 텍스트는 법정 논증에 맞는 방식들을 과장되게 전시하고 있다.

I. 법정 장르와 그 규칙들

아리스토텔레스와 키케로[11]의 가르침에 일치하는 웅변적 단계들을 따라 변론은 진행되고 있다. 즉 입장을 규정하는 주장이 먼저 제시되고, 피고인을 변호하거나 그의 무죄를 입증하려는 논증적 장치, 즉 증거가 그 뒤에 이어진다.

명제 그리고 법정 사로잡기

텍스트의 모순적 양태는 이 경우 의미적으로 공허한 정의를 만들어 낸다.

> 그는 이렇게 말한다. 배심원 여러분, 살인의 동기와 그것이 벌어졌던 상황들, 그리고 살인 그 자체 또한 따져 보지 맙시다. 이런 조건에서라면, 배심원들께서는 피고인의 어떤 점을 비난하시겠습니까?
>
> (p. 155.)

11 제1부 1장 1항과 부록 I 〈웅변술의 분류 체계〉를 참조할 것.

중세의 수사학에서는 문제의 관점을 바꾸려는 변론의 이런 위장을 "논점 일탈의 오류ignoratio elenchi"라고 불렀다.[12] 동시에, 변호사는 의미상 속임수인 전략으로 배심원에 대한 영향력을 확보하고 있기 때문에, 이런 태도는 그 놀라움으로 인하여 법정을 확실하게 사로잡고 있다. 배심원은 기다리던 정보를 박탈당하거나(현재의 경우), 그가 기대하던 것과는 정반대의 정보를 받는 것이다(아래에 나오는 변론의 끝부분). 당황하고 매혹된 법정의 방청인들은 단번에 복종된다. "생각하지 않았던 문제의 이러한 국면에 충격받은 배심원들은 약간의 근심 속에서 침묵을 지키고 있었다".[13] 에토스적 입증을 작동시키는 이런 웅변적 모습은 결국 변론의 성공에 핵심적인 역할을 한다. 웅변자가 황당해지면 질수록 더욱 설득력을 갖게 된다. 이런 웅변적 전략과 보리스 비앙의 서술 기법 사이에는 이 경우 서로 일치되는 면이 있다. 이야기가 부조리하면 할수록 매혹적이 되는 것이다.

입증

1. 행위와 사람의 상호작용

사법 분야에서 종종 원용援用되는 이 상호작용은 변호사의 논증 전략을 결정한다.[14] 논거는 사람과 그의 행위 사이에 있는 일관성의 원리를 내

---

12 Bernard Dupriez, *Gradus. Les procédés littéraires*, (Dictionnaire), UGE, 10/18, p.75: "마치 논쟁의 중심점을 '모르고 있는' 듯이, 다른 것을 증명하는 변론의 위장이며, 이런 식으로 문제의 관점은 슬그머니 바뀐다."

13 웅변가는 자신의 청중들이 거짓추론을 논박하는 방식에 있어서 경험이 없다는 것을 기술적으로 이용하고 있다(Aristote, *Réfutations sophistiques* I, 5 참조).

14 제1부 6장 1항에 나오는 페렐만에 대한 연구와 제2부 1장 2항에 나오는 보르헤스에 대한 연구를 참조할 것.

세운다. 이 원리가 여기서 고전적 방식으로 피고인의 어린 시절에 적용되고 있다.

> 더욱 어린 시절부터, 피고인은 깡패들과 살인자들만 사귀었고, 사는 동안 내내, 그는 방탕하고 천박한 삶의 모습에 직면해 있었으며, 그 자신도 이런 부류의 삶에 내팽겨져, 스스로 방탕아, 건달 그리고 살인자가 되어버릴 정도로 이 삶을 완전히 정상적인 것으로 받아들였다는 점을 고려한다면, 우리는 여기서 어떤 결론을 이끌어 낼 수 있겠습니까?
>
> (p. 156)

웅변가에 의하여 압도된 배심원들은 단순히 "없다"라고 응답하는데 결국 이런 말은 웅변가를 답변의 결정권자로 만들고 있는 셈이다. 그의 답변은 환경론에 따르고 있다. 즉, 불행한 유년기는 피고인의 타고난 사악한 성격을 증명하고 있기 때문에, 이런 유년기에서 가중사유를 보았던 과거의 사회와는 반대로, 개인이 환경에 미치는 영향에 대하여 의구심을 품고 있는 현대 시대는 이런 유년기에서 경감사유를 보고 있다는 것은 사실상 알려진 일이다. 변호사는 함축적으로 현대적 해석을, 그렇지만 기묘한 방식의 진술을 선택하고 있는 것이다.

2. 상반된 것들로부터 도출된 말터

> 좋은 환경에 처했더라면, 본 피고인도 좋은 습관만을 갖게 되었을 것이라고 우리는 여기서 결론을 내리게 됩니다. 당나귀는 당나귀들과 어울린다, 즉 유유상종Asinus asinum fricat이라는 격언이 있습니다만, 그 반대가 진실일 수 있다고는 부언하지 않고 있습니다.
>
> (*Ibid.*)

첫 번째 문장은 상반된 것들로부터 도출된 말터에서 형성된 이차 논거를 불러온다.[15] 이 논거는 다음과 같은 것을 하는 데에 있다.

> 어떤 주어의 대립명제가 그 주어의 술어와 상반되는 술어를 지니고 있는지 검토하는 것, 즉 그것이 아니라면 반박하고, 그렇다면 단언하는 일, 예를 들면, 과도한 것은 해롭기 때문에 절제가 좋다는 것을 지지하는 일.
>
> (아리스토텔레스, 《수사학》, 제2권 23, 1397 a, 8-10)

전도된 대칭 관계위에 세워진 논리적이라는 이 논법은 그 기하학적인 형태에서 권위가 나온다. 우리의 마음을 아프게 하는 것은 거의 없으므로, 우리에게 위안을 주는 것도 거의 없다(Perelman, *Traité d'argumentation*, pp. 297-305)라는 파스칼적인 경구가 바로 그런 증거가 된다. 변호사의 논변은 이런 유형들과 유사하고 이와 같은 식으로 분석할 수 있는 것이다. 그러나 이런 변론에 이어지는, 라틴어 격언으로 강화된 당나귀는 당나귀들과 어울린다라는 문장은 논변을 뒷받침하기는커녕 오히려 그것을 약화시키는 이상한 생각(그러나 그 반대가 진실일 수 있다고는 부언하지 않고 있다)을 덧붙인다.

3. 논증의 결함

카임 페렐만은 거짓된 대칭을 만들어 상호성의 논법을 궤변적으로 사용할 수도 있는 가능성들을 그의 저서 《논증론》에서 지적해 내고 있다. 그런데 위에서 인용한 텍스트의 두 번째 문장은 정확하게 당나귀는 당나

15 상투적 논변에 대한 연구(제1부 4장)와 상호성의 논법을 위한 페렐만에 대한 연구(제1부 6장 1항)를 참조할 것.

귀들과 어울린다(Asinus asinum fricat)라는 격언의 상호성에 대하여 의문을 가하고 있다. 따라서 이 문장은 논증의 유효성을 직접적으로 문제 삼고 있는 것이다. 이런 식의 의문은 전형적으로 메타 언어적이다. 왜냐하면, 그것은 서술자의 몫으로 돌려져 서술자가 변호사의 논거들이 평가받도록 하고 있기 때문이다. 그것은 함축적으로 수사학의 속임수들을 경계하는데, 그런 수사학의 힘은 다음과 같이 한 배심원의 죽음을 통하여 부정적이고 과장되게 나타나 있다.

> 초등학교 선생님은 얼마간은 당나귀 같은 바보의 반대가 무엇이 될 수 있을까 애써 찾아보려고 했는데 이런 노력은 그를 지치게 하여 결국 그는 완전히 무기력해졌고 다시 일어설 수 없이 되어 죽었다.
>
> (p. 157)

이러한 경계는 전적으로 정당화된다. 변호사는 방청객들과 정반대의 입장을 취하기 위해서만, 그리고 결국은 피고인의 사형선고를 얻어 내기 위해서만 그의 논거들을 펼친 셈이 되어 버렸기 때문이다.

> 그런데, 제가 조금 전 말씀드린 것은 사실이 아니었습니다. 본 피고인은 아주 명판이 높은 가문 출신으로서, 우수한 교육을 받았으며 그가 담배를 훔치기 위하여 희생자를 죽인 것은 의도적이고 의식적인 행위였습니다라는 말로 변호사는 변론을 마쳤다.
>
> —변호사 말이 맞아라고 배심원들은 한 목소리로 소리쳤고, 의결을 거친 후 살인자는 사형선고를 받았다.
>
> (*Ibid.*)

II. 서술과 논증의 수렴

이런 마지막 반전을 이해하기 위해서는 피고인이 경솔하게도 변호사를 자신의 전적인 유증遺贈 수혜자로 만들었다는 것(그 다음 이야기가 지적하고 있는 것)을 알아야 한다. 따라서 우리는 논증이 결국 검사의 논증과 같은 결과를 노리고 있는 변호사의 위장된 전략이라는 것을 이해하게 된다. 그런데 이런 논증적 뒤집기는 단편소설(고아원 원장의 광기로 시작되는 소설)의 서술체제와 아주 유사하다. 모순은 서술과 논증의 이중적 면을 지닌 텍스트의 기능 원리인 것이다.

변호사의 최종 발언에 대한 배심원의 일관성 없는 반응은 이와 같이 설명된다. 배심원은 처음에 살인자의 죄에 동감하면서 그가 옳다고 하고는 곧바로 사형언도를 한다. 현실적으로, 부조리성의 이런 효과는 연설자에 대한 청중의 완전한 종속관계가 연극적으로 전환되어 나타난 것이다. 최초의 동의는 변호사 말의 활력에 이끌려 나온 것이다. 이것은 어떤 면에서 부속적 의미가 결여된 열정의 표시이다. 유죄판결은 구두 변론의 절대적인 성공을 구체화하고 있다. 그런데 이런 성공은 역시 모순 원리로부터 온다. 피고인이 사형선고를 받은 것은 사실상 피고인의 현실적인 행동이 사람과 행위 사이에 존재하는 일관성의 원리와 어긋나고 있기 때문인 것이다. 변호사가 배심원들이 인정하도록 만든 전제들을 피고인은 정면으로 위반하고 있다. 행복한 유년시절을 보냈고 좋은 교육을 받았으나, 양심에 거리낌없이 살인(더구나 담배 때문에)했다는 것은, 행위와 사람 사이의 상호작용 원리라는 이름으로, 피고인을 윤리와 논리의 이중적 위배자라는 괴물로 만들고 있다. 말하자면 당나귀의 규칙을 존중하지 않았다는 죄로 피고인은 죽어야 하는 것이다…

II. 연설의 가치와 청중 설득

모든 논증행위는 그 어떤 것이든 가치 판단을 함축하거나 생산해 내고 있다. 종종 파토스적 논거로 보강된, 진실임직한 것에 대한 이상적인 이런 실험들은 청중에 대한 연설자의 영향력을 구축한다. 다음의 세 텍스트는 이 점을 여러 가지로 잘 보여 주고 있다: 청중의 감정적 돌변(셰익스피어), 담화 한 가운데로 이데올로기와 열정의 출현(장 아누이), 연속적이고 모순적인 숙고를 통한 자아 설득(미셸 투르니에).

1. 이성과 열정 사이의 로마

셰익스피어, 《율리우스 카이사르》[1]

율리우스 카이사르는 브루투스가 이끄는 일단의 음모자들에 의해 암살당한다. 자신의 이런 행위는 자유에 대한 사랑, 폭정에 대한 증오 때문이었다고 브루투스는 시민들 앞에서 연설한다. 군중들은 환호하며 그를 헹가래 치려고 한다. 겸손해진 그는 이를 거부하고 카이사르

1 Ed. RVG, Genève, 1986, traduction. E. Montégut, acte III, scène 2, pp. 1451-1455.

에 대한 안토니우스의 추도사를 듣자고 시민들에게 제의한다. 동일 한 테마에 대한 이런 연속적인 연설들은, 그 논거들의 대비를 통하여, 괄목할 만한 대조적인 웅변 전략을 보여 주고 있다.

> 로마인들이여, 동포여 그리고 동지들이여! 내 입장에서 내 말을 들어 보시오, 그리고 내 말이 잘 들리도록 조용히 해 주시오. 내 명예를 위해 나를 믿어 주시오, 그리고 당신들이 나를 믿을 수 있도록 내 명예를 존중해 주시오. 당신들의 지혜 속에서 나를 비판하시오, 그리고 당신들이 나를 보다 잘 심판하도록 당신들의 능력들을 일깨우시오. 이 군중 속에 카이사르의 소중한 어떤 친구가 있다면 난 그 사람에게 이렇게 말하겠소. 카이사르에 대한 브루투스의 사랑은 당신 못지않다고. 그 친구가 그런데 왜 브루투스는 카이사르에 반기를 들었냐고 물으면, 난 이렇게 답하겠소. 그것은 내가 카이사르를 덜 사랑해서가 아니라, 로마를 더 사랑했기 때문이라고.
>
> (브루투스, p. 1451)

단번에, 브루투스의 연설은 청중의 이성과 지적 능력에 호소하고 있는데, 그는 당신들의 지혜 속에서 나를 비판하시오라는 말로 청중의 고도의 관심을 요구한다. 공화국의 이상理想에 따라 살인자가 된 그는 고귀한 원칙들을 사랑하는 자로 나타나 있다. 안토니우스와는 반대로, 그는 추상적인 가치에 의지하고 있다. 카이사르를 사랑한다는 것이 열정과 연관된다면, 로마를 사랑한다는 것은 공화국의 국익에 호소하는 일이다. 그의 정치적 이상주의[2]와 걸맞는 이런 수사학적 선택은 그렇지만 미묘한 조

2 추상적 가치와 구체적 가치, 진보적 사고와 보수적 사고의 대립에 관해서는, 제1부 6장

작에 속하는 것인데, 왜냐하면 로마를 더 사랑한다라는 것을 결정하는 도덕적 선호는, 대중적 능변能辯의 기법과는 거리가 먼 패러독스의 형태(나는 로마의 이익을 위하여 나의 가장 좋은 친구를 죽였다)를 지니고 있기 때문이다.

> 카이사르가 나를 사랑했었기에, 난 그를 애도하고 있소. 그가 행복했었기에, 난 그의 운명에 박수를 보냈소. 그러나 그는 야심가였기에, 나는 그를 죽였소. 이것이 바로 그의 사랑에 대한 눈물이요, 그의 운명에 대한 찬사요, 그의 가치에 대한 명예요 그리고 그의 야망에 대한 죽음인 것이요.
>
> (*Ibid.*)

감정들의 이런 분리는 전적으로 가치들의 서열 위에 바탕을 두고 있는, 이성적이고 윤리적인, 브루투스의 논증의 섬세함을 나타내고 있다. 이런 분석에 몰두하여 감정적으로 불안정한 군중 앞에 있는 한 살인자를 납득해 버리는 경솔함이 있는 것이다. 브루투스는 잘 이해되었는가? 적어도 여러 가지로 해석될 수 있는 것이지만, 그의 연설의 성공은 반복되는 질문 형식에 더한층 기인하고 있다. 그는 이런 형식을 통하여 다음과 같이 만장일치로 부정하도록 자극하면서 청중의 찬동을 이끌어 내는 것이다.

> 브루투스—이 군중들 속에서 누가 그토록 천박해서 노예가 되길 원하겠소? 한사람이라도 있다면, 말해 보라고 하시오. 왜냐하면 내가 모욕을 준 것은 바로 그 사람이기 때문이오. 여기에 누가 그토록 야만적이어서 로마의 시민이 되지 못하겠소? 한 사람이라도 있다면, 말해 보라고 하시오. 왜

1항(p.193과 그 이후)에 나오는 페렐만의 연구를 참조할 것.

냐하면 내가 모욕을 준 것은 바로 그 사람이기 때문이오. 여기에 누가 그토록 비열하여 그의 조국을 사랑하지 않겠소? 한 사람이라도 있다면, 말해 보라고 하시오. 왜냐하면 내가 모욕을 준 것은 바로 그 사람이기 때문이오. 잠시 말을 멈추니 답변해 보시오.

시민들—아무도 없소, 브루투스, 아무도 없단 말이오.

(*Ibid.*)

만약 그의 성공이 이성적이기보다 감성적이고, 만약 그가 자신의 행위의 적합성을 설복시켰다기보다 감동을 주었던 것이라면, 보다 강하고 대립적인 비장한 움직임 한 번으로 민중의 확신을 뒤바꾸어 놓기에 충분할 것이다. 이런 전략에 따라 안토니우스는 카이사르의 원수를 갚으려는 그의 계획을 결정한다. 그러나 그는 즉각 그것을 드러낼 수 없다. 공식적으로 지금 추도사를 하는 것이지, 독설을 하는 자리가 아니기 때문이다. 특히, 시민들이 박수를 보내는 자를 정면으로 공격하는 것은 헛된 일이 될 것이다. 따라서 계략을 세워 민중들의 열정이 깨어나도록 하게 된다.

함축성 혹은 암시성에의 의지

브루투스가 연설을 통하여 자신의 행위를 명백히 드러내며 그것을 정당화하고 있는 만큼, 안토니우스는 군중들을 브루투스에 대항하여 봉기하도록 한다는 자신의 목표를 연설 속에 함축하고 있다. 안토니우스의 계략은 논증(명시적이며, 브루투스의 행동에 동의하는 논증)과 설득(함축적이며, 군중들이 브루투스에 대항하도록 하는 설득)을 분리하는 데 있다. 이런 함축성은 넌지시 알리는 암시의 형태를 취하고 있는바, 안토니우스의 전략은 그의 말에 대한 논쟁적인 해석을 청중들에게 맡기려는 데 있다.

> 동지들이여, 로마인들이여, 동포여 〔…〕 고귀한 브루투스가 당신들에게 카이사르는 야심가였다고 말씀드렸습니다. 그가 그랬었다면, 그건 커다란 잘못이고, 카이사르는 그에 대한 대가를 크게 치룬 것입니다. 브루투스 및 모든 분들이 다 명망 있는 분들이기 때문에, 브루투스와 그분들의 허용하에, 나는 카이사르의 이 장례식에 와서 이렇게 말씀드리는 것입니다. 카이사르는 나의 친구였고, 나에 대해서는 충실하고 올바른 사람이었습니다. 그러나 브루투스는 그가 야망이 있었다고 말합니다. 그런 브루투스는 명망 있는 사람입니다.
>
> (p. 1452)

이 목적에 사용된 방식들은 브루투스의 명망(포화상태까지 반복되어 언급되고 있음)과 카이사르의 정신적 가치 사이에 존재하는 모순 관계를 창출하고 있다. 카이사르의 정신적 가치는 카이사르의 행위에 대한 환기를 통해서 표명되거나 암시되고 있다. 따라서 브루투스의 명망에 대한 언급은 비꼬는 것이 되며 덕망 높은 공화주의자라는 그의 도덕적 이미지를 산산조각 날려버리고 있다.

> 가난한 자들이 울부짖으면, 카이사르도 울었습니다. 야망이란, 내 생각에는, 보다 더 거친 천으로 만들어져야 할 것입니다. 그렇지만 브루투스는 그가 야심가였다고 말하는데, 브루투스는 명망 있는 사람입니다. 루페르칼리아 축제에서 내가 카이사르에게 왕관을 세 번이나 제의했고 그는 세 번 모두 거절한 것을 여러분들은 모두 보았습니다. 이것이 야망입니까? 그렇지만 브루투스는 그가 야심가였다고 말합니다. 분명 그런 브루투스

는 명망 있는 사람입니다.

(*Ibid.*)

카이사르를 복권시키고 브루투스의 신망을 떨어뜨리려는 이런 모순을 바로 청중인 로마 시민에게 표현하는 것이다. 네 번째 시민은 이렇게 말한다. "그의 말을 잘 들었습니까? 카이사르는 왕관을 받지 않으려 했습니다. 그는 야심가가 아니었음이 따라서 확실한 것입니다." 따라서라는 말이 연역적 작업의 분배를 나타낸다. 즉 안토니우스는 전제들을 제공하고, 청중은 결론을 내리고 있다. 자신의 책임을 모면하기 위한 교묘한 방식인 것이다. 그러나 연역은 필연적으로 전제들로부터 나오기 때문에, 청중의 판단은 안토니우스의 연설 작업에 의하여 결정되는 것이다.

이미지의 파토스적인 힘

여러분들은 모두 보았습니다…라는 문장은 안토니우스에 의하여 행해진 은밀한 파괴 공작의 특성을 나타내고 있다. 그는 청중에게서 감성적이고 시각적인 기억을 되살린다. 활사법活寫法[3](루페르칼리아 축제의 장면)은 말하는 것에 비해서 보여 주는 것을 중시하는 이 연설에 활기를 넣어 준다. 계략은 역언법逆言法(하지 않는다고 말하는 것을 함) 속에서 구현된다. 이것을 통해 안토니우스는 연설의 목적을 위장할 수 있는 것이다. 그는 확인한다고 주장하지, 심판한다고 말하지 않는다: 나는 카이사르를 묻으려 왔

3 "활사법은 아주 생생하고 아주 역동적으로 사물들을 그려내기 때문에, 그것들을 말하자면 바로 눈앞에 갖다놓는 것이며, 이야기나 묘사를 이미지, 그림 혹은 생동적인 장면으로 만들어 낸다", Pierre Fontanier, *Figures du discours*, 1830 ; éd. Flammarion, p. 390.

지, 그를 칭송하러 온 것은 아닙니다! 나는 브루투스를 반대하는 말을 하려는 것이 아니라, 내가 알고 있는 것을 말하려는 것입니다. 역언법은 특히 카이사르의 유언에 대한 환기를 가능하게 한다.

> 어느 정도로 카이사르가 여러분들을 사랑했었는지 여러분들은 잘 모르실 겁니다. 여러분들은 나무가 아니고, 여러분들은 돌이 아니며, 여러분들은 인간입니다. 인간이기에, 만약 여러분들이 카이사르의 유언을 들으신다면, 당신들은 열광하고 미쳐버릴 것입니다. 여러분들이 그의 후계자들이라는 점을 모르시는 것이 좋을 것입니다. 왜냐하면 여러분들이 만약 그 사실을 안다면, 아! 어떤 일이 일어나겠습니까! 〔…〕 내가 너무 깊은 말을 했군요. 자신의 비수로 카이사르를 죽인 명망 있는 사람들에게 내가 잘못한 것입니다. 그게 걱정입니다. 예, 난 그걸 걱정하고 있습니다.
>
> (p. 1454)

안토니우스는 파토스적인 증거를 대대적으로 동원하면서 청중들을 완전히 제압하고 있다. 브루투스와는 반대로, 그는 구체적인 개념에 의지한다. 그는 로마에 대해 말하지 않고, 로마인에게 호소하고 있으며, 예속과 자유에 대해 말하지 않고 유언 속에 담겨 있는 카이사르의 호의를 보여 주고 있다. 그 연설의 비장한 극치는, 카이사르의 사지가 절단된 피투성이 시신을 들추어 내고 그것에 말할 기회를 주는, 종국적인 활사법과 활유법活喩法[4]에 있다. 왜냐하면 안토니우스는 한 친구를 사랑하는 것으로

---

4 "활유법은 〔…〕 없는 사람, 죽은 사람, 초자연적인 존재 혹은 무생물들을 이를테면 무대에 올리는데 있다. 그래서 그것들을 움직이게 하고, 말하게 하고, 대답하게 하여 들리도록 하는 것이며, 아니면 적어도 그것들을 속내 친구, 증인, 보증인, 고소인, 복수하는 자, 심판관 등으로 간주하는 것이다. 그런데 이것은 우리가 상상력의 대가이면 대가대로 아니면

만족하는, 다른 의도가 없는 단순한 인물로 자신의 모습을 나타내고 있기 때문이다. 브루투스와는 명시적으로 정반대편에 선(나는 브루투스 같은 연설가는 아닙니다) 그는 감정의 거칠지만 진솔한 힘을 요구하는 것이다. 브루투스와 같은 연설가라면 필시 야기시킬 수 있는 정당한 항거를 야기시킬 수 있는 능력이 없다고 스스로 평가하면서, 그는 자신의 발언을 완곡한 것으로 나타내는 것으로 연설의 종국을 꾸민다.

> 나는 아주 솔직히 말하는 것으로 그치겠습니다. 나는 여러분에게 여러분 자신이 알고 있는 것을 말씀드리고 있습니다. 온화한 카이사르의 상처들, 말없는 불쌍한 입들을 여러분에게 보여드리고 있습니다. 나는 이들을 불러내어 날 대신하여 말하도록 하고 있습니다. 그러나 내가 브루투스라면, 그리고 브루투스가 안토니우스라면, 여러분들의 분노를 폭발시키고, 로마의 돌멩이들마저 봉기하고 항거하게 만드는 한 언어를 카이사르의 상처마다 심어 줄 수 있는 어떤 안토니우스가 여기에 존재하게 될 것입니다.
>
> (p. 1455)

이와 같이 선동가는 관념론자에 대해 승리를 거두고, 감성적 설득은 이성적인 논증을 능가하는 것이다. 브루투스는 어법의 문제를 무시했기 때문에 패배했다. 자신에 뒤이어 안토니우스를 말하게 함으로써, 그는 자신을 패배로 몰아넣은 연설의 반전이 가능토록 한 것이다. 그러나 특히 설득의 정념적인 요소, 이미지와 구체적 가치를 동원하는 힘 그리고 그가 등장시킨 여러 사실들의 스캔들을 항거로 바꿔야 하는 의무를 청중들 앞에서는

아닌 대로, 혹은 가식적으로 혹은 진지하게 행해지는 것이다". Fontanier, *Figures du discours*, 1830, édition Flammarion, p. 404.

드러내지 않지만 그들에게 남겨 주고 있는 한 연설가의 계략을 간과했기에 그는 진 것이다.

2. 이데올로기와 수사학

장 아누이, 《아름다운 인생》[5]

1918년 뮌헨. 혁명은 승리를 거두었다. 수감된 기업가들과 귀족들은 처형을 기다린다. 이상하게도 추방형을 받고 목숨을 건진 발랑세 가족은 어떤 호화스런 호텔로 안내되어 그곳에서 "악랄한 좌익이지만 때로는 우아한 태도를 가장하고 있는 안경 쓴 작은 지식인"(p. 29)인, 한 인민위원의 입을 통해 그들의 운명을 알게 된다. 발랑세 가족은 인민의 교육과 그 정치적 선도를 위해, 새로 지은 〈인민 박물관〉에서 그들의 《아름다운 인생》을 연기하고 보여 주도록 혁명위원회에 의하여 선발되었던 것이다. 자신의 가치와는 대립적인 가치를 지닌 특권층들 앞에서, 그 인민위원은 자신이 하는 연설의 모든 전제들을 명백하게 밝힐 수밖에 없음을 느끼는데, 이것은 바로 혁명의 이데올로기를 풍자적으로 공개하게 만들고 있다. 그러나 이 계몽적인 연설은 그 위원을 선동하는 권력에 대한 원한과 욕구를 감추지 못하고 있다.

이 연설은 고전적인 논증 기법을 따르고 있다. 서두, 서술부, 심의, 혁명위원회의 결정을 발표하는 결론 등이 그것인데, 연설 전체는 이것들을 정당화하는 데 그 기능이 있다. 이런 교훈적인 목적이 인민 위원의 정치적인

5 La Table ronde, 1979-1980.

연설의 힘을 만들어 내고 있다. 이 위원은 단순한 대변자가 되기를 사실 거부하며 청중들을 설복시키거나 아니면 그들을 공포에 몰아넣으려고 한다. 이런 전략은 서두의 격한 욕설에서부터 분명히 드러난다.

> 너희들은 개들이고, 음탕한 독사들이며, 인민들의 피를 빨아먹은 거머리들이다. 그래서 너희들은 지금 그 대가를 치루고 있는 것이다. 감옥에서 축포소리를 들었느냐? 너희들과 같은 자들은 모두 뒈질 것이다…
>
> (p. 33)

모욕은 잔인한 성격의 어휘(비천한 동물성과 억제할 수 없는 성본능을 결합하고 있는 음탕한 독사들이라는 표현)를 체계적으로 사용하면서 청중의 인간적 존엄성을 부인하는 데 그 목적을 두고 있다. 그러나 근면한 노동자와 사치스런 부르주아의 진부한 대조법에 근거한 이런 판에 박힌 표현을 극작가는 인민 위원의 연설에 대한 조롱의 지표로 삼는다. 혁명 언어의 이런 엉겨붙는 특성은 발랑세 백작부인이 남편에게 던지는 이 남자들처럼 말하면 당신도 음탕한 독사가 된 거예요라는 말에 의하여 다시 강조되고 있다. 이런 어휘로 은유적 범주가 결정되는 연설은 그래, 동물원처럼 말이다! 원숭이 무리들아, 인민들을 웃겨 보아라!라는 인민위원의 조롱으로 끝맺고 있다. 마지막의 이런 동물적 성격화는 화자의 의지와는 상관없이 극작가의 계산에 따른 언어의 유희를 창출하고 있다. 즉, 원숭이란 단어는 발랑세 가족의 옛 주방장인 알베르가 상기하는 것(역겨운 부르주아 같은 내 원숭이들, 그것보다 더 구역질나는 건 없어, p. 37)처럼 주인이란 말의 흔한 동의어인 것이다. 인민 위원은 모욕을 주기 위한 것으로 그의 용어를 쓰고 있으나, 이 용어는 역설적으로 청중들의 사회적 계층을 드러내고 있으며, 결과적으로 개인적 언어로 혁명 연설을 구성했다는 것은 극작가가 그를 조롱하고 있다는 것과 맥을 같이하고 있는 것이다.

따라서 연설 서두가 이끌어 내고 있는 관심이 역설적인 것은 호의가 아닌 악의적인 공포에 근거를 두고 있기 때문이다. 인민 위원은 공포 위에서 그 연설의 권위를 세우지만, 협박의 저속함(될 것이다)은 줄리앙 소렐(혹은 비토)의 이미지에 따라, "부자들을 증오하는" 모욕당한 선구자의 일종의 현신現身인 위원 자신의 보잘것없는 사회 계층을 드러냄으로써, 윤리적 입증과 연관된 이런 노력을 위태롭게 하고 있는 것이다. "악질 좌익"이라고 극작가가 위원의 성격을 해설 속에서 부여하였는데 그는 이 범주를 벗어날 수 없다. 협박은 지울 수 없는 사회적 열등감의 웅변적인 표시인 것이다.

새로운 질서의 주인인 그 위원은 새로운 사회의 가치들을 현학적으로 보여 주려고 시도한다.

> 너희들의 십사 세 미만 아이들은—재교육을 시킨 후—공장으로 보내질 것이다! 거기서 그 아이들은 너희들을 잊고 노동자들의 존엄성을 알도록 배울 것이다! 다만 그 아이들은 청소부 단계를 절대 넘을 수 없을 것이다. '숙련공', 더구나 기술자가 되려면 공부가 필요한 것은 의문의 여지가 없다! 그 아이들은 잘못 태어나서 이런 것을 할 수 없는 것이다.
>
> (pp. 33-34)

이데올로기적 도치 방식이 명백하다. 노동자의 존엄성이란 표현이 새로운 가치, 혁명적인 이데올로기를 요약하고 있다. 과거의 가치들을 초월하도록 이끌어 줄 수 있는 변증법을 무시하고 있기에 이것은 거의 정통성이 없는 혁명이다. 과거의 가치들이 도치되어 있을 뿐이다. 귀족들의 아들들에게 출신성분이 불충분하다는 이유로 '숙련공'의 자격을 거부하는 논증, 귀족계급적인 논거가 전형적인 증거가 된다. 달리 말하면, 혁명은 역할의 전도를 통하여 귀족계급과 노동자 착취를 재정립하고 있는 것뿐이다. 인민 위원의 논증은 이데올로기적 틀의 지속성을 보여 주고 있는 것이다. 그리고 장 아누이는 가치들의 전도를 통하여 그에게 소중한 조롱의 원칙에 따라 이 논증의 임의성과 허망함을 강조하고 있다.

논증적 도치는 또한 인민 위원의 정열적인 행동의 동기에 대한 표시이다. 실제로, 파토스적인 표현은 정열들의 반명제적인 분극을 좋아한다. 즉 노예적인 복종에는 모독이, 굴욕에는 지배가 뒤따르고 있다. 논증적 도치는 판박이 같은 혁명사상만을 말하는 것이 아니라, 위원의 증오와 원한도 드러내고 있다. 권력과 지배에 대한 갈증이 인민 교육에 할애된 논거 속에서 다음과 같이 나타내고 있다.

> 도처에서, 도시마다 인민 박물관이 문을 열고 있다. 왜냐하면 그들은 소양교육을 받아야 하기 때문이다, 인민들 말이다… 공놀이와 우스갯소리는 끝났다. 여가라는 것은 나머지 다른 것들처럼 진지해야 한다. 노동과 교양인 것이다! 우리의 교양은 당의 은혜를 받고 있다. 배급표에 대한 결과에 따라 사 개월마다 그리고 연말에 시험을 보게 될 것이다. 투덜대는 자는—예를 들면, 예술의 역사에 대하여 불평한다든지—나무창을 댄 구두를 신게 될 것이다 ! 인민은 스스로에게 엄격해야 할 것이다…
>
> (*Ibid.*)

민중 교육에 대한 이런 계획은 공연 책무를 받고 목숨을 건진 발랑세 가족의 운명을 결정짓는다.

> 성인들에게는, 단순하게 완전히 제거한다는 것, 그것만이 유일한 방법이고, 이 방법은 지금까지 여러 증거를 만들었다… 오직 인민 교육만이 있는 것이다. 인민은 잊지 말아야 한다… 십 년 후 너희들 모두 청산되어 버리면, 혁명을 한 노동자들의 아들들도 부르주아 계급이 어떤 것이었는지 알 수 있어야 한다. 성인들은 잊는다는 위험은 없다. 그들은 암캐 같은 인생을 살면서 너희들을 위하여 충분히 땀을 흘렸다. 그러나 우리는 '중앙위원회'에 질문을 던졌다… 너희들에게 어떤 일이 맡겨질 것인지 너희들이 이해하도록 그 모든 것을 나는 지금 너희들에게 힘들여 설명하고 있는 것이다.
>
> (*Ibid.*)

반대의 의미를 나타내는 "오직"이라는 말은 보다 상급의 원리에 따른 귀족들의 제거에 대한 예외적 조치 그리고 다음과 같은 문장의 삽입에 의하여 특수한 전제(인민은 귀족들의 과거의 삶을 알아야 한다)가 추출되는 그런 보편적인 대전제(인민은 교육을 받아야 한다)의 역할을 하는 인민 교육 등에 대한 예외적 조치를 채택하고 있다.

> 인민의 교양에는 역사가 있다. 그리고 역사 속에는 불행하게도 '하나의 역사적 사실'인 음탕한 개 같은 너희들 계급이 있다. 이 역사적 사실, 이것을 인민은 다른 것과 마찬가지로, 알아야 하는 것이다.
>
> (p. 35)

이런 전제는 정부 법령을 이끌어 내어 결정한다.

> 임시정부는 중요한 도시마다 부르주아 가족 하나를 남겨 두고, 그들이 자

기들 방식대로 계속 살게 하여 인민들이 잊어버리지 않도록, 여가 시간 동안에, 그들이 사는 모습을 와서 보도록 결정하였다.

(*Ibid.*)

이 법령은 발랑세 가족이 소전제(그런데, 발랑세 가족은 귀족이다)의 형태로 소개되는 어떤 추론의 대전제(도시마다, 귀족들이 인민들 앞에서 그들의 삶을 연출할 것이다)가 된다.

너희들은 너희들이 잘 알고 있는 알베르 동무에 의하여 '위원회'에 추천되었다. 그 동무는 너희들이 일에 적합하다고 했던 것이다.

(*Ibid.*)

거기서부터 최종 평결이 나온다.

여기, 이것은 '인민 박물관'이다. 너희들은 과거에 집에서 하듯 여기서 그렇게 살아라. 그러면 이 줄 뒤로 인민들이 너희들을 보러 올 것이다. 그래, 동물원처럼 말이다! 원숭이 무리들아, 인민들을 웃겨 보아라!

(*Ibid.*)

이런 멋진 연역적 구조는 귀족계급 연극학교의 우스꽝스런 창조에 이르게 된다. 요컨대, 극작가는 상투적인 어휘, 역시 상투적인 이데올로기적 도치 그리고 복잡한 연역적 사슬 등이 결합되어 나타난 효과를 통하여 자신의 풍자를 실현하고 있는 것이다. 처음 두 경우에서는 상투적 성격이 인민 위원의 웅변적 노력에 비웃음을 가하고 있다. 위원의 증오와 혁명적 독단주의는 천한 사회적 신분을 강조하고 있을 뿐이다. 마지막은 논증의 논리적 도구가 우스꽝스런 결심을 낳은 경우다. 그러나 매번, 풍자적 계획은 논증 과정의 왜곡된 조작 속에서 완성되고 있다.

3. 논증과 자기 성찰—공상적인 숙고

미셸 투르니에,《방드르디 혹은 태평양의 끝》[6]

유명한 난파자의 내적 갈등의 메아리, 로빈슨의 항해일지는 서술적인 전체 속에서 이루어지는 자문적自問的 담화의 특이한 예다. 이 내면 일기는 주인공의 운명이 결정되는 연설의 한 무대이며 논증과 서술의 상호작용을 증거하는 이야기의 진화인 셈이다. 다음의 텍스트에서, 로빈슨은 "그가 자신에게 던진 몇몇 질문들에 응답하고 있는 감춰진 어떤 자성自省"을 탐구하기 위하여 여러 나날 내내 은거한 섬의 동굴과 자신과의 관계를 측정하려고 시도한다. 의식에 대한 이런 검증은 연설자가 스스로 청중이 되는 자기 성찰, 즉 엄격하게 이뤄지는 두 종류의 토론으로 실행된다. 토론은 각각 서로 다른 연설 장르에 해당된다. 판단의 문제인 첫 번째 것은 유익하든 유해하든, 동굴의 성격에 대하여 질문을 던지고 있으며, 자성적인 두 번째 것은 좋은 것이든 나쁜 것이든, 로빈슨이 쓰고 있는 동굴의 용도를 검토하고 있다. 연속적이며 상호 보완적인 이 두 가지 토론은 논증 분야에서 삼단논법적인 도식의 풍부함을 잘 보여 주고 있다.

6 Gallimard, collection Folio.

동굴의 에토스적인 위상

> ‘스페란자’의 심장부로 내려가 머물렀던 일, 나는 그 가치를 제대로 헤아릴 수 있기엔 아직도 거리가 멀다. 이것은 선인가, 악인가? 중요한 서류가 부족한 심리해야 할 소송과도 같다.
>
> (p. 110)

첫 번째 토론은 법정 장르의 원형적 질문으로 시작된다. 기술적인 서류나 증거의 결핍은 로빈슨이 자아에 대한 의식을 상실할 때까지 육감적으로 빠져드는 진흙의 늪, 진창이라는 현실의 알려진 한 요소의 구조를 미지의 실체(동굴)로 간주해 버리는(동굴은 그것과 명백한 유사성을 지니고 있다) 귀납적 관계, 유추적 논법에 의지하게 한다. 그러나 검토 끝에 그러한 유추는 반박될 것이며, 동굴이 진창과 중복 시 되는 일은 다시 일어나지 않는다. 이는 난파자의 삶의 과정이 자아에 대한 입문 단계, 의식화 그리고 계시로 이루어진 이 철학소설의 서술법칙과 상응하는 것이다.

논증적 측면에서 볼 때, 반박은 격언 형태의 보편적인 하나의 전제—그러나 악은 늘 선의 위조자가 아니었던가?—로부터 오는데, 그 의문형은 동굴에 대한 일반적인 가설의 적용을 감정이입 방식으로 가능케 하는 특수한 예시(신과 마왕)를 불러온다.

> 마왕魔王은 찡그린 얼굴로 하느님을 자기 식대로 모방한다. 동굴은 진창의 새롭고 보다 매혹적인 화신化身인가, 아니면 그것의 부정否定인가?
>
> (*Ibid.*)

진창의 부정적인 성격을 고려하면, 동굴과 진창의 명백한 유사성은 동굴의 유익한 성격을 감추는 것이었다. 이렇게 배열된 종교적인 코드에 따라, 로빈슨은 유추의 불길한 망령들로부터 동굴의 의미 자체를 분간하기 위하여 자신을 해석적으로 만들어야 한다. 진창과 동굴은 과거를 잘 연상시키고 있지만, 하나는 누이의 병적인 모습을 떠올리는 반면에, 다른 하나는 '스페란자' 내부의 가파른 내리막을 가지고 병적인 은둔뿐 아니라, 종교적 신비로의 기본적인 입문을 만들면서 어머니의 정신적 보호를 상기시키고 있다.

> 이 유익한 규범 속에서 나는 고통스런 노력을 거치지 않고는—그리고 대가를 지불하지 않고는—발전을 생각하지 않았던 어머니의 태도를 찾아보고 싶어진다. 이런 은둔 생활이 얼마나 내게 힘을 주는가! 이제부터 나의 삶은 놀랍도록 견고한 반석 위에 놓여 있다.
>
> (*Ibid.*)

숙고와 결심

이 첫 번째 토론에 이어지는 서술형 시퀀스는 행복감을 자아내는 결론에 이의를 제기한다.

> 그의 내면에는 젖과 꿀이 넘치는 반면, '스페란자'는 그가 부여한 끔직한 모성적 소명 속에서 기진해 가고 있다는 사실을 그는 더 이상 모른 체할 수 없었다.
>
> (p. 113)

로빈슨은 동굴을 악용하는 것인가?라는 질문이 결국 나오게 된다. 항해일지의 새로운 숙고는 이 점에 관해서 단호하다. "논의는 끝났다. 어제 나는 다시 바위 구멍 속으로 들어갔다. 내 실수를 인정하기 때문에 이것이 마지막일 것이다". 이전의 해석을 수정함으로써 정당화된 결심이다. 동굴의 모성적 이미지에 마음이 사로잡혔던 로빈슨이 '왕국'에 받아들여진 아이의 복음서적인 이미지를 자신에게 적용하면서 은유의 전개를 남용했었던 것이다. 이것은 이제부터 그가 어리석고 불경한 것으로 지각하는 해석이다.

> 복음주의자의 언어가 내 머리에 다시 떠올랐는데, 이번에는 위협적인 의미였다: 어린 아이를 닮지 않는다면 아무것도 아니지… 그 무슨 착란 때문에 내가 어린 아이의 순진성을 내세울 수 있었던가? 나는 성숙한 나이의 어른이고 내 운명을 굳건하게 떠맡을 책무가 있다.
>
> (p. 114)

일기의 논증적 짜임새는 로빈슨의 운명을 결정짓고 이야기의 드라마적 구조의 조건이 되고 있다.

III. 연설의 전략과 문학의 역사

미셸 투르니에의 텍스트가 현대문학에 있는 연설 장르의 존재를 입증하고 있다면, 연설 전략에 대한 연구를 문학사와 연결시키는 것은 합당한 일이다. 아래의 세 가지 텍스트들은 오직 논증만을 다루고 있다. 즉 논증으로 도박을 하고(셰익스피어), 논증의 효력을 시험하며(몰리에르), 논증의 불신을 아이러니컬하게 드러내고 있다(마리보). 연설기법이 문학에 나타나 있는 것들은 그만큼 많은데, 이것들은 또한 문학의 성쇠의 역사를 보여 주는 지표이기도 하다.

1. 연설의 유희와 드라마적인 논쟁—상자의 선택

윌리엄 셰익스피어, 《베네치아의 상인》[1]

유복한 상속녀인 포르시아는 그녀의 구혼자들에게 각각 금, 은 그리고 납으로 만들어진 세 상자들을 보여 주고 자신의 초상화를 담고 있는 상자를 맞추어 내는 사람과 결혼하기로 약속한다. 실패하는 경우

1 Edition Sand, Comédie Française, traduction. J.-M. Deprats, 1987.

그 지원자는 침묵을 지키고 멀리 떠나 살기로 되어 있다. 마로크, 아라공 그리고 바사니오 라고 불리는 세 명의 구혼자들이 차례로 나선다. 큰 목소리로 떠들어대며, 그들은 각자의 기질에 따라 세 상자 위에 씌어 있는 문구들을 평가한다.

> 첫 번째는 완전 금으로 된 함이고, 이런 글이 새겨 있구나.
> "나를 선택하는 자는 만인이 소망하는 것을 갖게 되리라."
> 둘째 것은 은으로 된 것인데, 이런 약속을 하고 있구먼.
> "나를 선택하는 자는 당연히 받을 것을 얻게 되리라."
> 세 번째 것은, 싸구려 납인데, 경고문까지도 거칠군.
> "나를 선택하는 자는 지니고 있는 모든 것을 내걸게 되리라."
>
> (제2막, 7장, p. 53)

신화와 콩트에서 차용한 이런 극적 구조는 도덕적 가치와 금속 간의 유추관계를 기반으로 하여 세 가지 논증적 변주를 전개함으로써 논증에 대한 유희적 의식을 보여 주고 있다. 선택을 결정짓는 것은 연설자의 성격이고, 그가 자신에 대하여 갖고 있는 윤리적 이미지인 것이다. 이런 수사학적인 실행은 고전적인 진보에 따라 전개되고, 그 진보가 끝나면, 자기 자신의 인성이 아니라 포르시아를 사랑한다는 유일한 구혼자인 바사니오가 납으로 된 상자를 선택하여 승리를 거둔다. 금을 고른 마로크, 은을 선택한 아라공은 그들의 허영심 때문에 지게 된 것이다. 따라서 관중에게 곧바로 해결책이 드러나는 에피소드의 극적인 원동력이 놀라운 일이 아니다. 그 대신, 이런 식의 구조가 구혼자 각자의 선택을 결정짓는 논거들(전제, 금언, 연설자의 질문 등등)에 대한 청중의 관심을 집중시키고 있다. 논증은 극적 흥미의 근거를 이루고 있는 것이다.

마로크는 우선 그가 자신의 인품에 부여하고 있는 높은 가치 때문에 납과 은을 제쳐 둔다(금의 정신은 비천한 겉모습들로 인해 현혹되지 않는다). 이렇게 자신을 평가하고 있기 때문에, 그는 대부분의 사람들의 견해에 부합되는 선택을 한다. 즉 그는 소중한 내용물은 소중한 그릇에 부합된다는 유추관계를 세우고 그것에 따라 금을 선택한다.

> 〔…〕 그토록 값진 보석이
> 금이 아닌 다른 금속 속에 들어 있던 일도 있단 말인가. 영국에
> 어떤 천사의 초상이 담긴 금화 한 닢이 있는데
> 그게 새겨져 있는 곳은 겉 표면이지.
> 그런데 여기서는 바로 이 안에 어떤 천사가
> 그녀의 금빛 침대에 누워 있는 거야. 열쇠를 건네 주시오.
>
> (제2막, 7장, p. 54)

아라공, 그로서는, 금은 다수가 원하는 것이기 때문에 그 효력을 인정하지 않는다. 금의 특성은 범속성과 동의어라는 것이며, 아라공은 공과功過의 당위성을 주장한다. 은을 선택하면서 그는 이것의 사회적이며 정치적인 가치를 단언하고 있다.

> "나를 선택하는 자는 당연히 받을 것을 얻게 되리라."
> 좋은 말이구나 〔…〕
> 아! 만약 재산, 서열 그리고 높은 지위들이
> 부정한 것을 통하여 얻어지지 않고, 순수한 명예가
> 오직 공과에 의해서 획득되기만 한다면!

맨머리로 다니는 자들 중에서 얼마나 많은 사람들이 모자 쓰는 신분이 되겠는가!
명령하는 자들 중에서 얼마나 많은 사람들이 명령받게 되겠는가! […]
나는 공과에 맞는 걸 요구하겠다. 이 상자의 열쇠를 주시오.

(제2막, 9장, p. 60)

마지막으로, 바사니오는 빛나는 것이 모두 금은 아니다라는 마로크가 금 상자 속에서 발견한 아이러니컬한 격언을 자기 것으로 만들면서 가치들에 대한 통념을 완전히 뒤집는다. 따라서 그는 가치와 공과를 거부한다.

장식이란 가장 위험한 바다를
착각하게 만드는 해안일 뿐이야. 인도의 미인을
감추고 있는 예쁜 스카프란 얘기지. 한마디로,
믿을 수 없는 시간이 덮고 있는 허울뿐인 진실인 거야.
가장 현명한 자를 함정에 빠뜨리지. 그래서, 번쩍이는 황금아,
미다스 왕의 딱딱한 빵아, 난 너를 원치 않노라,
이 사람 저 사람으로 옮겨 다니는 창백하고 비천한 노예야
너도 원치 않노라. 그러나 너, 너, 메마른 납이여,
약속하기보다는 오히려 위협을 하는 너,
너의 솔직함이 웅변보다 더욱 날 감동시키는구나,
난 바로 널 선택하노라 —그 결과로 내 기쁨이 있으리라.

(제3막, 2장, p. 72)

바사니오의 연설은, 극적이며 수사학적인 상황에 의하여, 커다란 도덕적인 권위를 지니고 있다. 그는 세 가지 논증의 수렴으로부터 득을 보고

있는데 이 논증들이 계속되면서, 철학적이며 정치적인 면에서, 외관을 다시 생각하게 하고, 사회가 만들어 낸 우상적 가치들을 경계하도록 하고 있다. 이런 수사학적인 유희는, 그 극적인 기능에 덧붙여, 겉보기에 가장 미친 선택이 현실적으로는 가장 현명한 것이고, 가장 현명해 보이는 것은 가장 미친 것이 되는 셰익스피어 연극의 주요 테마로 연결되고 있다.

2. 몰리에르 희극에 나타난 웅변적 폭정

《동 쥐앙》(V, 2)

《상상병 환자》(III, 6)[2]

수사학적인 의식은, 논증의 권력과 남용이 문제가 되고는 있지만, 17세기 고전주의에 온전히 남아 있다. 불신이란 어떤 가공할 힘의 확증이다. 라신의 비극에서는, 비극적으로 사악한 이런 힘이 등장인물들을 제어할 수 없는 언어의 무게 아래 짓누르고 있다. 웃음 속에 숨겨진 드라마를 제대로 읽을 수 있는 사람이 볼 때, 몰리에르의 희극은 어떤 경쾌한 분위기 속에서, 언어행위의 폭군적인 악용에 대한 엄격한 경계를 담아 내고 있다. 만약 남용하는 힘에 대항하는 투쟁이 이 연극의 주요 테마라면, 이런 힘은 주로 웅변적 지배의 형태를 취하고 있다. 우리의 가설에 충분한 역량을 주기 위하여 우리는 완전히 다른 두 작품과 두 인물을 채택하였다. 첫째는 유혹가이며 전지전능한 연설자 동 쥐앙이고 두 번째는 가공할 논쟁가이며 거짓 얼간이인 토마 디아푸아뤼스이다.

A. 스가나렐 혹은 모욕당한 연설가

동 쥐앙의 웅변적인 지배력과 그의 수사학적 천하무적은 마지막 두 개의 막幕에서 복잡한 연극적인 장치를 통하여 드러난다. 제4막은 연속해서 나타나는 반대자들을 물리치는 동 쥐앙을 보여 주고 있다. 납품업자(디망슈 씨, 3장), 아버지(동 루이, 4장), 부인(도나 엘비르, 6장)은 모두 연설가이지만 그들의 청원은 실패로 돌아간다. 거절을 당하지 않는 유일한 존재는 저녁식사 초대를 요청이 아니라, 도전의 형태("그럴 용기가 있소?", 8장)로 하는 기사의 석상石像일 뿐이다. 그 석상은 동 쥐앙의 언어를 말하고 있는데 동 쥐앙의 운명은 인간적인 설복이 아니라, 형이상학적인 도전에 따라 움직인다. 동 쥐앙은 거지에 대한 그의 도전에 실패하고, 석상의 도전에 대응함으로써 죽게 된다.

제5막의 초반부는 동 루이(2장)를 속이고 동 카를로스(3장)를 물리치는 거짓 신앙으로 나타난다.

> 동 카를로스—뭐라고요? 내가 그 따위 말로 만족할 것 같소?
> 동 쥐앙—그렇게 하라고 바라시는 것은 하느님이오.
> 동 카를로스—내 여동생을 수녀원에서 나오게 만들고는 그냥 버릴려고 하시오?
> 동 쥐앙—하느님이 그렇게 명령하고 있소.
>
> (제5막, 3장, p. 83)

---

2 Gallimard, collection de la Pléiade, édition de Georges Couton, 1971, volume 2.

거절이 계략으로 대치되면서, 자유사상가를 가장 교활한 궤변가와 동일시하는 이런 새로운 웅변적 무기의 즉각적인 효능이 강하게 나타난다.

> 이제부터 대수도원에 이르는 그 외딴 작은 길을 지나가려고 하오. 그러나 싸우고 싶어 하는 것은 결코 내가 아니라는 것을 여기서 분명 당신에게 선언해 두겠소. 그런 생각은 하느님이 금하셨기 때문이오. 만약 당신이 날 공격하면 어떤 일이 벌어질지 그건 두고 보면 잘 알게 될 것이요.
>
> (*Ibid.*, p. 84)

따라서 5막의 동 쥐앙은 연설에서 패하지 않은 자로 나타난다. 이런 지독한 웅변의 주도권은, 대화의 부자연스런 성격을 알고, 마지막으로 주인의 마음을 바꾸려고 하는 스가나렐에 의하여 확인되고 있다.

> 스가나렐—[…] 나리, 항아리를 너무 자주 샘에 가져가면 나중엔 깨져 버린다는 속담 아시죠. 그리고 누군가 말 한번 잘했듯이 사람은 새가 나뭇가지에 있듯이 이 세상에 존재하는 법이라면서요. 나뭇가지는 나무에 붙어 있으니 그 나무에 매달려 있는 자는 좋은 교훈을 따르게 되죠. 좋은 교훈은 감언이설보다 나은 것입니다. 감언이설은 궁정에 떠돌고 궁정에는 궁인들이 있죠. 그 궁인들은 유행을 좇고 유행은 환상에서 유래합니다. 환상은 영혼의 한 기능인데 영혼이란 우리에게 생명을 주는 그런 것입죠. 생명은 죽음으로 끝나고 그 죽음은 우리에게 하느님을 생각나게 하며 하느님은 땅 위에 계시죠. 땅은 바다와 다르고 바다는 폭풍을 맞게 마련입죠. 폭풍은 배를 괴롭히고 배는 유능한 키잡이를 필요로 하게 됩니다. 유능한 키잡이는 신중한 법이죠. 이 신중함은 젊은이에겐 없습니다. 젊은이는 늙은이에게 복종해야 하고, 늙은이는 재물을 좋아하며 재물은 부자들을 만들어 냅죠. 부자는 가난뱅이와 다르며 가난뱅이는 궁핍하고 그 궁핍

이 법을 무시하게 됩니다. 법을 지키지 못하는 자는 짐승으로 사는 겁니다. 결국 나리는 악마들의 소굴로 굴러떨어질 겁니다.

동 쥐앙—오, 아주 멋진 논법이구만!

스가나렐—이렇게 말씀드렸는데도, 이해 못 하신다면 할 수 없는 일이죠.

(제5막, 2장, p. 82)

제3막에서 스가나렐이 신의 존재를 증명하려 애쓰는 담화의 메아리라고 볼 수 있는 이런 장광설은 하인의 수사학적 무기력을 우스꽝스럽게 확인해 주고 있다. 그러나 여기서 조롱받는 것은 수사법이 아니라, 하인이 주인의 면전에서 그것을 부적합하게 사용하고 있는 점이다. 즉, 우스꽝스런 것은 웅변술이 아니라, 스가나렐이 그 웅변술로 만들어 내고 있는 과장된 용법이다. 오, 아주 멋진 논법이구만!이라고 주인이 반어적으로 강조하는 논증의 힘이 부정否定됨으로써 아주 적나라하게 드러나는 예시인 것이다.

연극적으로, 몰리에르는 동 쥐앙의 웅변의 힘이 은연중에 나타나도록 만들었다. 즉 논쟁에 휘말린 유혹가나 주인이 아니라, 다른 사람들의 웅변적 실패를 경멸하는 사람으로 보이게 하고 있는 것이다. 이렇게 하여 코믹은 세밀한 논증적 기능을 갖게 된다. 그것은 동 쥐앙이 지니고 있는 웅변적 힘의 음화陰畫인 것이다. 이 힘은 동 쥐앙 하인의 말이 우스꽝스럽게 무너지는 데서 확인되고 있다. 스가나렐의 담론은 결국 논리가 안 맞고 의미도 일정하지 않다는 주인의 풍자적 판단에 따라 논쟁적으로 읽히게 될 수밖에 없다.

풍자하는 자는 보편적 논리에 닿을 수 있는 상대방의 담론을 의도적으로 단절하고, 서로 대립되는 체제 속에서 많이 나오는 엉뚱한 논법에 대하여, 측은해하거나 무시하면서, '곤충과 같은' 외눈으로 바라볼 뿐이다. 그는 자신이 상식적이라는 것을 독자와 함께 나누고자 한다. 풍자적 장르는 멸시의 레토릭을 전개하고 〔…〕 비극성과 정념을 배제하고 있다. 상대방이 문제들과 논쟁거리를 보고 있는 그 곳에서, 풍자하는 자는 결과도 없는 시뮐라크르만을 보고 있는 것이다.

(앙주노, 《팸플릿적 말》, p. 36)

이것이 바로 스가나렐의 종교적 근심을 조롱으로 바꾸어 버리는 동 쥐앙의 논증 전략인 것이다. 요컨대, 청중은 논리의 우스꽝스런 성격을 인정할 수밖에 없기 때문에, 극작가의 태도는 양면성을 지니고 있다. 풍자적 웃음을 통하여 관중과 신앙심 없는 소동가는 서로 다가서게 되는 것이다. 논증의 연극적 배치가 이런 무신앙적 독서를 가능하게 한다. 몰리에르가 인간적 설득에 대한 자유사상가의 놀라운 저항을 보여 주고 있는 웃음이란 어느 정도는 신랄한 성격이 담겨 있는 셈이다.

논증 기법에서 본다면, 연설은 연쇄식 삼단논법 구조를 패러디하고 있다. 이런 삼단 논법 구성[3]은 동등한 술어들로 이루어진 일련의 문장들을 통하여 하나의 정의를 내세우고 있다.

모든 신중함은 덕이다. 모든 덕은 재질이다. 모든 재질은 우연이다. 모든 우연은 하나의 주체 속에 있다. 따라서 모든 신중함은 어떤 주체 속에 있는 것이다.

(바리, 《프랑스의 수사학》)[4]

---

3 제1부 3장 3항을 참조할 것.

4 René Bary, *La Rhétorique française*, Paris, 1665, 전 2권; 제1권 2장; M. Angenot, *La Parole pamphlétaire*에서 재인용, p. 159.

몰리에르는 여기서 의미적 일치 원리를 변질시키는 이런 논증적 체계에 익숙하다. 논증과 대화의 원리인 테마의 지속성을 존중하지 않은 것이 장광설의 내적인 단절을 설명하고 있다. 즉 궁인들의 성격을 규정하기 위하여 처음에 제시된 유추[5](인간/세상, 새/가지)를 포기하는 것, 영혼과 우주에 대한 생각 때문에 이런 성격 규정을 포기하는 것 등등이 바로 그런 단절인 것이다. 매 단계마다, 소리들(특히 비슷한 소리의 중첩)의 출현이나 사상들의 연합(환유를 통하여)은 의미 일치를 대신하고 있는 것이다. 특히 하늘이란 단어가 신학적 의미로부터 기후적 의미로 전락하게 만들고 있다. 그렇지만 이런 의미 단절은 키잡이의 기술적 재능이며 또한 도덕적 재능인 신중함이란 단어의 다의성에 대한 새로운 유희로 인하여 수정됨으로써, 최초의 테마로 돌아가고 있다.

이것은 일관성의 허울을 간직하고 있는 것이 아니라, 화제의 이상한 비약인 것이다.
—테마 면에서 볼 때 연설 끝에 담겨 있는 폭악한 성격에 대한 비난은, 과도함에 대한 도덕적 관념에 초점을 둔, 연설 앞부분의 테마(항아리를 너무 자주 샘에 가져가면…)를 다시 확인시키고 있다.
—문자 그대로 연역적 방식으로(결국) 확인시켜 주고 있다. 그러나 이런 수미일관성은 중앙부의 비 논리성을 더욱 드러나게 할 뿐이다.

말미의 일관성은 따라서 논증적 엄밀성의 열매가 아니라, 단절들이 조합되면서 그 단절성의 효과가 우연히 없어져 버린 결과인 것이다. 실수가 지속되면서 그런 실수의 조합의 효과가 이유 없이 좋은 결과로 나타나는 방식으로 그렇게 된 셈이다. 이런 불일치의 논리적 그리고 통사적 구성은

---

5 유추analogie의 예시적 설명에 대하여 제1부 5장 2항을 참조할 것.

결국 여러 가지의 논증적 과정을 이상한 양태로 보여 주고 있다:

—양식의 풍자화를 제공하는 속담식의 전제들에 대한 당당한 의거: 스가나렐의 통념은 상투적인 표현 같은 느낌을 준다(항아리를 너무 자주 샘에 가져가면/궁핍이 법을 무시하게 됩니다);

—언술되면서 곧바로 공허한 것이 되어 버리는, 권위적 논거의 풍자적 사용(누군가 말 한번 잘했듯이).

그 결과 연설자의 무능력은 상징적 격자 구조 속으로 들어가게 된다. 스가나렐은 설득의 언어의 힘을 부당하게 차지하고 있으며 그의 연설 기교는 이데올로기적 기능의 이미지를 지니고 있다. 그가 우연히 좋은 결론에 도달했지만 그것은 논리성에 대한 위반, 몰리에르 동시대인들의 눈에는 몰리에르 자신이 범한 위반, 다시 말하면 종교에 대한 옹호를 무지하고 맹신적인 한 하인에게 맡겨 버렸다는 오류인 셈이다. 끝에 나오는 징벌은 종교적 도덕성을 구원하는 것이 아니라, 지상의 어느 말로도 이길 수 없는 전지전능한 어느 조롱자의 언어에서 나온 유일한 수단이다. 오직 초자연적 결말이 자유주의자의 멋진 연설을 패배시킬 수 있는 것이다.

B. 언쟁의 대가

아르강이 엉터리 라틴어를 방책삼아 의사로 처신하고 있는 우스꽝스런 발레로 끝을 맺는 의학 세계에 대한 풍자극, 《상상병 환자》의 결말은 각자 다 기억하고 있다. 그러나 그 경우, 괴상하고 우스운 인물은 아르강이지 의사들이 아니다. 연극적으로 디아푸아뤼스 부자父子는 타르튀프와 같은 역할을 하고 있는 것이다. 즉 그들은 자신들의 직책이 갖고 있는 권위를 남용하면서 자신들의 말을 통해 타자를 억누르고 우롱하고 있다. 그것이 마지막 가장행렬이 아니라면, 무엇으로도 부술 수 없는 권력이다. 의학적 담론에 예속된 아르강은 자신의 광기 속으로 더 깊숙이 그를 빠지게 만드는 모방적인 의학 연설을 통하여 이 권력으로부터 해방되고 있다. 의사들의 수사법적 권위를 보다 자세히 분석한다면 코믹의 이런 어두운 본질은 확인된다.

수사학과 의학적 권위

토마 디아푸아뤼스의 논증 능력을 드러내려고 할 때, 전통적으로 우스운 "역할"인 의사에 대한 풍자가 그 전제로 나타난다. 토마 디아푸아뤼스는 따라서 모든 일을 마지못해서 하고 그것도 나쁘게 벌여 놓고 마는, 최근에 학교를 졸업한 얼간이(2막 5장)인 것이다. 그렇기에 그는 앙젤리크와 그녀의 의붓어머니에게 하기로 되어 있는 칭송을 서로 뒤바꾸어 하게 된다. 그러나 이런 서투름은 형식적이고 관습적인 것이며 본질은 아니기 때문에, 그가 앙젤리크를 처음 만나는 순간부터 그들을 서로 등지게 만들고 있는 설전 속에서도 그녀를 지배하는 데 전혀 방해물이 되지 않고 있는 것이다(2막 6장). 장면의 핵심은 앙젤리크에 대한 구혼인데 이 얼간이는 결혼을 거부하는 그녀의 논증을 당당하게 물리치며 어떤 놀라운 투지를 보여 준다. 이런 성공이 표면적으로 모순적으로 보이는 것은 의사의 치유 능력을 비난하는 풍자가 반대로 그들에게 논리와 수사에 있어서 부인할 수 없는 능력을 부여하고 있기 때문이다.

> 베랄드—형님, 그들은 아주 멋진 고전들 대부분을 알고 있고 멋진 라틴어를 할 수 있고 그리스 말로 모든 병명을 대고 정의하고 구분할 줄 알죠. 그

러나 그 병들을 치료하는 문제에 있어서는 전혀 아무것도 모릅니다. […] 세상에서 가장 교활한 자의 말을 들어 보세요 그리고 모든 사람들을 무시하는 자들이 하는 짓거리를 보세요.

(제3막, 3장, p. 1153; p. 1154)

무시무시한 변증술

하녀 투아네트의 강한 편견으로 인하여 관중은 디아푸아뤼스의 모든 말들, 특히 그의 정중한 칭송의 말을 우스꽝스런 것으로 예단하고 있다.

> 그리고 자연주의자들이 해바라기라는 꽃은 끊임없이 태양을 향해 돌아간다고 지적했듯이 제 가슴 또한 항상 당신의 사랑스런 두 눈의 반짝이는 별들과 그 항성을 따라 돌아갈 것입니다. 그러니 아가씨, 오늘 그대의 미의 제단에 당신의 아주 천하고 아주 순종적이며 아주 충실한 복종자이고 남편이 되는 것 말고는 어떤 다른 영광도 원치 않는 이 가슴을 제물로 바치오니 허락해 주십시오.
>
> 투아네트(그를 조롱하며)—연습한 그대로군. 고상한 말하는 걸 배우셨어.
>
> (제2막, 5장, p. 1133)

투아네트를 따른다는 것은 알세스트의 견해에 따라서 오롱트의 소네트를 판단하는 일이다. 이 두 경우에서 조롱은 미학적인 면을 지니고 있다. 즉 디아푸아뤼스의 정중한 웅변이 허풍[6]에 가깝기 때문에, 몰리에르의 청

---

6 17세기 말 재치(préciosité)와 구별되는 정중한 수사(la rhétorique galante)와 그 수사의 불신에 대하여 Jean-Michel Pelous, *Amour précieux, amour galant*(1654-1675), Klincksieck, 1980을 참조. 특히 이 책의 결론 〈정중한 언변의 황혼Le crépuscule de la galanterie〉을 볼 것.

중들이 선호하는 간결성을 권장하는 고전 미학과는 어울리지 않는 것이다. 그러나 청중들의 웃음으로 인하여 인물들 사이의 힘의 관계가 바뀌는 것은 아니다. 희극의 효과는 이런 식의 장광설이 전제하고 있는 연설의 지식을 너무도 빨리 잊게 한다. 아무리 과장된 것일지라도, 명백한 청혼으로 끝을 맺고 있기 때문에 찬사 자체는 정식으로 잘 마무리되고 있는 셈이다. 토마 디아푸아뤼스의 연설의 효율성은 앙젤리크와의 언쟁에서 드러나고 있다. 그런데 그의 아버지를 믿자면, 토론에 있어서 그는 적수가 없다는 것이다.

> 아주 무서운 아이였죠. 특히 반대 명제에 있어선 철저하게 따지지 않고는 그냥 넘어가는 법이 없어요. 토론에선 매우 확고하고 자신의 원칙에는 터키인처럼 강경하며, 견해를 바꾸는 일 없이 논리의 끝까지 추론을 펼쳐 나갑니다.
>
> (제2막, 5장, p. 1134)

앙젤리크는 결혼을 거부하며 이렇게 주장하면서 논쟁을 개시한다.

> 아버지, 제발 시간을 좀 주세요. 결혼이라는 게 강제로 마음을 복종시켜서 이루는 결합이 아니잖아요. 그리고 선생님께서도 교양 있는 분이시라면, 주어진 사람을 받아들이시는 것이 아닙니다.
>
> (제2막, 6장, p. 1140)

디아푸아뤼스에게 말을 건네며, 앙젤리크는 진솔한 결혼은 상호 호감을 통하여 이루어지는 것이라는 전제로 결혼에 대한 자신의 개념을 내세운다. 결국 그녀는 다음과 같은 삼단논법에 의거하고 있는 것이다.

> 교양 있는 사람은 강제로 주어진 여자를 받아들이는 것이 아니다 ;
> 당신, 토마 디아푸아뤼스는 교양 있는 사람이다 ;
> 따라서 당신은 내가 자유로이 선택하도록 놔두어야 한다.

예리한 디아푸아뤼스는 소전제는 받아들이지만 대전제는 반박한다.

> 토마 디아푸아뤼스—아가씨 그런 결론은 부정합니다. 저는 교양 있는 사람일 수 있고, 아가씨 아버님께 따님에 대한 구혼을 할 수도 있는 것입니다.
> 앙젤리크—누군가로부터 사랑받고자 그 사람에게 완력을 가하는 것은 나쁜 방법이에요.
> 토마—아가씨, 우리 선조들의 글을 읽어 보면, 결혼하고자 하는 여자를 아버지 집에서 납치해 오는 관습도 있었어요. 그러니 결혼할 때는 꼭 여자의 동의를 받지 않아도 되는 것 같습니다.
>
> (*Ibid.*)

책임들을 교묘하게 구분하고 있는 논증이다. 강제는 그것이 동일한 인물에 대한 사건일 때만이 정직성을 훼손한다. 이 경우, 딸을 강제 결혼 시키려고 하는 것은 아버지이다. 동의(강제 결혼을 받아들인다는 것)에 대한 암묵적 비방은 진짜든 허위든 납치에 의한 결혼이라는 옛날 방식의 예를 제시하는 귀납적 추론에 의하여 논박된다. 여성들에게 가해진 속박을 남성적 난폭함 속에 여성적 욕구를 숨기고 있는 우아함으로 나타내는 암묵적 의미로 인하여, 이 논거는 현학적이지만 효과가 있는 것이다.

앙젤리크는 이 논거를 낡은 것으로 규정하지만, 문제는 논거를 거부하면서도 논박하지 못하는 단절의 테크닉에 있다. 그녀는 특히 결혼에 대한 고상한 개념을 들이대고 있는 디아푸아뤼스의 논거들을 무효화시키지 못한 채 자신의 가치만을 긍정하고 있다.

> 앙젤리크—선조들은 선조들이고 우리는 지금 사람들이예요. 우리 시대에는 얼굴 찌푸리는 일 따위는 필요 하지 않아요. 그리고 결혼이 우리에게 즐거워야 질질 끌려가지 않고, 아주 당당히 가지요. 참으세요. 선생님이 절 사랑하신다면, 제가 원하는 건 뭐든지 들어주셔야 해요.
> 토마—그럼요, 아가씨, 오직 내 사랑에 관련된 것들은 끝까지 그렇게 하죠.
> 앙젤리크—그렇지만 사랑의 큰 표시는 사랑하는 여자의 의지에 순종한다는 거예요.
> 토마—아가씨, 좀 구별해서 생각해 보죠(distingo). 여자의 소유와 관계되지 않는 것에서는 양보도 하지만(concedo), 그렇지 않으면 양보할 수 없는 겁니다(nego).
> 투아네트—아가씨가 아무리 논리를 펴야 소용없어요. 저 분은 대학을 갓 졸업하셨으니, 아가씨가 말하려는 나머지 것들을 다 말할 거예요. 뭐 하러 그렇게 논박하고 의과대학에 소속되어 있다는 영광을 거절하세요?
> (*Ibid*., p. 1141)

투아네트의 조롱은 얼간이라고 하지만 논쟁의 대가인 토마를 상대하고 있는 앙젤리크가 말에서 패배했음을 확인시켜 줄 뿐이다. 사실상 설전은 상대방의 논법을 펼치고 있는 가치들이 양립 불가능하다는 것을 보여주고 있다. 즉 한 사람은 여인에 대한 무조건적인 봉사라는 우아한 사랑에 대하여 말하고 다른 사람은 이익과 소유에 대하여 말하고 있기 때문이다. 물론 디아푸아뤼스를 보다 앞서게 만드는 것은 그의 가치들의 우월성이 아니라, 결혼 계획을 효과적으로 반대할 수 있는 앙젤리크의 언변 부족이다. 처음에 나오는 대화를 보면, 여자가 상대방 말의 가치 자체를 조롱함으로써 상대와 화해하지 못하고 또한 상대를 우스꽝스런 사람으로 만들면서 청중(특히 그의 아버지)과 양립하는 데 무능력하다는 것을 분명히 보여 주고 있다. 여기서 중요한 것은 상대방을 우스운 사람으로 만들었다는 점인데, 그것보다 앙젤리크는 토마 디아푸아뤼스의 논거를 추잡한 것으로 판단하는 것이 더 옳았을 것이고, 그렇지 않았기 때문에 실패한 것이다. 논법의 라틴어 사용(distingo, concedo, nego)은 논리적 엄격함과 효율성을 그런대로 나타냈던 것이다. 결국 이 "얼간이"는 논쟁이라는 자신의 영역에서는 전문가인데, 앙젤리크는 이 반박하는 언쟁에서 확실히 패배한 것이다.

몰리에르에 있어서, 논증의 힘은 억압자들에게 효과적으로 이용된다. 극적이며 연극적인 해결(인물들의 제휴와 놀라운 종국의 반전)만이 사랑을 억압하는 이런 연설의 폭정에 종지부를 찍을 수 있다. 비관주의가 몰리에르 희극에 나타나고 있다는 것은 이미 알려져 있다. 따라서 주르댕, 아르강, 그리고 또 다른 오르공 같은 인물들의 기괴함이 사라질 수는 없다. 오히려 그는 자신의 유희 속으로 들어가서 광기 위에서 더 높이 상승하는 존재가 되어야 한다. 말하자면 언어의 마법을 즐기고 그 언어의 불길한 효과들을 물리쳐야 하는 것이다. 몰리에르 작품 속에 나타나는 수사학은 구조의 힘을 지니고 있지 않다. 기괴한 인물들의 목소리를 이해시키기 위하여, 이성과 정의와 사랑은 계략에 의지해야 하고 그것을 통하여 억압의 힘의 논거들을 이겨 내야 하는 것이다.

3. 삼단논법과 유혹—신용 잃은 수사학

마리보, 《사랑의 두 번째 놀라움》[7]

몰리에르부터 마리보에 오면서 수사학은 권위를 상실했다. 논증 기법의 적절성은 18세기의 문학적 의식에 더 이상 분명히 나타나지 않고 있다. 웅변가는 유혹하는 능력을 잃은 가정교사가 되었고, 그의 난해한 지식은 단순한 하녀에 의해 조롱받는다. 이 텍스트는 마리보 극 연인들의 능변과 경쟁할 능력 없는, 논증적 수사학에 대한 문화적 불신을 드러내고 있다. 다음은 후작 부인의 가정교사인 오르탕시우스가 시녀인 리제트에게 아첨하는 장면이다.

리제트—오르탕시우스 선생님, 마님께서 선생님이 마님을 위해 사신 책들을 보여 달라고 하시던데요.

오르탕시우스—리제트 아가씨, 정확하게 그 말씀대로 하겠습니다. 그런데 후작 부인께서는 나의 지체 없는 복종을 받아 낼 만한 사람이 아니라면 누구에게도 그분의 지시를 전하라고 시키시는 법이 없죠.

리제트—아, 참 그럴듯한 표현법이군요! 정말 그러네요! 가장 우아한 문장으로 저에게 인사를 하시는데, 수사법을 모르는 사람은 할 수 없는 말 같군요.

오르탕시우스—그 점에 대하여 내가 알고 있는 수사법을 가르쳐 준 것은 아가씨의 아름다운 두 눈이랍니다.

리제트.—그렇지만 선생님이 저에게 하신 말씀은 정말 멋진 거예요. 제 아름다운 눈이 수사법을 가르쳐 줄 수 있는지 모르고 있었네요.

(제1장, 5장, p. 559)

---

7 Gallimard, collection de La Pléiade, édition de Marcel Arland, 1949.

오르탕시우스가 하고 있는 칭찬의 고전적 표현법은 바로 사랑에 대한 그의 무능력을 나타내고 있다. 문장구조의 복잡성, 과장법 형식이 한 세기 전 시대의 우아한 언어의 과도함을 생각나게 만들고 있기 때문이다. 그것은 리제트에 의하여 곧바로 조롱되고 있으며(아, 참 그럴듯한 표현법이군요), 학교 수사법 수준으로 격하된 겉멋 부리기인 것이다. 오르탕시우스가 이런 유사성을 거부하면서 리제트의 눈에서 자신의 말을 찾아냈다고 주장하는 이유는 바로 거기에 있다. 논쟁의 핵심은 이렇다. 즉 감정의 언어행위가 수사학과 양립될 수 있는가? 설득하는 기교는 자연스러운 것인가 혹은 인위적인 것인가? 이 점에서 리제트는 회의적이지 않다(제 아름다운 눈이 수사법을 가르쳐 줄 수 있는지 모르고 있었네요). 오르탕시우스는 따라서 그녀를 설복시키려고 시도한다.

> 오르탕시우스—아가씨의 두 눈이 내가 어떤 테제를 제시하고 싶도록 만들었어요. 기꺼이 받아들이신다면, 내가 정식으로 간단한 논법 하나 아가씨에게 보여 드려서 내 지식을 한번 시험해 보겠습니다.
> 리제트—저에게 논법이라뇨! 저는 그게 뭔지도 몰라요. 그런 데에 몰두하고 싶지 않아요. 그럼 안녕히 계세요.
> 오르탕시우스—잠깐만요. 나의 삼단 논법을 보세요. 분명히 말씀드리지만 이건 명쾌한 논법입니다.
> 리제트—삼단 논법이라니! 그걸로 내가 뭘 하시길 원하시는 거예요?
> 오르탕시우스—잘 들어 보세요. 아가씨에게 마음을 준 자들에게 우리는 마음의 빚을 지고 있습니다. 나는 아가씨에게 내 마음을 주고 있습니다. 그러므로(ergo) 아가씨는 나에게 마음의 빚을 지고 있는 것입니다.
> 리제트—그게 다예요? 오오, 저도 수사학을 알아요. 보세요. 자신의 마음을 빼앗은 사람 외에는 마음의 빚을 지고 있지 않아요. 분명히 선생님은

내 마음을 빼앗지 못했어요. 그러므로(ergo) 선생님은 내 마음을 갖지 못할 겁니다. 안녕히 계세요.

오르탕시우스(그녀를 잡으며)—이성理性이 응답하기를…

리제트—오! 전 이성에 대해선 전혀 간여하지 않아요. 내 나이의 여자들은 이성과 전혀 거래하지 않아요. 아듀, 오르탕시우스 선생님, 선생님과 선생님의 테제와 선생님의 삼단논법에 대하여 신의 가호가 있기를 기원합니다.

(*Ibid.*)

보다 자세한 이 두 번째 논쟁은 삼단논법에 대한 것인데, 논증술을 직접 문제 삼고 있다. 논증술로 유혹할 수 있을까? 오르탕시우스의 삼단논법 공격 앞에서, 리제트는 이중적으로 반박한다: —그녀는 의심스런 언어 앞에서 이렇게 질겁해하며(그런 데에 몰두하고 싶지 않아요/전 이성에 대해선 전혀 간여하지 않아요. 내 나이의 여자들은 이성과 전혀 거래하지 않아요) 외부의 수사법이 선정적으로 한번 자극해 보려는 웅변적 어휘에 낯설다고 하면서 그런 수사법을 전체적으로 인정하지 않으려고 한다; —동시에, 그녀는 오르탕시우스 논증의 궤변적 성격을 파헤치며 논박한다. 그녀는 여러 가지 논쟁적 추론을 깔고 테마나 어휘를 혼합한 결과에서 온 대전제—아가씨에게 마음을 준 자들에게 우리는 마음의 빚을 지고 있습니다—에 이의를 제기한다. 마음을 준다는 것은 기독교적 윤리와 동시에 사랑의 코드로 관계되고 있는데 그러한 의미 통합에 바탕을 두고 있는 잘못된 유사성이 문제가 된다. 자비의 관점에서 보면, 마음을 준다는 것은 가장 큰 선물이며, 상대로부터 같은 것을 받게 되는데, 사랑에서 이런 반대급부를 요구하는 것은 가공의 의무감에 기대는 애정 강탈인 셈이다.

이런 궤변을 규탄하기 위하여, 리제트는 정반대로 시작된 삼단 논법을 창조한다. 대전제를 부정문으로 만들고(자신의 마음을 빼앗은 사람 외에는 마음의 빚을 지고 있지 않아요) 오르탕시우스가 하는 의미의 모호함을 소멸시킨다. 리제트는 따라서 용이하게 가정교사를 각하시킬 수 있다. 이런 빛나는 승리는 리제트의 연설 무능력이라는 것을 멋지게 부정하게 된다. 리제트는 사실 오르탕시우스 보다 능숙하게 삼단논법과 논리연결사(그러므로, ergo)를 다루고 있는데, 이런 식의 연설 기교 역시 모호할 수밖에 없다. 왜냐하면 논증의 근거들은 수사법을 조롱하기 위하여 동원된 것이기 때문이다. 수사법의 조롱은 자랑으로 바뀐다. 나중에 하인 뤼뱅에게 자신의 연설 쾌거를 말하면서(그가 나에게 논법을 대려고 했지만, 내가 다른 것들로 그 논법을 아주 멋지게 물리쳤지), 히너는 사랑의 삼난논법을 만들면서 자신의 수사법 재간을 보충적으로 증명해 보인다.

> 리제트—그렇게 편한 게 없어. 자 하나만 말해 볼게: 예를 들어, 너는 귀여운 소년이다.
> 뤼뱅—그건 사실인데.
> 리제트—나는 귀여운 것은 모두 좋아한다. 그러므로 나는 너를 좋아한다: 이것이 바로 논법이라고 부르는 거야.
>
> (제3막, 3장, p. 596)

논증 수사학이 그 권위를 상실한 것이 확실하다면, 문학은 그 실천에 있어서 수사학의 자취를 비록 패러디 형식이지만 간직하고 있다. 논증과 수사학의 아이러니컬한 혹은 우스꽝스런 이미지를 나타내면서도 유희적 양태로 그에 대한 추억을 간직하고 있는 텍스트는 많이 있다.

B. 논증적 근거

텍스트 분석방법으로서의 논증술: 본 두 번째 연구 시리즈는 문학적 방법론이란 목표를 두고 정해졌다. 여기서 우리는 문학을 모방적 관점에서만 보는 것을 지양하고, 해석적 관점 속에서 파악하게 될 것이다. 논증술은 작품의 글쓰기에 어떤 면에서 기여하고 있는가?라는 질문처럼 서로 비교되고 있는 두 가지 현안의 상호작용에 대하여 의문을 제기하고 특히 논증을 통한 문학 구조화 효과에 대하여 탐구하게 되는 것은 바로 이런 범주 내에서의 일이다. 상기 질문에 대한 우리의 태도는 탐색적이다. 따라서 문학 장르 전체를 다루는 것은 전혀 아니며, 텍스트의 선정은 텍스트가 지니고 있는 논증적 독서에 대한 관심에서 이루어졌다. 4장(《이야기의 전개 방식》)은 이와 같이 연설자 또는 그 연설의 목소리에 대한 문제가 화자의 복잡한 역할을 밝혀 주게 되는 소설 텍스트의 세 가지 연구를 모아놓고 있다. 마지막 5장(《역사 글쓰기》)은, 논증술의 시점에서, 문학 텍스트와 역사 에세이를 대조하고 있다. 그리고 사회적이며 문화적이고, 문학적이며 초-문학적인 논증술의 이중의 방법론적 흥미를 강조하기 위하여 조르주 뒤비의 "비문학적" 텍스트로 5장은 끝맺게 된다.

IV. 이야기의 전개 방식

논증은 단순히 문학적 표현의 한 요소가 아니다. 이것은 언어의 고유한 특징으로서 텍스트에 적절한 동력을 가져다주고 텍스트가 극적인 구조인지 서술적 혹은 대화체적 구조인지를 결정짓도록 한다. 다음의 세 텍스트들은 텍스트의 퇴고 자체를 결정하고 있는 논증적 전략들로 인하여 생동감 넘치고 있다. 화자의 목소리와 등장인물-연설자 목소리의 이중적 얽힘(에밀 졸라), 목소리들과 발화자들을 중첩시키면서 연설을 논박하려는 화자에 의하여 연출된 연설에 대한 조롱(귀스타브 플로베르), 서술적인 논쟁의 방식을 통한 전통적 서술의 교란(알랭 로브-그리예) 등이 그것이다. 논증은 여기서 텍스트 구조의 본질적 요소가 되고 있다.

1. 연설가와 화자—발화자의 문제

에밀 졸라, 《제르미날》[1]

시위진압대에 쫓겨 "삼천 명에 달하는 광부들"은 밤에 숲속으로 모

1 Gallimard, collection de La Pléiade, éd. d'Armand Lanoux et Henri Mitterand, 1964, t. III.

여든다. 에티엔 랑티에는 갑자기 연설을 시작하며 파업의 지속을 호소한다. 여기서 누가 말하고 있는가?라는 하나의 질문이 텍스트의 문제, 즉 누가 연설을 맡아 하고 있는가?라는 연설적이며 발화적인 문제 뿐 아니라, 연설과 이야기의 경계는 무엇인가? 화자는 어느 정도로 연설자와 겹치고 있는가?라는 서술적 문제를 단적으로 나타내고 있다. 논증적 분석은 연설의 진행이 묘사와 연설자의 행위가 개입되어 있는 것을 연속적으로 관찰함으로써 이런 이중적 질문에 대한 답변의 요소들을 제시해 준다.

에티엔은 점점 흥분하기 시작했다. 그는 라스뇌르의 평이하고 유려한 풍부함은 지니고 있지 못했다. 종종 단어들이 생각나지 않아서, 문장을 억지로 만들어 내야 했으며 어깨를 으쓱하며 가까스로 그 문장에서 벗어나곤 했다. 단지, 이렇게 계속 말문이 막하는 곳에서, 그는 청중들을 사로잡는 친숙한 힘을 지닌 모습들을 찾아냈다. 그의 작업장 인부 몸짓, 굽혔다가 쭉 뻗는 그의 팔꿈치 그리고 주먹을 내밀며, 물어뜯듯이 갑자기 앞으로 내미는 그의 턱뼈, 이런 것들이 역시 동료들에게 상당한 영향을 주었던 것이다. 사람들은 모두들 그가 그리 큰 몸은 아니지만, 타인을 설복시킬 수 있는 자라고 말했다.

"임금제도는 새로운 형태의 노예제도입니다." 그가 더욱 떨리는 목소리로 말을 이었다. "바다는 어부의 것이고, 땅은 농부의 것인 것처럼 광산은 광부들의 것이어야 합니다… 아시겠죠! 광산은 한 세기 전부터 그토록 많은 피와 비참함을 바쳐 왔던 여러분 모두의 것입니다!"

분명하게, 그는 권리에 대한 모호한 문제들, 줄줄이 광산에 대한 전문적인 법률들에 관하여 언급하기 시작했는데, 여기서 제대로 갈피를 잡지 못하고 있었다. 지하층도 지면과 마찬가지로 국가의 재산이다. 오직 가증스런 특권이 회사 측에게 그 독점권을 보장하고 있다. 게다가 몽수의 경우, 소위 채굴권의 적법성은 에노의 옛 관습에 따라 과거의 봉토 소유주들과 맺은 협정들로 인하여 복잡하게 얽혀 있다. 그러므로 광부들은 그들의 재산을 되찾기만 하면 된다. 그리고 그는 손을 뻗어 숲 너머에 있는 이 지방 전체를 가리켰다. 이때, 키 큰 나뭇가지 사이로 미끄러지며, 지평선에서 떠오르는 달이 그를 비추었다. 계속 어둠 속에 잠겨 있는 군중들은 양손을 펼쳐 행운을 나눠주고 있는 그가 달빛으로 하얗게 빛나며 눈에 보이자, 또다시 오랫동안 박수를 터뜨렸다.

"옳소, 옳소, 맞는 말이오, 브라보!"

(제4부, 7장, pp. 1378-1379)

1. 발화자의 신분

a) 연설 문화

발췌문을 간략히 검토만 해도 직접화법이 차지하는 부분의 미약함을 분명히 알게 된다. 랑티에의 말을 재현하기 위하여 졸라는 이야기체 화법의 전통적인 소설 기법에 대대적으로 의지하고 있는 것이다. 따라서 직접 인용은 아주 드물게 하면서, 화자는 연설의 복구에 대한 책무를 떠맡고 있다. 반대로, 그는 분명하게 수사학적인 용어로 연설의 특징을 규정함으로써, 연설의 이런 비非-언술을 보완한다. 에티엔의 웅변은 "풍성하지도", "평이하지도" 않으며, 막히고 짧게 끊어지고 격한 것이다(종종 단어들이 생각나지 않아서, 문장을 억지로 만들어 내야 했다). 그러나 에티엔의 이런 부분적인 문체의 결함은 강력한 표현법(그는 청중들을 사로잡는 친숙한 힘을 지닌 모습들을 찾아냈다)과 청중을 확실하게 사로잡고 있는 연설속의 강렬한 행동에 의하여 상쇄되고 있다: 굽혔다가 쭉 뻗는 그의 두 팔꿈치 그리고 두 주먹을 내밀며, 〔…〕 갑자기 앞으로 내미는 그의 턱뼈, 이런 것들이 〔…〕 동료들에게 상당한 영향을 주었던 것이다.

에티엔 연설의 이런 메타언어적인 기능은 졸라의 연설문화를 입증하고 있으며 19세기 말에 있었던 수사학의 문화적 침투를 증거하고 있다.

b) 서술적 장악력

그렇지만 화자의 이런 행위는 실제적으로 연설의 자리를 차지하고 있기 때문에 모순적이다. 거의 이례적으로, 그것이 연설의 역할을 하고 있는 것이다. 관념적으로 볼 때, 이런 서술적인 실행은 문제가 되는 것이며, 이것이 진정 에티엔의 말인지 의문을 품게 만들고 있다. 에티엔은 작업장 인부 몸짓을 하고 있다. 특수하지 않은 이런 식의 총칭적 성격 규정은 화자가 독자에게 변화를 주는 방식을 아주 잘 보여 주고 있다. 우리는 노동자의 진정한 연설의 언술행위가 아니라, 화자(에티엔과는 반대로, 관습적으로 "부르주아"라고 규정되는 자)에 의한 그것의 묘사, 더 나아가 그것의 진전을 상대하고 있는 것이다. 친숙한 힘을 지닌 모습들이라는 표현은 이런 모습들에 대한 직접적인 진술을 대신하고 있는 것이며, 특히 친숙한 이라는 형용사가 함축하고 있는 언어 수준에 대한 성격규정을 통하여 화자 자신의 판단의 흔적을 담아 내고 있는 서술의 전형인 것이다. 친숙한 모습이 무엇인지에 대하여 독자는 화자와 똑같은 표현을 하는 것으로 여겨지기 때문에, 관념적으로 먼저 요구되는 것이라는 간접적 수단으로, 에티엔의 연설을 독자의 판단에 노출시킴으로써 결국 화자는 이 연설을 무대 중심에 올리기 보다는 오히려 그것으로부터 거리를 두고 있는 것이다.

c) 직접화법

대조적으로, 직접화법으로 된 짧은 구절은 이와 같은 모습들이 없으며 관습적 성격이 강하게 드러나 있는 유추적인 논증(광산/땅/바다 — 광부/농부/어부)에 한정되어 있다. 실제의 연설은 따라서 그 메타 언어적 성격 규정 보다 하위의 것으로 나타나는데, 이것은 화자가 연설을 통제하고 있음을 확인하는 것이다.

노동 가치에 대한 표명(임금제도는 새로운 형태의 노예제도입니다)인 이념적인 계획은 노동자의 말을 연설의 무대에 올리지 않고, 본질적으로 화자가 책임을 지게 되는 분석적 언어로 표현되어 있다. 연극-연설에 대한 논평-이야기의 이런 영향력 속에서 수사학의 후퇴에 대한 또 하나의 징후를 볼 수 있는 것인가?[2]

d) 자유간접화법

연이어 이 텍스트 속에 자유간접화법이 나타나는 것은 놀라운 일이 아니다. 왜냐하면 이 화법은 화자의 지식을 표명하기에 적합한 언어적 도구

2 《제르미날》에는 마외의 연설(제4부 2장)과 같은 노동자 화법이 있기 때문에, 이런 가설에 근거를 마련하기 위해서는 메타 언어적으로 이야기되는 화법과 직접화법, 그 각자의 몫을 측정해 봐야 한다.

이기 때문이다.[3] 화법의 이런 형태는 연설자의 공간과 화자의 공간을 혼동하게 만든다. 화자는 마치 자신의 것인 양 연설자의 생각과 말을 마음대로 쓰고 있다. 특히 판단을 담고 있는 평가 용어는 화자의 몫이다.

> 분명하게, 그는 권리에 대한 모호한 문제들〔…〕에 관하여 언급하기 시작했는데, 여기서 제대로 갈피를 잡지 못하고 있다.

에티엔의 연설은 단번에 혼란스러운 것으로 나타난다. 문장(특히 분명하게라는 부사)은 더한층 에티엔에게는 없는 기술적인 능력을 화자가 지니고 있음을 의미하고 있다. 다음의 문장은, 통사적으로 연설의 일부임에도 불구하고, 단지 화자의 하나의 논평으로 볼 수 있는데 왜냐하면 에티엔이 갈피를 잡지 못하고 있는 이유를 분명히 설명하고 있기 때문이다.

> 몽수의 경우, 소위 채굴권의 적법성은 에노의 옛 관습에 따라 과거의 봉토 소유주들과 맺은 협정들로 인하여 복잡하게 얽혀 있다.

자연주의 소설가의 자료 연구에 대한 부인할 수 없는 증거이며… 동시에 연설의 진실임직함에 대한 공공연한 위반인 것이다. 연설은 모호하다고

3 자유간접화법의 이런 담화적 기능에 대해서는 로베르 마르탱이《의미의 논리*Logique du sens*》에서 제시한 분석을 참조할 것. "자유간접화법에서, 화자는 명시적이든 아니든간에, 그가 생각, 감정 혹은 말을 환기시키고 있는 그 발화자와 혼동되고 있다. 이때부터, 누가 실제로 진리치眞理値를 고려하고 있는지 더 이상 알 수 없게 된다: 폴이 방금 전화했다: 그는 아주 우울하다("아주 우울하다고 그는 나에게 말했다" 혹은 "그가 아주 우울하다는 것을 나는 확인했다", 혹은 이 두 경우 모두인가?) 〔…〕. 화자는 마치 자신의 것인 양 타자의 생각이나 감정을 마음대로 쓰고 있다. 자유간접화법은 태생적으로 모호성 속에 빠져 있다." (《가능 세계 속의 진실 및 신앙의 우주》, p. 96)

하는데, 반면 독자는 상세하게 전문적인 설명을 받고 있는 것이다. 독자는 이렇게 연설의 수신자가 되고 있으며 노동자들인 청중은 매혹된 그렇지만 둔한 대화자에 불과하다.

자유간접화법은 이제 발화행위의 재생이 아니라, 연설자의 담화가 화자의 담화로 대체되고 있는 것을 의미한다. 그리고 연설자의 말이 짧게 반복되는 것은(광부들은 그들의 재산을 되찾기만 하면 된다), 곧이어 묘사 작업으로 들어가기 위함이다.

2. 담화, 이야기 그리고 묘사

> 그리고 그는 손을 뻗어 숲 너머에 있는 이 지방 전체를 가리켰다. 이때, 키 큰 나뭇가지 사이로 미끄러지며, 지평선에서 떠오르는 달이 그를 비추었다.

졸라는 연설자의 행위와 동시에 묘사 작업에 속하는 에티엔의 제스처에 대한 이중적 위상을 솜씨 좋게 다루고 있다. 숲이라는 단어 때문에 완전히 묘사로 전환되고 있는데 말이다. 묘사의 기능은 메타 언어적이다. 이것은 우리가 담화로부터 거리를 두고 그것을 측정해 볼 수 있도록 한다. 감동적이고 생생한 묘사는 장면의 전반적 의미를 줄 수 있는 유일한 자인 화자의 전략 속으로 담화가 완전히 내포되어 있음을 확인하고 있다. 그리고 군중은 에티엔의 말만큼이나 빛의 효과를 찬양하기 때문에 이런 서술적인 쾌거에 박수 보내는 것처럼 보이는 것이다.

이렇게 담화가 이야기에 종속됨으로써 결과적으로 논증적인 내용은 거리를 두게 되고 화자의 판단이 결정적인 위치에 놓이게 된다. 위에서 제기한 인용문에 뒤이어 나오는 긴 단락 속에서, 에티엔의 연설에 대한 평가절하는 뚜렷해진다. 에티엔 말의 교조적이고 맹신적인 성격—사회타도 및 평등한 공동체주의에 기반을 둔 그 재건再建—을 화자가 강조하고 있기 때문이다.

> 이렇게 해서 낡고 썩어 빠진 사회가 완전히 개조될 수 있다는 것이다. 그는 결혼제도와 유언권을 공격했고 각자의 재산을 규제했으며, 마치 익은 곡식을 낫질하듯, 늘 같은 식으로 팔을 커다랗게 휘둘러 죽어 버린 지난 세기들의 불공정한 기념비를 쓰러뜨렸다. 그리고 그는 다른 팔을 들어 재건축하며, 이십 세기의 여명 속에서 커가는 진리와 정의의 건축물, 다가오는 인류의 모습을 빚어 냈다.
>
> (p. 1380)

통사적인 우아함은 이 연설을 화자가 맡고 있음을 보여 주고 있는데, 여기에 낡고 썩어빠진 사회라는 표현의 미리 계산된 현저한 예외가 있다. 문장 속에 문체적 효과를 노리고 삽입되어 있으며 따라서 분명히 에티엔의 말로 여겨질 수 있는 이 표현은 에티엔 연설의 폭력성뿐 아니라 그의 이데올로기적인 맹신주의를 뚜렷이 하고 있다. 사회의 파괴와 재건을 이렇게 온 몸으로 표현해 내면서 그는 양면적인 상징적 모습을 갖추게 된다. 즉 그는 미래 사회의 싹을 트게 하는 힘을 선언하고 있는 것이지만, 또한 낫질하는 자의 치명적인 힘을 구현하고 있다. 이런 양면성을 화자는 사실 해결하지 않고 있지만, 에티엔의 교조주의와 그의 연설적 광기를 부정적으로 규정하고 있다.

> 이런 정신적 긴장 때문에, 이성理性은 흔들렸고, 당파주의자의 고정관념 외에는 이제 아무것도 남아 있지 않았다.
>
> (*Ibid.*)

에티엔의 연설 말미는 이와 똑같은 양면성으로 그 특징을 이루고 있다. 한편으로는 노동자 군중의 열광, 다른 한편으로는 성난 이 군중에 대한 묘사에서 생겨나는 공포가 바로 그것이다. 에티엔의 말에 대한 이 인간 무리들의 지지가 이성에 의한 것이 아니라, 청중이나 연설자나 모두 똑같이 복수와 보복을 앞세우고 있는 정열에 의한 것이며 화자는 이들에 대한 공포와 매혹 사이에서 주저하고 있음을 마지막 부분의 묘사가 전형적으로 보여 주고 있다.

> 얼음장 같이 싸늘한 대기 아래에서 굶주리고 무력한 남자들과 여자들, 그리고 어린애들로 이루어진 민중은 격노한 얼굴로 눈을 반짝이며 입을 벌린 채, 탈취당한 옛 재산의 정당한 약탈에 몸이 달아 있었다. 이 뜨거운 말들이 그들의 내장 속까지 덥혀 주고 있어서 더 이상 추위도 느껴지지 않았다. 어떤 종교적 열광, 임박한 정의의 지배를 기다리는 초기 기독교들의 희망의 열정이 그들을 땅에서 일으키고 있었다.
>
> (*Ibid.*)

이와 같이 연설은 묘사에 의해서 그리고 자유간접화법이 허용하고 있는 은유적 성격규정에 의해서 점진적으로 흡수되고 있다. 화자의 독점적인 작업으로서의 묘사는 졸라의 작품에서 흔히 나타나는 방식인 신화적 용어로 장면의 의미를 부여하고 있다. 신화적 기능에 이렇게 의지하는 것을 앙리 미테랑[4]은 소설 속 무대에 올려진 사회학적 변혁을 이데올로기적 표현으로 규정하는 데 있어서의 화자의 무능력으로 해석하고 있다. 신화적인 것으로의 이런 이데올로기 흡수는 신화의 중요한 은유적 코드 속에서 나오는 상징적인 원형을 위하여 사회관계의 실제적 역사를 지워 버리고 있는 졸라의 서술이 지닌 양면성을 특징적으로 보여 주고 있는 것이다. 앙리 미테랑이 보기에, 상상적인 것으로의 이런 성격규정은 사회적 역사를 일관되게 형상화시키지 못하는 부르주아적 이데올로기의 무능력을 반영하는 것이고, 졸라가 노동 투쟁에 던지는 시선, 즉 우리가 인용한 텍스트 속에서 파업 중인 노동자들의 집회를 야만적인 쾌락주의자들의 어떤 원시적인 의식儀式(고통은 사라지고 이제 쾌락이 찾아온다! 이 얼마나 멋진 꿈인가!) 으로 동화시키고 있는, 매혹된 동시에 겁에 실린 시선의 모호함을 드러내는 것이다. 해석적 논쟁의 여지는 남아 있으나, 화자의 목소리에 의하여 분명 에티엔의 연설이 오염되어 있고, 심지어 점거되어 있는 것은 노동자식式 수사법을 무대에 올리면서도 동시에 그것과 거리를 두고 있는 졸라의 서술이 지니고 있는 양면성을 토대로 한 것이다.

4 《소설의 화법*Le Discours du roman*》, Presses universitaires de France, 1980: "제르미날의 텍스트는 번갈아 가면서 사물들의 자연적이고 지속적인 범람과 계시록의 회귀로 이야기를 축소시키고 있는—굶주린 무리, 화재, 지반 붕괴—상징적 원형들을 중심으로 축조되었다. 이런 점에서 볼 때, 광산과 광부들은 그 자체로서 자료 묘사로 받아들여질 수 있는 산업사회의 특징적 우주라기보다는, 피할 수 없는 대재앙이 솟구치게 될, 어둠속의 매장된 세계, 표면과 낮의 문명의 이면裏面과 역逆, 갱도의 세계라는 하나의 우주-기호로서 나타나고 있다. [⋯] 이런 면에서, 상징적 화법의 표현 수단을 통하여, 저자와 그가 속한 계층의 이데올로기는 과학적인 분석이 점령하는 데 실패했던 땅을 수복하고 있는 셈이다. 작품은 암시적 증거가 된다. 이 작품은 미래를 앞두고 있는 부르주아지의 불안을 입증하고 있다. [⋯] 이것은 또한 사회적 진보, 특히 노동 운동을 합리적 시선으로 볼 수 있는 의식의 일시적인 무기력을 보여 주고 있다."(〈지식과 상상: 《제르미날》과 이데올로기〉, pp. 138-139)

2. 소설과 논증적 다성성

귀스타브 플로베르, 《보바리 부인》[5]

그는 규칙은 알고 있었지만, 표현방식에 있어서는 거의 세련된 데가 없었다라고 중등 시절의 샤를을 규정하는 것은 엠마의 남편과 이름만 들어도 연설의 공허함을 떠올리게 하는 리외뱅 참사관 사이의 어떤 잔혹한 관련을 자아 낸다. 플로베르 작품에서 볼 만한 대목인 농업 공진회의 연설은 연극적으로 하나의 상투적인 수사법을 노출하고 있는데, 이 수사법의 그로테스크, 관습적인 표현, 그리고 이데올로기적 순응주의는 이미 연구된 바 있다.[6] 에토스적 입증은 우리에게 참사관의 무대 등장을 연구할 기회를 제공하였고, 가치에 대한 페렐만 방식의 분석은 격동의 혁명적인 과거와 사회적 정치적으로 목가적인 현재 사이에서 연설의 중심적 대립을 결정짓는 보수적 이데올로기를 비평하고 있다.

웃음이란 그렇지만 모든 것을 설명하지 않는다. 연설의 전통에서 비롯된 즉각적 연습인 우스꽝스런 것의 실행은 플로베르의 수사학적 재능을 보여 주고 있다. 사회적 풍자가 확실한 것이면, 수사학의 조롱은 더욱 모호해진다. 특히 이 연설은 소설의 나머지 부분과 격리될 정도로 그 의미를 상실하고 있다. 묘사 작업(청중들의 서로 다른 여러 원들이 소설 속 인물의 핵심을 모으고 있다)에 의하여 규정된 연설 상황에 주의를 집중해야 한다. 또한 참사관의 연설과 병행해 나오면서,

---

5 Gallimard, collection de La Pléiade, édition A. Thibaudet et R. Dumesnil ; volume 2.

6 특히 Anne Herschberg-Pierrot, 〈리외뱅 연설에 나타난 상투적 표현, 상동증常同症 그리고 담화 전략—《보바리 부인》, II, 8〉; *Littérature*, n° 36, décembre 1979 을 참조할 것.

그것에 대한 대응과 간접적이며 조소적 논평의 기능을 하고 있는 엠마와 로돌프 간의 대화를 관찰해야 한다. 엠마와 로돌프의 상징적 위치(그들은 면사무소 이층에서 군중과 연설자를 내려다보고 있다)는 시퀀스의 총체적 의미가 연설, 대화 그리고 묘사의 이런 얽힘과 연계되어 있으며 작품의 주인은 화자라는 것을 말해 주고 있다. 연설과 서술의 메커니즘을 동시에 행하고 불협화음의 어떤 원리에 따라 소설적 목소리들을 다층화시키고 있는 이런 배열은 플로베르 글쓰기의 근대성을 보여 주고 있다. 장면의 독창성은 연설 기법에 대한 다소 상투적인 풍자화에 있기보다는 다시 새로워진 어떤 소설적 구성을 위하여 연설과 대화 방식을 동원했다는 데 있다.

I. 우스꽝스런 것과 담화의 일관성

드디어 참사관 나리가 일어섰다. 이제 그의 이름이 리외뱅이라는 것이 알려지면서 군중들 사이에 그 이름이 입에서 입으로 퍼져 나갔다. 그가 몇 장의 종이쪽들을 확인해 보더니 좀 더 잘 보려고 그 위에 눈을 바싹 대고 입을 열었다.

"신사 여러분,

우선(오늘 이 모임의 목적에 대해서 여러분들에게 말씀드리기에 앞서, 또 여러분들도 저와 똑같은 느낌이리라 확신합니다만), 우선, 상급 관청, 정부, 군주께 경의를 표하는 것을 허락해 주시기 바랍니다. 여러분, 우리의 최고 권력자인 군주야말로 공적인 번영과 사적인 번영을 골고루 생각하고 계시며 폭풍우 치는 바다와도 같은 끊임없는 위기 속에서 너무나도 확고하고 현명하신 판단으로 국가라는 전차를 이끌며, 게다가 전쟁도 평화도 다같이 중하게 여기도록 만드시고 공업과 상업과 농업과 미술을 존중하도록 만드실 줄 아는, 우리들 모두가 경애하는 왕이십니다."

(제2부, 8장, p. 420)

1. 특수성 없는 연설

주제를 벗어나(오늘 이 모임의 목적에 대해서 여러분들에게 말씀드리기에 앞서) 특별 연설이 정치적 찬사로 대체됨으로써, 단번에 연설은 그 공허함을 드러내고 있다. 특별연설은, 화자의 말에 따르면, 참사관에 대한 답사 형식으로 드로즈레 위원장에 의하여 이루어질 것이다. 참사관은, 근대적이면서도 아리스토텔레스파의 철학적이라는 용어의 이중적 의미에서, 공통 말터를 남용하고 있는 반면에, 그의 상대자는 자신의 주제에 대해서 특수 말터에 의지하고 있다.

〔그것〕은 전혀 참사관의 연설만큼 화려하지는 않았으나, 보다 실증적인 스타일의 성격으로 인하여, 말하자면 보다 전문적인 지식과 보다 알찬 고찰들로 인하여 그 진가를 나타내고 있었다. 따라서 정부에 대한 찬사는 줄었고 종교와 농업이 더 많은 자리를 차지하고 있었다.

(p. 426)

2. 화술과 신고전적 구성

연설의 이데올로기적 순응주의에 해당되는 이런 문체적 특징[7]은 은유의 선택(첫째는 국가라는 전차) 속에 그리고 농업 활동의 특수한 성격을 대

7 문체와 가치의 분석에 대해서는 위에 나오는 페렐만 연구(제1부 6장 1항)를 참조할 것.

체하고 연설의 의미를 도려내 버리는 본질적 한정사의 사용 속에 나타나고 있다.

> 그리고 여러분, 제가 과연 이 자리에서 여러분들에게 농업의 효용을 구구하게 설명할 필요가 있을까요? 대체 누가 우리들의 필요를 충족시켜 줍니까? 대체 누가 우리들의 식량을 공급해 줍니까? 그것은 바로 농민이 아닙니까? 여러분, 그 농민이 부지런한 손으로 전원의 풍요로운 밭고랑에 뿌린 씨앗은 밀로 싹터서 자라나고, 그 밀은 기발한 도구로 빻아져 밀가루라는 이름으로 쏟아져 나온 다음 도회지로 운반되어서 이윽고는 빵집으로 배달되고, 거기에서 가난한 자와 부유한 자를 다같이 먹여 살리는 양식으로 제소됩니다.
>
> (p. 423)

상투적 표현들(부지런한 손, 풍요로운 밭고랑)이 쌓여 있는 이런 말투는 연설과정의 체계적 강조에 유리한 문장 구성으로 살아 움직이고 있다. 뻔히 눈에 보이는 역언법 외에, 당연한 답변이 나올 연설 질문들, 조건문의 결과절 등이 참사관에 따르면 농업에 의하여 주어진다는 "평등주의"의 교훈을 늘어지게 강조함으로써 연설기법에 대한 이런 모습을 완성하고 있다. 고전적 언어의 전형적인 표현(기발한 도구들)이 연설자의 시대착오적인 무능을 고발하고 있는 것이다.

3. 영웅적 코미디의 불균형

연설의 일반적 방식인 과장법이 연설 대상과 아무런 관련도 없는 문체적 과잉을 만들어 내고 있다. 이런 연설적 과장법의 소산은 우스꽝스러운 것, 아니 더 정확히 말하면 비천한 주제를 위한 고상한 문체, 영웅적 코미디인 것이다.

> 우리들이 입는 옷을 위하여 목장에서 무수한 가축을 기르는 것도 역시 농민 아닙니까? 실제로 만약 농민이 없다면 어떻게 우리들이 옷을 입을 수 있으며 어떻게 우리가 고픈 배를 채울 수가 있겠습니까? 아니, 여러분, 그렇게 먼 데서 실례를 찾으려 할 필요가 있을까요? 우리들의 잠자리에 폭신폭신한 베개를, 우리들의 식탁에 맛좋은 고기와 달걀을 공급해 주는, 우리들의 가축장을 장식하고 있는 저 소박한 동물의 중요성을 가끔씩 깊이 생각해 보지 않은 사람이 있겠습니까?
>
> (p. 423)

농업의 효용을 보여 주려는 연설의 흐름에서 암탉에 대한 찬사는 그 극치를 이루고 있다. 영웅적 코미디의 효과는 극찬하는 문체와 가금류 동물이라는 찬양 대상 사이의 간극, 리드미컬하게 강화되고 있는 이 간극에서 창출된다. 주요 박자는 운율 단위로는 가장 짧고 의미적으로는 가장 미천한 달걀들이라는 문장의 맨 마지막 단어에 의하여 갑작스레 단절되고 만다.

4. 담화의 일관성과 우스꽝스런 것의 중의성

그러나 연설의 활력에 사로잡힌 청중은 이런 코미디적인 효과를 지각하지 못하고 있다. 오드 구조를 표절한(모쪼록 이 농업 공진회가 여러분에게 있어서 평화적 각축장이 되길 바랍니다) 연설은 부인할 수 없는 일관성을 지닌 찬사, 즉 군주에 대한 찬사이며 폭풍우 이후에 오는 평화와 그리고 농부들("평화의 선구자들")에 대한 찬사인 것이고 의무의 가치를 향한 전율하는 외침이며 "여러분들로부터 눈을 떼지 않고 있는" 국가의 수호 권력에 대한 환기인 것이다. 연설은 따라서 이데올로기와 논증에서 일관성을 유지하고 있다. 참사관은 그 규칙들을 알고 있으며, 이것이 청중에게 효과적이라는 것이 밝혀졌다(참사관이 그의 청중들 마음속에서 함양시키고 있는 순응주의를 효과적으로 강화하고 있는 말의 상투성). 또한 조롱은 독자들에게만 드러나게 되어 있는데 화자는 의도적으로 독자의 시선을 형상들의 관습성에 집중시키고 있다. 마지막으로, 화자는 연설기법을 솜씨 있게 다루면서, 우스꽝스런 것을 통하여, 수사학을 조롱하고 있기 때문에 그 수사학을 모순적으로 쓰고 있는 셈이다.

II. 다성적 글쓰기[8]

말투가 과장된 면이 있지만 일관성이 있는 그 구조로 인하여 연설은 결함을 지니고 있지 않다. 연설로서의 자격을 직접적으로 박탈해 버리는 것은 연설과 대화가 중첩되어 나오는 데 있는 것이다. 그 양에도 불구하고, 연설은 서술 장치의 한 부속물에 불과하며 그에 대한 평가는 연설과 겹쳐지는 부차적 주제의 요소들을 대조함으로써 비로소 가능하다.

8 오스왈드 뒤크로의 화용 언어학적 작업들이 최근에 다성성이란 용어에 기술적 가치를 부여하였다. 발화행위의 한 상황을 묘사하기 위하여, 특히 뒤크로는 발화행위의 책임을 수행하는 발화자énonciateur로부터 말을 하는 화자locuteur를 구별하고 있다. 이러한 구별은 자유간접화법의 몇몇 효과를 설명할 수 있도록 만들고, 어떤 연설 내부에 있는 기재記載 메커니즘의 총체에 대하여 정련된 묘사가 가능토록 한다. 어떤 발화행위들, 특히 조소적 발화행위들의 복잡성은 여러 명의 화자와 발화자가 무대에 등장하고 있음을 가정하고 있는데, 이것이 바로 다성성이란 용어의 사용법을 설명하는 것이다. 오스왈드 뒤크로와 공동으로 우리는 이 개념을 문학 텍스트에 적용하려고 시도했다: 질 드클레르크와 오스왈드 뒤

1. 화자의 개입

고전적이지만 특성화와 묘사(연설자의 우스운 우직함, 청중의 어리석은 자기도취)를 통하여 독자의 판단을 결정해 주는 요소이다.

2. 이야기/연설의 교체 등장

이것은 구조적으로 리외뱅이 읊조린 찬양가의 가치를 떨어뜨리는 아

크로, 《〈페스트에 걸린 '동물들'〉—화용적 접근과 수사학Les Animaux malades de la peste. *Approche pragmatique et rhétorique*》, Colloque d'Albi, 《언어활동과 의미*Langages et Significations*》, 1983, pp. 5-38 ; 언어학적인 면에서 다성성에 대한 체계적인 글로는 오스왈드 뒤크로, 《말하는 것과 말해진 것*Le Dire et le dit*》, Editions de Minuit, 1984, 제2부 〈언술 행위〉의 7장 〈독단적 논증〉과 8장 〈발화행위의 다성적 이론에 대한 스케치〉를 참조할 것. 오스왈드 뒤크로의 언어학에 대해서는 위에서 말한 화용적 언어학에 대한 글(제1부 6장 2항)을 참조할 것. 그러나 여기서 우리가 다성성이란 용어에게 부여하고 있는 의미는 미하일 바흐친의 작업(더구나 오스왈드 뒤크로가 참조한 책), 《소설의 미학과 이론*Esthétique et théorie du roman*》의 두 번째 연구 논문 〈소설의 화법에 대하여Du discours romanesque〉(1978년 갈리마르 출판사 불역본, pp. 83-183)로부터 온 것이다. 러시아 비평가는 소설에서 목소리와 문체의 조립을 보고 있다. 소설은 따라서 서술자, 등장인물들의 목소리, 사회적 목소리가 함께 가고 서로 응답하는 대화 텍스트라는 것이다: "소설의 문체, 그것은 문체들의 조립인 것이고 소설의 언어행위('랑가주')는 언어들('랑그')의 체계인 것이다. 〔…〕 소설, 그것은 언어행위와, 때로는 랑그와 개인적 목소리들의 다양성, 문학적으로 조직화된 다양성이다. 〔…〕 저자와 서술자의 화법, 삽입절들, 등장인물들의 말 등은 다언어주의가 소설 속으로 들어갈 수 있도록 해주는, 밑바닥의 구성적인 단위들일 뿐이다. 이 단위 각각은 사회적 목소리의 복합적인 울림들과 늘 다소간 대화체로 되어 있는, 그것들의 여러 가지 연결성과 상관 관계들을 받아들이고 있다. 발화와 언어행위 사이의 이런 특수한 연결성과 상관 관계, 언어행위와 화법을 너머 지나가는 테마의 이러한 움직임, 지류들와 작은 물방울들로의 그 분열, 말하자면 대화체로의 변신이 소설의 문체론의 일차적인 특이성으로 나타난다"(pp. 88-89). 서로 다른 문학 텍스트들에 대한 이런 개념의 적용은 《시학*Poétique*》, n° 54, Seuil, avril 1983에서 읽어 볼 수 있음.

이러니컬한 메아리, 조화가 맞지 않는 요소들을 야기한다.

> 연설문 낭독도 다 끝났으므로 이제 각자는 다시 제 위치로 복귀했고 모든 것은 평소의 모습으로 되돌아갔다. 주인들은 하인들을 거칠게 다루었고, 하인들은 가축들을 후려쳤다. 그리고 아무 것도 모르는 승리자들인 가축들은 뿔 사이에 초록 왕관을 쓴 채 외양간으로 다시 돌아가고 있었다.
>
> (p. 429)

3. 자유간접화법

서술적 모호성(누가 말하고 있는가?)을 잘 보여 주는 부문인데, 이것은 드로즈레 위원장과 로돌프의 목소리들의 모순적인 얽힘을 환기시키고 있다.

> 로돌프는 자기작용으로부터 차츰 친화력으로 옮겨가면서, 다른 한편 공진회 위원장께서 쟁기 든 킨키나토스, 양배추를 심는 디오크레티아누스 황제 그리고 씨 뿌리기 의식으로 새해를 시작한 중국 황제들의 이야기를 하고 있는 동안, 젊은 남자는 젊은 여자에게 뿌리칠 수 없는 이 매혹들은 어떤 전생의 인연에서 유래하는 것임을 설명하고 있었다.
>
> (p. 426)

목소리들의 대립은 결정적이고 그것들의 귀에 거슬리는 불협화음의 결과로 플로베르는 연설의 스타일과 이데올로기를 서로 등지게 만들고 있다. 리외뱅의 연설은 공허한 것이지만, 위원장의 연설은 화려하다. 그리고 로돌프는 언어의 낭만주의에 몰두하고 있다.

4. 대화의 겹치기

두 개의 공식적 연설과 겹쳐지고 있던 엠마와 로돌프의 대화가 농업상 시상식에 이르러 직접 삽입되어 있는 것은 불협화음의 효과를 그 정점에 이르게 한다.

—저는 백 번도 더 되돌아가려고 했습니다. 그러나 당신의 뒤를 따라와서 여기에 있는 것입니다.

퇴비상

—그리고 이대로 오늘밤도, 내일도, 그리고 또 다른 날에도, 아니 한평생 여기에 있고만 싶습니다!

아르괴이유의 카롱 씨에게 금메달!

—어떤 사람과 함께 있을 때에도, 이렇게 완전한 매혹을 맛본 적은 없었으니까요.

지브리-생-마르탱의 뱅 씨에게!

—그러므로 저는 당신의 추억을 언제까지나 간직하겠습니다.

메리노 숫염소 상으로는…

—그런 당신은 저를 잊어버리고 말겠지요. 저 같은 것은 지나가는 그림자 같은 것일 테지요.

노트르담의 블로 씨에게…

—아! 아니에요. 저는 당신의 생각 속에서, 당신의 삶 속에서 그 무언가가 될 수 있을 거예요, 그렇죠?

돼지 부문의 공동 수상. 르에리세 씨와 퀼랑부르 씨에게 육십 프랑!

(p. 427)

의미의 불협화음은 구조적으로 한 틀에 수렴되어 있기에 더욱 볼 만한 것이다. 또한 이 두 개의 평행적인 시퀀스는 사건의 결말을 말하고 있다. 즉, 진흥회 시상식 그리고 정점에 이른 로돌프의 유혹의 언사가 바로 그것이다. 그렇지만 뒤집어 보면 아이러니가 있다. 로돌프는 참사관이 말하는 의무라는 것을 직접적으로 비판하면서 그 참사관을 앞에서는 조롱했던 것이다.

> '의무! 의무!' 체! 천만의 말씀! 의무란 위대한 것을 느끼고 아름다운 것을 귀중하게 여기는 것이지, 사회가 우리에게 강요하는 굴욕과 함께 온갖 사회 인습을 받아들이는 것은 아니란 말입니다.
>
> (p. 423)

화자는 여기서 부르주아적 순응주의에 대한 자신의 증오를 표현하고자 등장인물을 자신의 대변자로 만들고 있는 듯하다. 참사관은 의무를 복수로 말하고, 정의내릴 필요가 없다고 판단하는 합의적이고 구체적인 가치들에 의지하는데, 이것은 바로 그의 보수성에 대한 논쟁적 징표인 것이다.[9] 거꾸로, 로돌프는 이 용어를 단수로 사용하여 그것에 추상적 가치를 부여하고 비순응주의적 관점에서 개념을 수정한다. 사회의 순응주의에서 벗어난 개인의 낭만적 격정인 것이다. 그러나 다음과 같은 찬사는 그 허풍으로 인하여 조롱거리가 된다.

> 그때 지평선이 열리면서 '자, 행복이 여기 있다!' 하고 외치는 목소리 같은 것이 들리는 겁니다. 당신은 그 사람에게 당신의 지나온 생애를 고백

---

9 문체와 가치에 대한 페렐만 연구(제1부 6장 1항)를 참조할 것.

하고 그에게 모든 것을 다 주고 모든 것을 희생하고 싶은 욕구를 느끼는 것입니다! 설명도 필요 없이 서로를 직감합니다. 서로가 꿈속에서 이미 만난 적이 있는 것입니다(여기에서 그는 그녀를 쳐다보았다).

(p. 422)

엠마와 로돌프 사이에서는 정념에 관하여 직접적으로 대화가 이루어지고, 로돌프와 참사관 사이에서는 의무에 관하여 간접적으로 토론이 벌어지고 있다. 이런 이중성 속에서 독자는 사회적 질서와 평화를 찬양하는 신고전주의적 서정성과 정념의 숭고함에 대한 신 낭만주의적 서정성이라는 두 가지 초코드화된 서정성이 연설에서 서로 맞서는 모습을 보게 되는 것이다. 로돌프 말의 애매함이 논쟁적 조작을 더욱 윤색하고 있다. 즉 로돌프의 말은 참사관의 순응주의적 논증을 효과적으로 반박하고 있지만 상투적인 신플라톤주의로 엠마를 유혹하려는 로돌프의 목적은 거기에 있지 않다. 결국 등장인물 전체는 서로 등지고 있는 셈이다. 로돌프의 신낭만주의적 수사법이 참사관의 그것보다 더 잘 취급되어 있는 것도 아니다. 즉 후자가 도덕적 질서 쪽으로 공진회의 청중들을 하나하나 끌어들이고 있다면, 전자는 죽음으로 몰고 가는 부도덕한 공상가의 덫에 엠마를 가두고 있는 것이다. 여기서 우리는 이 연설에서 저 연설(리외뱅/드로즈레)로, 이 대화에서 저 대화로, 마침내는 담화에서 이야기로 가는 모순적이고 불협화음적인 포개기 속에 수없이 나타나는 "어리석음"에 대한 플로베르적 투쟁을 보게 된다. 각각의 목소리는 또 다른 목소리를 논증적으로 반박하고(또 반박되고) 있는 것이다. 소설의 이 복잡한 구조가 낳고 있는 텍스트의 종국적 의미를 오로지 그 자신에게만 주고 있는 목소리는 없다. 서술체의 근대성과 논증의 다성성에 대한 훌륭한 예시인 것이다.

3. 논박의 대상이 된 소설—논증과 서술의 일관성

알랭 로브-그리예, 《밀회의 집》[10]

아래에 나오는 두 가지 인용은 논증의 논박 가능한 특성이 서술의 교란 전략을 위하여 사용되는 모습을 보여 주고 있다. 로브-그리예가 전통적 소설에 이의를 제기하고 있는 것은 다 알려진 사실이다. 그러나 이런 이의를 실제로 적용하는 데 있어 논증이 어떤 몫을 담당하고 있는지 알아보는 것은 흥미로운 일이다. 이를 위하여 저자는 기만적 과정을 사용한다. 다음 이야기를 기다리게 만드는 소설의 전통 양식을 취하면서도 그는 이런 "말너론"을 논증의 뒤집어지거나 논박될 수 있는 가능성을 동원하는 언어적 유희로 퇴락시키고 있다. 소설의 머리말과 묘사의 실제 속에서 감지될 수 있는 소설적 사실성에 대한 하나의 작업을 통하여 사실주의적 글쓰기에 대한 이의는 이루어지고 있다. 이런 신랄한 글쓰기는 서술과 논증의 내면적 얽힘을 밝혀낼 수 있는 흥미를 제공하고 있다. 즉 화자는 현실적인 것의 효과를 파괴하면서 창조적 목소리에 의하여 만들어진 소설의 웅변적 성격을 명백히 드러내고 있다.

I. 독자에 대한 이중적 알림

저자는 이 소설이, 어떤 식으로든, 홍콩이라는 영국 영토 속에서 벌어지는 삶에 대한 자료로 간주될 수 없다는 것을 명확히 하고자 한다. 장치나

10 Ed. de Minuit, 1965.

> 상황에서 홍콩과 어떠한 유사성이 있다면 그것은 객관적이든 아니든, 우연의 결과일 뿐이다.
>
> (p. 7)

처음에 나오는 이런 알림은 사실주의적 글쓰기를 무시하는 저자의 소설적 독트린에 맞추어, 텍스트의 허구적 위상을 강조하기 위하여, 실존 인물과의 어떠한 유사성도 … 등으로 시작되는 영화 속의 알림을 모방하고 있다. 바로 여기서부터 이야기의 자료적 가치는 배제된다. 그렇지만 객관적이든 아니든, 우연의 결과…라는 마지막 문장은 묘한 정확성을 가져오고 있다. 객관적이지 않은, 즉 주관적인 어떤 우연이라는 가설은 필연적으로 화자의 의식에 관련될 수밖에 없으며 화자는 따라서 현실적인 것과의 유사성에 대하여 책임을 져야 하는 것이다. 서두부터, 이야기는 이렇게 감지될 수 없는 모순이 들어 있는 불투명한 문장들이 삽입됨으로써 여러 함정들을 숨기고 있다. 모방은 패러디로 드러나며 특히 두 번째 알림을 예고하고 있다. 사실주의에 대한 이런 조롱은 전초전에 불과하기 때문이다. 그리고 첫 번째 알림이 허구성을 주장하기 위한 것일지라도, 저자의 의도는 창조적 상상력의 자유를 함양하기 위한 것은 아니다. 오히려 서술적 이중성을 극단으로 다양화시키기 위한 것이다. 첫 번째 알림을 논증적으로 반박하는 것은 바로 두 번째 알림의 의미이다.

> 극동의 이 항구를 잘 알고 있는 독자가 여기서 묘사된 장소들이 현실과 맞지 않다고 생각한다면 자신도 인생의 많은 부분을 그곳에서 보낸 저자는 그 독자에게 그곳에 가서 더 잘 관찰하라고 말해 줄 것이다. 그곳의 일들은 급격히 변하고 있기 때문이다.
>
> (p. 8)

정의에 대한 카르네아데스의 이중적 연설 때 그랬듯이,[11] 연속되는 논거들의 순서에 주의를 기울어야 한다. "허구적" 명제이후 개입되고 있는 "사실주의적" 명제들은 그 자체로는 읽혀질 가치가 없다. 즉 언술된 것의 문자 그대로의 의미는—사실주의적 신념 고백—명백히 틀린 것이기 때문에(발화자가 로브-그리예 "저자" 자신이기에 사실성이 없다고 말하는 것이 더 옳을 것이다), 그에 대한 반대의견의 의미는 언술행위의 그 결과 속에서, 말하자면 앞선 알림과 모순적인 그 관계 속에서 탐구되어야 할 것이다. 머리말은 이렇게 다가올 이야기의 전략을 예고하고 있다. 텍스트의 특히 묘사적인 요소들 전체는 독자가 전통적인 소설의 사실성에 익숙해지는 것을 막고 있으며 따라서 모순적인 논증 관계에 놓여 있는 것이다. 결국 이야기의 진실은 허공에 떠 있는 셈이다. 이런 면에서, 그곳의 일들은 급격히 변하고 있기 때문이다라는 마지막 문장은, 소설의 사실성을 파괴하는 모순의 일반화된 과정에 따라 지속적으로 변모하는 이야기체, 즉 로브-그리예 작품에 나타나는 글쓰기의 은유로 이해될 수 있다.

II. 묘사의 이중적 의미

이런 논증 기법은 진열창에 전시된 마네킹의 손에 매여 있는 박제된 개에 대한 묘사에서 두드러진다.

> 그 동물은 아주 기술적으로 박제되어 있었다. 만약 전혀 움직이지 않고, 좀 너무 경직성이 강조되어 있으며, 유리로 된 눈동자가 너무 반짝거리고 너무 고정되어 있으며, 반쯤 열린 입 속이 너무 분홍빛이며 이빨도 너무

11 제1부 1장 2항을 참조할 것.

> 희다는 이런 점들이 아니면, 지금 막 동작이 정지된 것으로 믿을 수도 있을 정도였다. 마치 길 건너편의 어떤 광경이 자신을 괴롭히거나, 아니면 여주인을 위험에 빠뜨렸다는 듯이, 다리를 뒤로 뻗고, 두 귀를 쫑긋 세운 채 공격적인 태도로 송곳니를 크게 드러내려고 턱뼈를 더욱 벌리고 있는 것이다.
>
> (p. 11)

이런 묘사적 유희는 박제술이라는 진실임직함에 기반을 둔 기법의 산물에 적용되는 것이기에 매우 상징적이다. 박제된 동물은 살아 있는 것을 모방하게 되어 있다는 점을 생각할 때, 여기서 묘사의 테마는 텍스트가 끊임없이 비난하고 있는 문학적 미메시스를 교묘하게 파멸시키고 있다. 한 개의 긴 양보절 속에 두 개의 테마가 대립되어 있는 문장 구조는 문체의 논쟁적 성격을 확인해 주고 있다.

—첫 번째 절은 극단적인 유사성의 원리를 확인하고는(그 동물은 아주 기술적으로 박제되어 있었다) 곧이어 그것에 이의를 제기한다(만약 전혀 움직이지 않고…).

—두 번째 절은 이런 비판 자체에서 출발했지만 결국 박제술의 가치를 다시금 평가하고 있는 것이다(지금 막 동작이 정지된 것으로 믿을 수도 있을 정도였다).

이 두 가지 명제를 외부적으로 연결시켜 주는 모순의 도식에는 각 명제 속에 내재하는 하나의 모순이 겹쳐져 있는 셈이다. 게다가, 마지막에 나오는 묘사적 논거와 요소는 동물에 감정이 있다는 것을 가정하면서 생명을 주기까지 한다(마치 길 건너편의 어떤 광경이 자신을 괴롭히거나…). 그런데, 저자를 아는 사람에게는 동물과 사람을 유사하게 만드는 이런 특성화가, 소설에 대한 그의 준거에서 너무 멀리 떨어져 있기 때문에, 아주 의심스러운 것으로 보인다. 모순의 이런 저런 사항에 신용을 주기보다 독자는 모순의 불균형화 기능을 고려해야 하고, 서술적 진실임직함을 불안정하고 따라서 진실임직 하지 않은 것으로 고발하게 된다.

묘사의 첫 번째 부분은 박제 제작의 능란한 기교를 강조하는 특징들을 모아두고는 "살아있는" 묘사에 대한 신빙성을 미리 도모하고 있다. 한정구문이 이런 면에서 전통적으로 사람과 동물을 유사시하는 묘사의 장치 속에서 트로이아의 목마와 같은 역할을 하고 있다. 왜냐하면 화자는 양보를 변칙적으로 사용하고 있기 때문이다. 본래 양보절이란 최초의 명제(그 동물은 매우 기술적으로 박제되어 있었다)를 옹호하는 논거들보다 열등한 힘의 반대 논거, "불충분한 원인"을 구성해야 한다. 독자는 따라서 개의 인위성을 강조하는 특징들이 완화되는 것을 기대하게 된다. 그런데 실제로는 그와 반대로 된 것이다. 즉 전체적인 성공을 보다 잘 강조하기 위하여 몇 가지 결함을 말하기 보다는 양보절(두 번째 부분에는 세 개이나 여기서는 다섯 개의 요소들이 열거되어 있다)을 확장시켜 놓음으로써, 반대의 논쟁적 효과를 태동시키고 있다. 전혀 움직이지 않는다/경직성이 강조되어 있다/반짝거리는 유리 눈동자는 고정되어 있다라는 식으로 동물의 인위성이 강조되어 있는 것이다. 그리고 글쓰기는 확실한 사실에 대한 서술체의 틀을 벗어나고 있으며 너무라는 부사를 반복하면서 명백하게 평가자가 되고 있다. 그리고 완화시키는 표현이 없으므로(좀 너무 강조되어 있으며/너무 반짝거리고/너무 분홍빛이며), 너무 흰 이빨에서처럼 판단은 확정적으로 이루어진다.

양보절 논거에 대한 묘사가 너무 길어 주절의 가치가 훼손되고 있기 때문에, 양보문구의 이런 변질은 논증과 서술의 불안정을 야기하고 있다. 주절은 일관되게 "자연과학적"인 명제를 위하여 논쟁하도록 되어 있다. 실제로 첫 번째 명제 속에서 부정적으로 평가된 요소들이 두 번째 시퀀스에서 때로는 간접적으로(다리, 귀), 때로는 직접적으로(턱뼈를 벌리고 있다) 다시 나타나 앞부분과는 정반대로 다루어진다. 즉 사지의 움직임은 뻣뻣하다는 인상을 부인하고, 입을 벌리고 있다는 것은 혀와 송곳니를 우스꽝스럽게 드러낸다는 것이 아니라, 이제 어떤 공격적인 태도를 보여 주는 것이다. 그러나 마지막 문구에서 논증적 가치가 있는지는 결정할 수 없다. 동등한 힘을 지닌 모순성의 구조가 본래의 양보 구조를 대체해 버렸기 때문이다. 저자는 이렇게 판단과 이야기의 이중적 중단상태를 유발하고 있는 것이다. 판단이라고 하는 것은 독자가 "사실주의적" 개와 박제된 개 사이에서 결정 내리는 것이 불가능하기 때문이고, 이야기라고 하는 것은 텍스트의 위상이 특히 마지막 몇 행의 부분에서 불확정적이기 때문이다. 이것을 하나의 묘사라고 볼 수 있는가 혹은 로브-그리예 작품에 흔한 시나리오인 어떤 환영幻影의 연출이라고 볼 수 있는가? 그러나 초현실주의적인 몇몇 묘사들(예컨대《파리의 농부》에 나오는 오페라 아케이드에 대한 묘사)과는 달리, 묘사의 생동감은 몽상적인 환상으로 나아가지 않고 있다. 그와는 반대로 저자는 독자를 더욱 혼란스럽게 만들기 위하여 묘사를 중단하고 있는데, 이것은 논쟁적 글쓰기의 독특한 장치인 것이다. 이런 묘사에 생기를 불어넣고 있는 논증의 모순은 모호성에 기반을 둔 하나의 서술방식을 말해 주고 있는데, 이 모호성은 독자를 사실성의 가면들 사이에서 헤매게 만드는 것을 노리는 것이다.

이렇게 함으로써, "누보로망" 작가는 소설의 상투성을 보다 확실히 무효화시키기 위하여 그 상투성을 유희하듯 펼쳐 내면서, 이야기의 새로운 기법을 창출하려고 논박의 기교를 동원하는 대단히 능란한 수사학자로 밝혀진 셈이다.

V. 역사의 글쓰기

웅변의 시대에, 고대이든 고전주의 시대이든, 역사는 수사학 범주에 당당히 속해 있었다. 그것은 순수 문학의 영역에서 두드러진 존재였던 것이나. 그러나 역사과학의 점진적 발전에 따라 문학 분야에서 벌어지고 말았다. 아래의 세 텍스트들은 텍스트의 구성 속에 있는 논증적 기능을 분석함으로써 이에 대하여 이의를 제기하고 있다. 《무덤 저편에서의 회상》의 문학적 텍스트는 역사 평가에 대한 권리를 명시적으로 요구하고 있는 반면(샤토브리앙), 역사 에세이는 청중들을 끌어들이기 위하여, 논증적 과정의 문학적 무기에 호소하고 있다(토크빌). 끝으로, 근대 역사가의 글쓰기는 문학적 이야기의 실제 및 분석과 긴밀히 접촉하면서 다듬어진다(조르주 뒤비). 회상의 장르부터 역사책에 이르기까지, 논증의 보편성은 글쓰기와 사색의 서로 다른 장르들 사이에 간혹 너무 성급하게 세워진 격막을 우리로 하여금 다시 생각하게 만들고 있다.

1. 역사와 연설

샤토브리앙, 《무덤 저편에서의 회상》[1]

논증과 회상, 상징적 글쓰기: 회상의 텍스트는 삶의 이야기라는 서술적인 면과 역사의 판단이라는 수사적 삼단논법적인 면을 동시에 지니고 있는 혼합 장르에 속한다. 회상록 작가는 자신의 삶을 역사의 확장된 전망 속에 위치시키기 때문에, 일종의 상호적 평가 작용 속에서 독자는 이 삶과 이 역사에 대한 척도를 제공받게 된다. 따라서 회상록의 장르는 구조적으로 판단과 논증적 술어 기능에 본질적 자리를 할애하고 있다. 회상록은 일인칭 언술 양태로 인하여 분석적인 단순한 에세이와 구별되는 것이며, 대중이 청중으로 바뀌면서, 어떤 호소나 질문에 의하여 부름을 받는 순간 현실화하는 연설적 양태를 부여받게 된다. 우리는 무대에 등장된 역사의 서사적 위대성과 여기서 연설자-화자 역할을 수행하고 있는 자의 특이한 영향력 속에서 그 흥미를 엿볼 수 있는《무덤 저편에서의 회상》의 논증적이며 웅변적인 이중 구조를 연구하게 될 것이다. 우리는 이 작품의 웅변 구조에 이어 역사적 에세이의 인식적 특징과 문학 텍스트의 미학적 특징을 조합하는 상징적 글쓰기에 의한 역사적 판단의 산출을 차례로 분석할 것이다.

웅변가의 등장

> 나는 보나파르트보다 이십일 늦게 세상에 태어났다. 그는 가는 곳마다 나를 데리고 다녔다. 나는 루이 16세의 함대가 브레스트에 입항하는 1783년 해군에 들어가게 됨으로써, 프랑스의 날개 아래에서 꽃피운 한 국가의

1 Flammarion, édition de Maurice Levaillant; tome 1 (tome 4 pour la première citation), 1982. ; José Corti, 1961, pour la Préface de Julien Gracq, 〈Le grand paon〉.

주민증을 얻게 되었다. 나의 출생은 한 인간과 한 민족의 탄생에 관련되어 있는 것이다. 나는 비록 여린 반사광에 불과하지만, 그 광선은 어떤 거대한 빛에서 온 것이었다.

(IV, 14, 3, p. 579)

샤토브리앙은 타고난 현장감을 지니고 있으나, 자신에 대하여 말하기 적합한 장소로 무대 보다는 연단을 선택하였다. 왜냐하면 어떤 웅변적 이미지가 역사의 환유 자체로 여겨지면서 더욱더 눈부시게 축조되는 것을 우리는 보고 있기 때문이다.

만약 내가 살아가야 할 운명이라면, 나는 원칙과 사상과 사건과 재앙 그리고 내가 사는 시대를 내 기억 속에서 재현되어 있는 내 인성 속으로 재현하리라.

(《유증 서문》, p. 4)

샤토브리앙의 천재성은 자신이 겪어 온 역사의 서사적 위대성을 대부분의 그의 동시대 사람들보다 더 치밀하게 이해했고 제 삶의 이야기를 이런 역사적 벽화에 혼합시켰다는 데 있다.

시대가 특유의 그 무엇을 자신의 천재성에 가미해 주었는지 그는 알고 있었다. 보나파르트의 어깨 너머로 보이지만 그 어떤 곳에서도 볼 수 없는 인간과 세계를 샤토브리앙은 바라보았고, 그것들을 보나파르트의 어깨 위로 들어 올렸다. (…) 위대한 시대, 위대한 양식樣式 그리고 위대한 가치의 놀랍고 고독한 접목인 것이다.

(쥘리앙 그라크, 《무덤 저편에서의 회상》의 서문, pp. XVI-XVII)

서사적 이야기에 빠져든 작가는 문학적 삶과 대중적 삶의 접목 속에서 키케로 같은 위대한 연설가의 권위를 스스로 취하면서, 문학에 웅변적이며 사회적인 기능을 다시 부여하고 있다. "그리스와 로마의 웅변가들이 대중적인 것에 관여했고 그 운명을 공유했다면", 샤토브리앙은 자신에서 이 선임자의 모습을 보고 있기 때문이다.

> 이 시대의 프랑스 현대 작가들 중에서, 삶과 작품이 서로 닮은 사람은 오직 나 혼자뿐이다. 여행자, 군인, 시인, 대중연설가로서 내가 숲을 노래할 때는 숲속에 있었고, 바다를 그릴 때는 배에 있었으며, 무기에 대하여 말할 때는 병영 안에 있었고, 유배를 알았던 것은 유배 시절이었으며, 내가 왕자와 정치와 법률과 역사를 공부한 것은 바로 궁정과 공무公務와 의회에 있을 때인 것이다.
>
> (《유증 서문》, p. 4)

청중

나라는 화자가 상대인 너를 장중한 문체의 특유의 격렬함으로 끊임없이 불러 대고, 묘사의 강한 힘으로 역사의 위대한 무대로 끌어들이고 있는 《무덤 저편에서의 회상》만큼 독백적인 글은 없다.

> 독자여, 나는 그대를 멈춰 세우니, 대혁명으로 뿌려진 선명한 핏방울들이 흘러넘치는 것을 보시오. 이 핏방울들이 내 어린 시절의 한 친구의 핏줄에서 흘러나오는 것으로 하늘은 원했소. 생-리뷜 대신에 내가 몰락했다고 가정합시다. 〔…〕 그가 이 땅에서 내 역할을 했으리라 생각하시오? 그는 소음에 운명을 바쳤겠소? 아니면 침묵을 지켰겠소?

이제 지나가시오, 독자여. 그대가 빠져나오는 낡은 세상과, 그 입구에서 그대가 죽게 될 새로운 세상을 영원히 갈라놓는 이 피의 강을 건너시오.
(I, 5, 7, p. 212)

이 몇 줄의 문장들은 역사의 가능성들을 연극적으로 평가하는 논증적 움직임으로 볼 수 있는데,《회상》의 모든 움직임은 바로 이 문장 속에 들어 있다. 샤토브리앙은 개인적 숙명과 역사의 운명이 전복될 수도 있는 이 순간으로부터 그의 이야기를 차단시켜 버린다. 위의 질문은, 그 의미를 우리에게 말해 주기 위하여 역사 스스로 선택한 회고 작가의 웅변적 역할을 칭송하려는 역실적인 목적을 갖고 있나. 또한 이 연설가는 독사의 안내자로 자처하는데, 연설자이며 해석학자인 그는 역사라는 것을 가시적이고 읽힐 수 있는 것으로 만드는 자이다.

당신들은 제국이 무너지는 소리를 들었소? 아니오. 이곳의 평안을 그 무엇도 깨지 못했소. 제국은 그렇지만 몰락했소. 이름 없는 냇물의 흐름 속으로 처박힌 로마제국의 저 파편들처럼 거대한 파멸이 내 삶 속으로 무너져 내렸던 것이오. 그러나 이런 것들은 염두에 두지 않는 사람에게는 별로 중요치 않는 사건들이오. 영원한 제국의 손아귀를 빠져 나온 세월이 몇 년 흐르면 어떤 한없는 침묵으로 이 모든 소란들은 정의로 바뀔 것이오.
(I, 3, 1, pp. 101-102)

기도와 신명재판神明裁判 사이에서의 웅변의 기능

《회상》의 연설가는 역사의 기억을 재구성한다는 것과 그것을 해석하고 신적인 영원성의 근저에서 그것을 판단한다는 이중적 의무를 지니고 있다. 첫 번째 기능은 식장式場 장르에, 두 번째 기능은 법정 장르에 속한다.

> 내가 이《회상》에서 언급했던 거의 모든 사람들은 이제 존재하지 않는다. 이것은 내가 지니고 있고 과거의 장부帳簿인 것이다. 아직도 몇 년 동안, 죽은 자들의 목록을 계속 만들어야 하는 나는 부재자 명부에 내 이름을 기록할 사람은 아무도 남기지 않을 것이다.
>
> (I, 11, 6, p. 489)

거대한 돌이킬 수 없는 이런 마멸磨滅의 감정이《회상》전체를 관통하고 있다. 회상록 작가의 첫 번째 기능은 기도를 통하여 죽은 자들을 추념하는 일이다. 그러나 고전주의자들의 교훈을 확고히 믿고 있는 샤토브리앙은 추도사가 개인적 삶을 역사의 위대한 무대에 올릴 때만이 한 존재에 대한 회상은 그 일화逸話성에서 벗어나는 것임을 알고 있다. 죽음은 따라서 인간들과 신의 판단에 맡겨져 있는 것이다.

> 이 년 전에 형수의 결혼반지가 카셋 가街의 냇물 속에서 건져진 적이 있었다. 나에게 전달된 이 반지는 부러져 있었다. 두 개로 된 반지 테는 벌여져 서로 얽혀 있었는데 그 위에 새겨진 이름은 선명히 보였다. 어떻게 이 반지가 다시 발견되었을까? 언제 어디서 잃어버린 것일까 ? 뤽상부르 감옥에 갇혀 있던 희생자가 처형장으로 가면서 카셋 가를 지나갔던 것일까 ? 그녀는 호송 마차에서 반지를 떨어뜨린 것일까 ? 이 반지는 사형집행 후 그녀의 손가락에서 빠져 버린 것일까 ? 부서져 있는 모습과 새겨진 이름으로 잔혹한 운명을 내게 떠올리게 하는 이 상징을 보며 나는 완전히 전율에 떨었다. 형수가 자신과 형에 대하여 추모하라고 죽은 자들의 거처에서 나에게 보낸 것 같은 이 반지에 신비롭고 숙명적인 그 무엇이 달라

붙어 있었다.

(I, 10, 84, p. 451)

이 추억에 대한 글은 의문과 논증의 방식으로 그 성격이 결정되고 있다. 상징은 원래의 제 기능에 따라 회고적 반사작용을 일으키고 있다. 회고는 인과 관계에 관련된 논증으로 야기되면서 투옥, 수송, 유해라는 연속적 단계로 처형장의 장면을 사실상 재구성하고 있다. 회고록 작가의 추도적인 임무 수행을 확인하면서, 이야기는 하나의 운명을 드러내는 이런 해석적 방식에서 나오고 있다.

한 친지를 위한 기도는 서정적이고 슬픈 것이지만, 회고록 작가가 만난 역사적 인물들에 대해서는 극적이면서 또한 판단적인 내용을 담고 있다.

> 저녁식사를 마치고 나오면서, 우리는 미라보의 적들에 대하여 의견을 나누었다. 나는 그의 옆에 있었지만 한마디도 하지 않았다. 그는 손을 펴서 내 어깨를 치며, 거만하고 악의가 있으며 빛나는 눈초리로 나를 정면으로 바라보았다. 그러고는 "저들은 내 우월감을 절대로 용서하지 않을 거야"라고 내게 말했다. 나는 아직도 마치 사탄이 불의 발톱으로 나를 할퀸 것처럼, 그 손의 느낌을 지울 수 없다.
>
> 미라보가 말없는 한 젊은이를 이렇게 응시할 때, 그는 내 장래성에 대하여 어떤 예감을 지니고 있었을까? 언젠가 내 회상 속에 자신이 나타나리라 생각이나 했을까? 나는 운명적으로 높은 지위의 인물들에 대한 역사를 쓰는 자가 되었다. 내가 그들과 함께 이름을 남기려고 그들의 옷자락에 매달리지 않고도 그들은 내 앞을 줄지어 지나갔다.

(I. 5. 12. pp. 228-229)

회고록의 등장에 대하여 언급하고 있는 이런 엄숙한 분위기의 제1장에 이어 곧바로 등장인물에게 역사적 의미를 부여하는 상징적 특성화가 뒤따르고 있다.

> 미라보는 이미 변신되어 있었다. 그것은 기억이 머물러 있는 자들 사이에서 일어나는 일인 것이다. 〔…〕 그 많은 명성들, 그 많은 배우들, 그 많은 사건들, 그 많은 파멸들로부터 오직 미라보, 로베스피에르 그리고 보나파르트라는 세 명의 인간들만이 귀족정치, 민주주의, 전제주의에 해당되는 혁명의 위대한 세 시대에 각자 매달린 채 남아 있을 것이다.
>
> (I. 5. 12. p. 229)

이런 상징적 독서는《회상》에 나오는 수없는 인물들의 모습에 어떤 교훈적 기능(이 인물들은 역사의 의미를 말하고 있다)과 윤리적 기능(이들은 역사의 가치를 지적하고 있다)을 부여하고 있다. 그 때문에 상징적 글쓰기가 종종 우화로 이어지는 것이다.

> 그는 자신의 악덕에서 에너지를 끌어내곤 하였는데, 이런 악덕은 어떤 냉랭한 기질에서 나오는 것은 아니라, 깊은 곳에서 불처럼 타오르고, 폭풍우처럼 몰아치는 정념에 기인하고 있었다. 관습의 파렴치함은 도덕감각을 말살하면서, 일종의 야만인들을 사회에 가져오게 된다. 고트족들처럼 당연히 파괴시켜 버려야 할 문명의 이런 야만인들은 고트족들만큼 견고한 힘을 지니고 있지 않다. 그들은 순결한 자연의 거대한 자식들이었지만, 이 야만인들은 변질된 자연의 괴물 같은 조생아早生兒인 것이다.
>
> (*Ibid*. p. 226)

이런 웅변적 전략은 무無에서 인물을 갑자기 솟구치게 만드는 극화劇化, 혹은 이런 극화에 뒤이어 나오고, 그 속에서 구두와 나막신이 다가오는 혁명의 몸짓에 대한 해석적 열쇠를 제공하고 있는 환유적 상징화와 같은《회상》의 문학적 방식을 동원하고 또 결정짓고 있다.

> 격한 토론의 말미에, 나는 자신의 용모에 신경 쓰는 마을 공증인과도 같이 깨끗한 옷차림과 반듯한 머리 모양새를 한 어떤 의원이 평범한 태도와 잿빛의 표정 없는 얼굴로 연단에 올라서는 것을 보았다. 그는 지겹고 긴 보고문을 읽어내려 갔다. 사람들은 그의 말을 듣고 있지 않았다. 난 그의 이름이 무엇인지 물었는데 그가 바로 로베스피에르였던 것이다. 구두를 신은 사람들은 살롱을 빠져나오려고 했는데, 벌써 나막신들이 와서 문을 두드리고 있었다.
>
> (I. 5. 13. pp. 230-231)

회고록 작가의 시선은 연설자에게 창조의 주요 원천을 제공하고 있다.

> 시청 홀의 이 혼잡함 속에서 오직 나 혼자만이 찬탄과 존경으로 그 옛날 농민 폭동에 참가했던 농부들의 대표와 같은 그의 모습을 바라보았다.
>
> (I. 11. 5. p. 484. 〈방데 지방의 어느 농부〉)

또한 서술적이고 논증적 절차인 초점화가 역사의 놀라운 연출을 야기하고 있는데 이 연출에서 탐색자-연설자의 논거는 놀라움의 효과를 통하여 강화되고 있다. 풍경묘사와는 관계없이, 바스티유 감옥의 파괴는, 그 구경꾼들의 잡다함으로 인하여, 프랑스 사회의 아직 생각지도 않은 변신을 상징하고 있다.

> 우아하게 치장한 여인들과 고딕식 건물 잔해 위 여기 저기 앉아 있는 유행복 차림의 젊은이들이 웃통 벗은 채 군중들의 환호 속에 벽을 부수고 있는 노동자들과 뒤섞여 있었다. 〔…〕 낡은 프랑스는 거기서 종말을 고하고 새로운 프랑스가 시작되고 있었다.
>
> (I. 5. 8. p. 217)

상징적 특성화는 주로 환유와 대조(구두와 나막신; 노동자들과 우아한 여인들)의 압축적 방식으로 이루어지고 있다. 《회상》 속에서 폭넓게 나타나고 있는 표현기법은 청중-독자를 교육시키고 있는데, 바스티유 감옥의 장악에 대한 서술에서 웅변적인 교훈은 그 절정에 이른다.

> 바스티유 감옥의 장악에서 우리는 한 민족의 해방에 대한 과격한 행동이 아니라, 해방 그 자체, 즉 이런 행위의 결과를 봐야 했다(그런데 그 당시에는 이런 점이 간과되고 있었다).
>
> (*Ibid.*)

상징화의 미학적 완성으로 인하여 《회상》의 법적 구조를 위한 하나의 수단인 논증적 목적성이 은폐될 수는 없다. 교훈적이며 옹호적인 자신의 기능에 충실한 회고록 작가는 때로는 비난하고 때로는 복권시켜 주면서 끊임없이 역사에 대한 잘못된 강독을 수정하고 있다. 바로 그 때문에 웅변가의 마지막 행위는 역사의 위대한 문체가 서술의 서사적 양태와 조합되고 있는 열정적인 결론 부분에서 평결의 언술이 되고 있다. 거인과 신들의 싸움 그리고 활유법은 방데 지방 농부의 초상에 대하여 이렇게 결론 내리고 있다.

십자군 원정시대의 프랑스에서 피와 기억으로부터 남아 있던 모든 것이 혁명시대의 프랑스에서 새로운 피와 희망을 담고 있던 것과 대항하여 투쟁하였다. 승리자는 패배자의 위대함을 느꼈다. [⋯] 그러나 왕당파들의 원칙은 프랑스 밖에 있었던 반면, 공화파들은 그 자신들 내부에서, 그 자신들 사이에서 스스로의 원칙을 지니고 있었다. 방데 지방 사람들은 추방된 자들을 향해 의원들을 파견했다. 거인들이 피그미 족들에게 문의하려고 두목들을 파견한 셈인 것이다. 내가 본 투박한 사자使者는 '혁명'의 목을 잡고 이렇게 소리쳤다 "들어오시오. 내 뒤로 오시오. 혁명은 그대들에게 해악을 주지 않을 것이오. 이놈은 움직일 수 없소. 내가 붙잡고 있다오." 아무도 들어오려고 하지 않았다. 결국 농부들은 '혁명'을 다시 놔주었고 샤레트는 그의 검을 부러뜨렸다.

(I. 11. 5. pp. 484-485)

이런 견고한 기념비적 회상의 글쓰기에 논증과 웅변 기법이 얼마나 기여했는지를 보여 주는 멋진 예시인 것이다.

2. 역사가의 의무—논증과 분석적 텍스트

알렉시스 드 토크빌, 《앙시앵 레짐과 대혁명》[2]

우리는 지금까지 논증을 문학 텍스트 속에서 살펴보았다. 그렇지만 분석대상의 텍스트라는 위상을 지니고 있는지 분명치 않은 일단의 텍스트들이 존재한다. 에세이, 소논문, 연설문, 사상思想 문학 등이 '시

2 Gallimard, coll. Idées, édition de J.-P. Mayer, 1967.

학'의 범주에 속하지 않는 그런 텍스트를 가리키는 말이다. 반면 수사학은 이런 두 부류의 텍스트들은 합치면서 지나치게 제한된 문학의 개념을 새롭게 하고 있다. 토크빌의 역사 에세이를 검토하는 우리의 태도는 바로 그런 것이다.

수사적 삼단논법 문학

에세이든 혹은 논쟁이든 "사상적" 글에서, 논증은 하나의 근본적인 역할을 하고 있다. 왜냐하면 이 텍스트의 특징인 칭찬이나 비난을 목적으로 하는 웅변술의 동력을 논증이 활성화하고 있기 때문이다. 따라서 논증은 하나의 특권적 접근 통로를 구성한다. 바로 이 통로를 따라 마르크 앙주노가 풍자문에 대한 자신의 총칭적 연구를 행한 것이다.[3] 벤베니스트가 행한 이야기와 담화 사이의 구분을 재확인하면서, 마르크 앙주노는 이론적 연구라는 면에서 아직 부족하지만, 글쓰기를 서술체적 글과 비 서술체적 글이라는 두 가지 체제로 나누고 있다. 만일 하나의 서술체적 텍스트가 문학적 특수성(문학성)을 과시하며, 그 테두리 속에서 정의되고 있다면, 그와 반대로, 사상을 담은 텍스트는 "상호 텍스트적 타협으로 열린 장소"(p. 27), 다시 말하면 사회적 담화 전체와 관련되는 논증적 텍스트로 나타난다.

그런데, 우리에게 작품의 심오한 독창성을 보여 주는 본질적 사실은 에세이 문체에 대한 그의 이론을 정립하기 위하여 마르크 앙주노가 그 주

3 *La Parole pamphlétique. Typologie des discours modernes*, Payot, 1982.

도적 개념—수사적 삼단논법 담론, 통념적 담론—을 아리스토텔레스학파의 말터론과 변증술에서 차용하고 있다는 점이다: 하나의 판단을 담고 있는 언술이라면 어떤 것이든 수사적 삼단논법적인 것이라고 불린다. 사상을 담고 있는 텍스트에서, 수사적 삼단논법은 인식 질서의 총체적 전략에 따라 조직되는 사상의 연결 고리인 것이다. 에세이나 담론은 의식의 명령 혹은 진실의 한정限定 명령에 의하여 결정되고 있기 때문이다.

수사적 삼단논법 담론에는 다음과 같은 두 가지 주요한 유형이 존재한다.

—자신의 공리公理를 분명하게 말하는 과학적 혹은 철학적 지식의 담론.

—전체 혹은 일부에서 자신의 전제들을 함축적으로 드러내는 수사적 삼단논법 담론.

에세이, 강론, 풍자, 논설, 사설, 서문 등은 이 두 번째 범주에 속한다. 이런 담론들은 설득적이고 동시에 통념적이다.

—설득적이다: 이 담론들의 진리가 단지 개연성으로만 존재하기 때문이다.

—통념적이다: 이 담론들이 대중의 의견에 의지하고 그것을 사용하고 있기 때문이다.

담론의 이런 형태들은 그들의 이원적(발화자/상대자) 혹은 삼원적(발화자/상대자/증인) 언술 행위의 구조로 그리고 그들의 웅변적 문채文彩(아이러니, 파토스 등등…)로도 구별될 수 있다. 에세이는, 이 경우, 무비판적이거나 혹은 논쟁적 형태가 된다. 왜냐하면 에세이는 자신이 반대하는 대립 언어를 전제하고 때로는 청중이나 독자라는 중립적 증인 앞에서 모든 것을 격렬하게 반박하고 있기 때문이다.

결국, 수사적 삼단논법 담론이란 많은 함축적인 전제들 속에서 이루어지는 담론이며, 의견(통념)에 대하여 작업하면서 설득하려고 노력하는 것이며, 진실을 위한 싸움을 성공적으로 수행하기 위하여 감동적이며 대화체적인 문체에 기꺼이 의지하고 있다.

정치적 도덕성의 교훈

독자의 쾌락을 추구하는 미학적 글쓰기와 독자를 교육시키고자 하는 정보적 글쓰기 사이의 전통적인(요컨대 웅변적인) 구분에 따르면, 근대 역사는 원칙적으로 인문과학의 가지로서 후자에 속하는 것으로 분류된다. 점차 과학적 방법론을 수용하면서, 역사는 그 문학적 근원으로부터 멀어져 갔다. 왜냐하면 고대와 고전주의 시대의 역사가들은 무엇보다도 연대기 작가였고 자신의 동시대인들을, 대조와 계몽을 위하여, 과거의 거울에 비추는 모럴리스트였기 때문이다. 과학적이고 수사학적인 이 두 가지 모델 사이에서, 토크빌의 에세이는 혼합적인 성격을 띠고 있다. 그가 자신의 작업을 철저한 조사, 특히 청원서에 대한 검토에 바탕을 두고 있다고 선언할 때, 도덕적 목적이 그에게 낯설게 다가온 것은 아니다.

> 이 책을 내가 편견 없이 썼기를 바라지만, 그렇다고 열정도 없이 썼다고 말하지는 않겠다. 한 프랑스 사람에게 그가 자신의 나라에 대하여 말하고 자신의 시대를 생각할 때 그런 열정을 느끼지 말라는 것은 거의 있을 수 없는 일이리라. 따라서 나는 우리 과거 사회의 각 부분을 연구하면서, 새로운 시각을 상실한 적이 한 번도 없다고 말할 수 있다. 나는 어떤 병으로 환자가 쓰러졌는지, 나아가 어떻게 하면 그가 죽지 않을 수도 있었는지 알아보려고 했다. 나는 꺼진 각 신체기관 속에서 생명의 법칙을 간파하려고 애쓰는 그런 의사들처럼 했던 것이다. 나의 목적은 아주 정확하고 동

시에 교육적이 될 수 있는 일람표를 만드는 것이었다. 우리에게 가장 필요할 수도 있지만 지금 더 이상 지니고 있지 않은 이런 몇몇 남성적 덕목들, 독립에 대한 어떤 진정한 정신, 위대한 것에 대한 취향, 우리들 자신에 대한 그리고 중요한 동기에 대한 신념 등을 내 조국에서 내가 만날 때 마다, 나는 그것들을 부각시켰다. 그와 마찬가지로, 내가 이 시대의 법과 사상과 관습 속에서, 과거의 사회를 삼켜 버리고도 지금까지 우리에게 작용하는 여러 가지 사악함의 흔적들을 만났을 때는, 그동안 우리가 입었던 해악을 똑바로 바라보며 그것들이 우리에게 또 어떤 해악을 줄 수 있는지 사람들이 더 잘 이해할 수 있도록 나는 그 사악함의 흔적들을 향해 조심스럽게 빛을 비추었다.

(서문. p. 49)

서문의 기능이 본질적으로 논증적인 것은 본 텍스트의 앞에 놓인 이런 부류의 텍스트가 독자의 해석에 대하여 어떤 방향을 제시하려고 하기 때문이다. 그리고 토크빌이 자신의 저서를 특성화시키는 방식은 바로 수사적 삼단논법 담론의 특징을 이루고 있다. 이 텍스트의 두 번째 흥미는 이것이 탈존재론적이며 수사학적 면에서, 역사가의 작업에 대한 방법론적인 성찰, 즉 분명한 특징이 드러나고 있는 수사적 삼단논법 텍스트로《앙시앵 레짐과 대혁명》을 정확하게 규정하는 성찰을 제기하고 있다는 점이다.

a) 진실에 대한 탐구. 그러나 진실임직한 것의 질서 속에서 이루어지는 탐구

토크빌은 자신의 방법론적인 회의를 강조함으로써 작업의 진솔함을 나타내고 있다. 그러나 웅변적인 움직임 속에서, 그는 이 진솔함을 가지고 심판과 교육과 정열이 담긴 텍스트, 말하자면 엄격한 방법을 통하여 그렇지만 한 사람이 다른 여러 사람들에게 말하는 담론의 틀, 진실임직함에 대한 수사학적 공간 속에서 논쟁을 벌이는 수사적 삼단논법 텍스트로 만들고 있는 작업의 주관적인 요소를 감추지 않고 있다.

—이 책을 내가 편견 없이 썼기를 바라지만/그렇다고 열정도 없이 썼다고 말하지는 않겠다.

—나의 목적은 아주 정확하고/동시에 교육적이 될 수 있는 일람표를 만드는 것이었다.

b) 역사가의 책무를 웅변가의 책무와 동화시키는 도덕적이고 교훈적 목적성

엄밀함과 정열로 교훈을 주고 교육시킨다는 것. 역사가의 이런 소명은 인식론적인 태도—과거의 역사를 인식한다는 것—와 역사적 에세이의 논증적 목적을 규정하는 에토스적인 태도가 결합된 결과로 온 것이다. 이 결합 자체는 인식의 획득에서 그 전달에 이르는 과정에 기인한다. 역사가의 작업이 갖고 있는 수사학적 차원은 인식한다는 것으로부터 인식시킨다는 것으로의 이러한 이행 과정 속에 있는 것이다. 이것이 바로 역사적 담론의 인식적이며 에토스적인 이중성인데 토크빌이 의도적으로 사용하고 있는 교육시킨다라는 말의 이중적 가치가 그것을 잘 보여 주고 있다.

서문에서 인식론적 방식은, 나는 꺼진 각 신체기관 속에서 생명의 법칙을 간파하려고 애쓰는 그런 의사들처럼 했던 것이다라는 의학적인 견해로 은유화되어 있다. 그렇지만, 의술은 순수과학이 아니라, 그것이 병을 치료하는 데 목적이 있다는 바로 그런 의미에서는, 수사학 같은 기술인 것이다. 거기서부터, 유추적으로, 역사적 방식의 에토스적인 면이 나오게 된다. 나는 어떤 병으로 환자가 쓰러졌는지, 나아가 어떻게 하면 그가 죽지 않을 수도 있었는지 알아보려고 했다라는 태도는 청중이 역사적 교훈에 예속되어 있는, 토크빌의 동시대 사람들이라는 점을 분명히 하면서 재확인되고 있다.

> 따라서 나는 우리 과거 사회의 각 부분을 연구하면서, 새로운 시각을 상실한 적이 한 번도 없다고 말할 수 있다.

c) 정열을 동원하고 논쟁적 글의 형태와 형상을 띠고 있는 작품

청중이 이와 같이 규정됨으로써, 도덕적 교훈은 훈계가 된다.

—우리에게 가장 필요할 수도 있지만 지금 더 이상 지니고 있지 않은 이런 몇몇 남성적 덕목들;

—과거의 사회를 삼켜 버리고도 지금까지 우리에게 작용하는 여러 가지 사악함.

그리고 극화시키고 부연시키는 문학적 과정은, 그 반향으로 인하여, 도덕적 교훈을 지원하고 있다

—〔이 덕목들〕 나는 그것들을 부각시켰다 ;

—〔이 사악함들〕 그동안 우리가 입었던 해악을 똑바로 바라보며 그것들이 우리에게 또 어떤 해악을 줄 수 있는지 사람들이 더 잘 이해할 수 있도록 나는 그 사악함의 흔적들을 향해 조심스럽게 빛을 비추었다.

토크빌은 역사에게 고전시대 기도문의 웅변적 기능을 주고 있다. 즉

어떤 도덕적 모범의 수사학적 위상을 부여하고 있는 것이다. 이런 고결한 결말로 인하여 에세이는 논쟁적 글의 대화 형태를 취할 수 있게 된다.

> 이런 목적에 도달하기 위하여, 고백하건대, 개인들, 여러 계층들, 의견들, 기억들이 어떤 존경을 받을 수 있든지 간에, 나는 아무런 고민도 없이 그들에게 상처를 주었다. 난 때때로 후회도 했지만 대부분 거리낌 없이 그렇게 했던 것이다. 내가 이런 식으로 마음의 상처를 주었을지도 모르는 사람들은 내가 추구한 사심 없는 정직한 목적을 고려하여 나를 용서하길 바라노라.
>
> (pp. 49-50)

웅변적이며 문학적인 절차들

이런 사심 없는 정직한 목적은 토크빌의 정치 철학의 초석을 구성하는 가치인 시민 자유를 변호하는 데 있다. 에세이 전체의 논증 그리고 특히 서문의 마지막 몇 페이지의 기반이 되는 전제는 바로 그런 것이다. 토크빌은 여기서 중간층(귀족계급)의 소멸이라는 이유와 개개인들을 대중적 일에서 등을 돌리게 만드는 도덕적 퇴폐의 영향 아래 전제군주제가 어떻게 근대 사회를 위협하고 있는가를 잘 보여 주고 있다.

이 투쟁적 자유주의는 알려져 있는 것이고, 더욱 우리의 관심을 끄는 것은 서문의 논증을 마감하는 결론 부분이다. 이 결론 부분은, 셰익스피어의 작품에 나오는 브루투스처럼, 자신의 청중에게 자신의 가치를 분배하고자 하는 서정적인 토크빌의 모습을 보여 주고 있다. 거기서부터 일어날 법하지 않은 거부를 탐구하는 이런 도전적인 언사가 나오는 것이다.

국가가 자유를 올바르게 사용하기 위한 필요한 덕목을 지니고 있다고 보면서도, 자신이 스스로 만들어 놓은 법률을 복종하기보다 자신 주변 사람의 변덕에 따르는 것을 더 선호할 정도로 아주 비천한 영혼을 지니고 있는 인간은 도대체 어떤 자인가?

(p. 53)

에세이의 수사적 삼단논법적인 성격은 수많은 논증적 명제와 테마로 나타나는 제목들부터 시작하여 작품의 각 장을 검토하면 확인된다. 예컨대 이런 제목이 있다: 〈왜 봉건 영주의 권리가 다른 곳보다 프랑스 국민에게 가증스러웠던가〉(제2권, 1장, p. 85). 이렇게 선언된 논거는 사회적 차별이 완화되면 될수록, 그것은 더욱 더 정당화되지 않고 용인될 수 없는 것이 된다라는 "토크빌의 법"[4]을 공포하게 만드는 귀납적 집합 속으로 사실들을 이끌어 들임으로써 실행되고 있다. 프랑스에서, 군주의 권한은 귀족 계급으로부터 모든 행정적 법률적 권한을 앗아 갔고 따라서 오직 토지에 대한 권리만으로 축소되어 버린 영주의 권리는 농부가 보기에 부조리한 것이며 동시에 가증스런 것이다.

중세 제도의 일부가 파괴됨으로써 거기서부터 남겨진 것은 훨씬 더 가증스런 것이 되었다고 말할 수 있는 것은 사실이다.

(p. 97)

지금까지 제대로 평가받지 못한 것으로 드러난 이런 모순적 논증은 수사적 삼단논법 담론에 적합한 인식론적 태도를 잘 구성하고 있다. 그러나 "실책"을 수정하는 것이 문제이기 때문에, 토크빌이 글을 쓰는 시대에 귀족 계층에 대한 증오가 오래 지속되고 있는 만큼 더욱 이 교훈은 논쟁적

4 레이몽 아롱의 말.

인 어투를 띠게 된다.

그렇기 때문에 논리적 논증의 효과를 증대시키면서 논증의 문학적 방식들이 대량으로 요구되고 있는 웅변적 결론으로 각 장의 논증적 구조가 수렴되고 있는 것이다.

> 프랑스 농민을 한번 생각해 보시오.
>
> 내가 인용한 자료에서 묘사하고 있는 모습 그대로 프랑스 농민을 바라보시오 〔…〕 농민의 조건, 욕구, 성격, 정열을 생각하고, 가능하다면, 그 사람의 가슴 속에 쌓인 증오와 욕망의 보석들까지 일일이 따져 보시오.
>
> (p. 95; p. 96)

이 호소는 프랑스 농민에 의한 토지 획득을 그대로 그려 내면서 논증을 활성화하는 활사법[活寫法][5]으로 독자의 공감을 이끌어 내려고 한다.

> 토지를 획득하기 위하여 농민이 우선 해야 할 일은 권리금을 지불해야 하는 것인데, 이것을 정부에 내는 것이 아니라, 공공 업무의 행정에는 그 농민만큼이나 낯선 자들이고 농민만큼이나 무기력한 이웃의 또 다른 소유주들에게 지불해야 하는 것이다. 그렇게 해서 마침내 토지를 소유하게 된다. 그곳에 그는 씨앗과 함께 자신의 가슴을 묻는 것이다. 이 거대한 우주에서 그 자신에게 속해 있는 이 조그만 한 구석의 땅은 그에게 자부심과 독립심을 그득 채워주고 있는 것이다. 그렇지만 그 이웃들이 와서 그의 땅을 빼앗고 강제로 그를 봉급도 없이 다른 곳에 가서 일하도록 만든다.
>
> (p. 96)

5 제2부 2장 1항에 나오는 율리우스 카이사르에 대한 연구의 주석에 나오는 정의를 참조할 것.

이것은 마치 몽테스키외의《혈거인穴居人의 역사》첫 페이지를 읽는 것 같다. 역사에 대한 이런 글의 도덕적 교훈은 특히 교육학에 어울리는 문학적 형태, 즉 프랑스 농민과 자신을 착취하는 영주에 대한 그 농민의 증오에 관한 정열적 이야기 속으로 독자를 긴 문장구조, 리듬적인 반복, 열정적인 용어를 통해 끌어들이는 가공적 이야기로 완성되고 있다. 역사적 교훈이 에토스적(기록보관자의 경쟁력, 청원서에 명석한 독자), 로고스적(환기된 사실들의 분석적이며 논증적인 수렴) 그리고 파토스적(독자의 감정적 호소) 입증들의 결합 속에서 이처럼 완성되고 있으며, 하나의 문학적 형태인 교훈적인 우화가 귀납적 증명을 완수하고 있다는 것을 확인하는 것은 즐거운 일이다. 문학과 논증의 효과적인 연합을 이보다 잘 제시할 수는 없을 것이다.

3. 역사가의 수사학

조르주 뒤비,《부빈의 일요일》;《기욤 원수元帥》[6]

토크빌에 대한 연구는 서술 문학과 수사적 삼단논법 문학이 논증을 유사한 방식으로 동원하고 있음을 보여 주고 있다. 우리는 역사가 조르주 뒤비의 작품에서 발췌한 비문학적 텍스트에 대한 연구를 통하여 이런 연구에 결론을 내리고자 한다. 그렇게 함으로써 서술적이며 웅변적 형태를 사용하는 역사가에 의해 문학이 동원되고 있음을 분명히 제시하고자 한다.

6 Gallimard, coll. Folio/Histoire, 1973 et 1985 ; Librairie Arthème Fayard, coll. Les Inconnus de l'histoire, 1984.

영주인 기욤 원수는 기진맥진이다. 책무가 지금 그를 짓누르고 있는 것이다. 삼 년 전 그가 섭정을 떠밀려 맡았을 때, 영국의 어린 왕과 왕국 전체의 "보호자와 주인"이 되기로 하면서 지루한 전쟁을 끝냈을 때, 그는 분명 "나는 너무 늙었고 약하고 완전히 지쳐 버렸노라"라고 반복해서 말했었다. 여든 살이 넘었다고 말했다. 그는 자신의 나이를 잘 모르고 약간 과장한 것이다. 그러나 그 시대에 누가 그것을 알겠는가? 삶에서 태어난 날보다는 다른 날이 더 중요하였던 것이다. 태어난 날은 잊고 지냈다. 그런데 조부모 정도의 노인들이 드물었기 때문에 사람들은 노인들에게 나이를 자꾸 부여하고 노인들은 계속 더 나이를 스스로 매기고 늙어가고 있었다. 게다가 우리 자신도 기욤 원수가 언제 태어났는지 정확하지 알지 못한다. 역사가들은 계산하고 따져 본 다음에, 더 이상 정확하게 알 수는 없지만, 대략 1145년에 태어난 것으로 말하고 있다. 원수는 너무 낮은 신분 출신이기 때문에 역사가들은 자료의 도움을 받을 수 없다. 반면에 내가 지금 말하는 1219년에는 운명이 이미 그를 높은 자리로 올려놓았기 때문에 그에 관한 마지막 사실들, 그의 마지막 행적들을 거의 하루하루 쫓아가는 것이 가능한 것이다.

(《기욤 원수》, p. 7)

샤토브리앙의 방식으로 말해서 원수라는 인물을 통해 나타나는 시간의 기억들을 차츰 전개시킬 종국에 대한 이야기가 그 서사적 양태 위에서 시작되고 있다. 늙은 자의 무기력함에 대하여 공감을 나타내는 몇 가지 표현들과 직접화법의 사용 등은 독자를 이 장면과 동시대 인물로 만들고 있다. 그러나 서술의 현재형은 또한 논쟁적이며 동시에 사실을 드러낼 수 있는 덕목을 띠고 있다. 논평은 이처럼 활유법을 따르고 있는 것이다: 그는 자신의 나이를 잘 모르고 약간 과장한 것이다. 화자와 역사가는 함께 가고 있다. 이 경우, 역사가는 그의 연구의 방법론적인 방향을 제시하고 있으며, 여기서 문제가 되는 것은 시대와 연대기가 아니라, 13세기에 벌어진 죽음과 승계에 대한 의식儀式인 것이다.《기욤 원수》의 서술적 도입부를 통하여 우리는 단번에 조르주 뒤비에 의하여 만들어지는 역사, 정신사의 한 중심에 위치하게 된다.

그렇지만 역사서가 이야기로 시작되는 것은 이상하게 보일 수 있다. 프랑스 역사학파, 조르주 뒤비가 그 유산자라고 주장하는 아날학파는 사건중심적인 역사보다는 경제, 사회학 등 사회과학의 방법론에 역사 교육을 열어 두고 있다. 그러면 이런 역사적 실행 속에서 문학은 어떤 역할을 맡고 있는가? 다시 말하면, 현대 역사가의 논증 속에서 이야기의 기능적 위상은 무엇인가? 우리가 제시하려고 하는 것처럼 어떤 이중적 기능인 것이다.

I. 이야기에 대한 주해

1. 자료로서의 이야기

역사가에 의한 허구적이며 서술적인 자료에 대한 연구는 그의 탐색을 더욱 풍요롭게 만들고 있으며 정신사를 위한 본질적인 자료를 구축하고 있다.《기욤 원수》에서 이러한 자료는 장 데아르리라는 그의 동료 전사들 중 한 명에 의하여 이야기되고 있는 기욤 원수에 대한 〈인생〉이 그것이다. 위인전에 배어 있는 교권적인 영향에서 벗어나 이 "세속적" 텍스트는 기사들의 정신세계에 다가서는 데 필요한 소중한 증언인바, 기울어 가는 13세기 초 기사들의 시대에 기욤은 그들의 "마지막 거인들" 중 한 명인 것이다. 이야기들은 뒤비의 그 전 작품인《부빈의 일요일, 1214년 7월 27일》에서 유사한 역할을 하고 있다. 뒤비는 역사 교육의 쇄신을 제쳐 놓지는 않았지만, 정신사의 구상에 대한 근심으로 인하여 이데올로기적이며 문학적인 텍스트에 담겨 있는 정보에 늘 더 큰 관심을 두게 되었다. 물론 이런 텍스트의 논증적 방향과 미학적 요소를 올바르게 해석한다는 조건이 있었다. 그는 두 가지 텍스트를 전투에 대한 〈논평〉 앞뒤로 놓고 있다. 앞에는, 사건들과 동시대 인물인 클루니의 성직자에 의한 전투에 대한 이야기를 다루고 있는 텍스트인 〈사건〉이 있고, 뒤에는 이 텍스트에 이어지는 이야기들, 어느 정도 사실에 충실한 이야기들의 전체를 살펴보고 있는 〈전설집〉이 있다. 이야기들이 이렇게 역사가의 분석적 담론을 앞뒤에서 감싸고 있는 것이다. 그리고 이 분석 자체는 이야기들의 밖에 있는 것이 아니라, 그것들이 전달하고 등장시키고 있는 여러 가치들, 즉 평화/전쟁/전투/승리에 대한 정의를 목표로 하고 있다. 분석은 이야기들의 논증적 유희, 시대정신의 소중한 표시인 이야기들의 이데올로기적인 방향 등을 해독하려고 시도한다. 이런 것이 특히, 왕정의 연보를 넘어, 카페 왕조의 이데올로기와 상징성을 공들여 만들어 내고 있는 생-드니 성당의 성직자들 중 한 명인 주 화자가 우리에게 제시하고 있는 서문의 기능인 것이다.

역사가의 작업은 따라서 우리의 기억을 구성하고 역사적 사건의 일부에 속하는 이야기들을 작동시키는 이데올로기적 구조와 논증적 절차를 드러내 주고 있다.

2. 문헌학적 추론

봉건 시대에 사생활은 어떤 것이었나? 효과적인 문제 제기를 위하여—왜냐하면, 반복하여 말하지만, 문제가 되는 것은 바로 그것이기 때문이다— 가장 좋은 방법은 단어로부터 출발하는 것이고, 의미적 범주, 말하자면 개념이 웅크리고 있는 벽감을 탐색하는 것이다. 이런 길을 가면서, 나는 내가 이행한 기능과 유사한 기능을 내가 살펴보기로 한 시대에 이행하고 있던 연구자들, 그리고 우선 문법학자들이었고, 가장 잘 알려진 것에서 가장 잘 알려지지 않은 것으로 전진하면서, 인식할 수 없는 것에 접근하기 위하여 하나의 어휘에 대한 연구로부터 시작했던 연구자들의 그런 정신에 충실한다는 감정을 지니고 있다.

(《사생활의 역사》, p. 19)[7]

단어로부터 출발하는 것: 책의 첫 번째 문장, 역사가의 최초의 책무이다. 역사가의 작업에 대한 문헌학의 기여를 선언한 것인데, 역사가는 이처럼 문학비평으로부터 그의 도구들 중 하나를 차용하고 있다. 방법이 사적 그리고 공적이라는 단어들의 역사에 적용되었을 때, 그것은 모든 사람들에 속해 있고 모든 사람들에게 열려 있는 것과 개인에게 적합하고 내적이며 비밀스런 것 사이의 경계를 보여 주는 단절, 말하자면 두 용어의 어휘적 의미적 구별이 라틴어에 이어 로망어에서도 동일하게 이루어지고 있다는 그 항구성을 명백하게 보여 주고 있다. 그 단어들의 역사는 이렇게 장소와 권력의 역사와 맞물려 있다. 문헌학적인 연구는 사실들의 뭉치한 가운데에서 선도하는 하나의 끈이지만, 특히 이 연구는, 역사를, 뒤비의 말에 따르면, 문제화시키고 있기에, 개념적으로는 생산성이 강한 것이다. 박사학위 논문으로서의 역사에 대한 작업이 논증적 성격을 지니고 있

7 *Histoire de la vie privée* ; Tome 2. *De l'Europe féodale à la Renaissance*, Seuil, 1985(조르주 뒤비의 지도 아래 쓰인 공저).

음을 인정한다면, 창조의 일부로 이 연구는 규정될 수 있는 것이다. 그리고 위에 인용된 글들은 논증적 계획을 잘 정의하고 있다. 문헌학에 대한 이런 권유는 역사가가 언어행위에 부여하는 사실 발견적 장점을 잘 드러내고 있다. 왜냐하면 언어행위는 정신사를 다루는 역사가가 그것의 자료적 범주 그러나 그 보다 더 이데올로기적인 말하자면 논증적인 범주 속에서 탐색하고 있는 세상을 재현하는 데 버팀목이 되고 있기 때문이다.

II. 문체에 대한 근심과 서술적 감정이입

1. 역사가의 청중

단어에 대한 이런 고민은 단지 문법적인 것뿐 아니라, 미학적이기도 하다. 그러나 작업의 과학적 질을 해칠 수도 있는, 언어 미화에 대한 숭배를 말하는 것은 아니다. 뒤비의 텍스트들은《기욤 원수》를 시작하는 텍스트의 이미지에 따라, 고도로 가다듬고 세심하게 검토된 글쓰기를 보여 주고 있다. 이런 고민은 그 작품들이 학자들과 전문가들로 한정된 청중을 뛰어넘을 수 있었던 역사가의 개인적 명성에 분명 큰 기여를 하고 있다. 그러나 잘 말하는 기법이 아니라, 설득시키는 기법인 역사가의 이런 수사법을 잘 해석해야 한다. 문체에 대한 고민이 청중을 확산시키는데 기여한다면, 연설적 힘의 이런 표현법은 학문적 수준의 쇠약함을 수반하는 것이 아니라, 오히려 그것을 고양시키고 있다. 이와 관련하여 우리는《성당들의 시대》[8]를 인용할 수 있을 것이다. 미디어의 무대에서 오늘날 역사가의

8 책(éd. Skira, 1966-67 ; éd. Gallimard, 1976)뿐 아니라, 책에 이어 나온 텔레비전 방송이 성공을 거두었는데, 이러한 성공은 미디어의 대중 속에서 전문가와 시청자가 함께 만날

존재는 하나의 유행 양식에 귀착되는 것이 아니다. 인문과학의 또 다른 실무가들보다 더, 그리고 그들보다 앞서, 역사가들은 앎의 수사학적 측면, 즉 지식은 그 유포를 통해서 존재하는 것이고, 유포는 논증과 웅변적 형태화를 전제하고 있다는 점을 간파했다.

2. 자료의 미학적 요소

문체를 고려하는 것이 의사 전달에 대한 역사가의 전략으로 축소되지 않는다. 이런 고민은 문학적이라고 일컫는 자료에 명시적 자리를 주고 있는 정신사 속에서는 결정적인, 규율에 내재하는 하나의 원인을 지니고 있다. 그것은 한편으로는, 자료의 미학적 질과 이데올로기적 범주가 자료의 후속성에 영향을 끼치고 있기 때문이다.

수 있다는 가능성을 보여 주었다. 역사가에 대한 이런 아주 광범위한 시청자에 관하여, 뒤비는 그의 마지막 작품, 《역사는 계속 된다*L'Histoire continue*》(Odile Jacob, 1991)에서 "진지한 역사가 대량 소비의 문학적 생산물들의 장場으로 들어가는 것은 프랑스 문화 역사 강의에서 볼 때 괄목할 만한 변화다"라고 자문한다. 그러나 "우리는 조금도 그것에 대한 책임자들이 아니다"라고 그가 덧붙이고 있는 말에 우리는 공감할 수 없다. 그것은 지나친 겸손함을 나타내는 것이다. 왜냐하면 역사가의 시청자들은 그의 지식과 함께 웅변가와 작가로서의 그의 재능을 가늠할 정도는 되기 때문이다. 피에르 르파프Pierre Lepape는 뒤비 작품에 대한 그의 최근의 글에서 우리의 그런 견해와 함께 하고 있다: "그것은《역사는 계속 된다》의 매 페이지를 비추고 있는 행복, 다시 말하면 글을 쓰는 행복에 너무도 가벼운 무게를 부여하고 있다. 역사의 새로운 공간에 대한 정복자는 또한, 그와 분리될 수 없는 유혹가다. 글쓰기, 단순화시키지 않고 분명히 밝혀내는 글쓰기, 재치 있게 감정들을 다룰 줄 아는 글쓰기, 어느 지적인 표명의 신랄함을 공모共謀의 미소로 장식하는 글쓰기, 우아하게 형식을 다듬는 글쓰기, 한마디로, 지식을 기쁨으로 전환시킬 수 있는 글쓰기는 가장 저항할 수 없는 유혹의 하나인 것이다"(*Le Monde*, 20 septembre 1991, p. 17). 설명하기, 감동시키기 그리고 유혹하기, 역사가가 얼마나 수사학자인지 이보다 더 잘 말할 수 없을 것이다. 수사학자라는 것은, 우리가 희망하건대, 여기서 찬탄과 존경의 표현으로 이해될 용어인 것이다.

시가 사라지지 않는 것은 아마도 그 희귀한 아름다움 덕분일 것이다. 대작들은 더 단단한 삶을 지니고 있다.

(《기욤 원수》, p. 40)

또 다른 한편으로는, 작품의 질이 작품의 의미를 구성하는 요소가 되고 있기 때문이다. 따라서 역사적 조사는 자료들의 미학적 구성 요소를 고려해야 하는 것이다.

훌륭한 작가이다. 아주 신선하고, 아주 적확한 단어들, 투명한 서술, 인물들에 생기를 넣어 주고, 대화를 인도하고, 제시하는 기법. 그는 완벽에 대한 그의 임무를 수행했다. 더구나, 그는 아주 의식 있는 역사가인 것으로 드러났다. 작품 자체가 하나의 "삶"뿐 아니라, 하나의 "역사"로 제시되고 있다.

(*Ibid.*, p. 41)

작품의 질과 같은 모든 것이 작품의 지속성을, 장 데아르리 이야기의 봉건 통치적인 기능을 증대시키고, (식장적) 찬사의 웅변 장르에 그것이 속해 있음으로써 자료의 정확한 해석을 결정짓고 있다. 역사가는 따라서 그의 지식을 유포시키기 위해서뿐 아니라, 특히 자료 저자의 글쓰기 관점을 잘 알아내도록 그가 그 미학적 논증적 요소 속에서 검토하는 자료들을 정확하게 해독하기 위해서 웅변술의 규칙을 숙달해야 하는 것이다.

3. 감정이입적인 비전

장 데아르리의 텍스트에 대한 성격 규정은 흥미로운 일이다. 역사가는 이런 텍스트들을 다루는 즐거움을 말하고 있다. 그리고 중세 텍스트에 대한 찬양은, 어느 정도까지는, 문학의 표현적이고 교육적인 자원들을 펴냄으로써 성공한 역사서가 될 수도 있는 것에 대한 비밀스런 고백으로 이해될 수 있다. 《기욤 원수》를 시작하는 글에 대한 강독은 텍스트 전체에서와 마찬가지로 이런 가설을 확인시켜 주고 있으며, 뒤비가 자신이 자료에 부여하고 있는 장점들과 전범典範을 텍스트 속에서 어느 정도로 적용시키려고 노력했는지 보여 주고 있다. 뒤비가 부가적인 역사가가 아니라 근원적인 역사가라는 이런 본질적인 차이에 따라, 그러나 부인할 수 없을 정도로, 《기욤 원수》라는 역사적 탐구서는 기욤의 〈인생〉이라는 글에서 자신의 구조를 찾아내고 있다.

이 역사적 탐구서가 원수의 종말에 초점이 맞추어진 문학적 서술 형태로 시작하고 있는 것은 바로 그 때문이다. 이야기의 교육적이고 감정이입적인 두 번째 기능을 드러내는 웅변적인 극화의 효과인 것이다. 뒤비는 감정이입을 통하여 연구대상을 이야기의 주체로 바꾸면서 문학을 사변적 자기성찰 작용에 활용하고, 수사학적이고 과학적인 이중 작용을 실현하고 있다.

—독자의 관심을 강화시킨다.

—감정이입적인 비전을 통하여 역사적 지식을 증대시킨다.

> 나는 사건들의 역사를 쓰지 않는다. 이 역사는 아주 잘 쓰여 있다. 나의 말은 내가 그 예외적 가치를 언급했던 증언으로부터, 그 증언이 기사들의 문화에서 배우는 것을 끄집어내면서, 아직도 매우 잘못 쓰인 것을 밝혀내려고 한다. 나는 단지 기사들이 보았던것처럼 세상을 보고자 할 뿐이다.
>
> (pp. 48-49)

과학적 객관성에 대한 이런 설명은 입문적인 텍스트가 지닐 수 있는 모호성을 사라지게 만든다. 원수의 죽음에 대한 연극적인 소개, 텍스트의 1부를 차지하고 있는 임종에 대한 이 이야기는 기사들의 문화에 적합한 연극성에 의하여 정당화되고 있다.

> 제1막, 포기에 대한 첫 번째 의식. 이어지는 모든 막들이 그렇듯이 자기 과시적 의식이다. 왜냐하면, 그 시대에 좋은 죽음들은 축제이기 때문이다. 할 가치가 있는 것을 죽어 가는 자가 표명하고, 말하고, 그의 위치에 따라 행동하고, 그의 뒤에 살아남을 자들에게 덕행의 마지막 예를 남기기를 그로부터 기다리면서, 모든 태도들과 모든 말들에 주의 집중하는 수많은 구경꾼들, 수많은 청중들 앞에서 그 죽음들의 축제는 연극처럼 펼쳐진다.
>
> (《기욤 원수》, p. 9)

만약 텍스트가 극적인 것이라면, 부유하고 강력한 기사의 최후가 극단적으로 연극화되고 의식儀式화된 예식을 역사적으로 야기하고 있기 때문에, 중세 문화에 내재하는 하나의 기지의 사실에 따르는 것이다. 따라서 의식의 역사적인 절차와 상연의 문학적 절차 사이에는 서로 만나는 지점이 존재한다. 종말의 단계들에 대한 상세한 묘사는 특히 원수가 점차 벗어나고 있는 권력과 부의 다양한 구성요소들을 분석 가능하게 만들고 있다. 《기욤 원수》를 시작하는 분석적 이야기는 문학의 논증적 장점들을 펴내는 역사의 교훈이다.

—정신을 매혹시키는 아름다움

—정신을 감동시키기 위한 극적인 힘

—정신을 교육시키기 위한 명확성

이 마지막 기능 속에서, 이야기는 더 이상 연구 대상이 아니라, 역사적 분석 도구가 된다. 서술적 글쓰기가 부빈의 전장에서 사용된 새로운 갑옷들에 대한 묘사가 보여 주는 교육적 작업으로 활성화되어 있기 때문이다.

> 조금씩 얼굴 아래로 내려오면서 투구 밑으로 사라지려고 하는 [정수리를 보호하는 작은 모자는] 오직 바라보고 숨 쉴 수 있는 몇 개의 작은 균열들로 구멍이 뚫려 있는, 완전한 실린더 모양을 하고 있다. 죽음이 들어올 수 있는 틈들은 이런 식으로 거의 막혀 있었다. 죽이기를 원하는 자는 철저히 눈가리개를 노리고, 쇠사슬 갑옷과 견장을 분리하고 있는 널찍한 구멍을 통해, 옆구리 움푹 들어간 곳을 향하여 찔러 넣고, 다다디닥 붙이 있는 갑옷 껍질을 벗겨 내야 하는데, 이것은 예술가의 작업이다. 이처럼 근대 갑옷은 안전성을 주고 있다. 보다 더 과감하게, 너무 떨지 않고, 더 앞에서서 영광을 추구하도록 해 주는 것이다. 정신의 변화, 덕행의 등급 속에서의 민감한 이동 등은 이와 같은 기술적 진보에 기인한다. 이것은 기사들 사이에서 서서히 용기가 확산되는 것을 가능하게 해 주고 있는데, 이는 12세기의 새로운 현상인 것이다. 그러나 힘을 돋우는 멋진 도구 일체, 영웅들을 만드는 무기들, 이런 것들은 아직도 영웅들 스스로 마련해야 하는 것이다.
>
> (《부빈의 일요일》, p. 38)

〈연출〉이라는 장에서 인용된 이 텍스트는 필리프-오귀스트 왕에 대한 초상 바로 앞에 나온다. 그런데, 텍스트의 전개 순서에서, 갑옷과 말이 사람들보다 앞서 나오는 것은 개념적인 이유에 부응하고 있다. 즉, 경제와 야금술이 군사적 용기의 형태를 결정짓고 있기 때문에, 갑옷과 말은 인간 행동의 조건이 되고 있는 것이다. 역사의 여러 동력 중에서 〈위인들의 심리〉를 부차적인 것으로 간주하는 아날학파의 명제와 부합되는 내용이다. 그러나 이것을 표현하고 있는 것은 여기서는 이야기이다. 사실상 우리는 갑옷에 대한 진정한 생명력을 목격하고 있다. 서술의 현재형으로 은화, 갑옷 그리고 용맹을 이어 주는 열쇠가 우리에게 주어지고 있기 때문이다.

이런 서술의 기능은 분명히 웅변적이고 담론의 수사학적 분할 속에서는 이야기의 역할(증명을 뒷받침하기)에 해당된다. 텍스트는 갑옷제조가가 13세기의 어느 기사에게 설명하고 있는 판매 자료와 같은 형식을 띠고 있다. 묘사의 동적인 힘은 혁신과 기술적 진보 그리고 그 진보로부터 오는 강화된 안전성을 잘 드러내고 있다. 꾸며진 대화(죽이기를 원하는 자는…)는 "손님"이 던질 수도 있는 질문에 앞서서 나온다. 어떤 형식들의 문체적인 기교(다닥다닥 붙어있는 갑옷 껍질을 철저히 벗겨 내다)는 공격자가 그런 흉갑을 뚫으려 할 때 겪는 어려움, 치명적 부상의 가능성을 의미적으로는 진실임직하지 않은 것으로 만드는 용어의 은유적 가치 등을 표현의 장으로 바꾸고 있다. 극적이고 묘사적 구조는 기술적 용어들(투구, 구멍, 쇠사슬 갑옷)과 설명적인 정보들을 배치하고 있다. 그런데 이런 용어와 정보를 통하여 경제적 기술적 진보를 통한 군사적 용맹과 기술의 감지될 수 없지만 부인될 수도 없는 조작이 그대로 드러나고 있다.

요컨대, 우화, 서술은 증명을 가능하게 한다. 문학적 형태의 설득력 있는 덕목들은 역사에 적용된 사회과학의 교육을 보여 주는 데 동원되고 있다. 그래서 수사학의 힘은 역사가의 가르침을 지지하는 대중도 증대시키고 그 가르침의 강도도 높여 주고 있는 것이다.

결론

논증 수사학의 현실성

이 책은 부제에서 예고된 바와 같이, 이중의 여행으로 독자를 초대하였다. 첫 번째 여행은 아리스토텔레스의 세계에서 주로 실행되었다. 진실임직함의 차원에서 논증하는 (처방이 아닌) 방법에 대한 서양 최초의 개론서가 아리스토텔레스의 세계에서 나왔다는 것은 그러한 여정의 충분한 정당화로 여겨진다. 그 이론적 기반을 잊을 수 있었지만 체계성이 문제시된 적은 결코 없었다. 정치사의 우여곡절이 웅변을 문학 속으로 도피하게 강요하기 전에 아리스토텔레스는 수사학이 본질적으로 논증적이며 논증은 도시 국가에서 인간 상호 관계의 본질적 여건이라는 점을 비할 데 없이 강력하고 분명하게 단언한다. 논증 수사학은 도시 국가에서 기술적 성격과 동시에 도덕적이고 정치적 차원을 발견한다. 아리스토텔레스적 입증과 논증적 이성(로고스), 열정(파토스), 외관(에토스)의 결합은 설득의 근본적 세 가지 기제인 논리, 이데올로기, 심리를 가리킨다. 추론적 전제의 원천인 말터는 모든 논증 방식이 전개하는 가치의 문제를 예리하게 형식화한다. 특수 말터는 담론의 대상과 궁극적 목적을 가리키는 데 비해 공통 말터는 자연 언어에서 나타나는 추론의 원형적 형태를 가리킨다. 그러나 말터가 특수적이든 공통적이든 간에 그것은 청중의 통념, 의견 혹은 가치와 결합될 경우에만 설득적 효용성을 갖는다. 연설가는, 그의 연설이 효과적이라면 연설가와 청중에게 공통적인 전제에서 효과적으로 부각되게 했을 새로운 가치에 청중이 결국 동의하도록 하기 위해 청중의 의견을 처음에 자기 것으로 해야 한다. 말터의 문제는, 전제의 표현이나 결론의 표현이나, 논거의 표현 문제에 자연스럽게 이른다. 예시에 호소하는 문제처럼, 논거의 축약에 대한 문제제기는 미학적 구성요소라는 설득의 네 번째 기제를 분명히 한다. 말이나 글로 된 담론이든지, 논증의 이 미학적 차원은 필연적으로 담론을 문학과 결합시키며 문학의 표현 수단들을 다량으로 동원한다. 문학적 재현, 더 일반적으로 허구에의 호소는 문학 세계에서 수행된 우리의 두 번째 여행을 그 자체로 정당화하는 논증의 특징이다. 이전에 아리스토텔레스의 시도를 재건한 카임 페렐만에게 경의를 표함으로써 우리는 과학적 활동의 내부도 포함하여 의사소통의 절대적 필요성에 의해서 지배되는 현대 세계에서 논증의 보편성과 필요성이 명확히 드러나도록 하였다.

문학의 장, 인문 과학과 사회적 공간

이 두 번째 여행은 두 가지 여정을 차용한다. 첫 번째 여정은 문학적 재현에서 논증 기술의 장면화와 활용을 탐구한다. 본 연구의 이론적 부분에서 정의된 이 방식들—수사적 삼단논법, 연쇄식 삼단논법, 예증법, 반대에 의한 논증 등—에 형태를 부여하기에 우리의 선택이 충분히 대표적이기를 우리는 희망한다. 논증적 혹은 수사적 삼단논법적(토크빌의 에세이 같은) 텍스트의 분석은 이론적 진술, 즉 설득 계획을 위한 문학적 절차의 동원이 드러낸 것을 나란히 명시하고 있다. 이 마지막 경우는 문학이 차지한 위상을 정확하게 설명한다. 문학은 논증 수단으로서 사회 관계에서 어디에나 존재하는 도구이다. 서술적 공식화, 극화, 과장은 문학이라고 명명되는 제도 내에서 그 용법이 조금도 한정되지 않는다. 사회에서 언어 관계 안에 소위 문학적인 절차가 존재한다는 것의 드러남은 문학이 척박한 만큼 찬란한 고립에서 벗어나게 한다. 문학 교육은 여기에서 논증의 효과적인 실천 입문의 가치에 의해서 전적인 정당화를 되찾는다. 이것은 이중적 정당화이다. 실천된 문학은 논증 기술의 학습이다. 여기서 논술의 입문적 장점이 생각난다. 분석된 문학은 논증 실천의 예외적으로 드넓고 다양한 관찰의 장이다. 실세 논증의 이 둘도 없이 소중한 기억을 무시하는 것은 불합리할 것이다. 필름과 녹음 자료의 출현 이전에 문학적 기록들은 논증 실천을 증거하는 데 2천 년의 기간 동안 경쟁자를 갖지 않았다. 지식의 차원에서 길은 논증의 역사에 의문의 여지없이 열려 있다. 그러나 이 학술적 전망에 아주 실제적인 두 번째 전망이 첨가된다. 문학에 관심을 기울이는 사람에게 문학은 논증 실천의 필적할 수 없는 관찰(그리고 습득)의 장이다. 지혜롭게 실행된 문학은 사회적 삶 그리고 직업적 삶의 주목할 만한 모의 실험장치라는 점을 조금도 바꾸지 말고 의심하지 말자. 문학은 논증 실천의 특권적인 입문의 장이다. 문학 교육에 대한 직업 세계의 새로운 관심의 원천이 여기에서 파악된다. 수사적이고 논증적인 체제를 해독하고 제어하는 것은 의사소통, 그리고 결정하기의 본질적 핵심이다.

두 번째 여정은 텍스트의 글쓰기 중심으로 우리를 인도한다. 우리의 선택에 의해서 우리는 논증이 어느 정도로 텍스트의 구조 자체일 수 있으며 텍스트의 기본 원칙을 구성할 수 있는지를 보여 주려고 시도했다. 논증은 특히 서술적 목소리의 문제를 위한 본질적 열쇠를 제공한다. 논증은 텍스트의 발화행위 문제를 상당히 풍부하게 하며 분석가로 하여금 등장인물들과 재현의 다듬지 않은 데이터들을 넘어서 수신자의 문제에 곧바로 들어갈 수 있도록 한다. 그러므로 논증은 화자, 등장인물 그리고 독자를 결합하는 본질적이면서 복합적인 연결고리로 나타난다. 논증은 이렇게 양극단에 위치한 텍스트의 생산과 수용이라는 두 가지 문학적 문제를 이어주고 있는 것이다.

하지만 우리의 마지막 장은 이 두 여정이 결합되도록 구상되었다. 문학적 회고록부터 역사적 전기까지 미학적 실천으로서 문학과 궁극적, 즉 실용적(에세이의 예를 따라, 이러한 형태의 글쓰기는 논증 계획에 봉사하며 비미학적이고 비사회적이며 비문학적인 유용한 발화로 정의된다) 실천으로서의 글쓰기에 지나치게 조심스럽게 표시되고 보존되어 온 경계가 사라지고 있다. 장-폴 사르트르의 문학적 참여[1]에 대한 성찰에서 아직도 존중되는 이 경계는, 문학을 수사적이고 논증적인 전망에서 고려할 때, 구식이거나 아니면 적어도 과도한 것으로 보인다. 서술적 문학과 구별되어 수사적 삼단논법적 문학 개념은 이 두 형태의 글쓰기에 공통적인 점, 즉 논증 절차가 내부에 존재한다는 점을 나타나게 한다. 결국 논증 연구는 문학적인 것과 성찰적인 것, 에세이와 허구 사이의 지나치게 엄격한 분리에 대하여 문제제기를 하는 데 이른다.

이러한 견해는 아직 가설적이기는 하지만 더 큰 결과를 가질 수 있는 이차적 견해를 불러일으킨다. 20세기 초에 인문과학과 문학 사이에 인문과학에 의해서 세워진 경계를 재고해야 하지 않을까? 문학 이외에 르네

---

1 *Qu'est-ce que la littérature?*, Gallimard, 1948.

상스기와 고전주의 시기에 오늘날 사회과학의 구성 분야 전체를 통합하였던 수사적 실천의 확장된 틀에 문학을 재위치시키는 것을 조건으로 말이다.

> 수사학이 인문 과학의 모태가 되고 있지 않는가 〔라는 질문이 제기된다〕.[2]

수사학의 영역에 재위치되고 미학적 의도와 설득적 의도를 결합한 문학은 명시적으로 사회 안에 위치하는 발화, 그리고 사회를 구성하는 사람들을 대상으로 하는 발화의 위상을 되찾는다. 그러므로 문학은, 실용적 영역(법적이거나 정치적 발하) 혹은 인식적 영역(학문적 혹은 교육적 글)이거나, 똑같이 청중을 설득시키려는 글쓰기와 담론의 다른 형식들 옆에 자리잡는다. 논증은 글쓰기와 담론의 이 형식에 공통적인 특성이다.

설득적 유효성은 지식, 기쁨 그리고 감동의 결합과 연관된다는 점을 우리는 보여 주었다고 생각한다. 이 전망에서 미학적 방식과 인지적 방식은 밀접하게 연결된다. 그리고 영원히 문학과 사회과학을 분리하는 것은 일관성이 없어 보인다. 과학적 기술의 변별적 목표와 나란히 사회과학은 세계와 사회의 재현을 관중에게 전달하려는 관심을 문학과 공유한다. 이 관심은 논증 체계의 작용을 전제하며 이 논증 체계는 문학과 사회학, 그리고 역사학적 글을 갈등 없이 하나로 엮어 내는 혁신적 문화적 기초를 구성할 수 있다.

이 '인식론적 공생'으로부터 역사학은 사회과학의 다른 분야들에 대한 의지, 그리고 문학의 차용을 서로 화해시키는 법을 알기 위한 자료와

2 Michel Meyer, "Rhétorique et littérature", *Langue française* n° 79, Larousse, 서론 발췌문, p. 3.

실제로서의 예시를 주는 것 같다. 예를 들어, 언어학은 텍스트의 역사와 언어에 대한 분리를 근본 공리로 유지해야 하는가? 논증의 화용론적 이론 검토는 수사학 개념들의 유추적 개념들이 화용론 내부에서 재출현함을 우리에게 보여 주었다. 그러므로 어떻게 해서든지, 수사학에 의해서 탐구된 언어의 제반 문제들을 재검토하면서 개념적 역사에 대하여 분리의 원칙을 유지해야 하는가? 적어도 텍스트 언어학에서 대답은 부정적일 것으로 여겨진다. 그런데 논증 연구에서는 수사학과 화용론의 결합은 무엇보다도 진실임직함의 영역에서 가장 풍성한 결과를 가져오는 것으로 보여진다. 사회과학의 공간처럼 문학의 공간이 증명과 진실의 공간으로 진지하게 제시될 수 없을 것이다. 이들의 영역은 진실임직한 재현과 일관성 있는 해석의 영역이다. 인식의 방법이 정리定理로서가 아니라 엄밀하게 수행된 해석적 방식으로 제시되어서 무엇을 잃겠는가? 논증은 문학과 사회과학의 공통의 몫이다. 그 몫은 인식의 원천이며 동시에 자유의 학습이므로 소홀히 할 수 없는 것이라는 점을 보여 주었다고 우리는 희망한다.

참고 문헌

ANGENOT (Marc) :

Glossaire pratique de la critique contemporaine, Montréal, 1979.

La Parole pamphlétaire. Typologie des discours modernes, Payot, 1982.

ARISTOTE :

Rhétorique, Les Belles Lettres : Livre I et II, texte et traduction établis par Médéric Dufour, 1re édition, 1931; Livre III, par M. Dufour et A. Wartelle, Paris, 1973.

The Rhetoric of Aristotle, edited with a commentary by E. M. Cope, revised by J. E. Sandys, vol. I-III, Cambridge, 1877.

« Art » of Rhetoric, translated by J. H. Freese, Aristotle XXII, no 193, Loeb Classical Library, Harvard University Press, 1926, 1975.

The Rhetoric and the Poetics of Aristotle with an introduction and notes by Friedrich Solmsen, The Modern Library, New York, 1954 (trad. W. Rhys Roberts et Ingram Bywater).

The Art of Rhetoric, translated with an introduction and notes by H.C. Lawson-Tancred, Penguin Classics, London, 1991.

Organon, traducion nouvelle avec notes par Jean Tricot, Paris, Librairie philosophique J. Vrin, 5 vol. :

I. *Catégories*, 1959; et II. De l'Interprétation, 1959 ;

III. *Les Premiers Analytiques*, 1962 ;

IV. *Les Seconds Analytiques*, 1962 ;
V. *Les Topiques*, 1965 ;
VI. *Les Réfutations sophistiques*, 1950, nouvelle édition 1987.
Topiques, texte établi et traduit par J. Brunschwig, tome I, Paris, Les Belles Lettres, 1967.
Rhetorica ad Alexandrum, translated by H. Rackham, Aristotle XVI, Loeb Classical Library, no 193, Harvard University Press, 1937, 1983.
Œuvres complètes d'Aristote, traduction de Barthélémy Saint-Hilaire (avec un appendice sur l'enthymème, et la traduction de la Rhétorique à Alexandre, traité autrefois attribué à Aristote), Paris, 1870.
Rhétorique des passions, postface de Michel Meyer, édition des chapitres 1-11 du livre II de la Rhétorique, Petite Bibliothèque Rivages, 1989.
Rhétorique, trad. Ch.-E. Ruelle (1882), révision P. Vanhemelryck, commentaires B. Timmermans, introduction M. Meyer. Le Livre de Poche, 1991.

아리스토텔레스의 수사학에 대한 연구 :

BARTHÉLÉMY SAINT-HILAIRE :
De la logique d'Aristote, Paris, 1838, 2 vol.
COPE (E.M.) :
An Introduction to Aristotle's Rhetoric, London, 1867.
EGGS (E.) :
Die Rhetorik des Aristoteles. Ein Beitrag zur Argumentationstheorie und zur Syntax der Komplexen Sätze (im Französischen). Thèse d'habilitation, Freie Universität, Berlin, 1978.
ERICKSON (Keith V.) :
Aristotle's Rhetoric: Five Centuries of Philological Reseach. Compiled with an introduction, Metuchen, (N.J.), 1975.
HAVET (Ernest) :
Étude sur la Rhétorique d'Aristote, thèse soutenue en 1843; Vrin-Reprise,

1983.
LEAR (Jonathan) :
Aristotle and logical theory, Cambridge University Press, 1980, 1985.
RYAN (Eugene E.) :
Aristotle's Theory of rhetorical argumentation, Bellarmin, collection « noêsis », publié par le Laboratoire de recherches sur la pensée antique d'Ottawa, Montréal.
SPRUTE (Jürgen) :
Die Enthymemtheorie der aristotelischen Rhetorik, Vandenhoeck & Ruprecht, Göttingen, 1980.
THIONVILLE (Eugène) :
De la Théorie des lieux communs dans les Topiques d'Aristote et des principales modifications qu'elle a subies jusqu'à nos jours, Paris, 1855 ; Vrin-Reprise, 1983.

ARMENGAUD (Françoise) :
La Pragmatique, PUF, coll. « Que-sais-je ? », 1985.
ARNAULD (Antoine) et NICOLE (Pierre) :
La Logique ou l'art de penser, édition critique par Pierre Clair et François Girbal, Paris, J. Vrin, 2e édition, 1981.
AULU-GELLE :
Nuits attiques, trad. A. Marache, Les Belles Lettres, 1978.
AUSTIN (John L.) :
How to do things with words, Oxford, Clarendon Press, 1962 ; (trad. fr. Quand dire, c'est faire, par Gilles Lane, Paris, Seuil, 1970).
BARTHES (Roland) :
Mythologies, Seuil, 1957.
BARY (René) :
La Rhétorique française, Paris, 1665, 2 volumes.

BELAVAL (Yvon) :

Digressions sur la rhétorique, préface de Marc Fumaroli, Paris, Ramsay, 1988.

BELLENGER (Lionel) :

La Persuasion, PUF, coll. « Que-sais-je ? », 1985.

BERRENDONNER (Alain) :

Éléments de pragmatique linguistique, Minuit, 1982.

BOURDIEU (Pierre) :

Ce que Parler veut dire. L'économie des échanges linguistiques, Fayard, 1982.

CAHNÉ (Pierre-Alain) :

Un autre Descartes, le philosophe et son langage, Paris, Vrin, 1980.

CERVONI (Jean) :

L'énonciation, PUF, 1987.

CICÉRON (Marcus Tullius) :

De l'Orateur, édition de Edmond Courbaud, Paris, Les Belles Lettres, 1950.

Brutus, édition de Jules Martha, Les Belles Lettres, 1973.

L'Orateur, édition de A. Yon, Paris, Les Belles Lettres, 1964.

De la République, édition de E. Bréguet, Les Belles Lettres, 1980.

Divisions de l'art oratoire. Topiques, édition de Henri Bornecque, Paris, Les Belles Lettres, 1925.

De Inventione. De Optimo genere oratorum Topica [De l'invention. Du meilleur genre des orateurs], translated by H. M. Hubbell, Cicero II, Loeb Classical Library, no 386, Harvard University Press, 1949, 1976.

Ad Herennium [Rhétorique à Herennius], translated by H. Caplan,

Cicero I, Loeb Classical Library, no 403, Harvard University Press, 1954, 1981 (œuvre du rhéteur Cornificus, longtemps attribuée à Cicéron).

COMPAGNON (Antoine) :

La Troisième République des Lettres, de Flaubert à Proust, Paris, Seuil, 1983.

CREVIER (Jean-Baptiste) :

La Rhétorique française, Paris, 2 volumes, 1765.

CURTIUS (Ernst) :

La Littérature européenne et le moyen âge latin, PUF, 1956.

DUCROT (Oswald) :

Dire et ne pas dire. Principes de sémantique linguistique, Hermann, 1972, 2e édition 1980.

Dictionnaire encyclopédique des sciences du langage, « Points » Seuil, 1972 (en collaboration avec Tzvetan Todorov).

Les Mots du discours, Minuit, 1980 (Oswald Ducrot et al).

L'Argumentation dans la langue, Pierre Mardaga, Bruxelles, 1983 (en collaboration avec Jean-Claude Anscombre).

Le Dire et le dit, Minuit, 1984.

DUMARSAIS (César Chesneau) :

Traité des tropes (1re édition, 1730); édition Le Nouveau Commerce, supplément au numéro 38, 1977; postface de Claude Mouchard (suivi de Jean Paulhan, *Traité des figures ou la rhétorique décryptée*). Edition commentée: François Douay, Flammarion, 1988.

DUPRIEZ (Bernard) :

Gradus. Les procédés littéraires, (dictionnaire), UGE, 10/18, 1980 ; Ottawa, 1977.

ETCHEGOYEN (Alain) :

Le Capital Lettres, éd. François Bourin, 1990.

FONTANIER (Pierre) :

Les Figures du discours, introduction par Gérard Genette, Flammarion, 1968.

FUMAROLI (Marc) :

L'Age de l'éloquence. Rhétorique et « res literaria » de la Renaissance au seuil de l'époque classique, Genève, Librairie Droz, 1980.

GENETTE (Gérard) :

Figures II, Paris, Seuil, 1969.

Figures III, Paris, Seuil, 1972.

GOFFMAN (Erving) :

Façons de Parler, traduit de l'américain par Alain Kihm, Minuit, 1981, 1987.

GRIMAL (Pierre) :

Le Siècle des Scipions. Rome et l'hellénisme au temps des guerres puniques, Paris, Aubier-Montaigne, 1953.

GRIZE (Jean-Blaise) :

De La Logique à l'argumentation, Genève, Droz, 1987.

GUMPERZ (John) :

Engager la conversation, introduction à la sociolinguistique interactionnelle, Minuit, 1990.

GUTHRIE (W. K. C.) :

The Sophists, Cambridge University Press, 1971.

Aristotle: an encounter (*A History of Greek Philosophy*, vol. VI), Cambridge University Press, 1981, 1983.

HALSALL (Albert W.) :

L'Art de convaincre. Le récit pragmatique : rhétorique, idéologie, propagande, éditions Paratexte ; Toronto, 1990.

JAKOBSON (Roman) :

Essais de linguistique générale, t.I, Minuit, 1963.

KENNEDY (Georges Alexander) :

A History of rhetoric, 3 volumes:

Vol. I : *The Art of persuasion in Greece*, Princeton University Press, 1963 (6e édition, 1974).

Vol. II : *The Art of rhetoric in the roman world.* 300 B.C. - A.D.300, Princeton University Press, 1972.

Vol. III : *Greek Rhetoric under christian emperors*, Princeton University Press, 1983.

Classical Rhetoric and its christian and secular tradition from ancient to

modern times, Croom Helms, Londres, 1980.
KERBRAT-ORECCHIONI (Catherine) :
L'Implicite, Armand Colin, 1986.
KIBÉDI-VARGA (Aron) :
Rhétorique et littérature. Études de structures classiques, Didier, 1976.
LAMY (Bernard R. P.) :
La Rhétorique ou l'art de parler ; 1re édition, 1675 (anonyme) ; 4eme édition, Amsterdam, 1699, dans Sussex Reprints, Brighton, 1969.
LÉVI-STRAUSS (Claude) :
Tristes Tropiques, Plon, 1955.
MAINGUENEAU (Dominique) :
Éléments de linguistique pour le texte littéraire, Bordas, 1986.
Pragmatique pour le discours littéraire, Bordas, 1990.
MARTHA (Constant) :
Études morales sur l'antiquité, Paris, Hachette, 1896.
MARTIN (Robert) :
Inférence, antonymie et paraphrase. Éléments pour une théorie sémantique, Paris, Klincksieck, 1976.
Pour Une Logique du sens, PUF, 1983.
Langage et croyance. Les « univers de croyance » dans la théorie sémantique, Pierre Mardaga, 1987.
MEYER (Michel) :
Logique, langage et argumentation, Hachette Université, 1982.
MICHEL (Alain) :
Rhétorique et philosophie chez Cicéron, essai sur les fondements philosophiques de l'art de persuader, Paris, PUF, 1960.
Le « Dialogue des orateurs » de Tacite et la philosophie de Cicéron, Paris, Klincksieck, 1962.
La Parole et la beauté. Rhétorique et esthétique dans la tradition occidentale, Paris, Les Belles Lettres, 1982.

MITTERAND (Henri) :

Le Discours du roman, PUF, 1980.

MOESCHLER (Jacques) :

Dire et contredire. Pragmatique de la négation et acte de réfutation dans la conversation, Peter Lang, Berne, 1982.

Argumentation et conversation. Éléments pour une analyse pragmatique du discours, Langues et apprentissage des langues, Crédif, Hatier, 1985.

MOLINIÉ (Georges) :

Dictionnaire de rhétorique, Les Usuels de Poche, Le Livre de Poche, 1992.

MOUY (Paul) :

Logique, Hachette, 1944.

MUNTEANO (Basil) :

Constantes dialectiques en littérature et en histoire, problèmes, recherches et perspectives, Paris, Didier, 1967.

MURPHY (James J.) :

Rhetoric in the middle Ages. A history of rhetorical theory from St Augustine to the Renaissance, University of California Press, Berkeley, 1974.

Medieval Eloquence : Studies in the theory and Practice of Medieval rhetoric, University of California Press, Berkeley, 1978 (editor).

Renaissance Eloquence. Studies in the theory and Practice of Medieval rhetoric, University of California Press, Berkeley, 1983 (editor).

NEF (Frédéric) :

L'Analyse logique du langage naturel, CNRS, Paris, 1985.

Logique et langage, Essais de sémantique intensionnelle, Hermès, Paris, 1988.

La logique du langage naturel, Hermès, Paris, 1989.

Logique, langage, et réalité, Éditions universitaires, Paris, 1991.

OLÉRON (Pierre) :

L'Argumentation, PUF., coll. « Que-sais-je ? », 1983.

PATILLON (Michel) :

Éléments de rhétorique classique, Nathan Université, 1990.

PASCAL (Blaise) :

Oeuvres complètes, éd. de J. Chevalier, Gallimard, « La Pléiade », 1954 ; et Seuil, collection « L'Intégrale », édition Lafuma.

PAULHAN (Jean) :

Oeuvres complètes, Cercle du Livre Précieux, 1966.

PELOUS (Jean-Michel) :

Amour précieux, amour galant (1654-1675). Essai sur la représentation de l'amour dans la littérature et la société mondaines, Librairie Klincksieck, 1980.

PERELMAN (Chaïm) :

Rhétorique et philosophie, Paris, PUF, 1952 : recueil d'articles en collaboration avec Lucie Olbrechts-Tyteca.

Justice et raison, éd. de l'Université de Bruxelles, 1963, (2e éd., 1970), recueil d'articles.

Droit, morale et philosophie, Paris, Librairie générale de Droit et de jurisprudence, 1968 (2e édition, 1976).

Le Champ de l'argumentation, éd. de l'Université de Bruxelles (1970), recueil d'articles.

Traité de l'argumentation, La nouvelle rhétorique, éd. de l'Université de Bruxelles ; 1re édition, 1970 ; 5e édition, 1988. En collaboration avec Lucie Olbrechts-Tyteca :

Logique juridique, Nouvelle Rhétorique, Dalloz, 1972, 1976.

L'Empire Rhétorique. Rhétorique et argumentation, Paris, Vrin, 1977.

Rhétoriques, éd. de l'Université de Bruxelles, 1989 (recueil d'articles classés par thème).

Philosophie morale et philosophie du droit, éd. de l'Université de Bruxelles, 1990.

Mélanges Perelman : De la Métaphysique à la Rhétorique, édité par Michel Meyer ; Éditions de l'Université de Bruxelles, faculté de philosophie et lettres, 1986.

Justice et Argumentation, Bruxelles, 1986.

PLATON :

Apologie de Socrate, Garnier-Flammarion, traduction Émile Chambry, 1965.

Gorgias, Garnier-Flammarion, traduction Émile Chambry, 1967.

Phèdre, édition de Paul Vicaire, Les Belles Lettres ; et Garnier-Flammarion, traduction Émile Chambry, 1964.

PLANTIN (Christian) :

Essais sur l'argumentation. Introduction linguistique à l'étude de la parole argumentative, Kimé, 1990.

PLUTARQUE :

Vie des hommes illustres, éd. R. Flacelière, E. Chambry, Les Belles Lettres, 1969.

PONGE (Francis) :

Proêmes, Gallimard, 1948.

Pour un Malherbe, Gallimard, 1965.

REBOUL (Olivier) :

La Rhétorique, PUF, coll. « Que-sais-je ? », 1984.

Introduction à la rhétorique, PUF. coll. « Premier cycle », 1991.

RECANATI (François) :

La Transparence et l'énonciation, pour introduire à la pragmatique, Seuil, 1979.

Les Énoncés performatifs, Minuit, 1981.

ROMILLY (Jacqueline DE) :

Les Grands Sophistes dans l'Athènes de Périclès, éd. de Fallois, 1988.

ROMEYER-DHERBEY (G.) :

Les Sophistes, PUF, coll. « Que sais-je ? », 1985.

SEARLE (John R.) :

Speech Acts, Cambridge University Press, 1969. Trad. fr., Les Actes de langage, Hermann, 1972.

TAMBA-MECZ (Irène) :
La Sémantique, PUF, collection « Que sais-je ? », 1988.
VALERY (Paul) :
Oeuvres complètes, Gallimard, « La Pléiade », vol. 1. éd. Jean Hytier, 1968.
VICKERS (Brian) :
Classical Rhetoric in English Poetry, Londres, 1970.
Rhetoric revalued. Papers from the International Society for the History of Rhetoric. Medieval and Renaissance texts and studies Center for Medieval and Early Renaissance Studies, Binghamton, New York, 1982 (editor).
In Defense of rhetoric, Clarendon Press, Oxford, 1988.
VIGNAUX (Georges) :
L'argumentation. Essai d'une logique discursive, Droz, 1976.
YATES (Frances A.) :
The Art of Memory, London, 1966.

학술지, 학회발표문, 공동 저술

Les Actes de discours, *Communications* no 32, Seuil, 1980.
Argumentation ; revue éditée par le Centre européen pour l'étude de l'argumentation, Université de Bruxelles, directeur Michel Meyer.
Argumentation et énonciation, *Langue française*, Larousse, no 50, mai 1981.
Argumentation et valeurs, colloques d'Albi, *Langages et signification*, 1984.
L'Argumentation, Presses universitaires de Lyon, collection « Linguistique et sémiologie », 1981.
Cahiers de linguistique française, Université de Genève (depuis 1980)
La Conversation, *Communications* no 30, Seuil, 1979.
Dictionnaire des Littératures de langue française, sous la direction de Jean-Pierre de Beaumarchais, Daniel Couty, Alain Rey, éd. Bordas, 1re édition 1984 (3

volumes) ; nouvelle édition (4 volumes)

Figures et conflits rhétoriques, actes du colloque « Rhétorique et Argumentation », édités par Michel Meyer et Alain Lemperer, éd. de l'Université de Bruxelles, 1990.

Langage, Argumentation et Pédagogie, dans la *Revue internationale de philosophie, fascicule 4, 1984 (diffusion PUF).*

Logique, Argumentation, Conversation, actes du colloque de Pragmatique, Fribourg, 1981, Peter Lang, Berne, Francfort-sur-le-Main, collection « Sciences pour la Communication », publiée sous la direction de Alain Berrendonner et Jean-Blaise Grize, no 2, 1983.

Logique naturelle et argumentation, Colloque du CNRS, Royaumont, 1986.

Le Parler frais d'Erving Gofffman, actes du colloque réuni à Cerisy en 1987, sous la direction de Robert Caster, Jacques Cosnier et Isaac Joseph, Minuit, 1990.

Le Plaisir de parler, étude de sophistique comparée ; actes du colloque de Cerisy, publiés par Barbara Cassin, Paris, éd. de Minuit, 1986.

Positions de la sophistique, Paris, Vrin, 1986 (complément des actes du colloque de Cerisy ci-dessus)

Pouvoir et dire, colloques d'Albi, *Langages et signification*, 1982.

La Pragmatique, *Langue française* no 42, Larousse, 1979 (A.-M. Diller, F. Récanati).

Recherches rhétoriques, *Communications* no 16, Paris, Seuil, 1970.

Rhétorique et littérature, *Langue française* no 79, septembre 1988.

Rhétorique générale, groupe mu (Jacques Dubois, Francis Edelin, Jean-Marie Klinkenberg, Philippe Minguet, François Pire et Hadelin Trinon), Larousse, 1970 ; Seuil, 1982.

Stratégies discursives, actes du colloque du Centre de Recherches linguistiques et sémiologiques de Lyon, 20-22 mai 1977 ; Presses universitaires de Lyon.

연구자료 문학작품

ANOUILH (Jean) :

La Belle Vie, La Table ronde, 1979-80.

BEAUMARCHAIS (Pierre CARON DE) :

Le Mariage de Figaro, éd. par Pierre Larthomas, 1984.

BORGES (J. L.) :

Fictions, « Trois Versions de Judas », Gallimard, collection « Folio », 1956.

CARROL (L.) :

Alice au pays des merveilles, Garnier-Flammarion, trad. Henri Parisot, 1979.

CHATEAUBRIAND (François-René DE) :

Mémoires d'outre-tombe, Flammarion, édition de Maurice Levaillant, 4 volumes, 1982 ; José Corti, 1961, pour la Préface de Julien Gracq.

DUBY (Georges) :

Le Dimanche de Bouvines, 27 juillet 1214, Gallimard, 1973 et 1985.

Guillaume le Maréchal, ou le meilleur chevalier du monde, Fayard, 1984.

Histoire de la vie privée, Tome 2 : *De l'Europe féodale à la Renaissance*, Seuil, 1985. (Ouvrage collectif sous la direction de G. Duby).

L'Histoire continue, Odile Jacob, 1991.

FLAUBERT (Gustave) :

Madame Bovary, Gallimard, « La Pléiade », édition d'A. Thibaudet et R. Dumesnil, 1951.

HOMÈRE :

Iliade, traduction d'Eugène Lasserre, Garnier, Paris, 1955.

IONESCO (E.) :

La Cantatrice chauve, Gallimard, collection « Folio », 1954.

MARIVAUX (Pierre CARLET DE CHAMBLAIN DE) :

La Seconde Surprise de l'amour, Gallimard, « La Pléiade », édition de Marcel Arland, 1949.

MOLIÈRE (Jean-Baptiste POQUELIN, dit) :

Oeuvres complètes, Gallimard, « La Pléiade », 2 vol., éd. G. Couton, 1971.
RACINE (Jean) :
Théâtre complet, édition de Jacques Morel et Alain Viala, Garnier, 1980.
RANSMAYR (Christophe) :
Les Effrois de la glace et des ténèbres, Paris, Maren Sell, 1989 (éd. originale allemande, Christian Brandstätter, 1984).
ROBBE-GRILLET (Alain) :
La Maison de rendez-vous, Minuit, 1965.
SHAKESPEARE (William) :
Jules César, éd. RVG, Genève, 1986, traduction E. Montégut.
Le Marchand de Venise, Édition Sand, Comédie Française, traduction J.-M. Déprats, 1987.
Le Roi Lear, traduction de Camille Chemin, éd. Aubier-Montaigne, 1976.
TOCQUEVILLE (Alexis DE) :
L'Ancien Régime et la Révolution, Gallimard, collection « Idées », édition de J.-P. Mayer, 1967.
TOURNIER (Michel) :
Vendredi ou les limbes du Pacifique, Gallimard, « Folio », 1972.
VIAN (Boris) :
Les Fourmis (nouvelles), « Le Brouillard » ; U.G.E, 10/18, (1re édition : Le Terrain vague, 1968).
ZOLA (Émile) :
Germinal, Gallimard, « La Pléiade », édition d'Armand Lanoux et Henri Mitterand, 1964, t. III.

옮긴이 후기

이 책은 질 드클레르크Gilles Declercq의 저서《논증술—수사학과 문학의 구조L'Art d'argumenter: Structures rhétoriques et littéraires》(Éditions Universitaires, 1992)의 번역이다. 저자는 프랑스 파리3대학교(Sorbonne Nouvelle) 수사학, 연극 교수로서 그의 이 저서는 수사학, 논증 분야에서 중요한 참고 도서 중 하나이다. 드클레르크는 1부에서 그리스의 수사학 전통부터 시작하여 현대 카임 페렐만의 수사학, 화용론에서 나타난 논증에 대한 중요 논의를 요약적으로 정리하여 소개하므로 이 책은 논증 구조의 입문서 역할을 한다. 설득 수단을 찾고 주장을 체계화하는 기술인 논증은 사회에서 선택, 판단, 결정하는 과정에 주장의 근거를 제공하며 주장의 합당성을 타인에게 제시하여 동의를 얻거나 타인을 설득시키는 역할을 한다. 따라서 논증은 물리적 힘에 의한 복종이 아닌 설득을 목적으로 하는 추론이라는 점에서 민주적 사회의 기초를 이룬다고 저자는 강조한다. 저자가 논증의 구조를 아리스토텔레스와 키케로에서 가져오는 것은 이들의 논증 이론이 논증의 원형을 구성하기 때문이다. 저자는 사실이나 진실에 근거한 증명과 진실임직함에 바탕을 둔 논증을 구분하며 이어서 다수의 주장이 대립하는 갈등적 사회의 장에 논증을 위치시켜 논증을 사회적 실천으로 간주한다. 따라서 인간 상호관계의 맥락에 놓인 논증은 단지 담론의 이성

(로고스)에 국한되지 않고 열정(파토스)과 외관(에토스)과도 연관된다. 그러므로 연설가는 진실임직함의 영역에 머무는 청중의 통념에 호소하여 설득에 이른다.

2부에서 저자는 소설, 희곡 등 문학 텍스트에서 작용하는 논증 구조를 분석하여 문학에 대한 논증적 접근의 길을 열어 주고, 문학 텍스트가 연설과 더불어 논증 구조의 작용과 실천이 이루어지는 특권적 공간이라는 사실을 우리에게 주지시킨다. 그는 연설가의 모습을 문학 작품의 화자에게 적용시켜 문학, 더 나아가 역사 교육에 수사학적 방법론을 제시함으로써 새로운 교육의 장을 열고자 한다. 이를 위해 논증 기법이 문학적 재현에서 작가에 의하여 어떻게 활용되고 있는지 탐구하고, 화자의 서술이 작품 내에서 다른 인물들과의 관계를 필연적으로 맺고 있는 한, 논증 수단은 문학의 필수적 요소라는 것을 증명하고자 한다. 따라서 문학교육이 서술적 형태에 대한 분석에 국한될 수 없으며, 문학 작품의 수사적이고 논증적인 체제를 해독하는 방향으로 나아가야 한다고 저자는 주장한다. 화자와 등장인물들 그리고 독자를 서로 결합시키는 장치는 논증의 기법에 있기 때문이다. 결국 저자는 문학 텍스트가 생산되고 소비되는 관계에서 문학의 문제를 이해하고 교육시키는 방식으로 수사학을 새롭게 제시한 것이다. 그는 더 나아가 서술적 글쓰기가 문학의 본질이라 하더라도 논증 절차가 내부에 존재하고 작동한다는 점에서 문학의 존재 혹은 문학이 성취해 온 역사에 대하여 근본적으로 성찰할 것을 요구하고 있다. 이와 관련하여 저자는 문학적 회고록이나 역사적 전기를 분석하면서 서술적 문학과 수사적 문학을 가르는 글쓰기의 경계가 모호해졌다는 점을 언급하는 데 이른다.

이렇게 인문과학의 모태로서 수사학을 제시하는 저자는 미학과 설득이 결합된 글쓰기, 다시 말하면 미학적 요소와 설득적 요소를 분석해 내는 대상으로서의 글쓰기가 발화의 중요한 위상으로 사회 내부에 자리하고 있다고 말한다. 결국 1부의 논증 구조에 대한 이론이 2부에 와서 문학에 적용되었을 때, 인문학으로서의 수사학이 문학 작품이나 역사서의 근본이 되고 있음을 우리는 인식하게 된다. 수사학적 입장에서 볼 때, 문학의 사회적 기능과 미학적 기능이 화합될 수 없는 것이 아니며, 오랫동안 인식되어 왔던 서사와 서정의 구분도 무의미한 것이고, 문학과 역사는 아리스토텔레스 이후 함께 가고 있다는 점을 우리는 다시금 살펴보아야 할 것이다.

찾아보기

수사학총서 · 14

논증술

수사학과 문학의 구조

초판발행 1쇄 2019년 2월 28일

지은이 질 드클레르크

옮긴이 한대균 · 진종화

펴낸곳 **고려대학교출판문화원**

www.kupress.com
kupress@korea.ac.kr
02841 서울특별시 성북구 안암로 145
02-3290-4230, 4232
Fax 923-6311

찍은곳 (주)동화인쇄

ISBN 978-89-7641-987-3 94800
978-89-7641-428-1 (세트)

값 24,000원